Konzepte der
Humanwissenschaften

Violet Oaklander
Gestalttherapie mit Kindern und Jugendlichen
Klett-Cotta

Aus dem Amerikanischen übersetzt von Klaus
Schomburg und Sylvia M. Schomburg-Scherff
Die Originalausgabe erschien unter dem Titel
»Windows to Our Children«
im Verlag Real People Press, Moab, Utah
© 1978 Real People Press
Über alle Rechte der deutschen Ausgabe verfügt die
Verlagsgemeinschaft Ernst Klett — J. G. Cotta'sche
Buchhandlung Nachfolger GmbH, Stuttgart
Fotomechanische Wiedergabe nur mit Genehmigung
des Verlages
Printed in Germany 1981
Umschlag: Heinz Edelmann
Satz: Maschinensetzerei Janß, Pfungstadt
Druck und Buchbinderei: Mohndruck
Graphische Betriebe GmbH, Gütersloh

CIP-Kurztitelaufnahme der Deutschen Bibliothek

Oaklander, Violet:
Gestalttherapie mit Kindern und Jugendlichen /
Violet Oaklander. [Aus d. Amerikan. übers. von
Klaus Schomburg u. Sylvia M. Schomburg-Scherff].
– Stuttgart: Klett-Cotta, 1981.
(Konzepte der Humanwissenschaften)
Einheitssacht.: Windows to our children ⟨dt.⟩
ISBN 3-12-906221-1

Zur Erinnerung an meinen Sohn Michael

Inhalt

Vorwort . . . 9
Einleitung . . . 11
1 Phantasie . . . 13
2 Zeichnen und Phantasie . . . 35
Deine Welt — in Farben, Formen und Linien 35 / Familienzeichnungen 41 / Der Rosenbusch 49 / Kritzelbilder 55 / Wutbilder 61 / Meine Woche, mein Tag, mein Leben 62 / Schnörkelzeichnungen 63 / Farben, Linien und Formen 63 / Kollektives Zeichnen 64 / Freies Zeichnen 66 / Malen mit Farben 67 / Fingermalen 70 / Malen mit den Füßen 71
3 Mein Arbeitsmodell . . . 73
Weitere Ideen zur Phantasie und zu Zeichmungen 86
4 Etwas herstellen . . . 91
Ton 91 / Andere Übungen mit Ton 101 / Künstliche Modelliermasse 103 / Spielteig 104 / Wasser 105 / Skulpturen und plastisches Gestalten 105 / Holz und Werkzeuge 107 / Collage 108 / Bilder 111 / Tarockkarten 112
5 Geschichten erzählen, Gedichte und Puppenspiel . . . 113
Geschichten erzählen 113 / Bücher 120 / Schreiben 124 / Gedichte 128 / Kasperlepuppen 135 / Puppenspiele 137
6 Sensorische Erfahrungen . . . 142
Fühlen 143 / Sehen 144 / Hören 147 / Musik 149 / Schmecken 153 / Riechen 154 / Intuition 155 / Gefühle 157 / Entspannung 159 / Meditation 161 / Körperbewegung 163
7 In-Szene-Setzen . . . 174
Kreatives Theaterspielen 174 / Tasten 177 /

Sehen 178 / Hören 178 / Riechen 178 / Schmecken 179 / Der Körper 179 / Situationen pantomimisch darstellen 180 / Charakterisierung 180 / Improvisationen, bei denen gesprochen wird 181 / Träume 185 / Der leere Stuhl 192 / Widersprüche 200

8 Spieltherapie . . . 202
Die Sandkiste 210 / Spiele 217 / Projektive Tests als therapeutische Technik 220

9 Der therapeutische Prozeß . . . 227
Das Kind kommt in die Therapie 227 / Die erste Sitzung 232 / So sieht meine Praxis aus 240 / Der therapeutische Prozeß 241 / Widerstand 245 / Beendigung der Therapie 249

10 Besondere Formen von Problemverhalten . . . 256
Aggression 257 / Wut 260 / Das hyperaktive Kind 276 / Das introvertierte, in sich gekehrte Kind 287 / Ängste 296 / Besondere Streßsituationen oder traumatische Erlebnisse 308 / Körperliche Symptome 314 / Unsicherheit, Anklammern, übertriebenes Gefallenwollen 323 / Einzelgänger 329 / Einsamkeit 333 / Kinder, die sich außerhalb der Realität befinden 336 / Autismus 339 / Schuldgefühle 343 / Selbstachtung, Selbstkonzept, Selbstbild 348

11 Weitere Überlegungen . . . 354
Gruppen 354 / Jugendliche 360 / Erwachsene 370 / Der ältere Mensch 371 / Geschwister 372 / Sehr kleine Kinder 373 / Die Familie 376 / Schulen, Lehrer und Lehrerausbildung 384 / Sexismus 389

12 Persönliche Bemerkung . . . 391
Über die Autorin . . . 398
Bibliographie . . . 399

Vorwort

Als ich das Manuskript dieses Buches las, dachte ich: »Jeder muß sich dafür interessieren — jeder, der etwas mit Kindern zu tun hat«.

Ich bemerkte nicht, daß dieses »jeder« jemanden vergaß.

Als mir die Druckfahnen laut vorgelesen wurden, damit ich sie mit dem Manuskript vergleichen konnte, kam die achtjährige Summer herein und begann, mit Kreide zu malen. Sie machte kein Theater und zappelte nicht herum; sie fragte ihre Mutter auch nicht, wann sie nach Hause gingen. Sie war ganz still und hörte einfach zu, wie dieses Buch vorgelesen wurde. Später sagte sie, daß es ihr gefallen habe.

Ein wesentlicher Teil dieses Buches besteht darin, daß Kinder in aller Offenheit über sich selbst sprechen — eine Offenheit, die Violet Oaklander ihnen möglich macht. Wer sollte also größeres Interesse an einem solchen Buch haben als Kinder? Als ich mir jedoch zunächst überlegt hatte, wer sich für dieses Buch interessieren könnte, dachte ich nur an Erwachsene: Therapeuten, Lehrer, Eltern. Ich dachte nicht an diejenigen, von denen das Buch handelt. Violet zeigt, daß dies einer der Hauptgründe für viele der Schwierigkeiten ist, in die Kinder geraten. Wir Erwachsenen neigen oft dazu, ihnen Informationen und Ausdrucksmöglichkeiten vorzuenthalten, und überlassen sie so ihrer Verwirrung.

Halten Sie einen Augenblick inne und rufen Sie sich Ihre eigene Kindheit in Erinnerung. Ihre Anstrengungen, die Welt der Erwachsenen zu verstehen...

Violet erinnert sich sehr genau, und diese Erinnerung macht einen Großteil ihres Wissens und ihres Verständnisses für Kinder aus. Sie verfügt über alle erforderlichen Zeugnisse, bei weitem wichtiger sind aber ihre Erfahrungen mit Kindern und ihre Erinnerung an ihre eigene Kindheit. Hierauf gründet ihr ungewöhnliches Verständnis dafür, »wie sie sich selbst verloren haben«.

Manche Erwachsenen haben sich nie selbst gefunden. Für sie kann dieses Buch der Beginn sein, sich selbst zu entdecken, Teile ihrer selbst wiederzufinden, die sie in ihrer Kindheit zurückgelassen haben.

Violet sagt, sie habe keine der von ihr angewandten Methoden selbst erfunden. Die Art und Weise aber, *wie* sie diese Methoden verwendet, ist äußerst originell und kreativ, eine flexible lebendige Gestalt: »Ich lasse mich von meiner Beobachtung und Intuition leiten und nehme mir die Freiheit, jederzeit die Richtung zu ändern.« All ihre Sinne sind beteiligt, wenn sie mit den Kindern zusammen Schritt für Schritt deren eigene Erlebnisfähigkeit wiederentdeckt. Sie weiß, daß sie Fehler macht, erwähnt sie beiläufig und sagt: »Ich glaube, Fehler lassen sich vermeiden, wenn man den guten Willen dazu hat und sich der Interpretation und des Urteils enthält.« (Die meisten von uns haben zwar den guten Willen; aber nur wenige von uns enthalten sich eines Urteils oder bemerken gar, daß sie interpretieren.)

Violet spricht in einer einfachen und direkten Art mit Kindern — so, wie es den meisten von uns wahrscheinlich gefallen würde, aber wie wir es nur selten, auch nicht mit guten Freunden oder unseren Partnern, erleben.

»Ich setze zu einer weitschweifigen Erklärung an . . . und sage dann schließlich, ›Debby, im Grunde weiß ich das eigentlich nicht genau‹.«

»Wir sprachen eine Zeit lang über ihre Einsamkeit, und dann erzählte ich ihr von meiner eigenen Einsamkeit.«

Dieses Buch kann Ihnen helfen, das Kind, das in Ihnen lebt, wie auch die Kinder, mit denen Sie zusammenleben, zu entdecken.

Barry Stevens
Juni 1978

Einleitung

Debby (9 Jahre): »Wie machen Sie das, daß die Leute sich bei Ihnen besser fühlen?«
»Was meinst du damit?« (Offensichtlich weiche ich aus.)
Debby: »Wenn die Leute Sie sehen, fühlen sie sich besser. Was machen Sie, damit das geschieht? Ist das schwierig?«
»Das klingt so, als ob du dich besser fühlst.«
Debby (nickt heftig): »Ja! Jetzt fühle ich mich besser. Wie kommt das?«
Ich setze zu einer weitschweifigen Erklärung darüber an, wie ich die Menschen dazu bringe, über ihre Gefühle zu sprechen, wie ich das bei ihr gemacht habe, und sage dann schließlich: »Debby, im Grunde weiß ich das eigentlich auch nicht genau.«
Ich weiß, daß ein Bedarf an Büchern wie dem vorliegenden besteht, denn jedesmal, wenn ich in einen Buchladen ging, sah ich mich nach einem solchen Buch um. Eines Tages wurde mir dann klar, daß ich für meine eigenen Vorstellungen von Kindertherapie Bestätigung suchte — eine Bestätigung für das, worüber ich in Seminaren und Workshops sprach.
Aus meiner Arbeit mit Kindern habe ich sehr viel gelernt. Jedesmal, wenn mir ein Kind sein Herz öffnete und mich an seiner erstaunlichen, gewöhnlich aber verborgen gehaltenen Weisheit teilhaben ließ, fühlte ich Ehrfurcht. Die Kinder, mit denen ich gearbeitet habe, wissen es vielleicht nicht, aber sie haben mich vieles über mich selbst gelehrt.
Ich freue mich, daß es mir gelungen ist, wirkungsvolle Methoden zu finden, wie man Kindern helfen kann, leichter mit schwierigen Phasen in ihrem Leben fertigzuwerden. Ich habe dieses Buch geschrieben, um andere an meinen Erfahrungen teilhaben zu lassen, und ich hoffe, daß dadurch mehr Erwachsene Möglichkeiten finden werden, Kindern die Unterstützung zu geben, die sie brauchen, um ihre private oder öffentliche Welt zu meistern.
Dieses Buch wendet sich an alle, die mit Kindern zu tun haben: Psychologen und Therapeuten, die in ihrer Arbeit mit Kindern nach neuen Wegen suchen; Lehrer, die erkannt haben, daß die Gefühle eines Kindes eine wichtige Rolle beim Lernen spielen; Eltern, die

ihren Kindern näher kommen wollen und die vielleicht wissen möchten, was in der Beziehung zwischen dem Therapeuten und dem Kind geschieht; an alle, die im psychosozialen Bereich arbeiten, aber vor der Arbeit mit jungen Menschen zurückschrecken – nicht etwa, weil sie Kinder nicht mögen, sondern weil sie nicht so recht wissen, wie sie dabei vorgehen sollen. Dieses Buch ist auch für Erwachsene geschrieben, die vielleicht wieder ein Gefühl für ihre eigene Kindheit bekommen möchten, um sich heute, als Erwachsene, besser zu verstehen.

Ich hoffe, daß dieses Buch zum Ausdruck bringt, wie sehr mich meine Arbeit, meine Vorstellungen und meine jungen Klienten begeistern, und daß der Leser von dieser Begeisterung angesteckt wird.

1 Phantasie

»Gleich werde ich euch alle bitten, die Augen zu schließen, und euch auf eine Phantasiereise mitnehmen. Wenn wir am Ende unserer Reise angekommen sind, werdet ihr eure Augen öffnen und das zeichnen, was ihr da seht. Nun möchte ich, daß ihr es euch so bequem wie möglich macht; schließt eure Augen und geht in euren Raum. Wenn ihr eure Augen schließt, befindet ihr euch in einem Raum; das nenne ich euren Raum. Ihr nehmt diesen Raum hier in diesem Zimmer ein und überall dort, wo ihr seid, ihr merkt das aber gewöhnlich gar nicht. Mit geschlossenen Augen könnt ihr ein Gespür für diesen Raum bekommen – wo euer Körper ist und die Luft, die euch umgibt. An diesem Ort fühlt ihr euch wohl, weil es euer Ort, euer Raum ist. Achtet darauf, was in eurem Körper vorgeht. Achtet darauf, ob ihr irgendwo angespannt seid. Versucht nicht, die Stellen, an denen ihr verkrampft und angespannt seid, zu entspannen. Nehmt sie einfach nur wahr. Spürt euren ganzen Körper, vom Kopf bis zu den Zehenspitzen, und nehmt alles wahr. Wie atmet ihr? Atmet ihr tief oder in kurzen, schnellen Atemzügen? Atmet jetzt ein paar Mal sehr tief ein. Atmet die Luft geräuschvoll aus. Haaaaaaah. Gut. Ich werde euch nun eine kleine Geschichte erzählen und euch auf eine Phantasiereise mitnehmen. Versucht mir zu folgen. Stellt euch das vor, was ich euch erzähle, und achtet dabei auf das, was ihr spürt. Achtet darauf, ob euch diese kleine Reise gefällt oder ob sie euch nicht gefällt. Wenn ihr an Stellen kommt, die euch nicht gefallen, müßt ihr mir nicht folgen. Hört einfach auf meine Stimme, folgt ihr, wenn ihr wollt, und dann wollen wir einmal sehen, was geschieht.

Stellt euch vor, ihr geht durch einen Wald. Überall sind Bäume, und die Vögel zwitschern. Sonnenstrahlen fallen durch die Bäume, und es ist schattig. Es ist ein sehr schönes Gefühl, durch diesen Wald zu gehen. Am Wegrand blühen kleine Blumen, wilde Blumen. Ihr geht einen Pfad entlang, der von Felsen gesäumt ist, und hin und wieder huscht ein kleines Tier davon, ein Kaninchen vielleicht. Ihr geht eine Weile den Weg entlang und bald merkt ihr, daß der Pfad ansteigt und ihr bergauf geht. Ihr wißt nun, daß ihr einen Berg hinaufklettert. Wenn ihr den Gipfel des Berges erreicht habt, setzt ihr euch auf einen großen Felsen, um auszuruhen. Ihr seht euch um. Die Sonne scheint; Vögel fliegen in der Luft. Jenseits des Weges erhebt sich ein anderer Berg, dazwischen liegt ein Tal. Ihr könnt erkennen, daß sich auf jenem Berg eine Höhle befindet, und ihr wünscht euch, auf jenem Berg zu sein. Ihr seht, daß die Vögel ganz leicht dorthin fliegen können, und ihr wünscht euch jetzt, ebenfalls ein Vogel zu sein. Da in der Phantasie alles möglich ist, stellt ihr plötzlich fest, daß ihr euch in einen Vogel verwandelt habt. Ihr probiert eure Flügel aus, und – sieh da – ihr könnt fliegen. Ihr erhebt euch also in die Luft und fliegt ganz leicht zur anderen Seite hinüber. (Pause – um Zeit zum Fliegen zu lassen.)

Auf der anderen Seite angekommen, landet ihr auf einem Felsen und verwandelt euch sofort wieder in euch selbst. Ihr klettert um die Felsen herum, weil ihr nach einem Eingang zur Höhle sucht, und da seht ihr eine kleine Tür. Ihr kriecht hinunter, öffnet sie und betretet die Höhle. Sie ist so groß, daß ihr aufrecht stehen könnt. Ihr geht umher und untersucht die Wände der Höhle und bemerkt plötzlich einen Gang – einen Korridor. Ihr geht diesen Korridor entlang und seht bald viele Türen nebeneinander, auf denen jeweils ein Name steht. Plötzlich kommt ihr zu einer Tür, auf der *euer* Name steht. Ihr steht vor eurer Tür und überlegt. Ihr wißt, daß ihr die Tür gleich öffnen und durch sie hindurchgehen werdet. Ihr wißt, daß es euer Ort sein wird. Es könnte ein Ort sein, an den ihr euch erinnert, ein Ort, den ihr kennt, ein Ort, von dem ihr träumt, vielleicht ein Ort, der euch nicht gefällt, ein Ort, den ihr nie gesehen habt, ein Ort in einem Haus oder in der freien Natur. Ihr wißt es nicht, solange ihr die Tür nicht öffnet. Was immer dahinter auch sein mag, es wird euer Ort sein.

Ihr drückt also die Türklinke herunter und geht hinein. Seht euch um an eurem Ort! Seid ihr überrascht? Seht ihn euch genau an. Wenn ihr nichts seht, dann müßt ihr gleich einen Ort erfinden. Schaut euch an, was dort ist, wo dieser Ort ist, ob er sich innerhalb oder außerhalb eines Hauses befindet. Wer ist dort? Sind dort Menschen, Menschen, die ihr kennt oder die ihr nicht kennt? Gibt es dort Tiere? Oder ist dort niemand? Wie fühlt ihr euch an diesem Ort? Achtet darauf, wie ihr euch fühlt. Fühlt ihr euch wohl oder nicht so wohl? Seht euch um, geht herum. (Pause.)

Wenn ihr fertig seid, dann könnt ihr eure Augen öffnen und euch wieder in diesem Zimmer befinden. Wenn ihr eure Augen wieder geöffnet habt, nehmt euch Papier und Buntstifte, Filzstifte oder Pastellstifte und malt euren Ort. Bitte sprecht nicht, während ihr malt. Wenn ihr etwas sagen müßt, flüstert bitte. Wenn ihr nicht die richtigen Farben für euren Ort habt, kommt leise her und holt euch, was ihr braucht, oder leiht euch Stifte von einem Nachbarn. Zeichnet euren Ort so gut ihr könnt. Wenn ihr wollt, könnt ihr auch die Gefühle, die ihr diesem Ort gegenüber empfindet, zeichnen und bloß Farben, Formen und Linien dabei verwenden. Überlegt euch, ob ihr euch selbst an diesem Ort zeichnen wollt und wo und wie – als Form, als Farbe oder als Symbol. Ich muß, wenn ich euer Bild ansehe, nicht sofort wissen, was es mit eurem Ort alles auf sich hat; ihr könnt es mir ja erklären. Vertraut dem, was ihr gesehen habt, als ihr die Tür geöffnet habt, auch wenn es euch nicht gefällt. Ihr habt ungefähr zehn Minuten Zeit. Sowie ihr glaubt, bereit zu sein, könnt ihr beginnen.«

Eine Phantasiegeschichte wie diese muß mit einer geheimnisvollen Stimme erzählt werden. Ich erzähle sie langsam, mit vielen Pausen, um den Kindern Gelegenheit zu geben, das zu »tun«, wozu ich sie auffordere. Häufig schließe ich meine Augen und erlebe die Phantasiegeschichte während des Erzählens selbst mit. Dieses Phantasiezeichnen habe ich sowohl mit einzelnen Kindern als auch mit Gruppen praktiziert, wobei die jüngsten Kinder ungefähr sieben Jahre alt und die ältesten bereits erwachsen waren. Hier sind ein paar Beispiele, welche Bilder dabei entstehen und wie ich mit ihnen arbeite.

Linda, dreizehn Jahre alt, zeichnete ein Schlafzimmer mit einem Bett, einem Tisch, einem Stuhl, drei Hunden auf dem Boden und einem Hundebild an der Wand. Das Bild war sehr sorgfältig gezeichnet und wies viel freien Raum auf. Linda beschrieb ihr Bild. Da sie in einer Gruppe am Phantasiezeichnen teilnahm, stellten ihr die anderen Kinder Fragen, zum Beispiel: »Was ist das?«, und sie antwortete darauf. Ich fragte Linda, was sie selbst in dem Bild gerne wäre. Sie wählte den Hund, der als Bild an der Wand hing. Nun bat ich sie, so zu tun, als ob sie der Hund sei, und zu beschreiben, wie sie aussehe und was sie gerade tue. Sie sagte von sich: »Ich bin ein Bild hier oben an der Wand.« Ich fragte sie, wie sie sich da oben an der Wand fühle.

Linda: Ich fühle mich einsam – ganz einsam. Es gefällt mir nicht, den anderen Hunden beim Spielen zusehen zu müssen.

Bei den hier abgebildeten Kinderzeichnungen handelt es sich um Originalzeichnungen. Zur besseren Reproduktion wurden bei einigen Bildern wichtige Einzelheiten mit Filzstift oder Kreide hervorgehoben.

Sprich zu den Hunden dort unten und sag ihnen das.

Linda: Ich mag nicht hier oben sein und euch beim Spielen zusehen. Ich würde gern von der Wand herunterkommen und mit euch auf dem Boden spielen.

Fühlst du dich, Linda, als Mädchen, manchmal so wie der Hund im Bild?

Linda: Ja! Dieser Hund, das bin eigentlich ich. Ich gehöre nie dazu.

Ich würde gerne wissen, ob du dich hier – in diesem Augenblick – auch so fühlst?

Linda: Ja, hier fühle ich mich auch so. Aber vielleicht im Augenblick nicht so sehr.

Was tust du hier, daß du dich jetzt nicht so ausgeschlossen fühlst?

Linda (mit sehr nachdenklicher Stimme): Nun, ich tue etwas. Ich sitze hier nicht einfach und tue nichts – wie der Hund an der Wand. Ich bat Linda, mir einen Satz zu sagen, den ich auf das Bild schreiben könnte und der den Inhalt des Bildes treffend zusammenfassen würde. »Ich würde gern von meiner Wand herunterkommen und mitmachen.«

Häufig bitte ich die Kinder, mir einen Satz zu sagen, den ich auf ihr Bild schreiben kann, und ihre Äußerungen fassen ihre eigene Lage oft sehr prägnant zusammen. Mein Ziel für Linda ist, ihr einen Weg zu zeigen, wie sie ihrer Stellung im Leben stärker gewahr werden und sich ihr Leben zu eigen machen kann. Besseres Gewahrsein schafft die Voraussetzung für Veränderung. In dieser Sitzung gab sie nicht nur ihrem Gefühl der Einsamkeit und Isolation Ausdruck, sie machte zugleich eine andere Erfahrung, nämlich die Erfahrung, beteiligt zu sein. Außerdem wurde ihr, glaube ich, klar, daß sie selbst Verantwortung für ihr Leben übernehmen und selbst etwas gegen ihre Einsamkeit tun kann.

Tommy, acht Jahre alt, zeichnete ein Bild vom Jesuskind, von Maria und den drei Weisen aus dem Morgenland, die Geschenke bringen. (Es war bald Weihnachten.) Nachdem er sein Bild beschrieben hatte, bat ich ihn, sich auf ein Kissen zu legen und selbst das Baby zu sein. Kichernd legte er sich hin. Ich sagte, die anderen Kinder seien die Weisen und ich sei die Mutter. Wir spielten nun alle zusammen eine kleine Szene: Wir brachten Geschenke und unterhielten uns über dieses wundervolle Baby. Mein eigenes begeistertes und etwas übertriebenes Spielen war für die Kinder ein gutes Vorbild, an dem sie sich orientieren konnten. Tommy wurde ganz still. Wie er da auf den Kissen lag, konnte man seinem entspannten Körper und seinem strahlenden Gesicht ansehen, wie sehr er diesen Augenblick genoß. Ich fragte ihn, wie es ihm gefalle, ein Baby zu sein.

Er sagte, daß ihm das sehr gefalle, weil er so viel Aufmerksamkeit erhalte.

Du hast das gern, wenn du Aufmerksamkeit bekommst.

Tommy: Ja!

Du würdest von den andern gern mehr Aufmerksamkeit erhalten.

Tommy: Ja, das stimmt!

Tommy bat mich, folgende Bemerkung auf sein Bild zu schreiben: »Ich stehe gern im Mittelpunkt der Aufmerksamkeit, bekomme gern Geschenke und bin dann glücklich.«

Wegen störenden Verhaltens hatte ich Tommy in früheren Sitzungen oft vor die Wahl stellen müssen, ob er weiter an der Gruppe teilnehmen oder lieber eine Zeitlang in ein anderes Zimmer gehen wollte. Er hatte sich häufig für das andere Zimmer entschieden, da er

das Gefühl hatte, »sich nicht beherrschen zu können«. Diesmal nahm Tommy jedoch den Rest der Zeit aktiv am Gruppengeschehen teil, hörte den anderen Kindern aufmerksam zu und störte nicht mehr. Er war ruhig und entspannt (dieses Kind war als »hyperaktiv« diagnostiziert worden), und seine Fragen und Kommentare zu den Bildern der anderen Kinder zeugten von Feinfühligkeit und Scharfsinn. Irgendwie war es Tommy durch seine Störmanöver immer gelungen, Aufmerksamkeit zu erhalten. In dieser speziellen Sitzung machte er eine für ihn äußerst wichtige Erfahrung; von nun an nahm sein störendes Verhalten merklich ab, und er erhielt Aufmerksamkeit für die kindliche Weisheit, die er in unserer Gruppe immer wieder zeigte.

Der zwölfjährige Jeff zeichnete in einer Einzelsitzung eine Burg mit zwei Fenstern, aus denen die Gesichter von Donald Duck und Mickey Mouse herausschauten. Er nannte diesen Ort Disneyland. Er beschrieb mir diesen Ort und erzählte, wie sehr er Disneyland liebe. Ich bat ihn, sich einen Satz zu überlegen, der seine Gefühle diesem Ort gegenüber zusammenfasse und den ich auf sein Bild schreiben könnte. Er diktierte: »Mein Ort ist Disneyland, weil ich dort *Spaß* habe und ich die Disneyfiguren mag. Dort ist alles glücklich.«

Seine Betonung des Wörtchens Spaß und seine Äußerung »dort

ist alles glücklich« machten mich hellhörig. Wir sprachen eine Weile über Disneyland und die Figuren, die es dort gibt, und dann bat ich ihn, mir etwas von dem Teil seines Lebens zu erzählen, der nicht so viel Spaß mache. Das tat er nun auch bereitwillig, obwohl er es früher immer vermieden hatte, unerfreuliche Bereiche seines Lebens zur Sprache zu bringen.

Die dreizehnjährige Lisa zeichnete eine Wüstenszene (siehe folgende Seite), ein Thema, das immer wieder in ihren Zeichnungen und Sandszenen auftauchte. Lisa lebte in einer Pflegefamilie, von den Strafverfolgungsbehörden war ihr eine »kriminelle Neigung« attestiert worden, in der Schule fiel sie durch störendes Verhalten auf, sie hatte keine Freunde, kam mit den anderen Kindern ihrer Pflegefamilie nicht zurecht und gab durch die Art ihrer Sprache, ihres Verhaltens und ihrer Kleidung zu erkennen, daß sie für »hart« gehalten werden wollte. Nichts, so schien es, konnte sie aus der Fassung bringen. Diesmal zeichnete sie eine Wüste, eine Schlange und ein Loch. Nachdem sie ihr Bild beschrieben hatte, bat ich sie, die Schlange zu sein und ihr Leben als Schlange zu beschreiben.

Lisa: Ich bin eine Schlange, ich bin lang und dunkel und lebe hier in der Wüste. Ich suche draußen Nahrung und krieche dann in mein Loch zurück.

Ist das alles, was du tust? Was machst du zu deinem Vergnügen?

Lisa: Nichts. Es ist niemand da, mit dem ich spielen könnte.

Wie fühlst du dich dabei?

Lisa: Sehr einsam.

Lisa, fühlst du dich manchmal wie diese Schlange?

Lisa: Ja, ich bin einsam.

Da gab Lisa die Haltung des »harten Jungen« auf und weinte. Wir sprachen eine Weile über ihre Einsamkeit, und ich erzählte ihr von meiner eigenen Einsamkeit.

Glenn, ein vierzehnjähriger Junge, malte eine Rockmusik-Gruppe, der er den Namen »The People« gab. Seine Äußerung dazu: »Eine Phantasie, die ich irgendwie einstweilen aufgegeben habe.« Nach mehreren Wochen Therapie war dies das erste Mal, daß er imstande oder bereit war, zuzugeben, überhaupt an irgend etwas interessiert zu sein. Seine Formulierung »irgendwie einstweilen« ließ mich erkennen, daß er nun doch eine Möglichkeit sah, vielleicht im Leben etwas tun zu können. In den vorausgegangenen Sitzungen hatten wir uns mit seiner Verzweiflung beschäftigt; nun begannen wir, seine Hoffnungen zu erkunden.

Kinder zeichnen oft Orte und Plätze, die in krassem Gegensatz zu

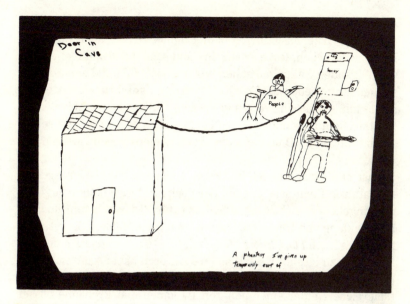

dem stehen, was sie im Moment des Zeichnens empfinden. Sehr oft finden sich in ihren Phantasieszenen Burgen und Prinzessinnen, Ritter und wunderschöne Zufluchtsorte im Gebirge. Indem man den Kindern hilft, über die in ihren Bilder dargestellten Gefühle zu sprechen, gibt man ihnen die Möglichkeit, auch die entgegengesetzten Gefühle zum Ausdruck zu bringen. Manchmal bitte ich ein Kind: »Zeichne einen Ort, den du schön gefunden hast, als du noch kleiner warst, oder einen Ort, den du jetzt schön findest, ganz gleich, ob er wirklich existiert oder nur in deiner Vorstellung.« Wie bei der Phantasieübung mit der Höhle bitte ich die Kinder auch hier, ihre Augen zu schließen und sich in ihren Raum zu begeben.

Ein dreizehnjähriger Junge zeichnete eine Szene aus der Zeit, als er sieben Jahre alt war. Ich schrieb auf sein Bild folgende Sätze, die er mir diktierte: »Das war, als ich sieben Jahre alt war. Wir lebten in Ohio. Mein Papa war gerade aus Vietnam zurückgekommen. Ich war glücklich. Aber dann mußte ich ihm immer sagen, was ich vorhatte. Bei meiner Mutter durfte ich, als er weg war, einfach alles. Jetzt läßt er mich nicht in Ruhe. Meine Brüder klettern gerade den Baum hoch. Ich wünschte, sie fielen herunter und brächen sich den Arm. Ohio hat mir gefallen.« Dann begann er, mit ganz leiser Stimme von seinem Wunsch zu sprechen, »wenigstens bei kleinen Dingen« frei zu sein. Dieses Kind zappelte ständig herum und galt als hyperaktiv. Tatsächlich konnte er nie sehr lange stillsitzen und lief in den Gruppensitzungen häufig umher. Als er aber aufgehört hatte zu sprechen, legte er sich hin und schlief tief und fest ein. In den folgenden Sitzungen sahen wir uns sein Bild und seine Äußerungen dazu wieder an, die ich einfach so aufgeschrieben hatte, wie er sie mir diktiert hatte – und sprachen über seine ambivalenten Gefühle, sein Hin- und Herpendeln zwischen dem »Damals« seiner Erinnerungen an Ohio und dem »Jetzt« seines gegenwärtigen Lebens.

Fast alles, worüber ich in diesem Buch schreibe, erfordert den Einsatz von Phantasie. Jedem, der noch nicht davon überzeugt ist, wie ungeheuer wichtig die Phantasie für das Wachstum und die Entwicklung von Kindern ist, kann ich nur empfehlen, Singers umfassendes Buch *The Child's World of Make-Believe* über Kinder und Phantasie zu lesen.* Er und andere Autoren haben zahlreiche Untersuchungen durchgeführt, die statistisch nachweisen, daß phantasiereiche Kinder einen höheren IQ haben und Probleme besser bewältigen können und daß man die Fähigkeit eines Kindes, zu lernen und Probleme zu meistern, verbessern kann, wenn man es zur Phantasie ermutigt.

Wenn wir uns der Phantasie bedienen, können wir großen Spaß an der Arbeit mit Kindern haben und dem auf die Spur kommen, was in einem Kind vorgeht. In der Regel entspricht der Phantasieprozeß (d. h., wie es sich in seiner Phantasie verhält und bewegt) seinem Lebensprozeß. Mit Hilfe der Phantasie können wir gleichsam in sein Inneres sehen. Wir können das, was das Kind verbirgt oder vermeidet, zum Vorschein bringen und aus seiner Perspektive erfahren, was in seinem Leben vor sich geht. Deshalb ermutigen wir zur Phantasie und bedienen uns der Phantasie als Mittel im therapeutischen Prozeß.

Indem ich darüber nachdenke, wie wertvoll die Phantasie für Kinder ist, fällt mir ein, wie sehr mir selbst einmal meine Phantasie geholfen hat. Als ich fünf Jahre alt war, erlitt ich schwere Verbrennungen und mußte mehrere Monate im Krankenhaus verbringen.

---

* Nur der kleinste Teil der von V. Oaklander benutzten Literatur ist bisher ins Deutsche übertragen; für den interessierten Leser werden jedoch alle von ihr genannten Aufsätze und Bücher aufgeführt. Nähere bibliographische Angaben finden sich am Ende des Buches, alphabetisch nach dem *Titel* geordnet. (Anm. des Übers.)

Da Penicillin damals noch nicht bekannt war, durfte ich wegen der Infektionsgefahr keinerlei Spielsachen benutzen. (Jetzt weiß ich das; damals hat mir das niemand erklärt.) Außerdem waren die Besuchszeiten ziemlich knapp bemessen, so daß ich stundenlang flach im Bett liegen mußte und niemanden hatte, mit dem ich hätte sprechen, und nichts, womit ich hätte spielen können. Ich überlebte dieses Martyrium, indem ich mich meiner Phantasie hingab. Ich lag da und erzählte mir endlose Geschichten, deren Handlung mich oft sehr fesselte.

Einige Eltern haben mich darauf aufmerksam gemacht, daß ich zwischen Phantasie und Lüge unterscheiden müsse. Andere befürchten, ihre Kinder könnten sich in einer Phantasiewelt verlieren. Lügt ein Kind, so ist das ein Symptom dafür, daß in seinen Augen etwas nicht stimmt. Die Lüge ist eher eine Form des Verhaltens als eine Phantasie, obwohl sie sich manchmal vermischen. Kinder lügen, weil sie Angst davor haben, sich selbst gegenüber Stellung zu beziehen, sich mit der Realität, wie sie ist, auseinanderzusetzen. Häufig leiden sie unter Angst, Selbstzweifeln, einem schwachen Selbstbild oder Schuldgefühlen. Sie sind nicht in der Lage, mit der realen Welt, die sie umgibt, fertigzuwerden, und nehmen daher Zuflucht zu defensivem Verhalten, verhalten sich genau umgekehrt, als es ihren eigentlichen Gefühlen entspricht.

Oft werden Kinder von ihren Eltern zum Lügen gezwungen. Eltern können zu hart oder zu wankelmütig sein, sie können zuviel von ihrem Kind erwarten oder sind vielleicht nicht in der Lage, ihr Kind so, wie es nun einmal ist, zu akzeptieren. Dann ist das Kind, sozusagen aus Selbstschutz, zum Lügen gezwungen.

Wenn ein Kind lügt, glaubt es häufig an seine eigene Lüge. Es spinnt eine Phantasiegeschichte um das Verhalten, das ihm akzeptabel erscheint. Phantasie wird zu einem Mittel, die Dinge auszudrücken, die als Realität anzuerkennen das Kind Schwierigkeiten hat.

Ich nehme die Phantasie eines Kindes als Ausdruck seiner Gefühle ernst, denn im allgemeinen beachten, verstehen oder akzeptieren weder andere Menschen noch es selbst seine Gefühle. Das Kind akzeptiert sich selbst nicht, so muß es zur Phantasie und schließlich zur Lüge Zuflucht nehmen. Nochmals: Es ist notwendig, sich vor allem in die Gefühle des Kindes, weniger in sein Verhalten einzufühlen, das Kind wirklich kennenzulernen, ihm zuzuhören, es zu verstehen und zu akzeptieren. Die Gefühle eines Kindes sind sein eigentlicher Kern. Spiegelt man ihm seine Gefühle wider, wird es selbst sie kennen- und akzeptieren lernen. Nur dann kann Lügen als das erkannt werden, was es wirklich ist: ein Verhalten, zu dem das Kind Zuflucht nimmt, um zu überleben.

Kinder bauen sich eine Phantasiewelt auf, weil sie es schwierig finden, in der realen Welt zurechtzukommen. Wenn ich mit einem solchen Kind arbeite, ermutige ich es, mir von seinen Phantasiebildern und -vorstellungen zu erzählen und sie zu beschreiben, damit es mir möglich wird, die innere Welt des Kindes zu verstehen.

Kinder erleben in der Phantasie oft Dinge, die in Wirklichkeit nie geschehen sind. Dennoch sind diese Dinge für die Kinder sehr real; oft werden sie im Inneren verborgen gehalten und verursachen dann manchmal die merkwürdigsten Verhaltensweisen. Diese als real erlebten Phantasien lösen häufig Furcht und Angst aus; sie müssen ans Licht gebracht werden, damit sie bewußt verarbeitet und abgeschlossen werden können.

Es gibt viele verschiedene Arten, die Phantasie einzusetzen. Phantasievolles Spielen ist eine mögliche Ausdrucksform der Phantasie und kann bei älteren Kindern zum Beispiel zu improvisiertem Theaterspielen erweitert werden. Eine andere Ausdrucksform ist das Geschichtenerzählen, ganz gleich, ob die Geschichte nun erzählt, aufgeschrieben, in ein Puppenspiel umgesetzt oder auf der Stofftafel dargestellt wird. Es gibt gelenkte Phantasien und es gibt den Kindern selbst überlassene Phantasiegeschichten mit offenem Ausgang. Gelenkte Phantasien werden normalerweise mit geschlossenen Augen durchgeführt, es gibt aber auch solche, bei denen die Kinder ihre Augen offen lassen können.

Hin und wieder weigern sich Kinder, ihre Augen zu schließen. Manche bekommen Angst, wenn sie spüren, wie sie bei geschlossenen Augen die Kontrolle über sich verlieren. Wenn sie protestieren, sage ich gewöhnlich: »Versuch es einmal, du kannst jederzeit blinzeln, wenn es sein muß.« In der Regel sind Kinder aber bereit, ihre Augen zu schließen, wenn sie nach einigen Versuchen festgestellt haben, daß gar nichts Schreckliches passiert ist. Manchmal können sie der von mir erzählten Phantasiegeschichte auch besser folgen, wenn sie dabei auf dem Bauch liegen.

Es gibt Kinder, die nicht imstande oder nicht bereit sind, sich einer Phantasie hinzugeben, wenn sie dazu aufgefordert werden.

Manche wollen ganz einfach nicht, andere sind angespannt und verkrampft. Wieder andere denken zuerst, das sei albern.

Haben Kinder Schwierigkeiten, sich einer Phantasie »hinzugeben«, ist es sinnvoll, zunächst mit einer Phantasie zu beginnen, bei der sie ihre Augen offen lassen können.

Put Your Mother On the Ceiling von Richard de Mille enthält ein paar großartige, unwiderstehliche Phantasien, bei denen die Kinder mit offenen Augen mitmachen können. Zum Beispiel:

»Dieses Spiel heißt *Tiere*. Wir wollen mit einer kleinen Maus beginnen und mal sehen, was wir zustande bringen. Wir stellen uns vor, daß irgendwo hier im Zimmer eine kleine Maus ist. Wo wollt ihr sie haben?/ Gut, laßt sie sich aufrichten und euch zuwinken./ Nun soll sie grün werden./ Verändert ihre Farbe wieder./ Noch einmal./ Laßt sie auf ihren Händen stehen./ Laßt sie über die Wand laufen./ Laßt sie die Wand hinaufklettern./ Laßt sie mit dem Kopf nach unten an der Decke sitzen./ Dreht sie nach rechts und setzt sie in diese Ecke dort./ Setzt eine andere Maus in diese andere Ecke dort./ Setzt zwei weitere Mäuse in die beiden übriggebliebenen Ecken./ Setzt weitere Mäuse in die vier unteren Ecken./ Habt ihr sie alle am Platz?/ Dann macht sie alle gelb./ Laßt sie alle gleichzeitig ›Guten Tag‹ sagen./ Laßt sie alle ›Wie geht es dir?‹ sagen./ Laßt sie alle versprechen, daß sie in ihren Ecken bleiben und sich den Rest des Spiels ansehen« (S. 57—58).

Nachdem ich dieses Spiel mit einer Gruppe elf- und zwölfjähriger Kinder gespielt hatte, sagte ein Mädchen: »Ich kann nicht mehr in dieses Zimmer kommen, ohne nach meinen Mäusen zu sehen.«

Ein weiteres hilfreiches Verfahren, Kinder für Phantasien bereit zu machen, besteht darin, daß man sie bittet, ihre Augen zu schließen und sich vorzustellen, sie befänden sich zu Hause in ihrem Wohnzimmer (oder in irgendeinem anderen Raum). Nun fordert man sie auf, sich umzusehen. Wenn ihnen das gelingt, sage ich ihnen, daß ihnen Phantasien keine Schwierigkeiten machen werden. Auch die weiter unten beschriebene Kritzel-Technik kann Kindern helfen, so frei zu werden, daß sie zu Phantasiearbeit fähig werden. Wenn die Kinder bereits einige Erfahrungen mit Phantasien gemacht haben, bei denen sie die Augen offen lassen können, dann beginne ich gerne alle weiteren Phantasien mit einer meditativen

Übung bei geschlossenen Augen nach Art der eingangs beschriebenen Höhlengeschichte. Gelenkte Phantasien können sehr kurz sein. Merilyn Malek, eine Kollegin von mir, erfindet dazu eigene Geschichten. Sie hat eine Reihe sehr guter, kurzer, gelenkter Phantasien entworfen, von denen ich hier mit ihrer Erlaubnis eine wiedergeben möchte, die ich selbst bei meiner Arbeit mit Kindern verwendet habe:

»Tu einmal so, als ob du etwas Merkwürdiges auf deinem Rücken bemerken würdest. Du merkst ganz plötzlich, daß dir Flügel wachsen! Wie fühlen sich diese Flügel auf deinem Rücken an? . . . Versuch, die Flügel zu bewegen, was ist das für ein Gefühl? . . . Sieh nun in den Spiegel und schlag mit deinen Flügeln . . . Stell dir nun vor, du gehst mit diesen neuen Flügeln auf dem Rücken einen Hügel hinauf. Wenn du oben angekommen bist, öffnest du deine neuen Flügel und erhebst dich in die Lüfte . . . Was siehst du beim Fliegen? Was ist das für ein Gefühl, durch die Luft fliegen zu können? Siehst du andere Tiere oder Menschen? Nun stell dir vor, daß du gleich landen wirst. Wenn du landest, werden deine Flügel verschwinden und du wirst wieder in diesem Raum sein.«

Der sechsjährige John zeichnete ein Bild (siehe S. 27), auf dem er geradewegs auf einen schwarzen Felsen zuflog. Dazu sagte er: »Ich habe etwas gemacht. Ich habe eine Sonne und einen Felsen gemacht. Ich trage einen Sturzhelm. Dann halte ich meinen Kopf so, daß er an dem Felsen zerschmettern wird. Mir wird schlecht. Verschwinde, Superman!«

Würdest du gern fliegen können?

John: Oh nein, nein, nein.

Hast du das Gefühl, daß du in deinem Leben vieles kaputt machst?

John: Ja!

Seine Schwester (die auch im Zimmer war): Er gerät immer in Schwierigkeiten.

John: Ja.

Erzähl mir, wie du in Schwierigkeiten gerätst. (Nun begann John, mir ganz genau von seinen Schwierigkeiten zu erzählen.)

Die sechsjährige Jill sagte zu ihrem Bild: »Ich bin eine häßliche Person. Ich gehe den Berg rauf. Ich habe mir Vögelfüße gemacht.

Ich bin gerade dabei, vom Berg runterzufliegen. In meinen Träumen wünsche ich mir, daß ich ein großer Vogel wäre und die ganze Schule auf eine Reise mitnehmen könnte. Wir sind 150 Kinder in der Schule. Mein Name ist Jill. Wenn Wind kommt, bläst er mir meine Federn hoch.«

Hast du manchmal das Gefühl, häßlich zu sein, Jill?

Jill: Ja! Einige Jungen mögen mich nicht, weil sie meinen, ich sei häßlich. Das macht mich traurig.

Wünschst du dir manchmal, du könntest für jeden in deiner Schule etwas sehr Schönes tun, und alle Kinder hätten dich dann gern?

Jill: Ja, wie ich es mir in meiner Geschichte gewünscht habe.

Dann sprachen wir über Jills Gefühl, ausgeschlossen zu sein und von den andern Kindern in der Schule abgelehnt zu werden. Sie hatte keine Freunde, hatte diese Tatsache vorher aber nie zugegeben.

Die achtjährige Cindy bemerkte zu ihrem Bild: »Ich bin von dem Berg runtergeflogen und sehe mir die Blumen und das schöne grüne Gras an, und meine Flügel sind silbern. Ich möchte eine gute Hexe sein, dann müßte ich nicht laufen, sondern könnte fliegen.«

Erzähl mir etwas von Hexen.

Cindy: Nun ja, es gibt gute Hexen und böse Hexen. Böse Hexen machen böse Sachen. Gute Hexen sind lieb, und natürlich können Hexen auf einem Besenstiel fliegen.

Bist du manchmal eine böse Hexe?

Cindy: Meine Mutter denkt das!

Ist dein Leben immer voller Blumen und schöner Dinge?

Cindy: Nein! Nur manchmal.

Cindy und ich sprachen dann darüber, weshalb sie glaubte, daß ihre Mutter sie für böse hielt.

Die zwölfjährige Karen malte einen wunderschönen Schmetterling. Dazu sagte sie: »Meine Flügel sind sehr schön. Ich fliege mit den Vögeln über Wasser und Berge zu einem neuen strahlend grünen Planeten.« In der Ferne war ein kleiner, grüner, von gelben Linien umgebener Kreis zu erkennen, was den Eindruck erweckte, als ob Energie von dem Planeten ausginge.

Erzähl mir etwas mehr von deinem neuen Planeten.
Karen: Dort ist alles neu und grün, ohne böse Menschen.
Gibt es in deinem Leben böse Menschen?
Karen: Die Welt scheint voller böser Menschen zu sein.
Sie glaubte tatsächlich, das sei in ihrem Leben der Fall. Wir verglichen noch eine Zeitlang diese Welt mit ihrem Planeten, wobei Karen viele ihrer wirklichen Gefühle offenbarte.

Sehr gute Anregungen zu Phantasieübungen gibt die Buchreihe *Making it Strange*. In diesen Büchern, die zu kreativem Schreiben anregen sollen, finden sich großartige Ideen für Phantasien. Ich habe sie nicht für Übungen zu kreativem Schreiben verwendet, sondern sie für meine Phantasiearbeit zurechtgestutzt. Eine Geschichte, mit der ich gerne arbeite, heißt *Sich Wehren*:

»Schreib eine Geschichte über ein kleines Boot, das in einen heftigen Sturm geraten ist. Der Wind bläst wie verrückt, und die Wellen peitschen gegen das kleine Boot. Versuch dir vorzustellen, du seist das Boot, und beschreibe, wie du dich fühlst. Verwende in deiner Geschichte Vergleiche, um genau zum Ausdruck zu bringen, was das für ein Gefühl ist, ein kleines Boot in einem heftigen Sturm zu sein.
Der Wind heult und stöhnt bei seinem Versuch, das winzige Boot zu versenken. Das Boot wehrt sich. Überleg dir, welchen Kampf es in der Tierwelt gibt, der mit dieser Situation Boot-im-Sturm zu vergleichen wäre. Schreib es hier auf:
Beschreibe, warum dieser Tierkampf der Boot-im-Sturm-Situation ähnlich ist.
Stell dir vor, du seist das winzige Boot. Schreib auf, was die verschiedenen Teile deines Körpers tun müssen, um gegen den Sturm anzukämpfen.
Wie lassen es dich die verschiedenen Teile deines Körpers wissen, ob du den Kampf gewinnen oder verlieren wirst?
Plötzlich unternimmt der Wind einen letzten Angriff auf das kleine Boot; dann läßt der Wind nach. Das Boot hat gewonnen! Welche Erfahrungen hast du in deinem wirklichen Leben gemacht, die dem Nachlassen des Windes und dem Sieg des kleinen Bootes ähnlich sind?
Stell dir vor, du seist das kleine Boot, das gerade den Sturm besiegt hat. Was empfindest du dem Sturm gegenüber?
Stell dir vor, du seist der starke Sturm, der noch nicht einmal

ein kleines Boot versenken kann. Was empfindest du dem Boot gegenüber?« (Buch 4, S. 37—43).

Mit dieser Geschichte läßt sich auf vielfältige Weise arbeiten. Ich bitte das Kind zum Beispiel (nach einer kurzen Meditations-Atemübung), sich einfach bei geschlossenen Augen vorzustellen, es sei ein kleines Boot in einem heftigen Sturm. Ich sage etwas über die Wellen und den Wind und den Kampf. Ich fordere das Kind auf, sich vorzustellen, es sei das Boot, dessen gewahr zu sein, was es als dieses Boot empfindet, was jetzt und was danach geschieht. Dann bitte ich es, sich selbst als dieses Boot im Sturm zu zeichnen. Diese Bilder offenbaren immer wieder eine ganze Menge über die Situation eines Kindes und wie es mit äußeren Mächten fertig wird.

Eine andere Übung, welche dieser Buchreihe entnommen ist, dreht sich um eine Spinne. Neben einem schönen ganzseitigen Photo von einem Spinnennetz liest man die Aufforderung, sich vorzustellen, man sei eine Spinne, die an einem regnerischen, stürmischen Tag versucht, ihr Netz zu spinnen. Diese Idee benutzte ich in einer Kindergruppe für eine Fortsetzungsgeschichte. Ich begann: »Es war einmal eine Spinne, die an einem regnerischen, stürmischen Tag versuchte, ein Netz zu spinnen. Da . . .« Und jedes Kind fügte der Reihe nach etwas zu dieser Geschichte hinzu. Als die Geschichte zu Ende war, bat ich die Kinder, »ihre« Spinne zu zeichnen.

Ein neunjähriger Junge diktierte mir folgende Sätze, die ich auf die Rückseite seines Bildes schrieb: »Ich heiße Irving. Mein Netz hat wegen des Regens eine ganze Menge Löcher, und der Regen gibt ihm viele verschiedene Farben. Weil die Leute bunte Kreide draufstreuen und auf das Haus auch. Das Netz wird blau. Es nimmt alle möglichen Farben an. Ich bin mit den Leuten zufrieden und habe sie gern, weil sie meinem Netz verschiedene Farben gegeben haben.« Im Laufe unserer gemeinsamen Arbeit an seinem Bild erzählte er uns, daß er sich in der letzten Zeit sehr glücklich fühle; alles entwickle sich sehr gut für ihn.

Ein elfjähriges Mädchen diktierte jedoch: »Ich bin sehr böse. Ich kann wegen dieses trüben und feuchten Wetters mein Netz nicht spinnen. Ich habe das Gefühl, daß ich mein Ziel einfach nicht erreichen kann. Ich komme mir wie ein richtiger Versager vor. Ganz gleich, wie sehr ich mich anstrenge, ich kann mein Netz nicht spinnen. Ich will aber auf keinen Fall aufgeben.« Sie bekannte sich bereitwillig zu ihrem Gefühl des Versagens und ließ uns alle in der Gruppe daran Anteil nehmen.

Jedes Bild und jede Geschichte waren einzigartig, aufschlußreich und bewegend. Einige Bemerkungen waren auch witzig. So sagte ein zehnjähriger Junge: »Wenn es nicht in ein paar Minuten aufhört zu regnen, werde ich meine Netze nehmen und nach Hause gehen.«

In einer anderen Gruppe bat ich die Kinder, sich mit geschlossenen Augen vorzustellen, jedes von ihnen sei eine Spinne, und das, was sie als diese Spinne, die im Regen ihr Netz spinnt, erlebten, den anderen laut mitzuteilen.

»Ich bin eine Spinne. Ich wohne nirgendwo. Ich ziehe gern durch die Gegend. Ich habe viele Freunde, heute wollte ich aber allein sein und niemanden um mich herum haben.«

»Ich bin eine Spinne. Ich krabbele gern die Blumen hoch. Ich mag Blumen und Vögel anschauen. Ich fühle mich in diesem Regen nicht wohl.«

»Ich bin eine Schwarze Witwe und beiße gerade einen Jungen.«

»Ich machte gerade einen Spaziergang. Ich versuchte eine Blume hochzukrabbeln, schaffte es aber nicht bis ganz oben. Ich fiel runter.«

Bei einer anderen Übung, bei der es um einen wegfliegenden Luftballon ging, zeichnete ein Mädchen einen Ballon, der gerade über eine Stadt fliegt, und sagte dazu: »Mir gefällt es hier oben; es macht Spaß«. Dann fügte sie hinzu: »Meine Mutter nörgelt dauernd an mir herum, aber ich möchte doch nicht so frei sein wie ein Ballon.« Ein anderes Mädchen zeichnete ein ähnliches Bild und sagte: »Ich bin weit weg von zu Hause, und das ist mir ganz recht.«

Es gibt jede Menge Anregungen zu Phantasieübungen. Im Literaturverzeichnis werden viele Bücher aufgeführt, denen man Material für Phantasieübungen entnehmen kann. Seit dem neu entstandenen großen Interesse an humanistischer Erziehung, an der Vermittlung von Werten und Lerninhalten, die nicht mehr nur leistungsorientiert sind, ist eine Fülle von Büchern zu diesen Themen veröffentlicht worden, die viele sehr gute Ideen enthalten. In dem Buch *Toward Humanistic Education* werden zum Beispiel einige Phantasiegeschichten beschrieben, die sich besonders gut für die Arbeit mit Heranwachsenden eignen.

Hier eine Phantasie, die mir gut gefällt: »Du bist sehr lange gelaufen. Du bist sehr, sehr müde. Du legst dich hin, um dich ein wenig auszuruhen, und schläfst ein. Wenn du aufwachst, stellst du fest, daß du gefangen bist. Wie bist du gefangen worden? Wo bist du gefangen worden? Was tust du?« Das Buch *Fantasy Encounter Group* von Dr. Herbert Otto enthält zahlreiche solcher Vorschläge, die man, wenn man sie etwas abändert, für verschiedene Altersstufen verwenden kann.

Manchmal fordere ich die Kinder auf, sich in ihrer Phantasie vorzustellen, sie seien ein Tier, und, je nach Alter, sich wie ein Tier zu bewegen und entsprechende Laute auszustoßen. Ich bitte dann jedes Kind, dieses Tier zu sein und etwas von sich zu erzählen, vielleicht eine Geschichte über sich zu erzählen.

Beim Phantasiespiel verwende ich hin und wieder einen großen, alten Schlüssel, mit dem ich dann ein Kind »aufziehe«, damit es alles mögliche tut. Das Kind kann dasselbe aber auch mit mir tun.

Ein Zauberstab erfüllt den gleichen Zweck.

Viele künstlerische Techniken eignen sich ausgezeichnet für solche Phantasieübungen. So lassen sich beispielsweise auf Fadenbildern oder Schmetterlingsbildern interessante tintenklecksähnliche Gebilde erkennen. Ich bitte die Kinder, diesen Bildern Titel zu geben, mir zu erzählen, was sie in den Bildern sehen, und zu dem, was sie in dem Bild entdeckt haben, sei es nun eine Form oder ein Gegenstand, eine Geschichte zu erfinden. In Büchern zur Vorschulerziehung findet man nicht nur Anleitungen zur Herstellung solcher Bilder, sondern auch viele andere gute Ideen. Es ist jammerschade, daß viele von uns schon so früh aufhören, sich kreativ zu betätigen.

Zu den künstlerischen Techniken, mit denen ich am erfolgreichsten arbeite, gehört das Herstellen von Bildern mit Autolackfarbe, die man in jedem Autozubehör- oder Farbengeschäft erhält. Und so gehen wir dabei vor: Zunächst brauchen wir einen Ort, an dem wir herumpanschen können. Dann legen wir den Boden gut mit Zeitungspapier aus. Zur Grundierung werden einige Löffel voll weißer Lackfarbe über eine ungefähr 15 × 25 cm große (oder auch größere) Preßplatte gekippt. Auf diese weiße Oberfläche läßt das Kind ein wenig andere Farbe tröpfeln, die es dann, indem es das Brett herumdreht, zu einem Muster verlaufen läßt. Dann wird dasselbe mit einer anderen Farbe gemacht, usw. Autolackfarbe trocknet sehr schnell und bildet eine runzlige Oberfläche, was ein Vorteil dieser Maltechnik ist. Die Farben vermischen sich nicht, wie das etwa bei Wasserfarben der Fall ist, und das Ergebnis sind strahlende, schöne, reine Bilder.

Wenn die Bilder fertig sind, stellen wir sie auf und treten zurück, um sie uns anzusehen. Die Kinder geben ihren wunderschönen

Werken dann Namen und erzählen mühelos irgendwelche phantasierten Geschichten über sie. Ein Bild sah zum Beispiel aus wie eine sehr schön farbig ausgemalte Höhle. Ich sagte zu dem Mädchen, das dieses Werk geschaffen hatte, es solle in seine Höhle hineingehen und uns erzählen, was es dort sehe und was dort geschehe. Diese Übung ist so befriedigend, daß sie selbst hyperaktiven oder »unkontrollierbaren« Kindern keinerlei Schwierigkeiten bereitet. Viele von ihnen haben niemals zuvor in ihrem Leben etwas so Schönes geschaffen und solche Befriedigung empfunden.

2 Zeichnen und Phantasie

Deine Welt — in Farben, Formen und Linien

Manchmal bitte ich die Kinder, sich ihre Welt auf dem Papier nur mit Hilfe von Formen, geraden und gebogenen Linien und Farben zu malen — ohne etwas Gegenständliches darzustellen. Ich sage dann etwa: »Schließ deine Augen und begib dich in deinen Raum. Sieh *deine Welt* — wie sieht sie aus? Wie würdest du sie darstellen, wenn du einfach nur Bögen, Linien und Formen verwenden könntest? Welche Farben gibt es in deiner Welt? Wieviel Raum würde jedes Ding auf deinem Bild einnehmen? Wo würdest du dich selbst in deinem Bild unterbringen?«

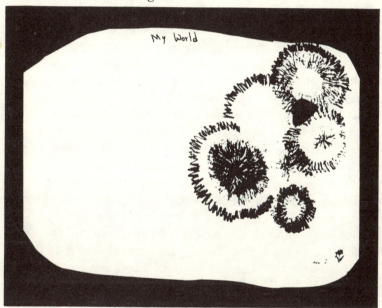

Susan, 13 Jahre alt, füllte ungefähr die Hälfte des Blattes mit ihrer Zeichnung aus und ließ die andere Hälfte frei. Sie benutzte viele verschiedene Pastellfarben und fügte hier und da dunkle Figuren ein. Ihr Bild bestand aus runden sonnenähnlichen Figuren mit einander berührenden Strahlen, in deren Zentrum sie mit Filzstift ein sehr dunkles, schwarz-rotes Dreieck setzte. Als Susan der Gruppe ihr Bild beschrieb, sagte sie, daß sie sich genau in der Mitte der

Formen befinde, die ihre Sorgen, ihre Enttäuschungen, ihre vergnüglichen Erlebnisse und ihre glücklichen Gefühle darstellten. Ihre Sorgen und Enttäuschungen waren in dunklen Farben wiedergegeben.

Kind: Könntest du uns etwas von deinen Enttäuschungen erzählen?

Susan: Nein, jetzt lieber nicht, aber ich weiß genau, welche das sind.

Kind: Bist du über irgendeinen von uns enttäuscht?

Susan: Nun . . . ja. (Susan erzählte nun, daß sie sich über einen der Jungen in der Gruppe geärgert habe, der etwas Verletzendes zu ihr gesagt hatte, was sie aber für sich behalten hatte. Sie sprachen eine Weile darüber — sie und der Junge —, und damit schien die Sache erledigt zu sein.)

Willst du vielleicht dir, dem schwarz-roten Dreieck, eine Stimme geben und zu deinen anderen Teilen sprechen?

Susan: Ja, natürlich. Ich bin Susan, und ich bin hier genau in eurer Mitte. Manchmal bin ich mitten in Sorgen und Enttäuschungen und fühle mich schrecklich, und manchmal bin ich mitten in lustigen und fröhlichen Dingen und fühle mich wohl.

Was kannst du zu deinen Sorgen und Enttäuschungen sagen?

Susan: Ich mag es nicht, wenn ihr da seid. Ich mag nicht mit euch sprechen. Ich wünschte, ihr würdet nie auftauchen. Aber ihr seid manchmal einfach da, und ich kann euch nicht daran hindern. Ich muß aber nicht über euch sprechen, wenn ich nicht will!

Ich weiß, Susan, daß du dich wegen deiner Sorgen und Enttäuschungen schrecklich fühlst. Es ist in Ordnung, wenn du jetzt nicht über sie sprechen möchtest. Ich bin froh, daß du Jimmy von deiner Enttäuschung erzählt hast. Welche war das auf deinem Bild?

Susan: Diese hier. (Sie streicht eine Figur mit einem großen schwarzen X aus. Eine Sorge weniger.)

Möchtest du jetzt noch eine andere Sorge oder Enttäuschung sein und sie sprechen lassen?

Susan: Nein.

Gut. Was kannst du zu deinen vergnüglichen Erlebnissen und glücklichen Gefühlen sagen?

Susan: Ich habe euch wirklich gern. Ich fühle mich gerne wohl und habe gerne Spaß. (Sich wohlzufühlen und Spaß zu haben waren für Susan *neue* Erfahrungen.)

Ich sehe, daß du eine ganze Menge davon in deiner Welt hast.
Susan: Ja! Früher war ich immer sehr unglücklich. Aber jetzt habe ich wirklich viel Spaß und fühle mich sehr wohl.

Möchtest du eines deiner glücklichen Erlebnisse oder Gefühle sein? (Bereitwillig erzählt Susan von den Dingen, die sie gerne tut, und wie sie sich dabei fühlt.)

Gibt es hier (ich deute auf ihr Bild) in deiner glücklichen Welt irgend jemanden?

Susan: Klar. Das ist meine beste Freundin. Und das ist ein Lehrer, den ich in diesem Jahr sehr gern habe. Und das ist meine Mutter, die mich nicht mehr so oft anschreit, und das ist mein Vater (ein Alkoholiker), der sich wirklich große Mühe gibt, sich zu bessern, genau wie ich, und das ist meine Schwester, die gar nicht so ein Scheusal ist (an dieser Stelle zwinkerte sie ihrer Schwester, die auch an der Gruppe teilnahm, heftig zu), und das ist die ganze Gruppe, und das sind Sie!

Möchtest du uns etwas über die leere Fläche auf deinem Bild erzählen? (Alles befand sich ja auf der einen Seite ihres Bildes.

Susan: Das ist für mein Leben, in das ich hineinwachsen werde. Da ich nicht weiß, wie es sein wird, habe ich dort nichts hingemalt.

Dort ist viel Platz — für alles mögliche.

Susan: Stimmt!

Dies scheint mir ein gutes Beispiel dafür zu sein, wie wichtig es ist, keine Interpretationen zu geben. Als ich mir Susans Bild ansah und feststellte, daß sie alles auf die eine Seite des Papiers gequetscht und eine große Fläche einfach weiß gelassen hatte, hätte ich mir sagen können: »Aha — das Kind ist offensichtlich befangen und gehemmt. Es ist ängstlich und verschließt sich, oder es ist irgendwie unausgeglichen.« Jede dieser Interpretationen hätte richtig sein können — auch andere Interpretationen wären möglicherweise zutreffend gewesen. Vielleicht hatte Susan, als sie ihre Welt malte, tatsächlich das Gefühl, verschlossen und gehemmt zu sein. Vielleicht empfand Susan ihre Welt als eng, eingeschränkt und begrenzt. Ich kann das nicht mit Sicherheit sagen; ich weiß aber, daß Susan, nachdem sie sich ihre Welt vorgestellt, sie gezeichnet und ausführlich mit uns über ihr Bild gesprochen hatte, in der Lage war, ihre weite, weiße Fläche zu betrachten und zu erkennen, daß sie noch einiges in ihrem Leben vor sich hatte. Ich hatte das Gefühl, daß ihre Äußerung, aber auch ihre Stimme und ihr Gesichtsausdruck, Optimismus, Hoffnung, Hinwendung zum Leben erkennen ließen.

Noch eine Bemerkung zu meiner Arbeit mit Susan: Jetzt, da ich diesen Abschnitt noch einmal lese, kommt mir der Gedanke, daß ich mich vielleicht noch etwas länger bei Susans »Dreiecks«-Selbst hätte aufhalten, etwas tiefer in sie dringen und ihre Erfahrung mit sich selbst hätte mehr ergründen sollen. Ich hätte zu ihr sagen können: »Sei dieser Teil deines Bildes, dieses Dreieck, und beschreibe dich.« Ich hätte sie bitten sollen, die dunkle Linie zu sein, die das Dreieck umgab. »Sei diese Grenze und sag uns, was du tust.« Vielleicht hätte sie darüber gesprochen, wie sie sich in ihrer Welt schützt (eine Interpretation). Ich hätte sie auffordern sollen, der Kern, das Zentrum ihrer selbst zu sein, das für mich so aussah, als ob es glühend und voller Energie sei. Ich hätte auch noch die Ecken des Dreiecks erforschen können. Jetzt, nachträglich, läßt sich jedoch nicht mehr feststellen, wie nützlich das gewesen wäre. Es sieht jedoch so aus, als ob ich damit Susans Selbstgefühl hätte stärken können.

Tommy, neun Jahre alt, malte eine Reihe von Bögen, die wie Hügel aussahen, und ließ eine riesige, lachende Sonne hinter den Hügeln hervorkommen. Er sagte uns, er sei ein kleiner Punkt ganz unten hinter einem dunklen Hügel. Einige Hügel hatte er in leuchtenden Farben gemalt, andere wieder waren dunkel. Er hatte Filzstifte, Pastellstifte, Kreide und Buntstifte benutzt und damit ganz unterschiedliche Wirkungen erzielt. Er sagte: »Ich bin ganz unten an den Hügeln und muß sie hinaufklettern. Das ist nicht einfach. Manche Hügel sind schön, und manche sind schwierig. Auf einigen Hügeln kann ich auch ausruhen und spielen. Ich versuche, auf den Gipfel zu kommen, dahin, wo die Sonne ist. Das wird lange dauern.«

Ich bat ihn, die Sonne zu sein und zu dem kleinen Punkt zu sprechen.

Tommy (Sonne): Ich sehe dich da unten. Du hast noch einen weiten Weg vor dir. Du wirst es aber schaffen. Ich bin immer hier.

Tommy (Punkt): Ich versuche es. Es sieht so aus, als ob es ein weiter Weg wäre. Ich sehe dich da oben, und du wärmst mich. Ich werde es weiter versuchen.

Diese Art, innersten Gefühlen Ausdruck zu geben, bietet viele Ansatzpunkte für produktive therapeutische Arbeit. Das Bild selbst sagt viel aus über das, was in Tommy vorgeht. Wenn wir mit

diesem Bild arbeiten, dann bitte ich ihn beispielsweise, sich ausführlich zu jedem seiner Hügel zu äußern, zu erzählen, wie er sich selbst als kleinen Punkt hinter einem Hügel erlebt, was das für ein Gefühl ist, die Sonne zu sein, und ich bin jedesmal von den tiefen Gefühlen und der Einsicht beeindruckt, die kleine Kinder ausdrücken können. Tommys Weisheit bewegt mich heute, da ich über dieses Ereignis schreibe, das bereits fünf Jahre zurückliegt, ebenso wie damals, als ich sie zum ersten Mal vernahm.

Drei Monate nach dieser Sitzung arbeitete dieselbe Gruppe mit Ton. Ich sagte den Kindern, sie sollten irgendein abstraktes Gebilde formen, das ihre gegenwärtige Welt darstelle, und sich selbst dieser Welt in Form eines Symbols zuordnen. Tommy knetete eine große dreieckige Form, auf deren Spitze eine kleine Kugel saß. Er beschrieb seine Welt aus Ton, seine Gefühle während des Arbeitens, und schloß mit folgenden Worten: »Und diese kleine Kugel hier oben bin ich.« Sofort fiel einem der Kinder das Bild ein, das er zuvor gemalt hatte, und es erinnerte ihn daran. Tommys Gesicht strahlte, als er sagte: »Mann! Ich glaube, ich habe doch nicht solange gebraucht, um raufzukommen!« Diese Bemerkung beeindruckte mich stark, weil sie überzeugend zum Ausdruck brachte, daß Tommy dabei war, ein positiveres Selbstbild zu entwickeln. Tommy ist der Junge, der im Zusammenhang mit der weiter oben beschriebenen Höhlenphantasie die Weihnachtsszene zeichnete, bei der es darum ging, Aufmerksamkeit zu erhalten.

Im Verlauf einer Einzelsitzung bat ich einen vierzehnjährigen Jungen, die Augen zu schließen und sich seine Welt in Farben, Linien und Formen vorzustellen. Dann forderte ich ihn auf, das zu zeichnen, was er vor seinem inneren Auge gesehen hatte: »Zeichne nichts Gegenständliches, sondern nimm einfach Formen und Farben, die zu deiner Welt passen. Wirst du dunkle oder helle Farben verwenden? Wie sieht deine Welt aus?« Er zeichnete einen großen blauen Kasten, dessen Inneres mit kräftigen farbigen Linien ausgeschmückt war.

Jim: Mein Bild besteht aus einem großen Kasten und vielen bunten, gebogenen Linien. Ich weiß nicht, was das bedeutet. Ich habe das einfach so dahingezeichnet.

Das ist schon in Ordnung. Ich möchte gern, daß du dir vorstellst, du seist diese dunkelblaue Linie, die den Kasten bildet, und zu dem sprichst, was *in* der Kiste ist.

Jim: Ich bin eine große Kiste, die euch umschließt, und ich werde euch hier drin festhalten.

Nun laß diese Linien auf das, was die Kiste gesagt hat, antworten — was sind das für Linien? Was sagen sie zu der Kiste?

Jim: Ach, wir sind ein paar helle, gebogene Linien. Wir sind wirklich glücklich und rennen gerne herum, aber wir können nicht aus dir raus, weil du uns nicht läßt.

Was ist diese kräftige Linie? Was könnte das in deinem Leben sein? Gibt es in deinem Leben irgend etwas, das dich davon abhält, zu tun, was du tun möchtest?

Jim: Nun, ja, meine Eltern lassen mich nicht. Und bei meinem Vater darf ich vieles nicht. (Dann sprach er über einige Dinge, die er gerne tun würde, und deutete dabei auf den Bereich seines Bildes, der sich außerhalb des Kastens befand.) Er läßt mich nicht in diese irgendwie furchteinflößenden Bereiche hier oben eindringen.

Stell dir vor, dein Vater säße hier drüben, und sag ihm das. Dein Vater ist dieses Kissen hier.

Jim: Nun, eigentlich bin ich ganz froh, daß du mich nicht rausläßt. Irgendwie habe ich Angst. (Er sprach immer noch als die Linien, die sich in dem Kasten befanden, und machte ein ganz verdutztes Gesicht.)

Sei nun das, was sich außerhalb der Kiste befindet, und sag, was du bist.

Jim (zeichnet ein paar Linien in den die Kiste umgebenden Raum): Ich bin ein paar Linien hier draußen, außerhalb der dunklen Linie. Jim glaubt, er möchte das tun, was ich bin, in Wirklichkeit hat er aber Angst. Ich bin das, wozu die Kinder in der Schule ihn gerne überreden würden, was ihm sein Vater aber nicht erlaubt, und das ist gut so. Er könnte sich verletzen oder in Schwierigkeiten geraten. (Dann fügte er hinzu und sah mich dabei ganz erstaunt an:) Ich glaube, ich bin froh, daß ich diese Grenze um mich herum habe. Meine Linien hier drinnen sind glücklich! Ich mag diese Grenze.

Familienzeichnungen

Eine sehr aufschlußreiche Übung besteht darin, die Kinder Zeichnungen anfertigen zu lassen, in denen sie ihre Familienmitglieder als Symbole oder Tiere darstellen. »Schließt eure Augen und begebt euch in euren Raum. Denkt nun an alle, die zu eurer Familie gehören. Wenn ihr sie jetzt auf einem Blatt Papier als das darstellen solltet, woran sie euch erinnern, nicht als die Leute, die sie in Wirklichkeit sind, was wäre das? Wenn euch irgend jemand in eurer Familie an einen Schmetterling erinnert, weil er so herumflattert, würdet ihr ihn dann als Schmetterling darstellen? Vielleicht erinnert euch aber auch jemand an einen Kreis, weil er ständig um euch herum ist. Beginnt mit der Person, an die ihr zuerst denkt. Wenn ihr nicht weiter wißt, dann schließt eure Augen wieder und begebt euch wieder in euren Raum. Ihr könnt Farbkleckse, Formen, Gegenstände, Tiere, alles, was euch einfällt, verwenden.«

Ein elfjähriger Junge zeichnete ein Bild, auf dem er seine Familienmitglieder als verschiedene Symbole darstellte. Dazu sagte er (die in Klammern hinzugefügten Erläuterungen stammen von mir, auch beim folgenden Beispiel): »Ich befinde mich in einem Käfig und werde in der Mitte gefangengehalten (ein grüner Seestern in einem kastenähnlichen Gebilde). Mein Bruder (16 Jahre) denkt, er sei die Nummer eins (ein großer rosaroter Kreis mit einer riesigen Eins in der Mitte). Meine Schwester (12 Jahre) hält sich einfach für toll — sie täuscht jeden, nur mich nicht (ein blauer Kreis, in der Mitte ein rotes Herz, aus dem überall Klauen herausragen). Meine Mutti ist lieb (eine Blume). Papa habe ich als Gehirn dargestellt, weil er glaubt, er wisse alles. Donna (8 Jahre) ist lieb: sie beschimpft mich nicht (ein blaurosa Schmetterling). Mein Bruder (10 Jahre) schiebt immer die Schuld auf mich. Er stellt irgend etwas an, lächelt aber die ganze Zeit dabei, so daß keiner merkt, daß er es getan hat, und deshalb wird er nie erwischt (ein leeres, lächelndes Gesicht). Mutti habe ich am liebsten. Alle sagen mir, was ich tun soll, hacken auf mir herum, geben mir die Schuld. Ich werde in der Mitte gefangengehalten«.

Ein fünfzehnjähriges Mädchen kommentierte ihr Bild folgendermaßen: »Ich habe ein sehr enges Verhältnis zu meiner Mutter (ein Herz, das von einem Pfeil durchbohrt wird); sie ist manchmal zu nett. Sie gibt zu leicht nach. Ich glaube, sie zieht mich vor. Sie nimmt mich zum Einkaufen mit und kauft mir irgendwelche Sachen. Ich weiß nicht, wie meine Geschwister darüber denken (ein Bruder, 11 Jahre, und eine Schwester, 13 Jahre). Mein Bruder ist eine Bowling-Kugel, weil er in der letzten Zeit nur noch vom Bowling spricht. Meine Schwester besteht nur aus Bonbons und Kaugummi. Sie ißt zuviel. Mein Vater ist eine leuchtende Glühbirne – er steckt voller

Ideen. Ich bin Wellen, weil ich gerne schwimme. Mein Vater läßt mich zwar immer ausreden, aber wir streiten uns dauernd — er scheint nie zu verstehen, was ich eigentlich sagen will.« Ihr Bild war in einer Sitzung entstanden, an der die ganze Familie teilnahm und in deren Verlauf alle Familienmitglieder Bilder zeichneten und miteinander in einer Weise über sich und ihre Bilder sprachen, wie sie es nie zuvor getan hatten.

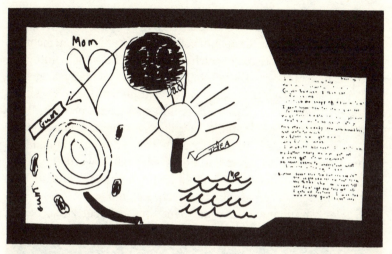

Der elfjährige Bruder dieses Mädchens meinte im Anschluß an das, was seine Schwester gesagt hatte: »Ja, einmal hat sie Papa ihre Meinung gesagt, und er hat sie dafür gelobt, und nun glaubt sie, sie könne immer sagen, was sie denkt, und sie streiten sich dauernd. Mir wäre es lieber, sie würde manchmal den Mund halten.« Der Bruder, der Konflikten aus dem Weg ging, sagte zu seinem Bild: »Ich bin eine Hummel und sitze auf meiner Lieblingsblume. Meine Schwestern sind Schmetterlinge. Meine Eltern sind Vögel. Alles bewegt sich — ich mag Dinge, die sich bewegen. Alles ist glücklich, strahlt, fließt. (Auf seinem Bild waren viele farbenprächtige, fließende Linien zu sehen.) Die Sonne raucht eine Pfeife — wie Papa. Sie sagt: ›Ich mag eure Familie dort unten!‹ Alles geht jetzt viel besser, weil Papa nicht mehr trinkt. Wir kommen jetzt alle viel besser miteinander zurecht. Diese Woche haben wir Kinder uns kein *einziges* Mal gestritten. Ich habe seit vier Monaten nichts mehr gestohlen, weil es einfach zu nichts führt. Ich gerate zwar immer noch manchmal in Schwierigkeiten, aber nur noch wegen Kleinigkeiten.

Ich möchte gern in Frieden leben, ich möchte, daß alles friedlich ist. Ich mag keinen Streit.«

Bei dieser Übung ändere ich meine Instruktionen an das Kind je nach Bedarf ab. Das eine Kind bitte ich beispielsweise, falls es in seiner Beschreibung noch nicht auf die einzelnen, im Bild dargestellten Personen eingegangen ist, sich kurz zu jeder Person zu äußern; ein anderes fordere ich auf, zu jeder im Bild dargestellten Person etwas zu sagen oder jede Person zu ihm selbst sprechen zu lassen; einem dritten gebe ich genauere Instruktionen, was es sagen soll: »Sage jedem, was dir an ihm gefällt und was dir an ihm nicht gefällt.« Manchmal bitte ich es auch, jeweils zwei Symbole miteinander sprechen zu lassen. Diese Übung bringt so viel Material ans Tageslicht, daß es mich manchmal regelrecht überwältigt. Es ist viel sicherer und einfacher, durch Bilder miteinander zu sprechen als direkt mit den anderen Familienmitgliedern oder mit mir in einer Einzelsitzung. Diese Übung (aber auch jede andere hier behandelte Übung) kann im übrigen jeden Monat wiederholt werden, und jedesmal werden dabei neue Gefühle und neues Material zum Vorschein kommen. Interessant ist es auch, sich hin und wieder die alten Bilder vorzunehmen und mit dem Kind darüber zu sprechen, was an ihnen noch immer gültig ist und was sich verändert hat.

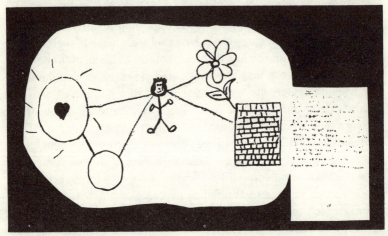

Ein dreizehnjähriges Mädchen: »Papa ist am nettesten — ich habe ihn am liebsten. Ich bin mit ihm verbunden (runder Kreis mit Herz in der Mitte), ich bin rund, damit ich so bin wie er (sie ist ein Kreis, den eine Linie mit ihrem Vater verbindet), aber auch, weil ich mich dick finde. Mutti ist ganz süß (eine rosa Blume). Mein Bruder ist in der Mitte und mit jedem verbunden. Er bemüht sich, mit jedem gut auszukommen. Mutti hat ein besseres Verhältnis zu meiner Schwester — deshalb sind sie miteinander verbunden. Meine Schwester ist eine Backsteinmauer (Bild einer Backsteinmauer), weil ich nicht an sie herankommen kann. Ich habe die Mauer blau gemalt, weil das ihre Lieblingsfarbe ist und ich nett zu ihr sein wollte. Ich wünschte, wir könnten uns näher sein.«

Im Verlauf einer Familiensitzung wenden wir uns oft vom Bild der Person zu. In diesem Fall bat ich also das Mädchen, sich direkt an seine Schwester zu wenden und ihr zu sagen, daß es ihr gerne näherkommen würde. Die Antwort der Schwester: »Es gibt nicht viel Gemeinsames zwischen uns.« Das war der Anfang. Während einer späteren Sitzung, in der dieselbe Familie ähnliche Zeichnungen anfertigte, zeichnete die Dreizehnjährige eine Wand, in der sich ein Loch befand, und sagte dazu: »Ich stoße langsam durch.«

Ein elfjähriges Mädchen stellte seine Familie einfach als Farbkleckse dar und schlüsselte in einer Ecke des Bildes die Bedeutung der einzelnen Farben auf. Jede Farbe bedeutete etwas anderes für das Mädchen — die eine war seine Lieblingsfarbe, die andere eine traurige Farbe usw. Auf diese Idee war es ganz von selbst gekommen, und ich habe seine Ideen dann für meine Arbeit mit anderen Kindern übernommen. Andere Kinder verwenden zur Darstellung ihrer Familie Formen — Quadrate, Kreise usw. — statt Farben.

Obwohl die meisten Kinder das Wort »Symbol« nicht verstehen, erfassen sie erstaunlicherweise die Bedeutung dieses Wortes. Ich benutze häufig das Wort »Symbol« in meinen Instruktionen und verdeutliche dann anhand mehrerer Beispiele, was ich damit meine.

Manchmal bitte ich die Kinder auch, mit Hilfe von Symbolen ihre Idealfamilie darzustellen. Ein dreizehnjähriges Mädchen benutzte für die Darstellung seiner Familie nichts weiter als Kreise, Dreiekke, Punkte und Sterne. »Mein Vater ist das orangerote Dreieck. Ich habe ihn am liebsten, obwohl er nicht mehr bei uns lebt. Ich bin gern mit ihm zusammen. Seitdem er nicht mehr mit meiner Mutti zusammenlebt, ist er viel netter. Mit meiner Schwester und meiner Mutti streite ich mich oft. Wir streiten und zanken uns die ganze Zeit. Wir sind ständig hintereinander her. Meine Idealfamilie ist diese Blume hier. Ich bin der orangerote Fleck in der Mitte.« All dies erfuhren wir, während es die Formen in seinem Bild erklärte und beim Sprechen auf sie deutete. Es gab die Informationen knapp und bündig — »So ist das nun einmal.«

Bittet man kleinere Kinder (unter acht Jahren), ihre Familie zu zeichnen, so ziehen diese es in der Regel vor, Personen als Personen darzustellen (obwohl sie manchmal auch bereit sind, Tiere zu zeichnen). Ein Bild von der Familie zeichnen zu lassen, gehört zu den traditionellen psychodiagnostischen Verfahren in der Kindertherapie, und ganz sicher kann man mit Hilfe eines solchen Bildes viel über ein Kind erfahren. Noch sinnvoller und nützlicher ist es aber, die so gewonnenen Informationen in die therapeutische Arbeit mit einzubeziehen.

Ein siebenjähriges Mädchen, das ich gebeten hatte, seine Familie zu zeichnen, machte seiner Meinung nach dauernd »alles falsch«. Es zeichnete die Mutter größer als den Vater und sagte: »Ach, das ist ja falsch, meine Mutter ist kleiner als mein Vater.« Dann schrieb es Namen über jede Figur und schrieb »Mutti« über seinen »Papa«. Hierauf strich es das Wort durch und sagte: »Ach, Papa.« Zuerst zeichnete es seinen Vater so, daß er beide Arme hinter seinem Rücken hielt. Dann veränderte es die Armhaltung, so daß der Vater nun seinen Arm nach dem Arm der Mutter ausstreckte (den diese hinter ihrem Rücken hielt), und sagte: »Mein Vater sollte den Arm meiner Mutter halten. So sollte das sein.« Mir war mittlerweile klar geworden, daß irgend etwas mit den Gefühlen dieses Mädchens seinem Vater gegenüber nicht stimmte. Also mußte ich einige der nächsten Sitzungen darauf verwenden, es dazu zu bringen, diese Gefühle zum Ausdruck zu bringen. Dann zeichnete es ein Bild, auf dem ein sieben Monate altes Baby, in einiger Entfernung davon das Mädchen selbst, seine Mutter und sein Vater zu sehen waren. Alle drei standen sie nun dicht beieinander und berührten sich. Nur das Baby war ganz für sich, und sein Mund war rund, als ob er offen stünde. Das Mädchen und seine Mutter lächelten, sein Vater machte aber ein ziemlich grimmiges Gesicht. Ich fragte: »Weint das Baby?« Laura antwortete: »Ja.«

Warum weint das Baby?

Laura: Nun, weil ich es nicht an der Hand halte.

Dann zeichnete Laura ein Haus um die ganze Familie herum — einschließlich des Babys:

Bist du froh, daß das Baby dort in dem Haus ist?

Laura: O ja. Ich habe das Baby wirklich gern. Es hat mich auch gern.

Bist du manchmal froh, wenn das Baby nicht da ist? (Jetzt, beim Schreiben, kommt mir diese Frage merkwürdig vor, Laura schien jedoch den Sinn der Frage verstanden zu haben.)

Laura: Manchmal wäre es mir lieber, wenn es gar nicht auf die Welt gekommen wäre!

Dann erzählte sie mir, daß ihre Mutter ihr manchmal erlaube, das Baby zu halten und auf es aufzupassen, daß es ihr manchmal aber auch auf die Nerven gehe. Sie brachte ihre Gefühle immer offener zum Ausdruck und fühlte sich immer wohler bei dem Gedanken, daß sie sowohl positive wie negative Gefühle dem Baby gegenüber empfinden durfte.

Ganz ähnlich erging es einem fünfjährigen Jungen. Ich bat ihn, das Baby in seinem Bild zu sein.

Jimmy: Bäh, Bäh!

Wann weint das Baby?

Jimmy: Nachts, und ich kann nicht schlafen.

Das muß dich sehr ärgern.

Jimmy: Hmm, ich kann nicht schlafen, und ich bin müde.

Weiß deine Mutter davon?

Jimmy: Nein, meine Mutter weiß nichts davon.

Dann machte er seiner Wut auf seine Mutter Luft, die, wie er glaubte, keine Ahnung hatte, wie sehr das Baby sein Leben beeinträchtigte. Mir hatte die Mutter erzählt: »Er liebt das Baby. Er ist überhaupt nicht eifersüchtig.« Er hat das Baby *wirklich* gern, das Baby nimmt aber seine Mutter voll in Anspruch, weckt ihn nachts und macht ihn wütend. Irgendwie war er nicht imstande oder nicht bereit, diese Gefühle seiner Mutter gegenüber direkt und offen zu äußern. Deshalb verlieh er ihnen auf andere Weise Ausdruck: indem er das Bett näßte und in der Schule den Unterricht störte. Ich bat ihn, zu seiner Mutter und zum Baby im Bild zu sprechen, und, nachdem er seinen Gefühlen Luft gemacht hatte, erzählte er mir, worauf er stolz war: Er werde diesem Baby eine ganze Menge beibringen; immerhin sei er der große Bruder des Babys!

Ein achtjähriger Junge, ein kleiner Brandstifter, zeichnete ein Bild von seiner Familie, auf dem sich seine Mutter, sein Vater und seine Schwester zusammen auf einer Seite befanden, er selbst aber weit von ihnen entfernt am anderen Ende des Blattes zu sehen war.

Wenn ich ein solches Bild sehe, kann ich natürlich meine Schlüsse daraus ziehen. Aber selbst wenn meine Schlußfolgerungen richtig sind, nützt es dem Kind gar nichts, wenn ich lediglich einen Bericht darüber schreibe. Gelingt es mir aber, das Kind soweit zu bringen, seine Gefühle und Eindrücke von dem, was in seiner Familie los ist, zum Ausdruck zu bringen, dann sind wir bereits dabei, die Situation zu bewältigen. Nachdem Lance sein Bild beschrieben und mir erzählt hatte, wer die dargestellten Personen seien, bat ich ihn, mir über jede Person etwas zu erzählen — was sie so den ganzen Tag über treibe und was sie am liebsten tue. Dann sagte ich: »Du scheinst in deinem Bild sehr weit vom Rest deiner Familie entfernt zu sein.«

Er antwortete: »Ich hatte auf dieser Seite keinen Platz mehr für mich.« »Oh«, sagte ich, »und ich dachte, daß du bei deiner Familie vielleicht manchmal genau das gleiche Gefühl hast, nämlich weit weg von ihr zu sein.«

»Naja, manchmal schon. Ich glaube, sie kümmern sich mehr um meine Schwester als um mich. Mich schreien sie immer bei allem gleich an, es ist also völlig egal, was ich mache.«

Dies war der Beginn vieler Gespräche über das, was ihn beschäftigte. Später, als ich mit der ganzen Familie arbeitete, brachte ich seine Gefühle (mit Lances Erlaubnis) zur Sprache. Keines der Familienmitglieder hatte bis dahin auch nur die geringste Ahnung davon gehabt, was dieses Kind bewegte. Früher war Lance nicht imstande gewesen, ernsthaft über das zu sprechen, was er in ihrer Gegenwart empfand; vielleicht war er seiner Gefühle nicht einmal gewahr. Von Erwachsenen hören wir oft: »Ich muß mir über meine Gefühle klar werden.« Aber auch Kinder geraten manchmal durcheinander und sind verwirrt.

Der Rosenbusch

Das Buch *Die Kunst der Wahrnehmung: Übungen der Gestalttherapie* enthält einige wunderschöne Phantasien, zu denen sich gut Zeichnungen anfertigen lassen. Eine Phantasie, die ich schon oft verwendet habe, ist die »Rosenbusch-Phantasie«. Ich bitte die Kinder, ihre Augen zu schließen, sich in ihren Raum zu begeben und sich vorzustellen, sie seien ein Rosenbusch. Wenn ich diese Phantasieübung mit Kindern mache, gebe ich ihnen viele Hilfen und Anregungen. Ich glaube, daß Kinder, besonders dann, wenn sie defensiv und gehemmt sind, diese Anregungen brauchen, um sich kreativer Assoziation öffnen zu können. Sie werden die Anregung aufgreifen, die am besten zu ihnen paßt, oder sie werden feststellen, daß ihnen viele andere Möglichkeiten selbst einfallen.

»Was für eine Art Rosenbusch seid ihr? Seid ihr sehr klein? Seid ihr groß? Seid ihr dick? Seid ihr dünn? Tragt ihr Blüten? Wie sehen sie aus? (Es müssen nicht unbedingt Rosen sein.) Welche Farbe haben eure Blüten? Tragt ihr viele Blüten oder nur wenige? Steht ihr in voller Blüte, oder habt ihr nur Knospen? Habt ihr Blätter? Wie sehen sie aus? Wie sind eure Stämme und Äste? Wie sind eure Wurzeln? . . . Oder vielleicht habt ihr gar keine. Falls ihr welche habt, sind sie lang und gerade? Oder gekrümmt? Reichen sie tief hinab? Habt ihr Dornen? Wo befindet ihr euch? In einem Garten? In einem Park? In der Wüste? In der Stadt? Auf dem Land? Mitten im Meer? Wachst ihr in einem Topf oder im Boden oder durch Zement hindurch oder vielleicht sogar irgendwo in einem Haus? Was ist um euch herum? Gibt es andere Blumen, oder seid ihr allein? Gibt es Bäume? Tiere? Menschen? Vögel? Seht ihr wie ein Rosenbusch oder wie etwas anderes aus? Umgibt euch irgend etwas, zum Beispiel ein Zaun? Wenn ja, wie sieht er aus? Oder befindet ihr euch auf einer freien Fläche? Was ist das für ein Gefühl, ein Rosenbusch zu sein?

Wie bleibt ihr am Leben? Kümmert sich jemand um euch? Wie ist das Wetter im Augenblick?«

Wenn die Kinder bereit sind, bitte ich sie, ihre Augen zu öffnen und ihren Rosenbusch zu zeichnen. Im allgemeinen füge ich hinzu: »Macht euch keine Sorgen wegen des Zeichnens; ihr könnt mir euer Bild ja erklären.« Später, wenn mir das Kind sein Bild erläutert, schreibe ich seine Erklärung auf. Ich bitte das Kind, den Rosenbusch in der Gegenwartsform zu beschreiben, so, als ob es selbst der Rosenstrauch wäre. Manchmal frage ich zum Beispiel: »Wer kümmert sich um dich?« Nachdem das Kind sein Bild beschrieben hat, lese ich ihm jede seiner Äußerungen noch einmal vor und frage es, ob das, was es als Rosenbusch gesagt hat, in irgendeiner Weise auch auf sein eigenes Leben zutrifft.

Carol, zehn Jahre alt, sagte von ihrem Rosenbusch: »Ich fange gerade an zu blühen. Ich habe ganz verschiedene Farben, ich bin nämlich ein Zauberbusch. Meine Wurzeln sind lang und kurz und ineinander verschlungen. Da ich ein Zauberbusch bin, brauche ich niemanden, der mir hilft. Wenn ich durstig bin, lasse ich es regnen, und ich lasse die Sonne wieder scheinen, wenn es lange genug geregnet hat. Ich habe verschiedenfarbige Knospen an meinen Blättern. Ich wachse an einem ganz besonderen Ort, an dem es grün und sehr sonnig ist. Ich stehe alleine; Gras, Sonne, Luft, Wind, Himmel sind meine Freunde. Heute ist blauer Himmel, und es ist schön und sonnig. Ich habe keine Dornen, die einen verletzen können. Ich werde nie sterben.«

Als ich ihr jede ihrer Aussagen wieder vorlas, sagte Carol von sich selbst: »Ich fange gerade an zu wachsen. Manchmal brauche ich niemanden, der mir hilft. Manchmal fühle ich mich einsam. Ich weiß, daß ich sterben werde.« Vieles von dem, was Carol als Rosenbusch sagte, schien mir, da ich sie sehr gut kannte, äußerst bedeutsam. Wir sprachen aber über das, was *ihr* besonders wichtig war. Ich hätte sie, falls ich es nötig gefunden hätte, behutsam dazu bringen können, von anderen Dingen zu sprechen, zum Beispiel von ihrem Gefühl oder ihrem Wunsch, zaubern zu können. Vielleicht hätte sie gar nicht darüber sprechen wollen, auch das wäre ganz in Ordnung gewesen. So aber sprach sie bereitwillig über Dinge, die ihr selbst wichtig erschienen.

Der neunjährige David sagte als Rosenbusch: »Ich bin zwar klein, für einen Rosenbusch aber groß genug. Die Leute kümmern sich sehr gut um mich und geben mir viel Wasser. Ich habe keine Dornen; ich mag die Leute nicht stechen, außer wenn sie mir wehtun, wie mein Bruder. Eine meiner Rosenblüten ist abgefallen. Meine Wurzeln sind klein, halten mich aber aufrecht. Es sind keine anderen Pflanzen da; die Leute pflanzen sie an anderen Stellen. Um mich herum ist ein hoher Zaun, damit mein Bruder nicht an mich herankommt; ich werde meinen Bruder nicht in die Nähe des Rosenbuschs kommen lassen! Die Zweige sind so gewachsen, daß sie meinen Namen bilden. Einige Rosen sind Herzen; eins wird von einem Pfeil durchbohrt. Es gefällt mir, ein Rosenbusch zu sein. Es fällt kein Schnee auf mich. Ich habe viele Blätter an meinen Ästen, aber nicht an meinen Rosen.« (Davids Bild siehe S. 52)

Vieles von dem, was David als Rosenbusch sagte, galt auch für ihn selbst. Auf seinen Bruder war er sehr böse, was immer wieder in unserer gemeinsamen Arbeit zum Ausdruck kam. Auch an seinen Eltern hatte er vieles auszusetzen, aber jetzt, als Rosenbusch, konnte er auf einmal spüren, daß »die Leute (seine Eltern) sich sehr gut um mich kümmern«. Ich bat ihn, ein Gespräch zwischen der abgefallenen Rose und dem Rosenbusch zu führen. Als Rose sagte er: »Ich bin hier auf dem Boden sehr allein, die Leute im Haus werden mich aber ins Wasser stellen und mich nicht sterben lassen.« In früheren Sitzungen hatte er häufig seinem Gefühl Ausdruck gegeben, »rausgeschmissen«, verlassen, nicht beachtet zu sein. Daß seine Eltern ihn liebten und sich um ihn kümmerten, war ein ganz neues Gefühl für ihn.

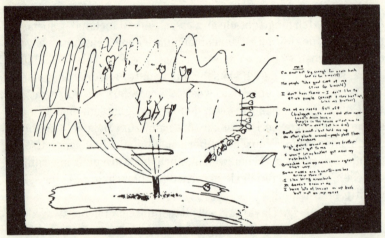

Die achtjährige Gina sagte: »Ich habe rote Rosen, keine Dornen oder Blätter und keine Wurzeln. Die Erde hilft mir. Ich bin in Disneyland, weil ich gerne glücklich bin. Ich werde beschützt — nicht wie in meinem wirklichen Leben; der Gärtner kümmert sich um mich und gibt mir einmal am Tag Wasser. Es ist ein sonniger Tag. Ich bin hübsch. Manchmal bin ich einsam. Heute abend werde ich meinen Papa sehen. Ich bin klein und buschig. Ich wäre lieber klein – ich bin zu groß. Es regnet nie – ich mag keinen Regen. Manchmal schneit es — schade, daß es hier nie schneit. Ich kann Leute sehen. Ich habe Gras um mich herum. Wenn ich keine Wurzeln habe, wachse ich leichter, und es ist auch einfacher, wenn sie mich umpflanzen wollen. Ich habe immer Knospen.«

Manchmal fällt es Kindern — so wie Gina — leicht, sich mit dem Rosenbusch zu identifizieren. Gina ist ein adoptiertes Kind, und ihre Adoptiveltern haben sich getrennt; ihre eigene Situation beunruhigte sie seit der Trennung sehr — sie machte sich Sorgen, was aus ihr werden würde. Nachdem sie sich mit dem Rosenbusch identifiziert hatte, konnten wir uns leichter mit ihren Sorgen auseinandersetzen.

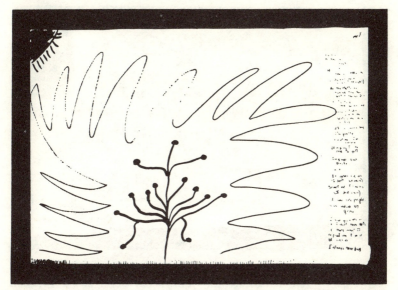

Seit ihre Mutter sie als Fünfjährige verlassen hatte, lebte die heute zehnjährige Cheryl in mehreren Pflegefamilien. Bis vor kurzem war es aus rechtlichen Gründen nicht möglich gewesen, sie zur Adoption freizugeben. Sie ist ein sehr intelligentes, attraktives Kind, das wegen Schlafwandelns und schlimmer Alpträume bereits in psychotherapeutischer Behandlung war. Von ihrem Rosenbusch sagte sie: »Ich bin sehr groß. Ich habe ganz verschiedenfarbige Blüten. Ich habe keine geraden Zweige; sie sind ganz schief und krumm. Ich stecke in weicher Erde und habe lange Wurzeln, die sehr tief im Boden stecken. Ich habe viele Freunde – auf dem Zaun sitzen Vögel und sprechen mit mir. Ein großer Zaun umgibt mich, damit die Leute nicht auf mich drauftreten oder mich abpflücken. Ich lebe in einem Garten. Ich bin ein ganz gewöhnlicher Rosenbusch. Ich habe grüne Blätter.«

Ich fragte sie: Wer kümmert sich um dich?

Die Natur sorgt für mich — der Regen und die Sonne und die Erde.

Wer lebt in dem Haus?

Irgendwelche Leute.

Hast du sie gern?

Ich sehe sie nie; sie gehen immer irgendwohin. Ich bin ganz allein.

Vor diesem Hintergrund waren wir in der Lage, einige ihrer Probleme ganz offen anzugehen, die Cheryl sehr tief in sich vergraben hatte. Eines davon war ihr »großer schwarzer Zaun«, der sie beschützte. Sie sprach über ihr Bedürfnis nach Schutz, damit niemand sie verletze. Sie war ein zurückhaltendes Kind, das von anderen Kindern oft als »eingebildete Gans« bezeichnet wurde. Wir sprachen über die Leute, in deren Garten der Rosenbusch wuchs, und über ihre eigene Beziehung zu den Menschen, die sich um sie kümmerten. Das brachte uns zu den Gefühlen, die sie ihrer Mutter gegenüber empfand, und zum Problem der Adoption. Obgleich es auf der Hand lag, daß diese Dinge sie bedrückten, hätte Cheryl früher nie darüber gesprochen. Ihr Bild vom Rosenbusch und andere ähnliche Phantasieübungen setzten jedoch in ihrem Inneren etwas frei. Sie fühlte sich genauso allein wie ihr Rosenbusch, hatte aber nie mit irgend jemandem über dieses Gefühl gesprochen. Am Ende der Sitzung sagte sie: »Ach ja, noch etwas. Fügen Sie hinzu: ›Ich bin ein Busch, der wegen seiner Farben berühmt ist‹.«

Kritzelbilder

In ihrem Buch *Kunst als Therapie mit Kindern* beschreibt Edith Kramer, wie man die Kritzeltechnik bei Jugendlichen richtig (und auch falsch) anwenden kann. Ich habe die Erfahrung gemacht, daß Kinder mit Hilfe der Kritzelbilder angstfrei ihr inneres Selbst zum Ausdruck bringen können. Das ursprüngliche Verfahren besteht darin, daß das Kind seinen ganzen Körper benutzt, um mit großen rhythmischen Bewegungen ein Bild in die Luft zu malen. Dann zeichnet das Kind diese Bewegungen mit geschlossenen Augen auf ein großes Blatt Papier. Ich wandle das Ganze für meine Zwecke ein wenig ab: Ich bitte das Kind, sich vorzustellen, vor ihm befände sich ein riesiges Blatt Papier, das so breit und so hoch sei, wie seine Arme reichen könnten, und in jeder Hand hielte es ein Stück Kreide. Dann bitte ich es, etwas auf dieses imaginäre Papier zu kritzeln, während des Kritzelns jedoch darauf zu achten, daß jede Ecke und jeder Teil des Papiers mit dem Körper berührt werden. Der Effekt dieser Körperübung scheint darin zu bestehen, daß das Kind locker und frei wird und anschließend ein weniger gehemmtes Kritzelbild auf wirklichem Papier zustande bringt.

Dann erst fordere ich das Kind auf, manchmal mit geschlossenen, manchmal mit offenen Augen das wirkliche Bild zu zeichnen. Ist das Bild fertig, betrachtet das Kind sein Kritzelbild von allen Seiten, sucht nach Linien, die bestimmte Formen andeuten, und vervollständigt das Bild, wobei es ganz nach Belieben Linien auch wieder ausradieren kann. Manche Kinder entdecken in ihren Kritzelbildern mehrere kleinere Bilder; andere fügen mit Farben zusammenhängende Szenen ein. Es macht ihnen Spaß, über die Formen, die sie sehen, zu sprechen und diese Formen manchmal selbst zu sein — etwa so, wie man Wolken betrachten und sich vorstellen kann, man wäre eine Wolke. Oft erzählen mir die Kinder auch Geschichten zu ihren Bildern. Manchmal, wenn ein Kind nur ein kleines Bild in seiner Kritzelei entdecken kann, schlage ich ihm vor, eine Szene zu spielen, die dieses kleine Bild einschließt.

Melinda, acht Jahre alt, zeichnete einen großen Mädchenkopf. Ich bat sie, selbst dieses Mädchen zu sein und etwas von sich zu erzählen. Sie erzählte eine kleine Geschichte, die ich, noch während sie sprach, aufschrieb. »Ich bin ein Mädchen mit zerwühlten Haaren, und ich bin soeben aufgewacht. Ich heiße Melinda. Ich komme mir

wie ein struppiger Hund vor. Ich sehe nicht hübsch aus. Ich könnte hübsch aussehen, wenn meine Haare gekämmt wären. Meine Haare haben verschiedene Farben. Ich war im Schwimmbad, und ich habe lange Haare, und ich habe keine Badekappe aufgesetzt, deshalb haben sie unterschiedliche Farben bekommen. Das ist meiner Freundin passiert — ihre Haare sind grau geworden. Ich hätte gerne lange Haare, deshalb werde ich sie mir wachsen lassen.« Melindas Geschichte ging fließend in eine Darstellung ihres Selbstbildes über; sie sprach über ihre Gefühle bezüglich ihres Aussehens und darüber, wie sie ihre eigene Person wahrnahm.

Cindy, ebenfalls acht Jahre alt, entdeckte viele Hüte in ihrem Kritzelbild. Hier ist ihre Geschichte: »Die Hutgeschichte. Diese Hüte haben Probleme. Ein Hut hat Probleme, weil Knöpfe auf ihm drauf sind. Ein anderer hat Probleme, weil er beim Waschen fleckig geworden ist und niemand ihn tragen möchte. Ein Hut hat Probleme, weil er mit Punkten übersät ist, und der Hut mit den zwei Spitzen hat Probleme, weil er geflickte Löcher hat und niemand ihn aufsetzen will, und ein Hut ist glücklich, weil er hübsch und rosa ist und er jemanden hat, der ihn trägt. Ein Hut ist traurig, weil er ganz gestreift ist und niemand ihn kaufen will. Der rosa Hut ist ein Zauber-

hut, wenn man ihn aufhat, hört man kein Geschrei. Ich trage ihn.«
Interessant ist, daß Cindys Hüte alle männlich sind. Ich habe das ihr gegenüber nicht erwähnt, obwohl ich jetzt, beim Schreiben, gerne wissen würde, was sie wohl dazu gesagt hätte. Ich bat sie, sich vorzustellen, sie hätte ihren rosa Zauberhut auf dem Kopf, und mir noch mehr über das Geschrei zu erzählen, das sie dann nicht hören könne.

Carol, elf Jahre alt, malte eine große, auf dem Wasser schwimmende Ente. Ihre Geschichte: »Ich bin ein kleines Entchen. Ich habe Flügel, kann aber noch nicht fliegen. Als ich geboren wurde, war ich ganz naß, ich bekam aber Federn, und nun bin ich flaumig. Ich lebe im Wasser und folge meiner Mutti. Wir leben in einem Park, in dem es einen See gibt. Wenn Leute kommen, füttern sie uns manchmal mit Brotkrumen. Ich habe Beine, mit denen ich durchs Wasser gehen kann, und zwischen den Zehen ist eine Haut.«

Ich bat Carol, sie solle sich einmal mit ihrer Ente vergleichen. Sie sagte: »Ich habe mich auch ganz schön verändert, seit ich geboren wurde, aber ich brauche immer noch meine Mutti. Ich bin noch nicht alt genug, um ganz allein sein zu können.« Carol war ein Kind, das häufig allein gelassen wurde.

Ein achtjähriger Junge zeichnete einen Jungen, den er dick und breit mitten in sein Kritzelbild setzte. Aus seinem Mund ließ er eine Sprechblase hervorkommen, in die er neunmal das Wort »Ha!« schrieb. Ich bat ihn, dieser Junge zu sein und zu sagen, worüber er lache. Er sagte: »Ich lache, weil diese Kritzel dafür sorgen, daß keiner an mich herankommt. Das ist, als ob ein Zaun um mich herum wäre. Ich kann jeden sehen, aber keiner kommt an mich heran.« — Sie können sich wahrscheinlich vorstellen, worüber wir dann sprachen.

Greg, dreizehn Jahre alt, hatte große Schwierigkeiten, irgendwelche Bilder in seinen Kritzeleien zu entdecken. Er sah sich das erste Kritzelbild an, das er gemacht hatte, drehte es immer wieder um und sagte schließlich, daß kein Bild da sei. Ich sagte: »Gut, hier ist ein anderes Blatt Papier; versuch es noch einmal.« Er machte ein neues Kritzelbild und konnte wieder, nach sorgfältiger Prüfung, kein Bild entdeckem. Also bat ich ihn, noch ein drittes zu zeichnen. Diesmal entdeckte er ein winziges Gesicht. Dann machte er ein viertes Kritzelbild, in das er diesmal mehrere Fische, von denen einer gerade gefangen wurde, eine Krake, die von einem Pfeil durchbohrt wurde, und einen Fisch, der alleine herumschwamm, hineinzeichnete. Er sagte: »Ich bin ein rosa-gelber Fisch. Alle anderen werden weggeholt, aber ich schwimme sicher herum.« Ich bat ihn, zu diesem Bild ein einfaches, haiku-ähnliches Gedicht zu machen:

Fisch
rosa-gelb
schwimmt sicher herum
kommt zur rechten Zeit
Fisch

Dann wollte er unbedingt noch ein Kritzelbild anfertigen. Wieder waren es Fische. Dazu sagte er: »Ein großes Ungeheuer versucht, diesen Fisch zu erwischen. Der Freund des Fisches, eine Art Tier, das eine Mütze trägt, zieht den Fisch mit einem Seil weg, um ihn zu retten. Ich bin der Fisch, der gerettet wird.« Auf die Frage, ob das, was er gesagt hatte, irgend etwas mit seinem eigenen Leben zu tun

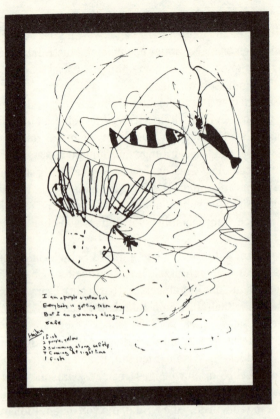

habe, sagte er, auf das erste Fischbild bezogen: »Es gelingt mir, mich aus Schwierigkeiten rauszuhalten«, und über das zweite Bild: »Ich glaube, ich werde davor bewahrt, in Schwierigkeiten zu geraten, ich weiß aber nicht wie.« Greg litt an psychosomatischen Störungen (unter anderem war er Bettnässer). Seine Äußerungen boten uns eine günstige Gelegenheit, seine psychosomatischen Symptome einmal anzusprechen, die er dazu benutzte, sich selbst zu schützen. Greg war ein sehr umgängliches und ruhiges Kind, das nie wütend wurde und nie zugab, daß irgend etwas in seinem Leben nicht in Ordnung war. Er fragte mich, warum er in seinen ersten Kritzelbildern keine Motive hatte erkennen können, und ich äußerte die Vermutung, daß er vielleicht erst jetzt anfange, seine Augen »gehen« zu lassen (seine Augen zu befreien). Er stimmte zu, griff sofort nach seinem ersten Kritzelbild und zeichnete eine Hand, die sich an einer Mauer festhielt. Dazu sagte er, ein Mann versuche gerade, über die Mauer zu gelangen, habe aber keinen besonders festen Halt und sei deshalb in Schwierigkeiten. Dann sah er mich an und sagte: »Vielleicht bin ich das, wie ich versuche, die Dinge in den Griff zu bekommen.«

Wutbilder

In unseren Sitzungen kommt es immer wieder einmal vor, daß ein Kind sehr wütend wird. Diese Gelegenheit nutze ich dann manchmal, um dem Kind zu zeigen, wie befreiend es sein kann, seine Gefühle zu malen. Ein elfjähriger Junge beispielsweise geriet wahnsinnig in Wut, als er über seinen Bruder sprach. Ich forderte ihn auf, die Gefühle, die er in diesem Augenblick empfand, zu zeichnen. Er griff hastig nach einem dicken Stück schwarzer Kreide und kritzelte und kritzelte fieberhaft auf das Papier. Als er fertig war, wirkte er entspannt und ruhig.

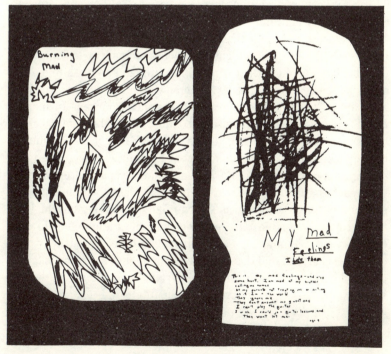

Ein dreizehnjähriges Mädchen malte ein Bild mit roter und orangefarbener Kreide und gab ihm den Titel »Von Wut entflammt«. Danach wirkte es aber keineswegs entspannter. Mir fiel zudem auf, daß die Linien auf seinem Bild nicht, wie bei dem Elfjährigen, fließend ineinander übergingen, sondern daß die Farbflecke jeweils einzeln für sich standen und von einer gezackten Linie umgeben waren. Ich bat das Mädchen, eine dieser feuerroten Kritzeleien zu sein. Es sagte: »Ich bin eine sehr zornige, böse Farbe, und ich bin eingeschlossen.« Dann sagte es, daß es, obwohl es seine Wut sehr stark empfinde, eigentlich nicht wisse, wie es sie zum Ausdruck bringen solle. Nun konnten wir darüber sprechen, was es sich damit selbst antat und welche Möglichkeiten es hatte, seinen Gefühlen Luft zu machen.

Das Wutbild eines anderen dreizehnjährigen Mädchens bestand aus einigen hellen, leuchtenden Farben, die von einer dicken, schwarzen Grenzlinie umgeben waren. Als ich das Mädchen bat, mir etwas über sein Bild zu erzählen, sagte es: »Wut umgibt mich und klemmt die guten Gefühle ein, so daß sie nicht raus können.« Mit dieser Äußerung charakterisierte es treffend sein eigenes Verhalten. Die Menschen, mit denen es täglich zu tun hatte, erlebten es selten gelöst und freundlich; immer war es depressiv und mürrisch. Das Wutbild half dem Mädchen zunächst einmal, über seine Wut und das, was es eigentlich wütend machte, zu sprechen und Ausdrucksmöglichkeiten für seine zornigen Gefühle zu finden, wodurch seine guten Gefühle zum Vorschein kommen konnten. In meiner Praxis gelang uns das teilweise mit Hilfe von Zeichnungen, Tonarbeiten und dem Bataca-Schläger; es mußte aber auch lernen, außerhalb meiner Praxis zurechtzukommen. Es mußte lernen, einen Teil seines Ärgers verbal an die Adresse desjenigen zu richten, der ihn verursacht hatte. Das ist nicht leicht für Kinder, die dafür, daß sie ehrlich und offen sagen, was sie empfinden, »fertiggemacht werden«. Im vorliegenden Fall gelang es mir, die Familie für ein paar gemeinsame Sitzungen zu gewinnen. Frühere Versuche waren daran gescheitert, daß das Mädchen sich in eine Ecke zurückgezogen und geschmollt hatte; nun aber erlangte es allmählich die Fähigkeit, sich aus eigener Kraft zu behaupten.

Meine Woche, mein Tag, mein Leben

Wen ein Kind ein Bild zeichnet, auf dem es darstellt, wie seine Woche, sein Tag oder sein Leben aussehen, so erhalte ich damit Einblick in seine Situation. Ein solches Bild hilft uns, miteinander ins

Gespräch zu kommen. Ein Mädchen, das ich gebeten hatte, seinen Tagesablauf zu zeichnen, zeichnete unter anderem einen großen Kasten mit der Aufschrift »Schule« und schrieb in Großbuchstaben »SCHEISSE« darunter. Außerdem zeichnete es ein Herz, das von einem Pfeil durchbohrt war und in das es ganz groß den Anfangsbuchstaben eines Namens schrieb; dies war der Name eines Jungen, den es gern hatte. Seine Gefühle der Schule gegenüber und seine Sehnsucht nach diesem Jungen verzehrten einen Großteil seiner Energie. Manche Kinder zeichnen Bilder, auf denen kaum etwas zu sehen ist, weil das eben genau ihrem Lebensgefühl entspricht. Oder manchmal zeichnen Kinder völlig unaufgefordert Phantasiebilder, auf denen sie darstellen, wie sie sich ihren Tag oder ihre Woche wünschen. Ein solches Bild enthält viele Punkte, an die ich anknüpfen kann.

Schnörkelzeichnungen

Eine Schnörkelzeichnung entsteht dadurch, daß man ganz willkürlich irgendwo auf einem Blatt Papier einen oder auch mehrere — meistens schwarzen — Krakel malt und dann das Kind bittet, das Bild zu vollenden. Ist das Bild fertig, kann das Kind eine Geschichte zu dem Bild erzählen, selbst das Bild sein, zu dem Bild sprechen usw.

D. W. Winnicott beschreibt in seinem Buch *Die therapeutische Arbeit mit Kindern* eine von ihm als Schnörkel-Zeichenspiel bezeichnete Methode, Kontakt zu Kindern herzustellen. Er setzt sich mit einem Kind an einen Tisch, auf dem zwei Bleistifte und Papier liegen. Dann schließt der Therapeut die Augen, zeichnet einen Schnörkel auf das Papier und fordert das Kind auf, etwas daraus zu machen. Und umgekehrt zeichnet das Kind einen Schnörkel auf ein Blatt Papier, aus dem der Therapeut etwas machen soll. Im Verlauf dieses Spiels unterhalten sie sich über die so entstandenen Bilder und über alles, was dabei zur Sprache kommt. An seinen Fallstudien zeigt sich sehr eindringlich, daß diese einfallsreiche Abwandlung eines alten Spiels die Kommunikation außerordentlich fördert.

Farben, Linien und Formen

Ältere Kinder, Heranwachsende und Erwachsene ermutige ich ganz gerne dazu, ihre Gefühle und Reaktionen mit Hilfe von Farben, Linien und Formen darzustellen. Ich ermutige sie, auf die Darstellung realer Dinge zu verzichten und sich ganz dem Ausdruck ihrer Gefühle zu überlassen. Eine Methode, die sich im Rahmen meiner Arbeit gut bewährt hat, besteht darin, einen Einzelnen oder eine Gruppe zu bitten, sich irgend etwas, das ich schön finde, fünf Minuten lang anzusehen, und dann die durch diesen Gegenstand ausgelösten Gefühle nur mit Hilfe von Farben, Linien und Formen auszudrücken. Gegenstände, die diesen Zweck erreichen, können sein: eine Blume, ein Blatt, eine Pflanze, eine Muschel, ein Sonnenuntergang — sofern möglich — oder ein Gemälde. Grundsätzlich eignet sich aber jeder x-beliebige Gegenstand dazu — sei dies ein Küchengerät, ein Spielzeug oder ein Haushaltsgegenstand. Ich kann aber auch ein schönes Musikstück vorspielen.

Manchmal ist etwas Übung nötig, bevor Kinder oder Erwachsene in der Lage sind, loszulassen, ihren eigenen Gefühlen und deren Ausdruck zu vertrauen. Kinder bitte ich zum Beispiel: »Zeichnet ein Bild, das zum Ausdruck bringt, wie ihr euch jeden Tag zu einer bestimmten Zeit fühlt. Bringt alle diese Bilder zur nächsten Sitzung mit, wir werden sie uns dann gemeinsam ansehen.« Wahrscheinlich würde ich das aber vorher erst einmal mit ihnen üben. »Schließt eure Augen und achtet darauf, wie ihr euch fühlt, wie sich euer Körper fühlt. Eure Stimmungen ändern sich, eure körperlichen Empfindungen ändern sich. Wie fühlt ihr euch jetzt? Bringt dieses Gefühl nun in einem Bild zum Ausdruck, indem ihr lediglich Farben, Linien und Formen verwendet.« Oft zeichne ich selbst ein Bild, um den Kindern eine ungefähre Vorstellung zu geben, was ich überhaupt meine.

Kollektives Zeichnen

Manchmal lasse ich eine ganze Familie oder zwei Kinder zusammen ein Bild auf dasselbe Blatt Papier zeichnen oder ich zeichne selbst ein Bild mit einem Kind. »Zeichnet einfach ein paar Linien und Kreise und sonstige Formen und Farben auf ein Blatt Papier. Stellt fest, was ihr dabei empfindet.« Manchmal kommt es zum Kampf um ganz bestimmte Bereiche auf dem Papier, und es ist interessant zu beobachten, wie dieses Problem gelöst wird. Gibt man nach? Einigt man sich? Dringt man in das Territorium des anderen ein? Ältere Kinder kann man auffordern, diese Übung schweigend auszuführen, kleinere Kinder sollten dabei aber reden dürfen. Ich beobachte, was geschieht, und später sprechen wir dann alle über das, was wir erlebt haben. Ich frage zum Beispiel: »Was war das für ein Gefühl für dich, aus deinem Bereich verdrängt zu werden? Hast du das gleiche Gefühl auch manchmal außerhalb der Sitzung? Hast du dieses Gefühl auch zu Hause?« Das Verhalten eines Kindes bei einer bestimmten Übung läßt häufig gute Rückschlüsse auf sein Verhalten außerhalb der Sitzung zu.

Einmal bat ich eine große Kindergruppe, gemeinsam ein Bild zu zeichnen. Dafür eignet sich die Wand am besten. Man kann auch jedem Kind ein Blatt Papier geben und dann alle bitten, eine Zeichnung zu beginnen. Auf ein Signal hin hören alle mit dem Zeichnen auf, und jedes Kind reicht das Blatt an seinen Nachbarn weiter, der an dem Bild dann weiterzeichnet. Die Blätter werden so lange im Kreis herumgereicht, bis schließlich vollständige Bilder entstanden sind; diese sehen wir uns dann an und sprechen darüber. Diese Übung macht den Kindern sehr viel Spaß.

Man kann aber auch nur ein einziges Blatt Papier nehmen. Das Gruppenbild entsteht dann, indem immer nur ein Kind dem Bild etwas hinzufügt, während alle übrigen Kinder warten, bis sie an der Reihe sind. Wie bei einer Gruppengeschichte kann das Kind über das, was es tut, sprechen, während die anderen Kinder ihm zusehen oder zuhören. Manchmal beginne ich das Bild auch selbst oder wähle ein ganz bestimmtes Thema. Oder ich beginne mit einer Linie, einer Form oder einem Farbklecks und fange an, eine Geschichte dazu zu erzählen. Der Nächste erzählt die Geschichte weiter und fügt dem von mir begonnenen Bild etwas hinzu. Wieder ist der Prozeß eines Kindes interessant.

Ich beginne vielleicht folgendermaßen: »Es war einmal ein kleiner roter Kreis, der in einem weiten Raum lebte. Eines Tages...« Das nächste Kind fährt dann vielleicht fort: »Eines Tages kam ein rosa Viereck vorbei und fragte den Kreis: ›Magst du mit mir spielen?‹ Der Kreis sagte ›ja‹, und sie begannen zu spielen.« Das nächste Kind sagt dann vielleicht: »Dann kam ein großes schwarzes Dreieck vorbei und fing an, den Kreis und das Viereck herumzustoßen« (schwarze, auf den Kreis und das Viereck zulaufende Linien kommen aus dem Dreieck heraus, die das Herumschubsen veranschaulichen sollen), usw. Wenn das Bild fertig ist, frage ich das Kind, das den Kreis gezeichnet hat, was denn der Kreis dabei empfunden hat, herumgeschubst zu werden. Nach einer Weile frage ich es dann vielleicht noch, ob *es selbst* in seinem Leben manchmal andere herumstößt. Es spielt aber keine Rolle, wenn das Gruppenbild solches Material nicht zutage fördert. Wichtig ist, was während des Zeichnens geschieht: Arbeitet die Gruppe zusammen (oder nicht), ist ein bestimmtes Kind geduldig oder ungeduldig, usw.? Auch sollte ganz einfach der Spaß, den die Kinder fast immer an diesem Spiel haben, nicht unterbewertet werden. Kinder mit emotionalen Problemen brauchen fröhliche Erfahrungen, damit ihr Lebenswille gestärkt wird.

Freies Zeichnen

Oft würden Kinder lieber das zeichnen oder malen, was ihnen selbst in den Sinn kommt, als Anweisungen vom Therapeuten zu erhalten. Der therapeutische Prozeß wird keineswegs aufgehalten, wenn Kinder das malen, was sie selbst malen wollen; wichtig ist allein, was für das Kind Vordergrund bzw. Figur ist.

Allen, neun Jahre alt, zeichnete einen sehr großen grünen Dinosaurier, der gerade dabei war, die Krone eines Baumes zu verspeisen. Zunächst konnte er nur zum Dinosaurier sprechen. Dann wurde er selbst der Dinosaurier und sprach über seine enorme Kraft

und riesige Größe, die aber in direktem Gegensatz zu seiner tatsächlich empfundenen Hilflosigkeit stand.

Der sechsjährige Philipp zeichnete ein Haus, neben dem sich ein Bus befand. Er erzählte eine lange Geschichte, wo der Bus ihn überall hinbrachte.

Todd, fünf Jahre alt, zeichnete eine große, neben einem Baum stehende Blume (siehe S. 66). Ich bat ihn, die beiden miteinander sprechen zu lassen. Er sagte: »Hallo, Baum und Blume. *Ich* möchte zu euch sprechen. Hallo, Baum und Blume. Ich habe euch gern. Ihr werdet groß und hoch. Glaubt ihr, daß ich eines Tages auch groß sein werde?« Noch während er sprach, schrieb ich das, was er sagte, auf sein Bild, und als er aufgehört hatte, las ich ihm alles noch einmal vor. Wir unterhielten uns über seine Gefühle, was das Großwerden angeht, und dann bat er mich, als Antwort auf seine eigene Frage, noch ein »Ja« auf das Bild zu schreiben.

Carl, fünf Jahre alt, zeichnete mehrere Formen. Er betrachtete sein fertiges Produkt und diktierte: »Das ist ein Schwimmbecken für Babys, und das ist für Papas und Mamas und große Leute. Ich gehe in das große Schwimmbecken, weil ich groß bin.« Hierauf unterhielten wir uns darüber, wie es vielleicht gewesen sein könnte, als er noch ein Baby war. »Ich lebte mit meiner Mama und meinem Papa zusammen.« (Zu der Zeit lebte er in einer Pflegefamilie.) In einer späteren Sitzung sagte er zu einem anderen Bild: »Das ist ein großes Riesenschwimmbecken. Ein Riese schwimmt gerade darin. Das ist alles.« Es machte ihm großen Spaß, selbst dieser Riese zu werden. Von einem anderen Bild sagte er: »Das ist ein Kartoffelkäfer ohne Augen. Das ist der Krebs. Das ist King Kong. Das ist die Schwarze Witwe. Er wird ein paar Leute erwischen, und das Baby beißt ihn. Es möchte nicht von einem Ungeheuer getötet werden.«

Sein Prozeß ermöglichte Carl, die Gefühle der Wut zuzulassen und zu erleben und etwas von seiner eigenen Kraft wiederzuerlangen.

Malen mit Farben

Mit Farben malen ist eine Aktivität von ganz besonderem therapeutischem Wert. Wenn die Farbe fließt, löst dies oft auch Gefühle. Kinder haben großes Vergnügen am Malen, besonders diejenigen, die über das Kindergarten- und Vorschulalter hinaus sind. Später haben sie aber selten Gelegenheit dazu, es sei denn vielleicht mit kleinen Wasserfarbentöpfchen. Kinder lieben fließende und leuchtende Farben und genießen das Erlebnis des Malens. Ich schlage ihnen oft vor, einfach irgend etwas zu malen, und warte dann ab und beobachte, was geschieht.

Die siebenjährige Nancy malte einen Himmel mit Wolken und einem großen Flugzeug. Als sie fertig war, sprachen wir über ihr Bild und über das Fliegen. Sie nahm den Pinsel und malte einen Punkt auf eines der Fenster. »Das ist meine Mutter«, sagte sie. Ich bat sie zu erzählen, wohin denn ihre Mutter gerade flog. »Meine Mutter sitzt im Flugzeug und fliegt irgendwohin — ich weiß nicht wohin.« Ich forderte sie auf, etwas zu ihrer im Flugzeug sitzenden Mutter zu sagen. »Ich möchte nicht, daß du weggehst und mich verläßt.« Ich fragte sie, ob sie manchmal mit ihrer Mutter darüber spreche. (Sie lebte nur mit ihrer Mutter zusammen.) Da brach auf einmal ihre geheime Furcht, sie könnte verlassen werden, aus ihr hervor. »Nein, ich habe meiner Mutter nichts davon gesagt: einmal habe ich es gemacht, und sie hat gesagt, das sei dumm.« Diese Furcht — Folge der Scheidung ihrer Eltern, des Umzugs in einen ganz anderen Teil des Landes und der Trennung vom Vater und anderen nahen Verwandten — war zum großen Teil für Nancys weinerliches und anklammerndes Verhalten ihrer Mutter gegenüber verantwortlich. Daß ihre Furcht aufgedeckt und ihre Gefühle ernst genommen wurden, hatte eine enorme Wirkung auf Nancy. In mehreren Sitzungen ließ ich sie nun sich auf diese Gefühle konzentrieren — ich ließ sie Geschichten erzählen, Bilder zeichnen oder mit Puppen kleine Szenen spielen, die illustrieren sollten, wie das ist, verlassen zu werden, was das für ein Gefühl für die kleine Puppe wäre, was sie (die Puppe) tun könnte.

Kinder scheinen Gefühle leichter mit Malfarben als mit anderen Mitteln darstellen zu können, was damit zusammenhängt, daß diese Farben flüssig sind und sich mit ihnen vielfältige farbliche Effekte erzielen lassen.

Wenn sie Buntstifte oder Filzstifte in der Hand haben, neigen sie eher zu graphischen und gegenständlichen Darstellungen.

Ich bat Candy, neun Jahre alt, zu malen, wie sie sich fühlte, wenn sie glücklich war, und wie sie sich fühlte, wenn sie traurig war. Auf die eine Seite des Blattes malte sie eine abstrakte Form, zu der sie später sagte: »Ich fühle mich in zwei Teile geteilt und offen. Ich habe

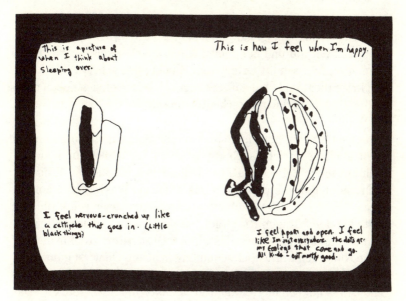

das Gefühl, überall zu sein. Die Punkte sind meine Gefühle, die kommen und gehen, alle möglichen Gefühle, aber meistens gute.« Zu den Linien und Farben auf der anderen Seite ihres Bildes sagte sie: »Ich bin nervös, fühle mich zertreten, wie ein kleiner schwarzer Käfer, ein Tausendfüßler, der sich einrollt. Das Bild zeigt, wie ich mich fühle, wenn ich daran denke, bei einer Freundin zu übernachten.«

Ein dreizehnjähriger Junge malte ein sehr großes Bild, auf dem er darstellte, wie er sich fühlte, wenn er sein Bett näßte. Das Bild bestand aus großen blauen, schwarzen und grauen Bereichen. Früher hatte ich ihn einmal gefragt, welches Gefühl er dabei gehabt habe, und er hatte einfach nur mit den Schultern gezuckt und gesagt: »Ich weiß nicht.«

Kleine Kinder malen gern ohne jede Anweisung. Ganz versunken mischen und verteilen sie die Farben. Wenn sie fertig sind, beschreiben sie, was sie sehen, indem sie eine Art Phantasiegeschichte erzählen. Der sechsjährige John äußerte sich zu seinem Bild folgendermaßen: »Das ist eine Maschine, aus der irgendein Zeug herauskommt. Das sind Rohre, aus denen Öl rausfließt. Das Öl fließt hier rein. Das ist heißes Öl, und man kann es nicht anfassen.« Ich bat ihn, diese Maschine zu sein und mir noch mehr über sein Öl zu erzählen. Das tat er dann auch sehr lebendig. Ich sagte: »Du klingst wie eine Maschine, die wütend ist.« »Ja«, antwortete er, »und ich werde mein Öl auf jeden draufspucken, der mich ärgert.« Dann stand er auf und lief gebückt, mit angewinkelten Armen, im Zimmer umher, schnitt Grimassen, spuckte und schrie voller Zorn: »Ich krieg dich! Paß bloß auf!« Schließlich setzte er sich neben mich auf den Boden, und wir unterhielten uns ein wenig über sein Gefühl der Wut.

In einer Sitzung mit einem anderen sechsjährigen Jungen hatte ich ein ähnliches Erlebnis. Er malte fast ausschließlich mit Schwarz. Doch auf einer Seite des Bildes befand sich ein kleiner Ring aus leuchtenden Farben. Er sagte: »Das ist Öl und Wasser. Hier kommt etwas Dreck rein. Dort kommt etwas Meerwasser rein« (und er zeigte auf den farbigen Ring). Ich bat ihn, das Öl und das Meerwasser miteinander sprechen zu lassen. Als Öl sagte er: »Komm nicht in meine Nähe. Ich werde dich schmutzig machen. Du wirst ganz drekkig werden.« Als ich ihn später fragte, ob das Öl oder das Wasser irgend etwas mit seinen Gefühlen zu tun hätten, antwortete er: »Das Öl ist, wenn ich wütend bin! Komm nicht in meine Nähe, wenn ich wütend bin!« Dieser Junge wies am ganzen Körper Kratzwunden und Quetschungen auf, die er sich selbst zugefügt hatte — die (bisher) für ihn einzige Art und Weise, mit seiner Wut umzugehen. In vielen Sitzungen arbeiteten wir mit Malfarben und anderen Medien, damit er lernen konnte, seine Wut anders als in selbstzerstörerischer Weise zum Ausdruck zu bringen.

Fingermalen

Fingerfarben und Ton haben ähnliche taktile und kinästhetische Eigenschaften. Leider gehört das Fingermalen zu den Tätigkeiten, die gewöhnlich nur in der Vorschule praktiziert werden, obwohl es ein so geeignetes künstlerisches Medium ist: Es ist beruhigend und geht leicht von der Hand; der Malende kann Motive und Bilder ausprobieren und sie, wenn sie ihm nicht gefallen, sofort wieder übermalen. So hat er keine Mißerfolgserlebnisse und braucht keine besondere Geschicklichkeit. Ich stelle meine eigenen Fingerfarben her, indem ich Plakatfarbenpulver mit etwas flüssiger Wäschestärke anrühre. Haben Sie jemals Vaseline, Hautcreme oder Schokoladenpudding zum Fingermalen verwendet?

Philipp, zehn Jahre alt, malte in unseren Sitzungen oft mit den

Fingern. Er war ein unruhiges Kind, dem es schwerfiel, in der Schule stillzusitzen. Er schlug häufig andere Kinder, stritt sich mit jedem, hatte große Schwierigkeiten, seine Bewegungen zu koordinieren. Wenn er aber mit den Fingern malte, war er ganz versunken, schien ruhig und zufrieden und atmete tief. Lange Zeit über vollendete er in den Sitzungen kein einziges Bild. Er begann jedoch, mit mir über sein Leben, seine schlechten Gefühle sich selbst gegenüber und seine zornigen Gefühle den Eltern und Lehrern gegenüber zu sprechen.

Eines Tages endlich, als er wieder einmal mit den Fingern malte, entstand ein Bild. Nun schien er bereit, sich festzulegen, er schien stark genug, etwas zu seinem Abschluß zu bringen. Sein Bild zeigte das Gesicht eines Clowns. Ich bat ihn, mir eine Geschichte über seinen Clown zu erzählen. »Mein Clown bringt die Leute zum Lachen. Jeder findet, daß er lustig aussieht. Aber innerlich ist er ein sehr trauriger Clown. Um die Leute zum Lachen zu bringen, muß er sein Gesicht anmalen und sich drollig anziehen; wenn er nämlich zeigen würde, wie er wirklich aussieht, würden sie wahrscheinlich weinen, jeder hätte Mitleid mit ihm.« Zum ersten Mal war Philipp imstande, über seine eigene Verzweiflung zu sprechen.

Malen mit den Füßen

Mit den Füßen malen? Ja, mit den Füßen malen! Füße sind äußerst sensibel, werden aber meist in Schuhe eingezwängt, wo sie dann nichts mehr fühlen können. Lynn Pelsinger, Ehe-, Familien- und Kindertherapeutin, die außerdem auch als Heil- und Sonderpädagogin tätig ist, setzt diese Technik bei ihrer Arbeit mit emotional und verhaltensgestörten Kindern in den öffentlichen Schulen ein. Sie fordert die Kinder auf, ihre Schuhe und Strümpfe auszuziehen — was in den Schulen leider häufig gar nicht erlaubt wird – und zu beschreiben, wie sich ihre Füße — nun, da sie frei sind — fühlen. Dann erklärt sie ihnen, daß sie jetzt mit ihren Füßen malen würden. Sie läßt ihre Worte eine Weile wirken und fragt die Kinder dann, was die Füße ihrer Meinung nach alles tun könnten. Schließlich legt sie Packpapier und kleine Schalen mit Farben auf den Boden. Sie läßt die Kinder zunächst ausprobieren, wieviel Farbe sie mit ihren Zehen aufnehmen können und was geschieht, wenn die Farbe mit den Zehen auf dem Papier verteilt wird. So experimentieren die

Kinder eine Zeitlang mit ihren Zehen herum und werden allmählich mutiger: Sie laufen über das Papier, um vielfältige Abdrücke zu hinterlassen, malen mit verschiedenen Zehen, malen mit der Ferse oder den Fußseiten und vergleichen die beiden Füße.

Manchmal lenkt Pelsinger die Aufmerksamkeit der Kinder gezielt immer wieder auf deren Füße; manchmal läßt sie die Kinder auch völlig frei experimentieren. Wenn die Sitzung zu Ende ist, setzen sie sich alle zusammen und sprechen über das, was sie erlebt haben. Nur selten machen die Kinder eine so entspannende, vergnügliche und sinnliche Erfahrung. Pelsinger berichtet, daß ihr diese Malübung in all den vielen Jahren noch nie aus der Hand (oder man müßte sagen aus dem Fuß) geglitten sei. Die Kinder empfinden ein Gefühl der Ruhe und der Freude und sind sich bewußt, daß sie etwas tun, das im Rahmen einer Schule ein besonderes Privileg darstellt.

Pelsinger berichtet, wie sie selbst der Füße und Schuhe von Kindern gewahr wurde, nachdem sie zum ersten Mal mit dieser Maltechnik gearbeitet und vernommen hatte, was Kinder über ihre Füße, über Schuhe und Strümpfe, über Gehen und Laufen zu sagen hatten. Nun *achtete* sie bewußt darauf, wie Kinder gehen. Einige Kinder, deren Strümpfe zerrissen waren, sahen aus, als ob sie auf Glas gingen. Andere, deren Schuhe und Strümpfe nicht recht paßten, waren verdrießlich und schlechter Laune — aber wären Sie das nicht auch? Pelsinger stellte fest, daß diese Kinder, wenn es geregnet hatte, absichtlich auf dem Schulweg durch Pfützen stapften, um nasse Füße zu bekommen, weil sie wußten, daß sie bei ihr dann die Schuhe ausziehen durften.

Wenn die Kinder mit Malen fertig sind und ihre Füße gewaschen haben, hilft Pelsinger ihnen, sich die Füße mit dem Handtuch abzutrocknen, und ermutigt sie, das auch untereinander zu tun. Es ist angenehm und beruhigend, die Füße auf diese Weise zu massieren, und die Kinder haben das gern. (Sie stellte fest, daß die Kinder auch ganz erpicht darauf waren, wenn es geregnet hatte und ihre Haare naß geworden waren, ihren Kopf mit einem Handtuch trocken gerieben zu bekommen.)

3 Mein Arbeitsmodell

Es gibt unzählige Techniken, um Kindern dabei zu helfen, ihren Gefühlen mit bildnerischen Mitteln Ausdruck zu verleihen. Ganz gleich, womit das Kind und ich uns während einer Sitzung beschäftigen, meine Hauptabsicht ist immer dieselbe. Mein Ziel ist es, dem Kind zu helfen, seiner selbst und seiner Existenz in seiner Welt gewahr zu werden. Jeder Therapeut muß selbst herausfinden, wie er die schwierige Aufgabe lösen kann, eine Sitzung zu lenken und zu leiten und gleichzeitig der Führung des Kindes zu folgen. Die hier gemachten Vorschläge sollen Ihnen lediglich die zahlreichen Möglichkeiten vor Augen führen und Ihren eigenen kreativen Prozeß freisetzen; sie sollen keineswegs mechanisch befolgt werden. Die therapeutische Arbeit mit dem Kind ist ein sanfter, fließender Prozeß — ein organisches Ereignis. Das, was während der Sitzungen in Ihnen, dem Therapeuten, und im Kind vorgeht, könnte man ein Mit-dem-anderen-Verschmelzen nennen.

Bilder können auf unzählige Weisen, für vielfältige Zwecke und auf den verschiedensten Ebenen verwendet werden. Allein der Vorgang des Zeichnens selbst, ohne die geringste therapeutische Intervention, ist bereits eine starke Selbstäußerung, die dem Kind hilft, seine Identität zu stärken und seinen Gefühlen Ausdruck zu verleihen. Von diesem Ausgangspunkt aus könnte sich der therapeutische Prozeß folgendermaßen entfalten:

1. Laß das Kind sagen, welche Erfahrung es beim Zeichnen gemacht hat – *was* in ihm vorgegangen ist, als es die Aufgabe in Angriff nahm und als es sie ausführte, *wie* es an die Aufgabe herangegangen ist und wie es sie weiterentwickelt hat – laß es seinen Prozeß artikulieren. So teilt es sich selbst mit.

2. Laß das Kind über seine Zeichnung sprechen, sein Bild in seinen eigenen Worten beschreiben.

3. Unterstütze das Kind auf einer tieferen Ebene in seiner Selbstentdeckung, indem du es bittest, näher auf einzelne Teile des Bildes einzugehen; bestimmte Teile klarer und deutlicher zu machen; die Formen, Farben, gegenständlichen Darstellungen, Personen zu beschreiben.

4. Bitte das Kind, das Bild zu beschreiben, als ob es selbst das Bild wäre, und dabei das Wort »ich« zu verwenden: »Ich bin dieses Bild; überall auf mir sind rote Linien, und in der Mitte ist ein blaues Viereck.«

5. Greife bestimmte Dinge im Bild heraus, mit denen sich das Kind identifizieren soll: »Sei das blaue Viereck und beschreibe dich etwas genauer — wie siehst du aus, was ist deine Aufgabe usw.«

6. Wenn nötig, stell dem Kind Fragen, um den Prozeß des Gewahrwerdens zu unterstützen: »Was tust du?« »Wer benutzt dich?« »Zu wem hast du ein besseres Verhältnis?« Diese Fragen ergeben sich ganz von selbst, wenn es dir gelingt, dich zusammen mit dem Kind in das Bild »hineinzuversetzen«, und wenn du dich selbst den vielfältigen Möglichkeiten zu leben, zu arbeiten und mit anderen in Beziehung zu stehen öffnen kannst.

7. Versuche, die Aufmerksamkeit und das Gewahrsein des Kindes weiter zu schärfen, indem du einen Teil oder Teile eines Bildes betonst und übertreibst. Ermutige das Kind, sich so intensiv wie nur möglich mit einem bestimmten Teil zu identifizieren, vor allem dann, wenn du selbst innere Kraft und Erregung verspürst oder das Kind Zeichen der Erregung erkennen läßt – oder wenn merkwürdigerweise *überhaupt keine* innere Spannung und Erregung spürbar sind. Oft helfen Fragen weiter: »Wohin geht sie?« »Was denkt der Kreis gerade?« »Was wird sie tun?« »Was wird mit ihm geschehen?« Wenn das Kind sagt: »Ich weiß nicht«, gib nicht auf; wende dich einem anderen Teil des Bildes zu, stell andere Fragen, gib selbst eine Antwort und frag das Kind, ob die Antwort richtig ist oder nicht.

8. Laß das Kind ein Gespräch zwischen zwei Teilen, zwei miteinander in Verbindung oder in Gegensatz zueinander stehenden Elementen führen (zum Beispiel die Straße und das Auto, die glückliche und die traurige Seite).

9. Ermutige das Kind, Farben Aufmerksamkeit zu schenken. Wenn ich dem Kind, während es seine Augen noch geschlossen hat, Anregungen für eine Zeichnung gebe, sage ich oft: »Denk an die Farben, die du verwenden wirst. Was bedeuten leuchtende Farben für dich? Was bedeuten dunkle Farben für dich? Wirst du leuchtende Farben oder stumpfe Farben, helle oder dunkle Farben benutzen?« Ein Mädchen benutzte zur Darstellung seiner Probleme dunkle, zur Darstellung seiner glücklichen Erlebnisse leuchtende, helle Farben und drückte sogar jeweils unterschiedlich stark mit

den Buntstiften aufs Papier. Ich sage zum Beispiel: »Dies sieht dunkler aus als das« oder »Es sieht so aus, als ob du hier hart aufgedrückt hättest«, um das Kind zu ermutigen, seinen Gefühlen Ausdruck zu geben. Ich möchte, daß das Kind dessen, was es getan hat, so stark wie möglich gewahr wird, auch wenn es nicht bereit ist, darüber zu sprechen.

10. Achte auf Hinweise, die in der Stimmlage, der Körperhaltung, im Gesichts- und Körperausdruck, im Atmen und Schweigen des Kindes liegen. Schweigen kann vielerlei bedeuten: Das Kind überprüft vielleicht etwas, denkt nach, erinnert sich, unterdrückt etwas, hat Angst oder ist einer Sache gewahr. Nütze diese Hinweise, um die therapeutische Arbeit in Fluß zu halten. Hier ist ein Beispiel dafür, wie eine schwierige Situation fast ausschließlich dadurch aufgeklärt werden konnte, daß ich ein Körpersignal beobachtet hatte.

Cindy, fünf Jahre alt, wurde zu mir gebracht, weil sie an Schlafstörungen litt. In unserer ersten Sitzung bat ich sie, ein Bild von ihrer Familie zu malen, und sie malte bereitwillig sich selbst, ihre Schwester und ihre Mutter. Ich wußte, daß ihre Eltern geschieden waren und daß sie ihren Vater regelmäßig sah. Ich gab ihr ein anderes Blatt Papier und sagte: »Ich weiß, daß dein Papa nicht mehr bei euch wohnt, aber er gehört immer noch zu deiner Familie, würdest du ihn deshalb bitte auf dieses Blatt Papier zeichnen?« Ganz kurz stand Panik in ihrem Gesicht, war aber sofort wieder verschwunden. Ich hatte ihren flüchtigen Gesichtsausdruck aber bemerkt und sagte deshalb vorsichtig: »Macht dir dabei etwas Angst?« Sie antwortete ganz, ganz leise: »Jill lebt auch dort.« Daraufhin sagte ich: »Ach – warum malst du dann nicht deinen Papa und Jill zusammen auf dieses Blatt Papier.« Sie lächelte glücklich und machte sich an die Arbeit. (Es war beinahe so, als ob sie meine Erlaubnis dazu gebraucht hätte.) Sie hatte Jill gern (was bei ihren Gesprächen mit den Familienbildern zum Ausdruck kam), ihre Mutter aber mochte Jill nicht. Dieses fünfjährige Kind hatte sich für die Gefühle seiner Mutter verantwortlich gefühlt und deshalb Angst davor gehabt, Jill mit in sein erstes Bild aufzunehmen. Als ich zu Cindy sagte: »Ich nehme an, deine Mutter hat Jill nicht besonders gern«, nickte sie und sah mich schüchtern und wissend an.

Mit Cindys Erlaubnis bat ich die Mutter, die im Warteraum saß, zu uns hereinzukommen. Ich sagte ihr, daß ihre eigenen negativen

Gefühle Jill gegenüber bei Cindy das Gefühl geweckt hätten, kein Recht zu haben, Jill gerne zu mögen. Sie müsse Cindy dabei helfen zu erkennen, daß jeder von ihnen seine eigenen Gefühle haben dürfe. Mit diesem neuen Gewahrsein wurde es Cindys Mutter möglich, ihrer Tochter nicht mehr ihre eigenen Gefühle aufzuzwingen. Es waren keine weiteren therapeutischen Sitzungen mehr nötig. Ein schneller Abschluß — dank eines kleinen Körpersignals.

11. Unterstütze die Identifizierung des Kindes, hilf ihm, sich das, was es über das Bild oder über Teile des Bildes gesagt hat, zu »eigen zu machen«. Ich frage zum Beispiel: »Fühlst du dich manchmal so?« »Tust du das manchmal?« »Paßt das irgendwie zu deinem Leben?« »Könnte irgend etwas, das du als Rosenbusch gesagt hast, auch für dich gelten?« usw. Diese Fragen können natürlich ganz unterschiedlich formuliert werden, auf jeden Fall aber sehr sanft und vorsichtig.

Kinder müssen sich aber nicht immer alles »zu eigen machen«. Manchmal schrecken sie stark davor zurück und haben große Angst. Manchmal sind sie einfach noch nicht so weit. Hin und wieder scheint es ihnen aber auch zu genügen, *daß* sie durch ihr Bild etwas offenbart haben, auch wenn sie es nicht als Teil ihrer selbst annehmen wollen. Sie wissen, daß ich das, was sie zu sagen hatten, gehört habe. Auf eine ihnen angemessene Art und Weise haben sie das, was sie zu diesem Zeitpunkt zum Ausdruck bringen mußten oder wollten, auch getan.

12. Geh vom Bild über zu den realen Lebenssituationen und zu den ungelösten Problemen des Kindes, die im Bild ihren Ausdruck finden. Das gelingt manchmal mit der Frage: »Entspricht das deinem eigenen Leben?« Manchmal stellt ein Kind auch selbst spontan den Zusammenhang zu seinem eigenen Leben her. Ab und zu wird ein Kind plötzlich sehr still, oder ein bestimmter Gesichtsausdruck zeigt sich flüchtig auf seinem Gesicht. Dann frage ich: »Was ist gerade geschehen?«, und das Kind beginnt in solchen Fällen gewöhnlich über ein Ereignis in seinem jetzigen oder vergangenen Leben zu sprechen, das irgendwie mit seinen gegenwärtigen Schwierigkeiten in Zusammenhang steht. (Manchmal lautet die Antwort des Kindes aber auch einfach »Nichts.«.)

13. Achte bei den Bildern darauf, ob Teile fehlen, wenn ja, welche, und auf leere Flächen, und wende dich diesen zu.

14. Geh auf das ein, was für *das Kind* Vordergrund bzw. Figur

ist, oder aber auf das, was bei *dir* Figur ist — je nachdem, wo Interesse, Erregung und Energie sind. Manchmal wende ich mich dem zu, was da ist, und manchmal dem, was fehlt. Der Junge, der im Anschluß an die Höhlenphantasie Disneyland malte, betonte das Vergnügen und den Spaß, den er mit diesem Ort verband. Ich wandte mich aber dem Entgegengesetzten zu und sagte: »Ich nehme an, in deinem eigenen Leben gibt es nicht soviel Vergnügen und Spaß.«

Im allgemeinen arbeite ich zunächst mit dem, was für das Kind leicht und angenehm ist, bevor ich mich schwierigeren, unangenehmeren Dingen zuwende. Ich habe festgestellt, daß Kinder offener über die schwierigeren Dinge sprechen können, wenn wir mit ihnen zunächst über die leichteren gesprochen haben. Haben sie beispielsweise ein Bild gemalt, das auf der einen Seite traurige und auf der anderen Seite glückliche Gefühle darstellt, so fällt es ihnen oft schwer, über die traurigen Gefühle zu sprechen, wenn sie nicht vorher über den sicheren Bereich der glücklichen Gefühle gesprochen haben. Das trifft aber nicht immer zu. Manche Kinder müssen erst einmal ihrem im Inneren festgehaltenen Ärger Luft machen, bevor gute Gefühle zum Vorschein kommen können.

Manchmal befasse ich mich mit dem, was bei mir im Vordergrund steht, was bei mir als Figur erscheint. Wenn ich mit einem Kind zusammen bin, kann es vorkommen, daß ich mich traurig oder irgendwie unbehaglich fühle. Oder mir fällt vielleicht etwas an der Körperhaltung eines Kindes auf, wenn es spricht, so daß ich mich darauf konzentriere.

Wenn ich Kinder sehe, deren Verhalten in irgendeiner Weise auffällig ist, weiß ich, daß das natürliche Gleichgewicht des gesamten Organismus, der Person gestört ist. Die therapeutische Arbeit könnte man als die Lokalisierung und Wiederherstellung der gestörten Funktionen beschreiben.

Mein Modell stützt sich ganz wesentlich auf die normale Entwicklung und das normale Wachstum eines Kindes. Ein Säugling lebt ganz unmittelbar mit seinen Sinnen: Er erlebt mit großem Vergnügen Gerüche und Geräusche, Licht, Farben, Gesichter, Berührungen und Geschmack. Er schwelgt in seiner Sinnlichkeit und entwickelt sich durch sie. Ein Säugling wird sehr früh seines Körpers gewahr und lernt, daß er Dinge berühren, erreichen, nach ihnen greifen und sie fallen lassen kann. Er bewegt seine Arme und Beine und seinen Körper und lernt, sie zu beherrschen und zu meistern. Gleichzeitig mit seinen Sinnen und seinem Körper wird er auch seiner Gefühle immer stärker gewahr. Ein Säugling versucht nicht, seine Gefühle zu verbergen, sondern drückt sie aus. Wir wissen, wann ein kleines Kind wütend ist. Wir wissen auch, wann es gekränkt oder ängstlich oder friedlich oder froh ist. Es hat bereits herausgefunden, daß die Geräusche, die es zunächst nur vernommen und dann selbst produziert hat, etwas zu bedeuten haben, daß es mit anderen kommunizieren kann, um ihnen seine Bedürfnisse mitzuteilen: zunächst mit Hilfe von Geräuschen, dann mit Worten und schließlich mit Sätzen. Während sein Intellekt sich entwickelt, beginnt es, Neugier zu zeigen, Gedanken und Vorstellungen zu äußern. Noch hat das Kind keine Schwierigkeiten mit seinem Selbstwertgefühl; es *lebt*.

Die gesunde, ungestörte Entwicklung der Sinne, des Körpers, der Gefühle und des Intellekts ist grundlegende Voraussetzung für das Selbstgefühl des Kindes. Ein starkes Selbstgefühl trägt zum guten Kontakt mit der Umwelt und anderen Menschen bei.

Kinder lernen schnell, daß das Leben alles andere als vollkommen ist, daß wir in einer sehr chaotischen Welt leben, in einer Welt voller Widersprüche und Dichotomien. Darüber hinaus haben Eltern, die Kinder großziehen, mit ihren eigenen persönlichen Schwierigkeiten zu kämpfen. Kinder lernen, damit fertigzuwerden und zu kompensieren, manche erfolgreich, viele nicht.

Meines Erachtens haben die meisten Kinder, die Hilfe brauchen, etwas gemeinsam: eine Beeinträchtigung ihrer Kontaktfunktionen. Kontakt stellen wir her, indem wir sehen, sprechen, berühren, zuhören, uns bewegen, riechen und schmecken. Kinder, die Schwierigkeiten haben, sind nicht imstande, eine oder gar mehrere ihrer Kontaktfunktionen richtig zu nutzen, eine Beziehung zu den Erwachsenen, zu anderen Kindern oder zu ihrer Umwelt ganz allgemein herzustellen. In welcher Weise wir unsere Kontaktfunktionen zu nutzen vermögen, läßt erkennen, wie stark oder schwach wir uns fühlen. Da ein starkes Selbstgefühl zu gutem Kontakt prädisponiert, ist es nicht verwunderlich, daß fast jedes Kind, das zu mir in die Therapie kommt, keine besonders gute Meinung von sich hat, obwohl es vielleicht alles in seiner Macht Stehende tut, um diese Tatsache zu verbergen. Kleine Kinder machen nicht ihre Eltern oder die Außenwelt für ihre Probleme verantwortlich. Sie glauben vielmehr, sie selbst seien schlecht, hätten etwas falsch gemacht, seien nicht hübsch oder intelligent genug. Andererseits haben sie einen sehr starken Überlebenswillen, den Willen, durchzuhalten. Es ist noch etwas von dem übriggeblieben, was der Säugling besaß: Natürlichkeit und Ursprünglichkeit.

Kinder versuchen, sich auf die eine oder andere Weise zu schützen. Um nicht verletzt zu werden, ziehen sich manche Kinder in sich selbst zurück. Andere geben sich Phantasievorstellungen hin, mit denen sie sich selbst unterhalten, um dadurch ihr Leben leichter und lebenswerter zu machen. Wieder andere spielen-arbeiten-leben (denn diese Aktivitäten bilden eine Einheit), als ob nichts geschehen wäre, und schließen alles Schmerzliche aus. Und manche schützen sich, indem sie auf irgendeine Weise ausagieren; diese Kinder erhalten die meiste Aufmerksamkeit, wodurch häufig gerade das von den Erwachsenen mißbilligte Verhalten verstärkt wird.

Kinder tun alles in ihrer Macht Stehende, um durchzuhalten, um zu überleben. Kinder drängt es zum Wachstum. Ist ihre natürliche Funktionsfähigkeit gestört, so werden sie zu irgendeinem Verhalten Zuflucht nehmen, von dem sie glauben, daß es ihnen hilft zu überleben. Sie können aggressives, feindseliges, zorniges, hyperaktives Verhalten an den Tag legen. Sie können sich in selbstschaffene Welten zurückziehen. Sie können sich darauf beschränken, nur das Nötigste zu sagen, oder ganz schweigen. Sie können vor allem und jedem oder vor etwas Bestimmtem Angst haben, und diese Angst beeinflußt ihr Leben und auch jeden, der irgendwie mit ihnen zu tun hat. Sie können ein ungewöhnlich willfähriges und »liebes« Verhalten an den Tag legen. Sie können sich schrecklich an die Erwachsenen anklammern. Sie können das Bett nässen, ihre Hosen vollmachen, zu Unfällen neigen. Den Versuchen eines Kindes, seine Bedürfnisse durchzusetzen, sind keine Grenzen gesetzt.

Während der Adoleszenz treten diese Verhaltensweisen unter Umständen noch stärker hervor oder ziehen neue Verhaltensweisen nach sich: So spielt der/die Jugendliche vielleicht mit seinen/ihren verführerischen Reizen, ist promiskuitiv, konsumiert Alkohol oder andere Drogen. Diesen Versuchen, mit der eigenen Situation fertigzuwerden, liegen immer unbefriedigte Bedürfnisse zugrunde, die zu einem Verlust des Selbstgefühls geführt haben.

Manchmal orientiert ein Kind sein Leben an Vorstellungen, die nicht seine eigenen sind. Kinder wachsen oft in dem Glauben auf, daß das, was sie über sich selbst zu hören bekommen, immer richtig sei, und nehmen völlig falsche Informationen über sich selbst für bare Münze. Ein Kind glaubt vielleicht, es sei dumm, nur weil sein Vater es einmal, als er wütend und frustriert war, als dumm bezeichnet hat. Lachen die Eltern ihr Kind aus, wenn es etwas fallen läßt, oder werden sie immer wieder ungeduldig, wenn es umständlich versucht, irgend etwas zustandezubringen, so mag es die unausgesprochene Botschaft heraushören, es sei ungeschickt. Kinder übernehmen oft Eigenschaften, die andere in ihnen sehen, und agieren diese dann aus. Meine Aufgabe als Therapeutin besteht darin, dem Kind zu helfen, sich von diesen äußeren Bewertungen und falschen Selbstvorstellungen zu lösen und sein wahres Selbst wiederzuentdecken.

Wenn ich also mit einem Kind, einem Jugendlichen oder auch einem Erwachsenen arbeite, weiß ich, daß wir zurückgehen — und etwas erinnern, wiedererlangen, erneuern und stärken müssen, das dieser Mensch einmal als Kleinkind besessen hat, nun aber verloren zu haben scheint. Wenn seine Sinne wiedererwachen, wenn er sich seines Körpers wieder bewußt zu werden beginnt, kann er auch seine verloren geglaubten Gefühle erkennen, akzeptieren und zum Ausdruck bringen. Er lernt, daß er wählen, seine Wünsche, Bedürfnisse, Gedanken und Vorstellungen verbalisieren kann. Wenn er erfährt, wer er ist, und akzeptiert, wer er im Unterschied zu dir ist, dann wird er Kontakt zu dir aufnehmen und du wirst es spüren. Dies ist möglich, ob er nun drei oder 83 Jahre alt ist.

Ziel meiner Arbeit ist es, das Selbstwertgefühl eines Kindes aufzubauen, seine Kontaktfunktionen zu stärken, ihm ein neues Gefühl für seine Sinne, seinen Körper zu vermitteln und ihm zu helfen, seinen Verstand neu zu gebrauchen. Während ich das tue, verschwinden oft die Verhaltensweisen und Symptome, durch die es seine fehlgeleiteten Empfindungen und sein fehlgeleitetes Wachstum zum Ausdruck gebracht hat, ohne daß es der Veränderung in seinem Verhalten völlig gewahr wäre.

Das Kleinkind entwickelt sich, indem es erlebt. Wahrnehmen ist so eng mit Erleben verknüpft, daß sie eigentlich ineinanderfließen. Indem also das Kind in der Therapie seine Sinne, seinen Körper, seine Gefühle neu erlebt, gewinnt es eine gesunde Haltung zum Leben zurück.

So oft wie möglich versuche ich dem Kind deshalb Gelegenheit zu geben, in den Bereichen Erfahrungen zu machen, in denen es sie am nötigsten hat. Und ich ermutige es, sich seines Erlebnisprozesses gewahr zu werden. Wenn ich ein Kind beispielsweise bitte, einen Satz zu formulieren, der seine Situation zusammenfaßt und den ich auf sein Bild schreiben kann, so bringt es in diesem Satz sein Gewahrsein zum Ausdruck. Wenn ich mit Bezug auf eine abgefallene, verwelkende Rose frage: »Fühlst du dich manchmal auch so?«, oder als Reaktion auf eine Geschichte über einen Bären, der seine wirkliche Bärenmutter sucht, die Frage stelle: »Entspricht das dir?«, so bemühe ich mich um explizites Gewahrsein. Solches Gewahrsein erleichtert Verhaltensänderungen, und wir können dann damit beginnen, vorhandene Alternativen zu prüfen, mit neuen Formen des Seins zu experimentieren oder uns mit der verborgenen Furcht des Kindes befassen, die es davon abhält, neue Entscheidungen zu treffen, die sein Leben bereichern würden.

In einigen der hier wiedergegebenen Fallbeispiele sage ich: »Ich weiß eigentlich nicht, was geschehen ist.« Ich weiß aber, daß das Kind etwas mit mir zusammen erlebt hat und sich danach besser fühlt — ohne daß es jedoch sein Verständnis oder seine neuen Wahrnehmungen explizit zum Ausdruck gebracht hätte. In einer Sitzung formte ich einmal ein Baby aus Ton, sagte dem Kind, mit dem ich arbeitete, daß es selbst das Baby sei, und tat so, als ob ich es badete. Das Kind war glücklich und zufrieden und noch am selben Abend machte es seiner Mutter den Vorschlag, daß es nun damit beginnen könne, sich zu duschen. (Früher wollte es weder baden noch duschen.)

Wenn das Kind gesagt hätte: »Ich sehne mich danach, jetzt, wo mein kleiner Bruder aufgetaucht ist, wieder wie ein kleines Baby behandelt zu werden, und ich werde solange kein Bad nehmen, bis jemand das erkennt«, dann hätte ich wahrscheinlich verstanden, was geschehen war. So weiß ich aber nur, daß ich dem Kind ein Erlebnis vermitteln konnte, das es als befriedigend empfand und das dazu beitrug, daß es sich sicher genug fühlte, einen weiteren kleinen Schritt auf dem Weg zum Erwachsenwerden zu wagen.

Wenn Sie meinen Ausführungen bis hierhin gefolgt sind, sagen Sie jetzt vielleicht: »Gut, ich bin bereit, es auf einen Versuch ankommen zu lassen. Was soll ich als nächstes tun?« Entscheidend ist aber das Wie. *Wie* entwickeln wir das Selbstgefühl eines Kindes, *wie* stärken wir seine Kontaktfunktionen, *wie* erneuern wir seinen Kontakt zu seinen Sinnen, seinem Körper, seinen Gefühlen und seinem Bewußtsein? *Wie* helfen wir dem Kind, seine Sinne, seinen Körper, seine Gefühle, den Gebrauch seines Intellekts zu *erleben*?

Die Antwort auf diese Fragen mag vielleicht etwas zu einfach klingen, ich muß Sie aber warnen, daß dieses Buch nicht als Reparaturhandbuch gedacht ist. Ich erinnere mich an meine Arbeit in öffentlichen Schulen, bei der es darum ging, den Kindern bei der Überwindung ihrer Lernschwierigkeiten zu helfen. Den Psychologen ist es gelungen, die Schwierigkeiten zu erforschen, die viele Kinder mit bestimmten Wahrnehmungsbereichen haben. Manche Kinder haben zum Beispiel Schwierigkeiten bei der Unterscheidung zwischen Figur und Grund und sind daher nicht imstande, einen bestimmten Buchstaben oder ein Wort aus einer Fülle von Buchstaben oder Wörtern herauszufinden. Manche Kinder haben visuelle Differenzierungsschwierigkeiten, weshalb für sie ein »b« wie ein »d« und »las« wie »als« aussieht. Es gibt sehr schöne Spiele und Übungen, die allein zu dem Zweck ersonnen worden sind, diese Mängel zu beheben und die schwachen Wahrnehmungsleistungen der Kinder in bestimmten Bereichen zu verbessern. Also haben wir in der Schule viele Stunden damit verbracht, dem Kind dabei zu helfen, aus einer Vielzahl farbiger Bauklötzchen die roten Klötze, aus einer Vielzahl von Dreiecken und Kreisen Vierecke herausfinden und damit seine Fähigkeit, Figur und Grund zu unterscheiden, zu verbessern. Mit viel Übung kann das Kind diese Aufgaben nach einiger Zeit wahrscheinlich lösen, oft kann es aber dann immer noch nicht lesen. So einfach ist das eben alles nicht.

Wenn ich Vorschläge mache, wie man die sinnliche Wahrnehmung schärfen kann, dann soll das nicht heißen, daß das Kind sich gleich besser fühlt und sein Verhalten ändert, sobald es imstande ist, zwischen weichen und harten Dingen oder hohen und tiefen Tönen zu unterscheiden. Kinder sind komplizierte Geschöpfe, und es geschehen immer viele Dinge gleichzeitig. Man gibt einem Kind zum Beispiel Fingerfarben, damit es seinen Tastsinn erleben und entwickeln kann. Das Fließen der Farbe und das damit verbundene sinnliche Gefühl — aber auch einfach die Freude an dieser Tätigkeit — »tauen« das Kind auf, so daß es sich mitteilen kann. Das führt dann vielleicht dazu, daß es über irgendein Problem in seinem Leben spricht, was wiederum dazu führt, daß man sich mit ihm über die Möglichkeiten unterhalten kann, die ihm zur Lösung dieses Problems zur Verfügung stehen. Vielleicht geschieht aber auch nichts von alledem. Vielleicht malt es während der ganzen Sitzung schweigend mit den Fingern. Oder ist überhaupt nicht bereit, mit den Fingern zu malen, weil ihm das einfach kindisch vorkommt. Der Therapeut muß sich sehr genau auf ein Kind einstellen, wenn er auf das, was dieses Kind tut, reagieren will, damit er das Auf und Ab des kindlichen Prozesses wahrnimmt. Der Therapeut muß sich *mit* dem Kind bewegen, damit er weiß, wann er sprechen und wann er schweigen soll.

Ich beschreibe in diesem Buch viele Techniken, die dem Kind sensorische, körperliche, gefühlsmäßige, intellektuelle und verbale Erlebnisse vermitteln. Diese Vorschläge sollen Ihnen die zahllosen Möglichkeiten zur Kreativität veranschaulichen und Ihre eigene Phantasie anregen. Wenn ich mit einem bestimmten Kind arbeite, fällt es mir in der Regel nicht sehr schwer, die richtige Technik auszuwählen. Wenn ich das Kind kennenlerne, ergibt sich alles von selbst. Oft zeigt das Kind selbst, was es braucht, indem es sich für eine bestimmte Aktivität entscheidet. Und manchmal gibt es auch dadurch zu erkennen, was es braucht, daß es einer Aktivität beharrlich Widerstand entgegenbringt.

Ich mache mir manchmal Gedanken darüber, welche Aufgabe der therapeutischen Intervention bei der Arbeit mit Kindern zukommt. Ist es das Ziel meiner Arbeit, die Kinder dahin zu bringen, sich in einer Weise zu verhalten, die ihrem eigenen kulturellen Milieu und ihren eigenen Erwartungen entgegengesetzt ist? Oder unterdrücke ich ihr eigenes unbeschwertes Wachstum und ihre Selbstbestimmung, wenn ich ihnen helfe, sich an eine unmenschliche Situation anzupassen, kehre ich also die Probleme unter den Teppich? Immer wieder muß ich mich daran erinnern, daß meine Aufgabe in erster Linie darin besteht, Kindern zu helfen, innere Sicherheit und Selbstvertrauen zu gewinnen. Ich möchte ihnen das Wissen vermitteln, daß sie selbst wählen können, wie sie in ihrer Welt leben, wie sie auf ihre Welt reagieren und wie sie ihre Welt beeinflussen wollen. Ich kann mir nicht anmaßen, diese Wahl für sie zu treffen. Ich kann nur meinen Teil dazu beitragen, indem ich ihnen die Kraft gebe, das zu wählen, was sie wählen möchten, und zu wissen, wann sie gar keine Wahl haben. Ich möchte ihnen helfen zu erkennen, daß sie keine Verantwortung für Wahlmöglichkeiten übernehmen können, die für sie gar nicht existieren. Wenn sie älter und stärker werden und sich selbst im Verhältnis zu ihrer Umgebung klarer einzuschätzen vermögen, dann können sie vielleicht die Entscheidung treffen, die sozialen Strukturen zu verändern, welche sie davon abhalten, die ihnen angemessene Wahl zu treffen.

Jeder, der mit Kindern arbeitet, sollte ganz bestimmte, grundlegende Voraussetzungen erfüllen: Er sollte Kinder gern haben, eine akzeptierende, vertrauensvolle Beziehung zu ihnen herstellen können, wissen, wie Kinder sich entwickeln, wie sie wachsen und lernen, und die wichtigsten, mit bestimmten Alters- und Entwicklungsstufen verbundenen Probleme kennen. Man sollte mit den Lernstörungen vertraut sein, die nicht nur die Lernfähigkeit der Kinder behindern, sondern häufig auch emotionale Nebenwirkungen haben. Ich meine auch, daß man die Fähigkeit haben sollte, direkt zu sein, ohne aufdringlich zu werden, empfindsam und sanft zu sein, ohne zu nachgiebig und passiv zu sein.

Auch meine ich, daß jeder, der mit Kindern arbeitet, unbedingt wissen sollte, wie familiäre Systeme funktionieren und welchen Umwelteinflüssen ein Kind ausgesetzt ist — zu Hause, in der Schule oder in anderen Institutionen, in denen das Kind lebt. Man sollte die an das Kind herangetragenen kulturellen Erwartungen kennen. Man sollte fest davon übezeugt sein, daß jedes Kind ein einzigartiger, wertvoller, mit gewissen Rechten ausgestatteter Mensch ist. Man sollte mit bewährten Beratungstechniken vertraut sein, so zum Beispiel mit der Technik des reflektiven Zuhörens und mit Kommunikations- und Problemlösungstechniken. Ich glaube, daß es vor allem darauf ankommt, zu dem Kind offen und aufrichtig zu sein. Und man sollte schließlich Humor besitzen und zulassen, daß das spielerische und ausdruckswillige Kind, das in uns allen steckt, zum Vorschein kommt.

Ich möchte an alle Therapeuten appellieren, die vor der Arbeit mit Kindern zurückschrecken. Kinder brauchen Verbündete, und ich hoffe, daß immer mehr Therapeuten, denen Humanität und Gleichheit etwas bedeuten, erkennen werden, daß sie, wenn sie Kinder als Klienten ablehnen, zu einem »Separatismus« beitragen, der die Unterdrückung junger Menschen fördert. Kinder verdienen Besseres.

Die Methode, die ich hier vorschlage, ist die Methode der Selbstkontrolle. Ich glaube, Fehler lassen sich vermeiden, wenn man guten Willens ist und sich der Interpretationen und Urteile enthält — wenn man das Kind also mit Achtung und Respekt behandelt. Wenn man sich an diese Regel hält, kann man zu jedem Kind Kontakt herstellen und ihm mit Erfolg helfen. Innerhalb dieser sehr weitgezogenen Grenzen kann man eigentlich nicht fehlgehen. Kinder öffnen sich einem nur dann, wenn sie sich sicher fühlen.

Eltern können die hier beschriebenen Techniken dazu benutzen, herauszufinden, was mit ihren Kindern los ist, und Kinder können sie benutzen, um herauszufinden, was mit ihren Eltern los ist. Einige Lehrer haben mir, nachdem sie die Techniken ausprobiert hatten, von erstaunlichen Ergebnissen berichtet. Je nachdem, wie erfahren und geübt man ist, kann man entweder im seichten Wasser bleiben oder sich in tiefere Stellen vorwagen.

Fast in allen meinen Seminaren hat jemand irgendwann das Thema »Kontraindikationen« angeschnitten, also die Frage gestellt, was man mit einem Kind *nicht* machen sollte.

Außer, daß man selbstverständlich all das nicht tun sollte, was im Gegensatz zu dem steht, was man tun sollte (wie: enthalte dich eines Urteils usw.), kann ich eigentlich sehr wenig zu diesem Thema sagen. Mir fällt keine einzige allgemeingültige Regel ein, die für alle Kinder gültig wäre. Ich kann beispielsweise nicht sagen: »Fingermalen eignet sich nicht für hyperaktive Kinder«, weil ich damit gerade mit hyperaktiven Kindern ausgezeichnete Ergebnisse erziele. Es kann natürlich sein, daß es hyperaktive Kinder gibt, die auf diese Übung nicht ansprechen. Aber: Wenn etwas nicht gut für sie ist, geben Kinder dies dem Therapeuten im allgemeinen zu verstehen. Man muß ein Gespür für die Bedürfnisse des Kindes entwickeln, seine Abwehrmechanismen respektieren und behutsam vorgehen.

Einige Teilnehmer an meinen Seminaren wandten ein: »Nun, Sie würden doch wohl kaum bei einem Kind, das vollständig in seiner Phantasiewelt lebt, mit Phantasieübungen arbeiten.« Doch, das würde ich. Ich beginne mit einem solchen Kind dort, wo es ist. Ich möchte Kontakt zu ihm aufnehmen, und vielleicht kann ich das nur über die Phantasiewelt, die diesem Kind ein Gefühl der Sicherheit gibt. Zu gegebener Zeit werde ich dann versuchen, es in die Realität zurückzuholen, und wenn es bereit ist, wird es mir folgen. Wenn nicht, dann nicht.

Ich zwinge ein Kind nie, etwas zu tun oder zu sagen, wenn es das absolut nicht will. Ich versuche, Interpretationen zu vermeiden, und spreche deshalb mit dem Kind über meine Vermutungen und vagen Vorstellungen. Wenn es nicht antworten will, gut. Ich bestehe nicht darauf, daß es sich irgend etwas »zu eigen macht«, wenn es das Bedürfnis hat, Dinge in sicherer Entfernung zu halten.

Ich versuche auch, möglichst nichts zu tun, was ich nicht gern tue oder bei dem *ich* mich unbehaglich fühle. Wenn ich keine Lust habe, Schach zu spielen, schlage ich eben ein anderes Spiel vor.

Weitere Ideen zur Phantasie und zu Zeichnungen

Dieser Abschnitt enthält Einfälle, Anregungen, Hilfen und Techniken, die ich benutze, um durch Zeichnen und durch Phantasie Gefühle zum Vorschein zu bringen. Vieles davon läßt sich auch im Zusammenhang mit anderen Ausdrucksformen anwenden, zum Beispiel beim Malen, beim Arbeiten mit Ton, Bewegen usw. Diese Aufzählung ist keineswegs erschöpfend; sie soll lediglich eine allgemeine Vorstellung davon geben, was ich schon mit Kindern gemacht, wovon ich gehört, woran ich gedacht habe, oder was ich in Zukunft einmal verwenden möchte. Den Ideen sind, wie der Phantasie, keine Grenzen gesetzt. Einige dieser Vorschläge werden in anderen Kapiteln wieder aufgegriffen und genauer beschrieben.

— Leg dem Kind alle möglichen Materialien vor, aus denen es auswählen kann — verschieden große Papierbögen (auch Zeitungspapier), Filzstifte, Kreide, Pastellstifte, Buntstifte, breite Filzstifte, einen Bleistift. Kinder haben auch Spaß an technischen Spielereien. Verwende deshalb hin und wieder eine Küchenuhr, eine Stoppuhr, eine Eieruhr, Zählinstrumente wie einen Golfzähler, eine Rechenmaschine, Zählperlen usw. Du kannst zum Beispiel sagen: »Wir sehen uns diese Blume hier eine Minute lang an. Ich werde auf meine Stoppuhr sehen und dir sagen, wann die Zeit um ist. Dann werde ich dich bitten, ein Bild zu zeichnen — nicht die Blume, sondern welches Gefühl du hattest, als du die Blume ansahst, oder welches Gefühl du hattest, als ich dir sagte, daß die Zeit um sei.«

Stell dir deine Welt in Farben, Linien, Formen, Symbolen vor. Stell dir vor, wie du deine Welt gern hättest.

Zeichne: Was du tust, wenn du wütend bist. Wie du gerne sein würdest. Was dich wütend macht. Einen unheimlichen Ort. Etwas Furchteinflößendes. Das letzte Mal, als du geweint hast. Den Ort, an dem du glücklich bist. Wie du dich in diesem Augenblick fühlst.

Zeichne dich selbst: so wie du bist (wie du denkst, daß du bist), wie du gerne aussehen würdest; wenn du älter bist, wenn du alt bist, als du jünger warst (ein ganz bestimmtes Alter oder kein bestimmtes Alter).

Denk an eine zurückliegende Zeit oder Situation: eine Zeit, in der du dich am lebendigsten gefühlt hast. Eine Zeit, an die du dich erinnerst; das, was dir zuerst einfällt. Eine Familienszene. Dein Lieblingsessen. Eine Zeit, als du noch klein warst. Einen Traum.

Zeichne: Wo du gerne sein möchtest: einen idealen Ort. Deinen Lieblingsort oder einen Ort, der dir nicht gefällt. Eine Zeit, die du gern hast, oder eine Zeit, die du nicht magst. Das Schrecklichste, das du dir vorstellen kannst.

Sieh dir das [eine Blume, ein Blatt, eine Muschel, ein Gemälde, irgend etwas] zwei Minuten an. Zeichne deine Gefühle. [Benutze hierzu eine Uhr. Laß auch Musik spielen.]

Zeichne: deine Familie, so wie sie jetzt ist. Deine Familie als Symbole, Tiere, Farbflecke. Deine Familienmitglieder, wie sie gerade etwas tun. Den Teil von dir, der dir am besten, am wenigsten gefällt, dein inneres Selbst, dein äußeres Selbst. Wie du dich selbst siehst. Wie andere dich sehen (wie du glaubst, daß sie dich sehen). Wie du gerne möchtest, daß sie dich sehen. Eine Person, die du gern hast, die du haßt, bewunderst, auf die du neidisch bist. Dein Ungeheuer; deinen Bösewicht.

Zeichne: Wie du Aufmerksamkeit erhältst. Wie du von verschiedenen Leuten das bekommst, was du haben willst. Was du tust, wenn du deprimiert, traurig, gekränkt, neidisch, einsam usw. bist. Deine Einsamkeit; dein Gefühl der Einsamkeit; dich, wenn du dich einsam fühlst oder als du dich einsam gefühlt hast. Ein Phantasietier. Etwas, das dich an jemandem hier, an jemandem, der dir nahe steht, an dir selbst, an der Welt um dich herum stört. Deinen Tag, deine Woche, dein jetziges Leben, deine Vergangenheit, deine Gegenwart, deine Zukunft.

Zeichne: glückliche Linien, zarte Linien, traurige, zornige, ängstliche usw. (Mach beim Zeichnen Geräusche, Körperbewegungen.) Mit der linken oder mit der rechten Hand.

— Bitte das Kind, eine Serie von Bildern zu zeichnen. Zunächst soll es darstellen, wie es sich im Augenblick fühlt, dann dieses Gefühl übertrieben darstellen, später sich auf einen bestimmten Teil des Bildes konzentrieren.

Zeichne das, was dir zu beschreiben schwerfällt, verwende dazu Farben, Formen und Linien.
Zeichne, wie du auf eine Geschichte, eine Phantasie, ein Gedicht, ein Musikstück reagierst.
Zeichne Gegensatzpaare: schwach/stark; glücklich/traurig; das gefällt mir/gefällt mir nicht; gut/schlecht; positiv/negativ; wütend/ruhig; verantwortlich/verrückt; ernst/leichtfertig; gute Gefühle/schlechte Gefühle; wenn du aufgeschlossen bist/wenn du in dich gekehrt bist; Liebe/Haß; Freude/Trauer; Vertrauen/Mißtrauen; getrennt/zusammen; offen/geschlossen; allein/nicht allein; mutig/ängstlich; den besten Teil von dir/den schlechtesten Teil von dir usw.
Zeichne: dich, als du noch ein Kind, ein Teenager warst, dich als Erwachsenen. Einen Phantasieort. Dein drängendstes Problem. Einen körperlichen Schmerz — deine Kopfschmerzen, deine Rückenschmerzen, dein Müdigkeitsgefühl.
Mach eine Kritzelzeichnung – finde ein Bild darin. Mach einen Schnörkel — und dann ein vollständiges Bild daraus.

— Vorschul-Kunst: Fadenbilder, Schmetterlingsbilder, Fingerbilder. Autolackfarbe (Autolack trocknet schnell, und man kann die Farbe zu schönen Phantasiebildern zerlaufen lassen; wird gut auf Preßplatten).
Zeichne das Kind und bitte es, sich dazu zu äußern.
Seid ihr eine Gruppe, so bilde Zweiergruppen und laß die Kinder sich gegenseitig zeichnen.

Zeichnet etwas mit einem Partner zusammen. Einigt euch auf ein Thema: ausgelacht, lächerlich gemacht, zuletzt ausgewählt, geärgert werden usw.
Zeichne dein Leben als Straßenkarte: Markiere gute Orte, holprige Straßen, Hindernisse. Trage auf der Karte ein, wo du gewesen bist und wo du gerne hingehen möchtest. Zeichne bestimmte Situationen und Erlebnisse (z. B. Bettnässen).

— Eine Gruppe oder eine Familie können sich auf ein Thema einigen und zusammen zeichnen (»Sei mit dem Prozeß und der Interaktion in Kontakt«): Wo stehe ich in meinem Leben jetzt? Wo komme ich her? Wo war ich normalerweise? Wo möchte ich gerne hingehen? Was hindert mich daran, dorthin zu gehen (Blockierungen, Hindernisse)? Was brauche ich, um dort hinzukommen? »Früher war ich . . . aber jetzt bin ich . . .« Laß ein Blatt Papier im Kreise herumgehen und ein Bild malen, indem jeder etwas zu dem, was sein Vorgänger gezeichnet hat, hinzufügt.

Zeichne: Wie du dich gestern gefühlt hast, wie du dich heute, jetzt fühlst, wie du dich morgen fühlen wirst: egoistisch, dumm, verrückt, häßlich, gemein. Etwas, das du möchtest. Wie du das, was du möchtest, bekommst. Ein Geheimnis. Alleinsein. Mit anderen zusammensein; ernst sein, dumm sein.
 Zeichne ein Bild von dir und übertreibe, wie du deiner Meinung nach aussiehst.
 Laß deine Hand einfach über das Papier gleiten und zeichne das, was deine Hand zeichnen will.
 Sag ein Wort und laß die anderen schnell ein Bild malen, das dieses Wort darstellt: Liebe, Haß, Schönheit, Angst, Freiheit, Güte usw. Wie du dich als Frau / Mann / Kind / Erwachsener /Junge /Mädchen fühlst. Was das für ein Gefühl für dich wäre, statt einer Frau ein Mann, oder umgekehrt, zu sein.

— Zeichne die Umrisse des Kindes auf ein großes Blatt Papier; laß das Kind zu seinen eigenen Umrissen sprechen.

Zeichne das Bild, das du von deinem Körper hast, mit Farben, Formen, Linien. Stell dir mit geschlossenen Augen vor, du stündest vor dir selbst.
 Zeichne: dich selbst als Tier und eine Umgebung, in die es paßt. Ein Bild deiner Mutter / deines Vaters mit Farben, Linien, Formen.
 Erinnere dich an die Zeit, als du noch sehr klein warst, und zeichne etwas, das dich damals sehr glücklich gemacht, dich erregt, dir ein gutes Gefühl gegeben hat, etwas, das du besessen, das du gemacht, jemanden, den du gekannt hast, etwas, das dich traurig gemacht hat usw. Zeichne es, als ob du noch in diesem Alter wärst.

Zeichne ein Ereignis, von dem du, als du noch klein warst, gewünscht hast, daß es geschehen solle.

— Wenn das Kind spricht und etwas dabei zum Vorschein kommt, bitte es, dieses Etwas zu zeichnen: einen körperlichen Schmerz, ein Ereignis, ein Gefühl usw.
  Laß ein Phantasietier zeichnen, wie es in dem Buch *If I Ran The Zoo* von Dr. Seuss beschrieben wird. Arbeitest du mit einer Gruppe, dann laß zwei Tiere sich begegnen.

Zeichne ein Tier oder zwei Tiere und schreibe (oder diktiere) drei Worte auf, die jedes Tier beschreiben. Sei dann selbst das Tier und erzähle etwas über dich.
  Zeichne etwas, das dir an dem, was ich tue, nicht gefällt, und ich werde dasselbe mit dir tun. Zeichne etwas, das dir Sorgen macht. Zeichne drei Wünsche. Sag mir, was ich zeichnen soll.
  Berühre dein Gesicht, und zeichne es dann.
  Stell dir vor, du könntest in dieser Welt alles machen, was du nur willst. Zeichne das, was du dann tun würdest. Wenn du zaubern könntest, wo würdest du dann gerne sein?
  Male ein Geschenk, das du gern erhalten / verschenken würdest. Wer würde es dir schenken? Wem würdest du es schenken?
  Zeichne: etwas, das du am liebsten nicht getan hättest. Etwas, das dir Schuldgefühle verursacht. Oder das Schuldgefühl selbst. Deine Macht. Etwas, das du loslassen mußt.

Natürlich gibt es noch sehr viel mehr Themen, die sich zum Zeichnen eignen. Viele Phantasien, Geschichten, Geräusche, Bewegungen und Sehenswürdigkeiten, aber auch Gedichte und Literarisches kann man hierzu verwenden.
  Laß die Kinder mit Farben, Linien und Formen arbeiten; mit leichten Strichen, festen Strichen, langen und kurzen Strichen; mit leuchtenden Farben, hellen Farben, dunklen und matten Farben; mit Symbolen, Strichmännchen.
  Laß sie schnell arbeiten. Stellst du fest, daß sie immer wieder das gleiche Verhaltensmuster zeigen, laß sie mit etwas experimentieren, das im Gegensatz zu dem steht, was sie normalerweise tun.

4 Etwas herstellen

Ton

Von allen Materialien, die ich bei meiner Arbeit mit Kindern verwende, ist Ton sicherlich das Material, mit dem ich am liebsten arbeite. Gewöhnlich beteilige ich mich dann selbst und ich fühle mich dabei wohl und entspannt. Ton eignet sich wegen seiner Geschmeidigkeit und Formbarkeit zu vielem. Halte dir einmal seine Eigenschaften vor Augen: Ton ist ein wunderbares Material, das, weil es schmutzig, matschig, weich und sinnlich ist, alle Altersstufen anspricht. Ton fördert das Durcharbeiten der frühesten inneren Prozesse und macht es demjenigen, der damit arbeitet, wie kein anderes Material möglich, ganz eins mit ihm zu werden. Es ist leicht, mit dem Ton zu verschmelzen. Er bietet sowohl taktile wie kinästhetische Erlebnisse. Viele Kinder mit Störungen der Wahrnehmung und der Motorik brauchen diese Art der Erfahrung. Diejenigen, die mit Ton arbeiten, kommen stärker mit ihren Gefühlen in Kontakt. Zwischen dem Medium und seinem Benutzer entsteht eine Verbindung, die wahrscheinlich von der Geschmeidigkeit des Materials begünstigt wird. Gegen diese Geschmeidigkeit scheint der Schutzpanzer oder Schutzwall des Kindes nichts ausrichten zu können. Kinder, die kaum Kontakt zu ihren eigenen Gefühlen haben und diese ständig blockieren, haben gewöhnlich auch kaum Kontakt zu ihren eigenen Sinneswahrnehmungen. Infolge seiner »sinnlichen« Eigenschaften stellt Ton nun oft eine Verbindung zwischen den Sinneswahrnehmungen und den Gefühlen dieses Kindes her. Das aggressive oder wütende Kind kann den Ton beispielsweise mit den Fäusten bearbeiten und auf ihn einschlagen.

Kinder, die sich unsicher und ängstlich fühlen, können durch die Arbeit mit Ton ein Gefühl der Macht und Meisterschaft gewinnen. Ton ist ein Medium, das immer wieder verändert werden kann und bei dem man keine festen Regeln einhalten muß. Man kann bei Ton einfach keinen »Fehler« machen. Das Arbeiten mit Ton hilft Kindern, die einer Stärkung ihres Selbstwertgefühls bedürfen, ein Gefühl für sich selbst zu entwickeln. Ton ist das Medium, an dem der Therapeut den Prozeß des Kindes am besten beobachten kann. Der Therapeut kann in der Tat *sehen*, was mit dem Kind los ist, wenn er beobachtet, wie das Kind mit Ton umgeht. Schweigsame Kinder werden durch die Arbeit mit Ton zum Sprechen ermutigt. Für sehr gesprächige Kinder aber, auch für diejenigen, die nach Meinung ihrer Eltern oder Lehrer zuviel sprechen, ist Ton ein Ausdrucksmittel, das vom Gebrauch allzuvieler Worte abhält. Ton hilft Kindern, ihr Interesse an Sexualität, Körperteilen und Körperfunktionen zu entwickeln und zu befriedigen. Ein Kind kann ganz allein mit Ton arbeiten und daran Freude haben, die Arbeit mit Ton kann aber auch eine ausgesprochen gesellige Sache sein. Kinder führen wunderschöne Gespräche miteinander, wenn man sie ganz sich selbst überläßt. Oft interagieren sie auf einer ganz neuen Ebene miteinander, tauschen Gedanken, Ideen, Gefühle und Erlebnisse aus.

Manche Leute schrecken vor Ton zurück, weil sie fürchten, sie könnten sich schmutzig machen. Diese Furcht ist völlig unbegründet, da Ton nach Wasser das sauberste aller künstlerischen Materialien ist. Er trocknet zu feinem Staub und kann leicht von den Händen, von Kleidungsstücken, Teppichen, Fußböden und Tischen abgewaschen, abgebürstet, mit dem Staubsauger aufgesaugt oder mit einem Schwamm abgerieben werden. Ton hat auch heilende Wirkung. Bildhauer und Töpfer haben festgestellt, daß Schnitte an den Händen schneller heilen, wenn sie die Wunde bei ihrer Arbeit mit Ton offenlassen.

Im allgemeinen arbeiten Kinder sehr gerne mit Ton, hin und wieder kommt es aber vor, daß ein Kind sich vor der feuchten, in seinen Augen »schmutzigen« Masse fürchtet. Dieses Verhalten gibt dem Therapeuten bereits sehr viel Aufschluß über das Kind und weist ihm die in der Therapie zu verfolgende Richtung. Natürlich besteht zwischen dem Sauberkeitszwang und den emotionalen Problemen des Kindes ein direkter Zusammenhang, der vielleicht bei anderen Materialien nicht sogleich erkannt worden wäre. In einem solchen Fall gehe ich sehr behutsam vor, lasse ein wenig Zeit verstreichen und gebe dem Kind, das sich anfänglich gegen den Ton gesträubt hat, immer wieder einmal Ton in die Hand. Oft werden solche Kinder von dem Material gleichzeitig angezogen und abgestoßen und lassen sich nach einiger Zeit sehr vorsichtig darauf ein.

Wenn ich mit Kindern arbeite, die entweder ihren Stuhl zurückhalten oder in die Hosen machen, benutze ich eigentlich immer Ton. Ein neunjähriger Junge machte den Ton am liebsten so feucht und matschig wie nur möglich, indem er mit großem Vergnügen Wasser über den Ton und in extra zu diesem Zweck von ihm geformte Mulden goß. Ganz plötzlich und ohne jede Vorwarnung geschah dann immer irgend etwas in seinem Inneren, er sprang plötzlich auf, wurde ganz angespannt und verkündete, daß er mit dem Tonspielen fertig sei. Lange Zeit war er nicht in der Lage, offen zum Ausdruck zu bringen, welche Gedanken, Gefühle oder Erinnerungen in dem Augenblick in ihm auftauchten. Eines Tages sprach er dann davon, wie sehr ihn sein eigener Kot faszinierte. Er erzählte mir, er erinnere sich, daß er, als er ungefähr vier Jahre alt gewesen sei, einmal die Beschaffenheit dieses von ihm selbst produzierten Materials habe fühlen wollen, deshalb in die Toilette gegriffen habe und heftig von seiner Mutter zurückgerissen worden sei, die ihm dann eine schreckliche Strafpredigt gehalten habe. Danach habe er weitere Versuche, diesen »Stoff« zu befühlen, unternommen, sei aber jedesmal derartig von Scham- und Schuldgefühlen verzehrt worden, daß er diese verbotene Tätigkeit schließlich aufgegeben habe. Ob dieser Zwischenfall allein für seine Stuhlprobleme verantwortlich war oder nicht — sicherlich spielte er eine wichtige Rolle. Nachdem mir der Junge seine Erinnerung (die vielleicht nur infolge seines Spiels mit dem Ton aufgetaucht war) mitgeteilt hatte, fühlte er sich viel wohler, wenn er mit Ton spielte, und wurde ganz allgemein viel entspannter. Diese allgemeine Entspannung ermöglichte ihm, sich auch anderen Ausdrucksformen zu öffnen und schließlich eine normale Darmkontrolle zu erreichen.

Ich habe die Erfahrung gemacht, daß Kinder oft nur geringe Vorstellungen haben, was sie mit Ton alles machen können. Gibt man einem Kind einen Tonklumpen, wird es bestimmt einen Aschenbecher, eine Schale oder vielleicht auch eine Schlange formen. Je mehr Erfahrung ein Kind mit der ungeheuren Flexibilität und Vielseitigkeit dieses Mediums hat, um so mehr Ausdrucksmöglichkeiten stehen ihm offen. Eine Kiste voller »Werkzeuge« wird ihm Anregungen geben. Geeignet sind: Gummihammer (sehr wichtig), Käse-Schneider, Spachtel, Knoblauchpresse, Schaber oder Zerhacker (handbetrieben), Bleistift zum Löcherbohren, Kartoffelstampfer usw. Ich halte ständig und überall in der Küche, im Werkzeugkasten usw. nach anderen interessanten Gegenständen Ausschau. Je ausgefallener der Gegenstand (d. h., nicht speziell für die Arbeit mit Ton gedacht), um so besser.

Es ist gleichgültig, wo wir arbeiten. Manchmal sitzt das Kind auf dem Tisch, dann liegt der Ton auf einem dicken Brett (zum Beispiel einem Küchenbrett). Manchmal legen wir das Brett auf den Boden und setzen uns daneben. Irgendwo im Freien zu arbeiten, macht besonders viel Spaß. Wenn ich Ton in Gruppensitzungen verwende, sitzen wir gewöhnlich im Kreis auf dem Boden, ich gebe jedem Kind einen besonders stabilen Papierteller (den man mehrmals verwenden kann) und Zeitungspapier als Unterlage. Damit die Kinder keine Angst zu haben brauchen vor dem Schmutzigwerden, stelle ich Papierhandtücher und feuchte Papiertaschentücher zur Verfügung. Wichtig sind kleine Wasserschalen, weil immer wieder Wasser gebraucht wird, um den Ton zu befeuchten, bestimmte Stellen zu glätten oder es einfach über den Ton zu gießen.

Um den Kindern zu zeigen, was man mit Ton alles anstellen kann, mache ich oft folgende Übung mit ihnen:

»Schließt bei dieser Übung die Augen. Achtet einmal darauf, daß eure Finger und Hände empfindsamer sind und den Ton besser fühlen können, wenn eure Augen geschlossen sind. Sind eure Augen offen, so können sie euch beim Erfüllen des Tons behindern. Probiert beides aus, damit ihr den Unterschied merkt. Es macht nichts, wenn ihr ab und zu einmal blinzeln müßt; schließt eure Augen dann einfach wieder. Sitzt einen Augenblick einfach nur da, und legt eure Hände auf den Tonklumpen. Atmet ein paarmal tief ein. (Während ich meine Anweisungen gebe, halte ich die ganze Zeit über selbst einen Klumpen Ton in meinen Händen, um ein Gefühl dafür zu haben, wieviel Zeit für die einzelnen Schritte erforderlich ist.) Tut nun, was ich euch sage.

Befühlt den Tonklumpen — macht euch mit ihm vertraut. Ist er glatt? Rauh? Hart? Weich? Uneben? Kalt? Warm? Feucht? Trokken? Nehmt ihn auf eure Hand und haltet ihn. Ist er leicht? Schwer? Legt ihn nun bitte wieder hin und knetet den Ton. Nehmt beide Hände. Knetet ihn langsam ... Nun schneller ... Nehmt große Klumpen und kleine Klumpen. Knetet eine Zeit lang ...

Verformt euren Tonklumpen ... Glättet ihn nun. Arbeitet mit euren Daumen, Fingern, Handflächen, Handrücken. Wenn ihr den Ton geglättet habt, befühlt die glatten Stellen ... Formt den Ton zu einem Ball ... Haut mit der Faust drauf ... Wenn ihr ihn flach geschlagen habt, drückt ihn wieder zusammen und schlagt dann wieder mit der Faust drauf. Versucht es auch einmal mit der anderen Hand. Drückt ihn zusammen und haut drauf ... Klopft den Ton

. . . Schlagt ihn auf den Tisch . . . Befühlt die durch das Schlagen entstandene glatte Stelle.
Preßt ihn zusammen. Reißt ihn auseinander. Reißt kleine und große Stücke ab . . . Preßt sie wieder zusammen. Nehmt den Klumpen in die Hand und schmeißt ihn runter. Hier müßt ihr vielleicht einmal kurz blinzeln . . . Macht es noch einmal. Fester. Das sollte laut klatschen. Schmeißt ihn ruhig mit aller Kraft . . .
Preßt den Ton nun wieder zusammen . . . Nehmt einen Finger und bohrt ein Loch hinein . . . Bohrt noch ein paar Löcher . . . Bohrt ein Loch bis zur anderen Seite. Befühlt beide Seiten des Loches . . . Preßt den Klumpen zusammen und versucht, mit euren Fingern und Fingernägeln Erhebungen zu formen und kleine Löcher zu bohren. Befühlt dann, was ihr gemacht habt . . . Nehmt eure Knöchel, den Handballen, die Handfläche — probiert verschiedene Teile eurer Hand aus. Seht, was dabei herauskommt. Vielleicht wollt ihr sogar eure Ellenbogen ausprobieren . . .
Reißt nun einen Klumpen ab und formt eine Schlange daraus. Wenn ihr den Klumpen rollt, wird die Schlange dünner und länger. Wickelt sie um eure andere Hand oder um einen Finger. Nehmt jetzt einen Klumpen Ton und rollt ihn zwischen euren Handflächen zu einem kleinen Ball. Fühlt diesen Ball . . . Knetet jetzt alles wieder zu einem Klumpen zusammen. Sitzt nun wieder einen Augenblick nur da und legt beide Hände auf euren Tonklumpen. Ihr kennt ihn nun ganz gut.«
Zu Beginn dieser Gruppenübung kichern und schwatzen die Kinder oft. Ich spreche mit leiser Stimme und sage den Kindern fast die ganze Zeit über, was sie tun sollen. Sehr bald schon werden die Kinder ganz still und konzentrieren sich auf das, was ich sage, versunken geben sie sich dem Erspüren des Tons hin.
Anschließend sprechen wir über das Erlebte. »Was hat euch am besten gefallen? Was hat euch überhaupt nicht gefallen?« Ein Junge sagt: »Mir hat das Kneten wahnsinnig gut gefallen. Ich wollte gar nicht aufhören.« Daraufhin fordere ich ihn auf: »Mach es noch einmal — knete den Ton. Woran mußt du denken, wenn du das tust? Fällt dir spontan irgend etwas ein, oder erinnert es dich an etwas, oder wie fühlst du dich dabei?« Der Junge antwortet: »Ich kneife meine Schwester. Ich würde sie am liebsten die ganze Zeit kneifen. Sie fände das schrecklich. Ich darf sie nicht schlagen. Mein Vater hat mich einmal mit einem Riemen verprügelt, weil ich sie geschla-

gen habe. Er sagt, ich dürfe sie nicht schlagen, weil sie ein Mädchen ist. Also ärgert sie mich dauernd und macht mich wahnsinnig und *kneift* mich manchmal, und ich würde sie am liebsten umbringen, aber sie weiß, daß ich ihr nichts tun darf!« Während wir verständnisvoll nicken und zuhören, lächelte er uns alle an.

Und dann sagt er auf einmal: »Sie ist eigentlich nicht die ganze Zeit so böse — ich habe ihr einmal ein Spiel beigebracht, und es macht Spaß, dieses Spiel abends mit ihr zu spielen, wenn wir nicht mehr raus dürfen.«

Ein Mädchen sagt: »Ich glätte den Ton gern.« Ich fordere es auf, das noch einmal zu tun. Es sagt: »Es ist, als ob ich meine Katze streichelte. Ich streichele meine Katze sehr gern.« Sie fährt fort, den Ton zu glätten. »Ich erinnere mich, daß ich manchmal zu meiner Mutter ins Bett gekrochen bin und sie mich dann immer in den Arm genommen hat.« (Ihre Mutter war ein Jahr zuvor gestorben.) »Du vermißt sie wahrscheinlich sehr«, sage ich. »Ja, sehr«, sagt sie, »früher habe ich gedacht, ich könnte ohne meine Mutter nicht leben. Wie sollte ich ohne eine Mutter, die sich um mich kümmert, leben können? Aber es geht ganz gut. Ich kann auch viel helfen. Es klappt gut in unserer Familie. Aber ich vermisse sie manchmal sehr. Manchmal vergesse ich es aber auch ganz!«

Es macht den Kindern auch großen Spaß, wenn ich, während sie mit dem Ton arbeiten, Musik spielen lasse. Manchmal schlage ich auch eine Trommel, und die Kinder kneten und schlagen dann den Ton zu meinem Rhythmus.

Oft arbeite ich auf die gleiche Art mit Ton, wie ich mit Bildern arbeite. »Schließt eure Augen, und begebt euch in euren Raum. Fühlt euren Ton ein paar Sekunden mit beiden Händen. Atmet ein paar Mal tief ein. Nun möchte ich, daß ihr, während ihr eure Augen geschlossen haltet, etwas aus dem Ton formt. Stellt fest, ob der Ton selbst die Führung übernehmen will. Oder vielleicht wollt ihr ihn nach eurer eigenen Vorstellung formen. Wenn ihr eine Idee habt, was ihr gerne machen wollt, so tut das mit geschlossenen Augen, und stellt fest, was geschieht. Oder bewegt den Tonklumpen einfach nur hin und her. Laßt euch überraschen. Ihr habt nur ein paar Minuten Zeit dafür. Wenn ihr fertig seid, dann öffnet eure Augen und seht euch an, was ihr gemacht habt. Ihr könnt eure Form noch etwas verschönern, aber verändert sie nicht mehr. Seht sie euch an. Dreht sie herum, und betrachtet sie euch von allen Seiten.«

Hier sind ein paar Beispiele, was wir in einer Gruppensitzung mit dieser Übung erreicht haben. Ich bat die Kinder, ihren Gegenstand aus Ton so zu beschreiben, als ob sie selbst dieser Gegenstand wären: »*Sei* dieser Klumpen Ton — du bist der Ton.«

Jimmy, elf Jahre alt: Ich bin ein Aschenbecher. Ich habe einen glatten Boden und einen Rand um mich herum. An jeder Seite habe ich zwei Stellen für Zigaretten. Ich habe ein paar rauhe Stellen und Kratzer an mir.

Wer benutzt dich, Jimmy?

Jimmy: Mein Vater.

Wie benutzt er dich denn?

Jimmy: Er streift die Asche in mich ab und zerdrückt dann die Zigaretten in mir, um sie auszumachen. (Jimmy blickt schweigend seinen Tongegenstand an.)

(Sehr behutsam) Paßt das irgendwie zu dir als Jimmy?

Jimmy (sieht mich an, mit lauter werdender Stimme): Ja! Genau das macht er mit mir. Er zermalmt mich – er zerdrückt mich wie eine Zigarette.

Möchtest du uns gerne mehr davon mitteilen?

Jimmy nickt und erzählt uns zum ersten Mal etwas über seine Beziehung zu seinem Vater und sein Gefühl, nicht verstanden zu werden. Er fängt an zu weinen. Die anderen Kinder schalten sich in die Diskussion ein, erzählen eigene Erlebnisse dieser Art, zeigen echtes Verständnis für das, was Jimmy erlebt. An einem bestimmten Punkt, wenn ich den Eindruck habe, daß wir uns nicht länger auf Jimmy konzentrieren sollten, danke ich ihm, daß er uns an seinen Gefühlen hat teilhaben lassen. An seinem entspannteren Gesichtsausdruck erkenne ich, daß er dem Ziel der Ganzheit und Reife einen Schritt näher gekommen ist.

Diese Sitzung, in der wir mit Ton arbeiteten, ebnete den Weg für spätere Sitzungen, in denen Jimmy imstande war, einen Großteil der Wut zum Ausdruck zu bringen, die er seinem Vater gegenüber empfand; darüber zu sprechen, wie er mit dieser Wut umging; einige seiner eigenen Verhaltensweisen zu untersuchen, mit denen er seinen Vater wütend machte, und zu klären, was er von seinem Vater wollte.

Sheila, elf Jahre alt: Ich bin eine Sonne. Ich bin flach. Ich habe zwei Augen und Zeichen überall auf meinem Gesicht. Ich habe die Sonne gern, weil sie warm ist und alles zum Leuchten bringt.

Kannst du statt »Sonne« »ich« sagen und das noch einmal wiederholen?

Sheila: Ich habe mich gern, weil ich warm bin und alles zum Leuchten bringe, und ich habe ein lachendes Gesicht.

Hat das, was du über die Sonne gesagt hast, irgend etwas mit dir zu tun, Sheila?

Sheila: Ja, manchmal gelingt es mir, daß die Leute sich bei mir warm fühlen. Manchmal fühle ich mich leuchtend und warm. Ich lächle jetzt und fühle mich wohl. (Breites Lächeln. Plötzlich krümmt sich Sheila zusammen, sieht mich und die anderen nicht mehr an, ihr Lächeln verschwindet.) Ich lächele nicht immer! Meistens ist mir nicht nach Lächeln zumute.

Eines der Kinder fragt Sheila, wer oder was denn Schuld daran habe, wenn ihr nicht nach Lächeln zumute sei. Sie erzählt von ihren Schwierigkeiten mit Freundinnen, Lehrern, Geschwistern und Eltern. Alle anderen hören ihr aufmerksam zu. Dann frage ich sie, was denn dazu beitrage, daß sie wie ihre Sonne lächeln könne. Sie sieht uns alle der Reihe nach an, ist auf einmal wieder ganz in unserem Zimmer, guter Stimmung, und lächelt wieder über das ganze Gesicht. »Ich fühle mich glücklich, wenn ich die Sonne bin«, sagt sie kichernd.

Sheila hat viele Probleme. Sie macht sich große Sorgen um alles und rechnet, da es in der Tat auch recht häufig eingetreten ist, immer mit dem Schlimmsten. Jetzt lernt sie, die guten Dinge in ihrem Leben zu genießen, statt sie sich durch düstere Vorahnungen zu verderben. Sie lernt allmählich, ihre sehr realen Konflikte zu bewältigen. Sie ist gerade dabei festzustellen, daß sie kein hilfloses Opfer ist. Sie entdeckt, daß das Leben wie auch das Selbst aus Widersprüchen bestehen, daß sie aber, wenn sie sich manchmal wütend oder traurig fühlt, diese Gefühle in dem Wissen akzeptieren und erleben kann, daß es andere Zeiten gibt, zu denen sie sich ausgeglichen und glücklich fühlt. Sie läßt sich nun sowohl ihre fröhlichen wie auch ihre traurigen Augenblicke erleben, ohne dabei Angst zu empfinden.

Joe, zwölf Jahre alt: Ich habe nichts gemacht.

Ich sehe, daß du hier etwas hast — deinen Tonklumpen. Beschreib ihn doch einfach so, wie er ist.

Joe (starrt kurz seinen Tonklumpen an): Ich bin ein Klumpen Nichts. Und genauso fühle *ich* mich meistens — wie ein Klumpen Nichts.

Und jetzt?
Joe: Und jetzt fühle ich mich wie ein Klumpen Nichts.
Du hast das Gefühl, nicht viel wert zu sein.
Joe: Stimmt, ich bin nicht viel wert.
Vielen Dank, daß du uns an deinem Gefühl hast teilhaben lassen. Ich bin dir sehr dankbar, daß du das getan hast.
Joe (leichtes Lächeln): Ist schon gut.

Was an diesem Beispiel sofort auffällt, ist Joes geringes Selbstwertgefühl, über das er ganz offen mit uns gesprochen hat. Indem er das getan hat, hat er, glaube ich, einen Riesenschritt in Richtung auf ein neues Selbstbild gemacht. Die Tatsache, daß *ich* ihn als ein nettes Kind erlebe, ist hier nicht entscheidend. Ich muß ihn so akzeptieren, wie er sich selbst sieht. Wenn ich Einwände gegen seine eigenen Wahrnehmungen erhöbe, würde ich sein Selbstwertgefühl keineswegs stärken, sondern eher noch mehr schwächen.

Ein neunjähriger Junge sagte in einer Einzelsitzung: »Ich bin ein Stück Ton. Was soll ich noch sagen?«
Erzähle mir einfach, wie du aussiehst. Bist du uneben?
Doug: Nun, ich habe viele Beulen und Risse. Ich habe eine Sitzfläche. Ich sehe aus wie ein Stuhl ohne Beine.
Was ist mit deinen Beinen passiert?
Doug: Nun, die Familie, der ich gehörte, hat mich nicht richtig behandelt. Sie sind auf mir herumgetrampelt und haben meine Beine abgebrochen.
Was geschah dann?
Doug: Sie haben mich weggegeben.
Wo bist du jetzt?
Doug: Ich bin auf dem Müll. Sie haben mich nicht bei einer wohltätigen Sammlung weggegeben oder so. Sie haben mich einfach auf den Müll geworfen.
Wie ist das dort draußen auf dem Müll? Gefällt es dir dort?
Doug: Nein. (Seine Stimme verändert sich — wird leiser, sanfter.) Nein, mir gefällt es hier nicht.
Doug, paßt irgend etwas von dem, was du über diesen Tonstuhl gesagt hast, auch auf dich, dein eigenes Leben?
Doug: Hmm. Sie könnten genausogut auch mich auf den Müll werfen.
Wer ist das, »sie«?

Doug: Meine Mutti und mein Papa. Sie hören mir nie zu, sie denken nie, daß irgend etwas, was ich sage, gut ist. Sie machen sich nichts aus mir. Sie mögen die anderen Kinder lieber als mich. An mir nörgeln sie immer nur herum. Es wäre besser, wenn ich auf dem Müll läge.

Das, was Doug in dieser Sitzung zur Sprache brachte, hatte eine ganz andere Qualität als das, worüber er sich früher immer beklagt hatte. Früher hatte er in weinerlichem oder auch aufsässigem Ton gesprochen, diesmal sprach tiefes Gefühl aus ihm. Er hatte vieles von dem verinnerlicht, was er als von seinen Eltern kommend wahrnahm. In unserer nächsten Sitzung sagte er, daß er tatsächlich dieses Gefühl habe und glaube, er sei »nicht gut, nichts wert«. Er fühlte sich so verloren, so unbedeutend in seinem Leben, daß er sogar den Wunsch äußerte, tot zu sein (ein Wunsch, der bei kleinen Kindern keineswegs selten ist). Seine Nervosität, seine schlechten Leistungen in der Schule, seine Wutausbrüche zu Hause bei den geringfügigsten Anlässen und seine Kopfschmerzen waren die Reaktion auf dieses Gefühl der Wertlosigkeit. Erst als seine tiefe Verzweiflung zum Vorschein kam, konnten wir beginnen, ihm ein Gefühl für seinen eigenen Wert und seine berechtigten Ansprüche entwickeln helfen. Als diese dunklen Gefühle sichtbar geworden waren, verliefen einige der nachfolgenden Sitzungen, die ich mit der ganzen Familie abhielt, recht erfolgreich.

Immer wieder bin ich von der außergewöhnlichen Macht des Tons beeindruckt. Es ist fast so, als ob dadurch, daß man die widerstandleistende und doch nachgiebige Qualität des Tons und die der eigenen Muskeln in der Berührung mit diesem Material spürt, ein Zugang, eine Öffnung zu den tiefsten und verborgensten Schichten der Persönlichkeit sich ergibt. Ob ich die Sitzung lenke oder nicht (ob ich also eine bestimmte Übung vorgebe oder ob das Kind einfach spielt, während wir uns unterhalten), immer scheint etwas Neues an die Oberfläche zu kommen, was wir hier dann betrachten und untersuchen können.

Beim Arbeiten mit Ton scheint der Prozeß eines Kindes am deutlichsten sichtbar zu werden. Während das Kind mit dem Ton spielt oder ihm sozusagen seine Erlebnisse mitteilt, beobachte ich es ganz genau; ich achte auf Grimassen, Gesten, Veränderungen der Stimmlage oder Körperhaltung. Man könnte sagen, der Körper kommuniziert durch den Ton; und wenn ich die so übermittelten

Botschaften empfange, weiß ich, daß irgend etwas in dem Kind vorgeht, das wichtig für es ist. In solchen Momenten sage ich dann: »Fühlst du dich manchmal so?« Oder: »Geschieht das auch manchmal in deinem Leben?«

Oder: »Wie könnte man dich denn benutzen? Wie wirst du benutzt? Kann man dich überhaupt zu irgend etwas benutzen? Siehst du schön aus? Was ist mit dir geschehen? Was ist dann geschehen? Bist du gut? Bist du schlecht? Magst du dich als Tonklumpen? Mögen andere dich als Tonklumpen? Paßt das irgendwie in dein eigenes Leben?«

Manchmal sind solche Augenblicke jedoch so kurz, daß sie dem Therapeuten, wenn dieser nicht scharf aufpaßt, leicht entgehen.

Andere Übungen mit Ton

Mach mit geschlossenen Augen eine Form, ein Gebilde — laß dich vom Ton leiten. Forme ein Phantasietier, einen Phantasievogel oder -fisch. Forme etwas Realistisches. Schließe deine Augen und stell dir deine Welt, dein Leben in Bildern vor. Stelle das Gesehene in Ton dar. Forme etwas Bestimmtes. Forme etwas, das von einem anderen Planeten kommt. Forme etwas, was du gerne sein würdest. Forme etwas, was du geträumt hast. Forme aus deinem Ton eine Geschichte, eine Szene.

Forme deine Familie als Menschen, als Gegenstände, als Tiere oder als Symbole. Forme dein Problem. Forme deine ideale Familie — so, wie du sie gerne hättest. Forme ein symbolisches Bild von dir selbst. Halte deine Augen geschlossen, und stelle dich als Baby oder als sehr kleines Kind dar.

Arbeitet zu zweit an einem Tonklumpen. Arbeitet jeweils mit euren eigenen Tonklumpen, aber formt Gegenstände, die zu denen des anderen passen.

Auch eine Gruppe kann gemeinsam einen Tonklumpen bearbeiten; das kann entweder spontan oder nach vorheriger Themenabsprache geschehen.

Begrenzt man die Zeit, die zur Bearbeitung jeweils zur Verfügung steht, auf drei Minuten, so läßt sich damit perfektionistisches Arbeiten verhindern und oft ein interessanteres Ergebnis erzielen, als wenn man viel Zeit läßt.

Jüngere Kinder arbeiten sehr viel lieber mit Ton, wenn sie ihre

Augen dabei offen lassen können. Sehr kleine Kinder (im Alter von vier, fünf, vielleicht auch sechs Jahren) spielen gerne mit Ton, wenn sie dabei sprechen dürfen, sträuben sich aber gegen zu viele Anweisungen — obwohl ihnen die Übungen, bei denen sie den Ton kneten, schlagen, mit den Fingern durchbohren usw., viel Spaß machen.

In einer kleinen Gruppe, die aus sechs-, sieben- und achtjährigen Kindern bestand, formten wir einmal eine ganze Familie. Ich bat die Kinder, gemeinsam mit mir Figuren zu formen, die unsere Familienmitglieder darstellten. Wir unterhielten uns über jede einzelne Person, und einige Kinder erzählten zu bestimmten Familiensituationen eine Geschichte. Gail erzählte, wie ihr Vater, mit dem sie nicht zusammenlebte, sie besuchte. Während sie sprach und die Figuren hin und herbewegte, hörten ihr die anderen Kinder, deren Eltern alle geschieden waren, mit großem Interesse zu. Viele fragten, ob sie ihre Väter formen sollten! Als ich mit »ja« antwortete, sagte Gail »gut« und begann, ihren Vater ungefähr achtmal zu formen und immer wieder neu zu formen.

Sie wirkte sehr ängstlich. Nachdem sie ihre Geschichte erzählt hatte, sagte ich zu ihr: »Du hattest Schwierigkeiten, die Figur deines Vaters zu formen. Bist du seinetwegen irgendwie bekümmert?« Sie fing an zu weinen und sagte, daß ihr Vater sie fast nie besuche.

Ich bat die Kinder, zu jeder Figur zu sagen, was ihnen an dieser gefiel und was ihnen nicht gefiel. Als ich an die Reihe kam und sagte, was mir an meinem früheren Mann gefalle, sagte Tim: »Ich hatte erwartet, daß Sie böse auf ihn wären! Wie können Sie nett zu ihm sein, wo Sie doch geschieden sind?« Sie hörten mir ganz gebannt zu, als ich ihnen von meinem anfänglichen Schmerz und Kummer erzählte und ihnen meine gegenwärtige Zuneigung und freundschaftliche Beziehung zu Harold erklärte.

In einer anderen Sitzung formte jedes der Kinder eine Figur und erzählte dann etwas über sich selbst, indem es mit »Ich bin« begann. *Tim:* »Ich bin eine Ente, die Baseball spielt. (Zu mir:) Ich kann gut Baseball spielen«. *Gail:* »Ich bin eine Kerze. Ich leuchte und bin warm und schön« (nach dieser Bemerkung zeigte sich ein breites Grinsen auf ihrem Gesicht).

Künstliche Modelliermasse

Künstliche, manchmal als Plastilin bezeichnete Modelliermasse trocknet weder aus noch wird sie hart noch muß sie in einem Brennofen gebrannt werden. Diese Masse muß mit der Hand »bearbeitet« werden, damit sie weich und geschmeidig wird, denn in kaltem Zustand läßt sie sich nur schwer verformen. Da man mit ihr nicht so sorgfältig wie mit Ton umgehen muß (Ton muß man zum Beispiel in ein feuchtes Tuch einwickeln, damit er nicht austrocknet und hart wird), kann man sie überall mit hinnehmen und spontan mit ihr arbeiten. Dafür ist sie aber nicht so sauber wie Ton; sie bleibt an Händen und Möbelstücken kleben und läßt sich nur schwer abwaschen.

Während ich mich mit einem Kind unterhalte, fingere ich zum Beispiel an einem Klumpen Modelliermasse herum und gebe dem Kind auch einen Klumpen, damit es dasselbe tun kann. Spricht ein Kind beispielsweise über seinen Bruder, dann forme ich schnell einen Bruder und sage: »Hier ist er. Erzähle *ihm*, was du mir gesagt hast.« Auf diese Weise kann ich eine Situation vergegenwärtigen, und wir können sie sehr viel fruchtbarer durcharbeiten, als wenn das Kind nur »über« die Situation spricht. »Über« etwas sprechen führt häufig zu nichts, sondern umgeht nur die eigentlichen Gefühle.

Als Julie, sieben Jahre alt, zu ihrer Sitzung kam, sagte ihre Mutter: »Vielleicht können Sie herausfinden, warum Julie kein Bad nehmen will. Sie weigert sich einfach.« Julie und ich unterhielten uns also über ihr Bade-Problem. Sie sprach nicht über ihre Aversion, sondern fing an, von ihrem kleinen Brüderchen zu erzählen und davon, daß sie ihrer Mutter beim Baden dieses Brüderchens manchmal helfe. Mir kam der Verdacht, daß sie vielleicht auf das Baden ihres Brüderchens neidisch sein könnte. Das gab mir die Idee ein, ihr irgendwie das Erlebnis zu vermitteln, selbst ein Baby zu sein und gebadet zu werden. Während sie sprach, formte ich deshalb ein Baby und eine Badewanne. Ich verkündete, das Baby sei Julie und fing an, sie zu »baden«. Während ich sie badete, sagte ich all das, was eine Mutter normalerweise beim Baden ihres Babys murmelt (»Jetzt werde ich dir deine süßen, kleinen Füßchen waschen« usw.). Während Julie mir zusah, strahlte sie über das ganze Gesicht und reagierte manchmal sogar als das Baby, indem sie kicherte und wohlige Laute von sich gab. Ich spielte die ganze Badeszene zu Ende. Dann fing Julie auf einmal ganz eifrig an, selbst eine Figur aus der Modelliermasse zu formen. Sie verkündete, daß sie selbst diese Figur sei, und setzte sie auf einen größeren Klumpen, der einen Sack als Sitzgelegenheit darstellen sollte. »Mein Papa hat einen solchen Sack, aber er läßt mich nie drauf sitzen. Er sagt, ich würde ihn kaputt machen. Das bin ich, wie ich in dem Sessel sitze und lese.« Ich bat die Figur, zu beschreiben, was das für ein Gefühl sei, in dem Sessel zu sitzen. Julie, die für die Figur sprach, sagte, der Sessel sei sehr bequem. Wir unterhielten uns noch eine Weile und schließlich, gerade als die Sitzung zu Ende war, verkündete Julie: »Ich glaube, ich werde meiner Mutter sagen, daß ich jetzt alt genug bin, um zu duschen.« (Dieser hilfreiche Vorschlag stammte von ihrer Mutter; sie hatte ihn früher jedoch immer ignoriert.)

Obwohl ich natürlich mehrere Interpretationsvorschläge geben könnte, weiß ich nicht genau, was in dieser Sitzung eigentlich geschehen ist. Ich weiß aber, daß Julie etwas *erlebt* hat, das es ihr ermöglichte, in ihrer Entwicklung einen Schritt weiterzugehen.

Arbeitet man mit einer ganzen Gruppe von Kindern, so kann man die Kinder in Zweiergruppen aufteilen und sie jeweils miteinander Gegenstände formen lassen, die zusammengehören. Wenn die Gruppe dann wieder als ganze zusammenkommt, können sich die Kinder als diese Gegenstände einander mitteilen. »Ich bin ein Baum.« »Ich bin eine Blume, die unter dem Baum wächst.«

Sie können sich als Blume und als Baum miteinander unterhalten, spontan miteinander interagieren.

Spielteig

Man kann Spielteig kaufen oder den Teig nach dem folgenden Rezept selbst herstellen: vier Tassen Mehl, zwei Tassen Salz, eine Tasse Wasser, zwei Eßlöffel Öl, ein Eßlöffel Speisefarbe nach Wahl. Salz und Mehl mischen. Wasser, Öl und Farbe getrennt mischen. Nach und nach die Flüssigkeit in die andere Mischung geben, bis die gewünschte Festigkeit erreicht ist. In einer luftdichten Plastiktüte hält sich der Teig eine Zeitlang.

Dieses Material vermittelt eine andere taktile Erfahrung, kann aber Ton nicht ersetzen. Vor allem ältere Kinder, die eigentlich schon »zu alt« sind, um noch damit zu spielen, arbeiten gern mit diesem Material. Man kann Figuren formen und sie bemalen, wenn sie hart geworden sind, und alle möglichen Werkzeuge und Backformen verwenden und so die taktile und sensorische Erlebnisfähigkeit steigern. Der Spielteig läßt sich auch als Fingerfarbe benutzen. Man braucht dem Teig nur so viel Wasser beizumischen, bis er eine weiche, puddingähnliche Konsistenz erreicht hat, und ihn dann mit den Fingern auf einem Blatt Papier, einem Tisch oder einem Tablett verstreichen.

Wasser

Wasser hat etwas Beruhigendes. Die meisten von uns kennen die entspannende Wirkung eines Bades; auch bei Kindern hat Wasser diese Wirkung. Als meine eigenen Kinder noch im Vorschulalter waren, konnten sie stundenlang mit einer Schürze bekleidet auf einem Stuhl am Waschbecken in der Küche stehen und mit Wasser spielen.

Manchmal gebe ich einem Kind eine Schüssel voll Wasser und verschiedene Plastikgegenstände, die es mit Wasser füllen kann. Während das Kind herumplanscht, können wir uns gut miteinander unterhalten. Selbst zwölfjährigen Kindern macht dies noch Spaß. Manche Kinder, vor allem die kleineren, fangen erst dann an, sich verbal oder durch andere Medien zu äußern, wenn ihr Bedürfnis, mit Wasser zu spielen, voll und ganz gestillt ist. In einem späteren, dem Spielen mit Sand gewidmeten Abschnitt werde ich das »Medium« Wasser noch ausführlicher beschreiben.

Skulpturen und plastisches Gestalten

Einfache Skulpturen kann man auf vielerlei Weise herstellen: mit Ton, Gips, Wachs, Seife, Holz, Draht, Metall, Papier, Pfeifenputzern, Kisten und vielem mehr. Für Kinder geschriebene Kunstbücher enthalten einige gute Ideen, wie man auf einfache Weise mit Kindern Skulpturen herstellen kann. Viele Anregungen, die sich eigentlich auf das Herstellen von Bildern, Gegenständen aus Ton oder Collagen beziehen, können auch für Skulpturen übernommen werden. Ich glaube jedoch, daß man gar nicht immer Anweisungen zu geben braucht; manche Kinder haben genügend eigene Ideen, und ich kann grundsätzlich mit allem arbeiten, was sie mir präsentieren.

Aus biegbarem Draht, zum Beispiel Leitungsdraht, Bilderdraht oder irgendeinem anderen Draht, den man in jedem Eisenwarengeschäft kaufen kann, lassen sich interessante Gebilde herstellen. Den Draht kann man leicht bändigen, wenn man ihn mit einer Kneif- oder Drahtzange auf die gewünschte Länge zurechtschneidet und ihn auf die Rollen von Papierhandtüchern, auf Bleistifte oder auf kleine Schachteln wickelt. Eine Drahtplastik ähnelt im Grunde einem dreidimensionalen Kritzelbild. Die fertige Plastik kann auf einem Holzblock, einem Ton- oder Gipsfuß befestigt werden. Weitere interessante Effekte lassen sich erzielen, wenn man Gips über bestimmte Teile der Plastik gießt.

Nachdem ein neunjähriges Mädchen eine Zeit lang intensiv damit beschäftigt gewesen war, einen Vogel herzustellen, erzählte es mir folgende Geschichte: »Dieser Vogel war einmal frei. Eines Tages flog er in einen Garten, in dem viele Büsche wuchsen, die dringend gestutzt werden mußten. Er blieb in den Büschen hängen und konnte sich nicht befreien. Er zerrte und drückte und brach sich ein Bein. Sie weinte und rief um Hilfe, aber niemand kam. Die Zeit verging und sie blieb für immer dort hängen.« Als ich das Mädchen fragte, ob irgend etwas in der Geschichte mit ihr zu tun habe, antwortete es nach langem Nachdenken: »Manchmal habe ich das Gefühl, als ob ich tief drinnen in mir nach Hilfe rufe und niemand kommt, um mir zu helfen.« Kreatives Versunkensein hilft einem Kind oft, die geheimen Bereiche seines Herzens zu entdecken.

Sehr gute Erfolge erzielte ich bei Kindern mit dem Herstellen der von uns so genannten »Abfall-Plastiken«. Als ich noch in Schulen mit emotional gestörten Kindern arbeitete, übertraf an Wirksamkeit lediglich das Gestalten mit Holz das Herstellen von Abfall-Plastiken. Die Kinder und ich sammelten alles, was in unseren Garagen, Häusern und im Klassenzimmer an Abfall entstand. Nichts wurde weggeworfen, was sich noch irgendwie verwenden ließ. Wir taten alles in eine große Kiste, aus der sich jedes Kind nehmen konnte, was es brauchte. Jedes Kind nagelte, kleisterte, heftete und klebte solange auf seinem Holzblock herum, bis ein phantastisches, originelles »Werk« entstanden war. Dann besprühten wir die Gebilde mit goldener oder silberner Farbe, und sie leuchteten wie echte Kunstwerke. Der Stolz, den sie empfanden (ganz abgesehen von dem Spaß, den ihnen das Herstellen an sich bereitete), war für diese Kinder, die oft als ungeschickt, linkisch und unkoordiniert bezeichnet wurden, von immensem therapeutischen Wert. Manchmal erfanden wir (ich eingeschlossen) noch phantastische Geschichten zu diesen Plastiken — die beinahe danach schrien, in eine Phantasiewelt versetzt zu werden —, oder wir hatten Lust, bestimmte Aspekte unserer Werke zu analysieren. »Ich bin eine Stecknadel. Ich steche. Ich kann sehr gut stechen!« »Ich bin eine Schraube, die in einer Mutter steckt. Meine Mutter läßt sich bewegen, aber ich kann nicht raus. Ja! Ich kann auch nicht raus. Ich stecke in dieser Schule fest!« »Ich bin ein Ball aus Styropor. Man kann ganz leicht etwas in mich hineinstecken. Überall stecken Sachen in mir. Das geschieht mir ganz recht.« »Ich bin bloß eine Abfall-Plastik, die aus lauter Abfall besteht, der eigentlich weggeworfen werden sollte. Jim meint, daß ich ganz nett sei. Ich *bin* ganz nett. Gut, daß ich nicht weggeworfen worden bin (Ganz leises Flüstern:) Manchmal glaube ich, meine Mutter würde mich am liebsten mit dem Müll wegwerfen.«

Holz und Werkzeuge

Gibt man Kindern Holzstücke, eine Säge, einen Hammer, Handbohrer, Nägel und einen Sägebock, so können sie eine ganze Menge interessanter Dinge herstellen. Nach Möglichkeit sollte allen Kindern Gelegenheit geboten werden, Holz zu bearbeiten, und zwar mit verschiedenen Werkzeugen. Selbst bei extrem hyperaktiven Kindern oder Kindern mit einem schlechten Koordinationsvermögen habe ich schon außerordentliche Erfolge mit Holzarbeiten erzielt. Da Werkzeuge auch recht gefährlich sein können, sollte man den Kindern genau zeigen, wie sie mit ihnen umzugehen haben, und dafür sorgen, daß sie sich an die Regeln halten. Ich habe jedoch noch nie erlebt, daß ein Kind die Werkzeuge zu anderem als zur Gestaltung des Holzes benutzt hätte. Die meisten Kinder, und vor allem Problemkinder, haben selten Gelegenheit, mit Werkzeugen umzugehen; es macht ihnen großen Spaß, und so sind sie durchaus bereit, vorsichtig zu sein. Als ich noch in Schulen arbeitete, war Holzarbeit die Lieblingsbeschäftigung der Kinder; und habe ich Kindern in Einzeltherapiesitzungen erst einmal Holz und Werkzeuge angeboten, so wollen sie nichts anderes mehr tun. Leider haben sie viel zu selten die Gelegenheit zu Holzarbeit.

Zu der Zeit, als die Verhaltenstherapie überall große Anwendung fand, wurde ich von der örtlichen Universität, die Studenten der Sonderpädagogik in meine Klasse schickte, kritisiert, weil ich das

Arbeiten mit Holz nicht ausschließlich als Belohnung für gutes Verhalten oder für eine gute Leistung einsetzte. In meiner Klasse war »Bauen«, wie es die Kinder nannten, eine allmorgendliche Tätigkeit. Der Gedanke hinter dieser Kritik ist, daß alles, was Kindern besonders großes Vergnügen bereitet, möglichst ihrem Zugriff entzogen werden sollte, um es als Anreiz zu immer besseren Leistungen benutzen zu können. Mir stehen bei einer solchen Begründung die Haare zu Berge. Es war das gute Recht dieser Kinder zu bauen. Es gelang mir auch schließlich, meine Methode damit zu rechtfertigen, daß ich Holzarbeit als eine gute Lernerfahrung bezeichnete, die Problemlösungsverhalten, Kameradschaftsgeist und Kommunikation fördere. So richtig das auch sein mag, so unwichtig ist es letztlich. Die Kinder »verdienten« diese angenehme Beschäftigung und hatten ein Recht darauf, nicht, weil sie aus irgendeinem Grunde gut für sie war, sondern weil sie Freude daran hatten.

Collagen

Das Wort Collage kommt aus dem Französischen und bedeutet etwas Geklebtes. Eine Collage besteht aus einem flachen Untergrund wie Stoff oder Papier, auf den die verschiedenartigsten Materialien aufgeklebt sind. Ein Collage läßt sich auch mit einer Zeichnung, einem Gemälde oder etwas Geschriebenem verbinden. Im Kindergarten werden oft Collagen hergestellt: kleingeschnittene oder -gerissene Papierschnitzel, manchmal auch andere Materialien, werden so auf ein größeres Blatt Papier geklebt, daß ein Bild daraus entsteht. Ich habe jedoch die Erfahrung gemacht, daß Kinder aller Altersstufen mit Begeisterung Collagen herstellen.

Folgende Materialien eignen sich gut für Collagen: Papier — jeglicher Art: Seidenpapier, Zeichenpapier, Geschenkeinwickelpapier, alte Grußkarten, Zeitungspapier, Papiertüten, Wellpappe, Papierdeckchen, Tapeten; verschiedene Stoffe — Baumwolle, Wolle, Sackleinen, Flanell, Seide, Spitze; weiche Dinge – Federn, rohe Baumwolle, Pelzstückchen; harte Dinge — Stahlwolle, Sandpapier, Schwamm; andere Materialien — Garn, Bindfaden, Knöpfe, Aluminiumfolie, Zellophan, Säcke, Eierkartons, Kunststoff, Flaschendeckel, Blätter, Muscheln, Bänder, Samenkörner, Nudeln und Maccaroni, Treibholz, Steine, Zungenspatel, Wattetupfer, Kork.

Zu guten Collagen braucht man nichts weiter als Bilder aus Zeitschriften, eine Schere, Klebstoff und irgendeinen Untergrund. Das Wichtigste sind Bilder. Manche arbeiten auch gern mit Wörtern, die man aus Zeitschriften oder Zeitungen ausschneiden kann. Auch Malbücher, Kinderbücher und alte Bilderbücher eignen sich.

Als Untergrund kann Karton, Zeichenpapier, Packpapier, ein schwerer Stoff (zum Beispiel Sackleinen), Zeitungspapier, die Seite eines Pappdeckels, Glas, Holz oder Kunststoff dienen. Wichtig sind natürlich auch Scheren, Papierklebstoffe, Klebestreifen, Kreppband, Kleister, Leim, Papierlocher und Bindfaden.

Ähnlich wie Zeichnungen oder Sandkistenszenen lassen sich auch Collagen auf vielerlei Weise einsetzen. Man kann die Kinder zum Beispiel sagen lassen, was ihre Collagen ihrer Meinung nach zu bedeuten haben: »Ich habe dieses Flugzeug genommen, weil ich gerne einmal mit einem fliegen würde.« Oder: »Dieses Sandpapier hier stellt meine harte Zeit in der Schule dar.« Oder: »Ich habe diese Uhr aufgeklebt, weil ich immer wissen muß, wie spät es ist.« Oder es werden richtige Geschichten zu den Collagen erzählt.

Ein zwölfjähriger Junge schnitt eine ganze Menge Bilder aus und klebte sie auf einen Karton. Als er damit fertig war, sagte er, daß er einfach Bilder ausgeschnitten habe, die ihm gefallen hätten, daß diese aber keinerlei Bedeutung für ihn hätten. Ich bat ihn deshalb, mir eine Geschichte zu jedem Bild zu erzählen. »Es war einmal ein Rennauto . . .« Dies lieferte sehr viel Material, mit dem wir dann arbeiten konnten.

Auch ein vierzehnjähriges Mädchen sagte, daß sie einfach nur Bilder ausgeschnitten habe, die ihr gefallen hätten. Ich bat das Mädchen, jedes Ding in ihren Bildern zu *sein*. Von einem Bild mit Cornflakes sagte sie: »Ich bin Cornflakes. Kindern mögen mich. Ich habe es gern, wenn man mich mag. Meine Mutter mag mich — nein, nicht mich, sondern die Cornflakes.« Dies ermöglichte es ihr, über ihren Wunsch, geliebt zu werden, zu sprechen.

Manchmal ist der *Prozeß* des Klebens oder später des Erzählens über die Collage äußerst bedeutsam. Ein dreizehnjähriger Junge erzählte mir einige kurze Geschichten zu seinen Bildern und sagte nach jeder Geschichte: »Das ergibt keinen Sinn!« oder »Das ist eine blöde Geschichte«. Als er fertig war, wies ich ihn darauf hin und sagte, ich hätte den Eindruck, er sei sehr hart zu sich selbst. Er antwortete: »Ja! Wenn ich in der Schule drei Fehler mache, werde ich verrückt!«

Collagen vermitteln einerseits sensorische Erlebnisse, andererseits bieten sie die Möglichkeit zu emotionalem Ausdruck. In dem Buch *Art For the Family* von Victor D'Amico, Frances Wilson und Moreen Maser wird Collagetechnik als »Bilder fühlen und sehen« bezeichnet:

»Weißt du, daß du mit deinen Fingern sehen kannst? Natürlich kannst du mit deinen Augen sehen, aber deine Finger sagen dir viel mehr, als es deine Augen vermögen. Sie sagen dir, daß etwas kalt oder warm, rauh oder glatt, hart oder weich ist. Wir alle berühren gerne Gegenstände. Das hilft uns, die Welt und unsere Gefühle ihr gegenüber kennenzulernen. Wir stellen vielleicht fest, daß wir gerne Dinge berühren, die andere nicht gerne berühren. Das kommt daher, daß alle Menschen verschieden sind. Deine Bilder sagen dir, was *du* fühlst, siehst und weißt. Du kannst das, was du fühlst, in einem Bild darstellen« (S. 11).

Dieses Buch gibt einige sehr schöne Anregungen, wie man einzeln oder in Gruppen Collagen herstellen kann:

»Mach ein Porträt, das man sehen und fühlen kann, ein Porträt von einer Person, die du gern hast, deiner Mutter zum Beispiel; von jemand, den du gesehen hast, von einem Mädchen zum Beispiel, das für eine Party gekleidet war; von jemandem, den du dir in deiner Phantasie vorstellst, von einer Prinzessin oder einem Bettler zum Beispiel. Wähle Materialien, die etwas über die Person, an die du denkst, zum Ausdruck bringen. Zerschneide sie so, daß ihre Größe und Form noch mehr über die Person zum Ausdruck bringen, und füge sie auf einem Untergrund zu einem Bild zusammen, das man voller Interesse ansieht und berührt« (S. 15).

»Wähle Materialien, die zum Ausdruck bringen, wie du dich innerlich fühlst. Glück, Traurigkeit, Erregung, Schüchternheit, Einsamkeit und andere Gefühle können durch die Farben, Stoffe und Muster, die du auswählst, und durch die Art, wie du sie zerschneidest und zuordnest, zum Ausdruck gebracht werden« (S. 16).

Manchmal bitte ich die Kinder, ihren fertigen Collagen einen Titel zu geben (da sie von dem ursprünglich vorgegebenen Thema abweichen können), zum Beispiel »Ich« oder »Meine Sorgen« oder was immer ihnen einfallen mag.

Es macht Spaß, Collagen herzustellen, ganz gleich, ob mit einem Partner, in einer Gruppe oder mit einer Familie. Manchmal mache ich eine Collage mit einem Kind zusammen; ich habe nämlich festgestellt, daß ich das Kind auf diese Weise sehr gut dazu motivieren kann, ganz allein eine zu machen.

Bilder

Ich habe im letzten Abschnitt erwähnt, daß man Bilder aus Zeitschriften oder anderen Publikationen verwenden kann. Kürzlich habe ich eine weitere Technik, Bilder zu verwenden, kennengelernt, die ich dann auch mit Erfolg selbst ausprobiert habe.

Ich habe mir eine Sammlung von Bildern angelegt, die mir interessant erschienen sind — Bilder aus Zeitungen oder Zeitschriften. Dieser Sammlung habe ich Ansichtskarten, Illustrationen aus alten Kinderbüchern, kleinere Kunstdrucke, Spielkarten, Karten, auf denen verschiedene Worte stehen (wie Liebe, Haß, ruhig und laut), und Bilder aus Kalendern hinzugefügt. Diese Bilder sind keineswegs »Kinder«-Bilder, obwohl viele Bilder von Kindern dabei sind. Zusätzlich zu den Bildern, die mir einfach gefallen, habe ich versucht, eine repräsentative Auswahl an solchen Bildern zu sammeln, wie sie Jung in *Der Mensch und seine Symbole* behandelt und wie sie Assagioli in *Psycho-Synthesis* beschreibt. Assagioli teilt Symbole in verschiedene Kategorien ein: natürliche, tierische, menschliche, vom Menschen geschaffene Symbole, religiöse und mythologische Symbole, abstrakte Symbole (Zahlen und Formen) und individuelle oder spontane Symbole, wie sie in Träumen oder Tagträumen auftauchen.

Ich bitte das Kind, einige Bilder auszuwählen — zehn vielleicht — und sie auf dem Boden oder dem Tisch oder einem großen Bogen Papier auszubreiten (nicht aufzukleben, da ich die Bilder behalte). Es soll einfach die Bilder auswählen, die ihm gefallen, oder aber die Auswahl einem bestimmten Thema gemäß treffen. Schon die Auswahl der Bilder offenbart vieles. Die Stimmung, die die ausgewählten Bilder widerspiegeln, kann viel von dem verraten, was in dem Kind in dem Moment oder überhaupt vorgeht. Auch mit diesen Bildern arbeiten wir dann so, wie ich es bereits beschrieben habe.

Tarockkarten

Die Bilder auf den Tarockkarten eignen sich sehr gut zur Identifikation, besonders das Reiter-Spiel, das die detailliertesten Bilder enthält. Ich besitze ein billiges Spiel, das ich bei Kindern aller Altersstufen benutze. Kleine Kinder dürfen sich eine Karte aussuchen, die ihnen besonders gut gefällt, und um diese Karte eine Phantasiegeschichte spinnen. Ältere Kinder bitte ich, zwei oder drei Karten auszuwählen, die sie in irgendeiner Weise — positiv oder negativ — beeindrucken, und sich mit den ausgewählten Bildern zu identifizieren.

»Ich bin die Kaiserin. Ich sage allen, was sie zu tun haben. Ich bin sehr weise, und die Leute kommen zu mir, um sich Rat zu holen«, sagte ein dreizehnjähriges Mädchen.

»Ist das in deinem Leben auch so?« fragte ich sie.

»Nein, aber ich würde wirklich gern einige Dinge beantworten können!«

»Was denn zum Beispiel? Stell dir mal vor, du kannst deine Kaiserin hier auf der Karte alles fragen, was du nur willst. Überleg dir etwas, was du sie jetzt fragen willst.«

Dann führte sie mit sich selbst über einige bedrängende Fragen ein Gespräch und stellte zu ihrer eigenen Überraschung fest, daß sie tatsächlich über Weisheit verfügte.

Manchmal spielen wir das Kartenspiel auch genau nach den Spielregeln. Das hilft uns ebenfalls, über das Leben des Kindes zu sprechen.

5 Geschichten erzählen, Gedichte und Puppenspiel

Geschichten erzählen

Die Technik des Geschichtenerzählens läßt sich auf vielerlei Weise in die therapeutische Arbeit einbauen: Ich erfinde Geschichten, die ich den Kindern erzähle; die Kinder erfinden Geschichten; man kann Geschichten vorlesen, aufschreiben, diktieren, die Kinder mit Hilfe von Bildern, projektiven Tests, Puppen, einer Stofftafel, einer Sandkiste, Zeichnungen, Phantasien zum Geschichtenerzählen motivieren und technische Spielereien wie Tonbänder, Videobänder, Walkie-Talkies, Spielzeugmikrophone oder ein imaginäres Fernsehgerät (eine große Kiste) benutzen.

Dr. Richard Gardner beschreibt in seinem Buch *Therapeutic Communication with Children* ausführlich die von ihm entwickelte Technik des wechselweisen Geschichtenerzählens. Diese Technik besteht im wesentlichen darin, daß er zunächst das Kind bittet, eine Geschichte zu erzählen, und dann selbst eine Geschichte erzählt, in der er die gleichen Personen wie das Kind auftreten läßt, nur eine bessere Lösung für das in der Geschichte angeschnittene Problem anbietet. Da die Geschichte des Kindes eine Projektion ist, spiegelt sie im allgemeinen bestimmte Aspekte der kindlichen Lebenssituation wider. Jede Geschichte wird mit einer Lektion oder Moral abgeschlossen, die sich aus der in der Geschichte thematisierten Situation ergibt. Bei dieser Technik ist es außerordentlich wichtig, daß man schon einiges über das Kind und sein Leben weiß und rasch erfaßt, welches das Hauptthema seiner Geschichte ist.

Ich habe mit Gardners Technik gearbeitet, sie manchmal auch schon abgewandelt und festgestellt, daß sie bei einigen Kindern sehr erfolgreich ist. Wichtig ist der Einsatz von Video- oder Tonbändern; eine Radio- oder Fernsehattrappe sorgt für die richtige Atmosphäre zum Geschichtenerzählen.

Dr. Gardners Vorschlag ist, eigene Geschichten zu erfinden und nicht Themen aus Fernsehsendungen, Filmen oder Büchern zu verwenden. Ich finde aber, daß dies durchaus möglich ist. Kinder wählen das aus, was ihnen gefällt, und machen immer ihre eigene Version daraus.

Im folgenden ein Beispiel, wie ich mit dieser Technik bei einem sechsjährigen Jungen arbeitete. Bobby wurde mir gebracht, weil er das Bett näßte, zuviel aß, schlafwandelte und Alpträume hatte. Er war ein dickliches, umgängliches, liebenswertes Kind. Als sich sein Symptomverhalten besserte, wurde er auf einmal äußerst aggressiv; er schrie und brüllte, wenn er wütend war, warf Eier nach anderen Kindern, wenn er böse auf sie war, und schlug auf sie ein. Auf diese Weise verlor er natürlich viele seiner Freunde. Nun der Verlauf unserer Sitzung:

(Ins Mikrophon eines Tonbandgeräts gesprochen – mein Tonbandgerät hat zwar ein eingebautes Mikrophon, ich habe aber festgestellt, daß den Kindern ein Mikrophon, das sie selbst in den Händen halten können, besser gefällt:) Guten Tag meine Damen und Herren, Jungen und Mädchen. Hier ist der Sender KOAK, herzlich willkommen zu unserer Märchenstunde. Ich begrüße unseren Gast Bobby. (Ich wende mich zu Bobby.) Wir freuen uns, dich heute in unserem Programm zu haben. Würdest du uns bitte sagen, wie alt du bist?

Bobby: Sechs Jahre.

Wir wollen gleich zu unserem Programm übergehen. Hier sind die Spielregeln, liebe Hörer: Bobby wird uns eine Geschichte erzählen. Diese Geschichte muß einen Anfang, eine Mitte und ein Ende haben. Wenn Bobbys Geschichte zu Ende ist, werde ich eine Geschichte erzählen und in meiner Geschichte genau die gleichen Figuren verwenden, die auch in seiner Geschichte vorkommen. Die Geschichte soll uns eine Lektion oder Lehre erteilen. Nun geht's los, Bobby.

Bobby (lange Pause, dann geflüstert): Ich weiß nicht, was ich sagen soll.

Ich helfe dir. »Es war einmal ein . . .« (dieser Vorschlag, Kindern beim Anfang ihrer Geschichte zu helfen, stammt von Gardner).

Bobby: »Ein Hai!«

»Und dieser Hai . . .«

Bobby: »Fraß gerne Leute auf.«

Was geschah?

Bobby: »Er schwamm im Meer herum und fraß Menschen. Das ist alles.«

Das ist nur der Anfang. Wir brauchen noch ein Mittelstück und das Ende.

Bobby: »Nun, er sah ein paar Fischer und erschreckte sie. Sie fielen aus ihrem Boot, und der Hai schwamm zu ihnen und verschlang sie. Dann schwamm er weit aufs offene Meer hinaus, wo es sehr tief war. Dort lebte er. Ende.«

Vielen Dank für deine schöne Geschichte. Welche Lehre erteilt sie uns denn, was meinst du?

Bobby: Ich weiß nicht.

Gut. Jetzt bin ich dran. »Es war einmal ein Hai, der im Meer herumschwamm und Menschen fraß. Er fraß jeden, der ihm unter die Augen kam. Einige Fischer kamen in seine Nähe und erschraken bei seinem Anblick so sehr, daß sie so schnell sie nur konnten von dem Hai wegruderten. Jeder hatte Angst vor ihm. Selbst die anderen Fische, ja sogar die anderen Haie hatten Angst vor ihm, weil er manchmal auch versuchte, sie aufzufressen. Das wurde ihm sehr schnell langweilig. Er hatte Lust zu spielen, aber niemand wollte mit ihm spielen. Jeder lief vor ihm davon.«

Bobby: Was passierte dann?

»Nun, er wußte nicht, was er tun sollte. Schließlich ging er zum König der Haie, der weit draußen im Meer in einer großen Höhle lebte, und fragte ihn, was er tun solle. Der König der Haie sagte: ›Du mußt jemanden finden, der keine Angst vor dir hat, der dir vertraut, damit jeder sieht, daß du wirklich freundlich sein willst. Jemand, der keine Angst vor dir hat, spielt vielleicht mit dir — jemand, der nicht weiß, daß du Menschen gefressen und Leute erschreckt hast.‹ Da fragte der Hai: ›Wo kann ich so jemanden finden?‹ Der König der Haie antwortete aber, daß er das selbst herausfinden müsse.«

Bobby (laut zu mir flüsternd, das Mikrophon vermeidend): Ich weiß! Ein neugeborenes Baby!

»Der Hai schwamm also davon, um jemanden zu finden, der ihm vertraute. Bald gelangte er zu einem großen Boot, in dem eine Familie mit einem neugeborenen Baby saß. Als die Leute den Hai sahen, liefen sie alle weg und versteckten sich in der Kabine. In der Eile vergaßen sie das Baby. Der Hai fing nun an, Kunststückchen für das Baby zu machen. Das Baby lachte und gab wohlige Laute von sich. Als die Eltern das sahen, kamen sie zurück und schlossen mit dem Hai Freundschaft, denn sie erkannten, daß er freundlich sein und ihnen kein Leid zufügen wollte. Sie wurden also Freunde, und der Hai war sehr glücklich. Ende. Die Moral von dieser Geschichte ist, daß du, wenn du Freunde haben willst, freundlich zu den Leuten sein mußt.«

Bobby: Können wir das noch einmal hören?

Ich spule das Band zurück, und wir hören uns beide Geschichten noch einmal an. Meine Geschichte ist im Vergleich zu seiner recht lang, er hört aber ganz gefesselt zu. Als sie zu Ende ist, sprechen wir über seine eigenen Probleme, die er in letzter Zeit mit seinen Freunden hatte, und was er, wenn er wütend ist, tun könnte, um sie nicht gleich zu vertreiben. Später ließ sich Bobby meine Geschichte noch vier- oder fünfmal vorspielen, holte sogar seine Mutter herein, damit auch sie sich die Geschichte anhörte.

Susie, sieben Jahre alt: »Es war einmal ein Löwe. Dieser Löwe hatte viele Haare. Eines Tages sagte Mutter Löwe zu ihm, er solle sein Haar kämmen, aber der Löwe wollte nicht. Sie stritten sich sehr. Der Löwe wollte einfach nicht ihre — ich meine seine — Haare kämmen. Also verbot Mutter Löwe ihm, spielen zu gehen.«

Was geschah dann am Ende?

Susie: »Der Löwe mußte auf sein Zimmer gehen. Er war sehr traurig.«

Durfte der Löwe überhaupt noch draußen spielen?

Susie: »Nein. Ende. Die Lehre ist, daß der Löwe in sein Zimmer gehen muß, wenn er sich seine Haare nicht kämmt.«

Vielen Dank, Susie. Nun meine Geschichte. »Es war einmal eine kleine Löwin, die viele, viele Haare hatte. Eines Tages wollte sie spielen gehen, ihre Mutter wollte aber, daß sie sich zuerst ihre Haare kämmte, weil ihre Haare ganz zerzaust waren und sie ganz unordentlich aussah. Diese Mutter Löwe wollte nicht, daß all die Nachbarn, die ihr Kind so unordentlich sehen würden, dächten, sie sei eine schlechte Mutter. Die Nachbarn sollten denken, sie sei eine gute Mutter, die dafür sorgte, daß die Haare ihrer Tochter ordentlich waren. Die kleine Löwin weigerte sich aber. Sie *haßte* es, ihre Haare zu kämmen. Sie dachte, sie sähen ganz ordentlich aus. Und sie wollte so schnell wie möglich spielen gehen. Ihre Freunde spielten und vergnügten sich bereits draußen. Ihre Mutter ließ sie aber nicht gehen. Die kleine Löwin warf sich auf den Boden und schrie, ihre Mutter erklärte ihr aber, wie wichtig es für sie sei, daß die Nachbarn sie für eine gute Mutter hielten. Da die kleine Löwin ihre Mutter gern hatte und nicht wollte, daß die Nachbarn sie für eine schlechte Mutter hielten, kämmte sie ihre Haare schließlich doch noch (obwohl sie nicht ganz verstand, was ihre Haare damit zu tun hatten). Ihre Mutter war darüber sehr glücklich. Die kleine Löwin ging hinaus und spielte schön mit ihren Freunden, bis es Zeit zum Abendessen war. Die Lehre meiner Geschichte ist: Es ist manchmal leichter, das zu tun, was deine Mutter sagt, weil du dann spielen gehen darfst.«

Susie: Das ist eine schöne Geschichte!

Vielen Dank! Ist dir das schon einmal passiert? Mußt du manchmal etwas tun, was deine Mutter wünscht und wozu du keine Lust hast, und mußt du dann auf dein Zimmer gehen, wenn du nicht gehorchst?

Susie (heftig nickend): Ja!

Wir sprachen eine Weile darüber, und dann fragte sie mich, ob wir »Dummkopf« zusammen spielen wollten. (Zwischen Susie und ihrer Mutter herrschte ein heftiger Machtkampf, den wir gerade durchzuarbeiten begannen.)

Ich habe diese beiden Beispiele nicht extra ausgewählt, um Sie mit diesen Erfolgen zu beeindrucken. Fast alle Sitzungen, in denen ich die Technik des Geschichtenerzählens anwende, verlaufen so. Dies ist einfach eine sehr erfolgreiche und wirksame Methode. Hin und wieder kommt es aber doch auch vor, daß ein Kind sich weigert, eine Geschichte zu erzählen, dann wenden wir uns einfach einer anderen Beschäftigung zu.

Häufig verwende ich zum Geschichtenerzählen die Bilder des *Children's Apperception-Test* (CAT). Diese Bilder zeigen Tiere in menschenähnlichen Situationen. Einmal brachte ich sie in eine Therapiegruppe mit und dachte, jedes der Kinder könnte sich ein Bild aussuchen und eine Geschichte dazu erzählen. Die Kinder wollten jedoch zu *allen* Bildern eine Geschichte erzählen, und jede Geschichte war anders! Die Kinder kamen gar nicht auf den Gedanken, die Geschichte ihres Vorgängers zu kopieren. Alle Geschichten wurden auf Band aufgenommen (ich selbst erzählte keine Geschichte), und in der nächsten Sitzung spielte ich einige der Geschichten wieder vor, um uns die Möglichkeit zu geben, über die darin zum Ausdruck gebrachten Erlebnisse und Gefühle zu sprechen. Auf einem der Bilder sieht man drei Bären beim Tauziehen. Der größte Bär zieht am einen Ende des Taus und der kleine Bär — vermutlich auch Mutter Bär — ziehen am anderen Ende.

Hier ist die Geschichte des zwölfjährigen Donald:

»Es gibt drei Bären: Papa, Mama und den kleinen Bären. Sie streiten sich um einen Honigtopf! Also veranstalten sie ein Tauziehen, Papa verliert. Deshalb schlägt Papa Bär dem kleinen Bär ein Schnippchen und zerschneidet das Seil, so daß sie alle den Hügel runterfallen.«

Welcher Bär bist du? Sei einer der Bären.
Donald: Wahrscheinlich der kleine Bär.

Sprich zu deinem Papa Bär – sag ihm, wie du es findest, von ihm betrogen zu werden.

Ein zehnjähriges adoptiertes Mädchen, das sich auf ein CAT-Bild konzentrierte, auf dem zwei große schlafende Bären und ein kleiner, mit offenen Augen daliegender Bär zu sehen waren, erzählte eine Geschichte von einem kleinen Bärenmädchen, das seine wirklichen Eltern suchte. »Als die Bären endlich eingeschlafen waren, lief der kleine Bär weg.« Vieles von dem, was es seinen Adoptiveltern gegenüber empfand, konnte das Mädchen verbal nicht zum Ausdruck bringen.

In der Gruppentherapie bitte ich die Kinder manchmal, eine ihrer Geschichten zu spielen und eigene Interpretationen hinzuzufügen. Dabei kann das Kind, das die Geschichte erzählt hat, die einzelnen Rollen selbst spielen. Noch interessanter wird es, wenn das Kind, das die Geschichte erzählt hat, diejenigen bestimmt, die die verschiedenen Rollen spielen sollen.

Ich habe eine extra Kiste mit Bildern, die zum Geschichtenerzählen anregen sollen. Es gibt einige gute Bildserien, die sich für die therapeutische Arbeit eignen. *Moods and Emotions* und *Just Imagine*, die Bildserie des *Thematischen Apperzeptions Test* (TAT – besonders gut in der Arbeit mit Heranwachsenden) und auch die Bilder aus *The Family of Man* eignen sich ganz großartig.

Eine weitere interessante Variante, die Kindern aller Altersstufen gefällt, ist der *Make-a-Picture-Story-Test* (MAPS). Zu diesem Test gehören kleine, ausgeschnittene, schwarzweiße Pappfiguren und eine ganze Menge großer Karten, auf denen alle möglichen Szenen, vom Friedhof bis zum Klassenzimmer, in Schwarzweiß abgebildet sind. Das Kind wählt nun Figuren aus und legt sie auf die vorgefertigten Karten. Dann erzählt es eine Geschichte oder spielt ein kleines Theaterstück. Im Laufe der Geschichte kann es die Figuren versetzen oder neue hinzufügen. Meistens sind die Geschichten recht kurz, und manchen Kindern macht es Spaß, mehr als eine

Karte zu benutzen. Mit jeder weiteren Geschichte treten die Problembereiche und Strukturen immer klarer zutage. Allen, elf Jahre alt, von dem das folgende Beispiel handelt, baute fünf Szenen auf. Während er sprach, schrieb ich seine Geschichten auf einen großen Block.

1. *Straßenszene:* »Ein Räuber versucht, eine Frau auszurauben. Ein Junge kommt ihr zu Hilfe. Er kann Karate, aber es klappt nicht. Superman kommt runtergeflogen, hilft ihr, küßt sie, sie gehen zusammen weg.« (Auf die Frage, wer er in dieser Szene sei, sagte er »Superman«.)

2. *Floß:* »Da ist ein Schiffswrack, ein Mann liegt im Sterben, und da ist noch ein anderer Mann und ein Junge und ein Hund. Sie haben Hunger. (Er hält sich seinen Magen, als er das erzählt.) Die Eltern des Jungen waren auch in dem Wrack, aber sie sind gestorben. Der sterbende Mann stirbt auf dem Floß, aber die anderen werden gerettet. Nachdem der Junge dann zuerst in einem Heim war, bekommt er neue Eltern. Er ist glücklich.« (Er identifiziert sich mit dem Jungen.)

3. *Höhle:* »Eine Schlange beißt eine Frau. Sie sitzt in der Falle. Es gibt keinen Weg, der nach draußen führt. Zwei Männer kommen, verjagen die Schlange, finden einen Weg, alles ist in Ordnung.«

4. *Arztpraxis:* »Ein Mann kommt rein. Hat sich bei einem Unfall sein Bein verletzt. (Die Figur hat Krücken.) Der Arzt ruft einen anderen Arzt an, und sie bringen das Bein wieder in Ordnung. Als sie gerade gehen wollen und die Tür öffnen, fällt ein blutüberströmter Mann herein. Sie rufen einen Krankenwagen. ›Wir können dir nicht helfen, wir sind bloß praktische Ärzte‹ sagen die Ärzte zu dem Mann, und er wird wieder gesund.«

5. *Klassenzimmer:* »Auf der Tafel ist das Bild eines Geistes zu sehen. Es ist Halloween. Der Lehrer sagt der Klasse, daß ein Polizist der Klasse einen Vortrag halten wird, wie man sich an Halloween am besten verhält, damit einem nichts passiert. Ein Junge ist ein Raufbold und Störer. Er geht weg. Der Lehrer weiß nicht, was er mit ihm machen soll. Der Junge hat Probleme. Er ist unglücklich.« (In den letzten drei Bildern wollte sich Allen mit niemandem identifizieren.)

Jede einzelne dieser Geschichten enthält eine ganze Menge Material, das man therapeutisch erforschen könnte. In diesem Fall sah ich mir aber die allen fünf Geschichten zugrundeliegende Struktur an. Zu Beginn der Sitzung hatte Allen den Gedanken geäußert, er könne die Therapie langsam beenden — er habe das Gefühl, daß sein Leben nun recht gut gehe. Wir sprachen über die Szenen. In jeder Szene gibt es irgendeine Katastrophe oder ein Problem; und außer in der letzten kommt immer zur rechten Zeit Hilfe. Allens Leben war voller Katastrophen gewesen. Wir konzentrieren uns auf die letzte Geschichte, auf den Jungen, der Probleme hat. Allen sagt: »Er kommt zu Ihnen, und dann geht es ihm gut.«

Auch die Stofftafel (ein mit Flanellstoff überzogenes Brett) hilft beim Geschichtenerzählen. Ein Kind kann viele Geschichten oder Szenen erfinden und sie, während es spricht, auf der Stofftafel darstellen. Flanell, Filz, Sandpapier und Pellon (ein Futterstoff, den man in Stoffläden findet) bleiben an der Stofftafel haften. Man braucht lediglich kleine Stückchen von diesen Stoffen auf die Rückseite selbstgemachter oder ausgeschnittener Figuren zu kleben, und schon kann man diese an die Stofftafel heften. Man kann aber auch die ganze Figur aus Flanell, Filz oder Pellon herstellen, indem man sie zunächst mit Filzstift auf diesen Stoffen skizziert und dann ausschneidet. Vorgefertigte Materialien für die Stofftafel sind in Schulwarenläden erhältlich. Gut arbeiten läßt sich vor allem mit Figuren, die Familienmitglieder darstellen, mit Tieren, Märchen- und Phantasiefiguren, mit Gebäuden, Bäumen usw.

Bücher

In meiner Arbeit mit Kindern arbeite ich mit vielen verschiedenen Büchern. Ich habe die Erfahrung gemacht, daß Kinder, auch wenn sie über dieses Alter hinaus zu sein scheinen, es gerne mögen, wenn man ihnen etwas vorliest. (Ist man überhaupt irgendwann über dieses Alter hinaus?) Ich suche ständig nach interessanten Büchern in den Büchereien oder Buchläden und besitze inzwischen eine kleine Sammlung besonderer Bücher, mit denen ich immer wieder arbeite. Sehr beliebt ist *The Temper Tantrum Book*; meine kleineren Kinder fragen immer wieder danach. *Wo die wilden Kerle wohnen*, ein Buch, das von Ungeheuern handelt und den Kindern sehr gut gefällt, bringt uns in die richtige Stimmung, über schaurige Dinge zu sprechen. *There's a Nightmare in my Closet* regt die Kinder dazu an, sich an ihre Träume zu erinnern. Ein Buch mit dem Titel *Go*

Away, Dog eignet sich gut dazu, ein Gespräch über das Zurückgewiesenwerden in Gang zu bringen. *Die beiden Freunde* und *I'll Build my Friend a Mountain* regen zu einer Unterhaltung über die Beziehung zu anderen Kindern an. Ein Buch für sehr kleine Kinder mit dem Titel *Is This You?* ist ein guter Einstieg, um über das Kind, seine Familie, sein Haus usw. zu sprechen.

Die beiden Bücher *Silvester and the Magic Pebble* und *The Magic Hat* (über ein kleines Mädchen, das — wenn es einen Zauberhut aufsetzt — all das tun kann, was ein Junge kann) eignen sich gut zur Erforschung der Wünsche und Phantasien des Kindes. Ich erwähne hier nur einen sehr kleinen Teil der von mir verwandten Bücher, weil ich dem Leser lediglich einen Eindruck vermitteln möchte, in welcher Richtung man mit Büchern arbeiten kann. Meiner Erfahrung nach reagieren Kinder nicht so gut auf Bücher, die speziell zu einem bestimmten Zweck geschrieben worden sind (zum Beispiel sie dazu veranlassen sollen, mit ihren Gefühlen in Kontakt zu kommen), sondern sehr viel besser auf Bücher, die zunächst nur unterhalten wollen. Kinder finden »sentimentale« Bücher langweilig — sie durchschauen sie sofort.

Ferdinand der Stier handelt von einem Stier, der anders ist als die andern, und viele Kinder erleben sich ebenfalls als von den andern verschieden. *Leo the Late Bloomer* erzählt die Geschichte eines Tieres, das nicht viel zustande brachte, bis eines Tages ein Zaubertag anbrach. *Spectacles* ist ein reizendes Buch über ein kleines Mädchen, das eine Brille tragen muß. *Fisch ist Fisch* ist ein sehr schönes Buch über einen Fisch, der versucht, wie ein Mensch oder ein Vogel oder ein Frosch oder eine Kuh außerhalb des Wassers zu leben. Gerade noch rechtzeitig lernt er, daß ein Fisch außerhalb des Wassers sterben muß; ein Fisch ist ein Fisch und kann nicht sein, was er nicht ist.

Die besten, da gewöhnlich sorgfältig ausgewählten Bücher findet man in Frauenbuchläden. *Grownups Cry Too*, *My Body Feels Good* und *Some Things You Just Can't Do By Yourself* sind großartige Bücher, die ich selten in anderen Buchläden gesehen habe.

Das Buch *What is a Boy? What is a Girl?* verdient besondere Erwähnung. Dieses ausgezeichnete Buch, das sehr gute Photographien enthält, behandelt die körperlichen Unterschiede zwischen Jungen und Mädchen, Männern und Frauen. *The Sensible Book* eignet sich gut dazu, ein Gespräch über Sehen, Fühlen, Schmecken,

Riechen und Hören in Gang zu bringen. Auch *Feelings: Inside You and Outloud Too* ist ein sehr gutes Buch.

Viel Stoff für die Arbeit mit Kindern bieten auch Märchen und Sagen, und ich habe festgestellt, daß Kinder diese Geschichten immer noch genauso lieben wie wir, als wir Kinder waren. Die Geschichte von *The Little Blue Spruce* aus dem Büchlein *Famous Folk Tales to Read Aloud* handelt von einem kleinen Baum in einem Wald, der, obwohl er selbst eine sehr schöne Fichte ist, lieber wie die anderen Bäume des Waldes sein will. Die uralte Geschichte von *Hänsel und Gretel* führt direkt zu einem Gespräch über die eigene Familiensituation.

Märchen sind oft psychologisch interpretiert worden. Ob man diesen Interpretationen nun zustimmt oder nicht, eines ist sicher: Märchen üben eine große Anziehungskraft auf Kinder aus und sind für sie von großem Wert. Märchen und Volkssagen kommen, ganz ähnlich wie die Volksmusik, aus den Tiefen des menschlichen Lebens und haben all die Kämpfe, Konflikte, Sorgen und Freuden zum Inhalt, mit denen sich der Mensch jahrhundertelang konfrontiert sah. Diese Geschichten sind keineswegs immer erfreulich. In *Kinder brauchen Märchen* schreibt Bruno Bettelheim:

»In unserer Kultur besteht die Neigung, besonders wenn es um Kinder geht, so zu tun, als existiere die dunkle Seite des Menschen nicht. Sie verkündet einen optimistischen Fortschrittsglauben. ...
Genau diese Botschaft vermittelt das Märchen dem Kind in vielfältiger Weise: Der Kampf gegen die heftigen Schwierigkeiten des Lebens ist unvermeidlich und gehört untrennbar zur menschlichen Existenz, wenn man aber nicht davor zurückschreckt, sondern den unerwarteten und oft ungerechten Bedrängnissen standhaft gegenübertritt, überwindet man alle Hindernisse und geht schließlich als Sieger aus dem Kampf hervor.
Die modernen Geschichten, die für kleine Kinder geschrieben werden, vermeiden meist diese existentiellen Probleme, die doch für uns alle so entscheidend sind. Insbesondere das Kind braucht in Symbolform gekleidete Anregungen, wie es mit diesen Fragen umgehen und sicher zur Reife heranwachsen kann. ›Heile‹ Geschichten erwähnen weder den Tod noch das Altern als Grenzen unserer Existenz; sie sprechen auch nicht

von der Sehnsucht nach ewigem Leben. Das Märchen dagegen konfrontiert das Kind mit den grundlegenden menschlichen Nöten« (S. 14).

»Märchen sind einzigartig, nicht nur als Literaturgattung, sondern als Kunstwerke, die das Kind gänzlich erfassen kann wie keine andere Kunstform. Wie bei jedem großen Kunstwerk ist auch der tiefste Sinn des Märchens für jeden Menschen und für den gleichen Menschen zu verschiedenen Zeiten seines Lebens anders. Je nach den augenblicklichen Interessen und Bedürfnissen entnimmt das Kind dem gleichen Märchen unterschiedlichen Sinn. Wenn es die Möglichkeit dazu hat, kehrt es zu den gleichen Märchen zurück, sobald es bereit ist, alte Bedeutungen zu erweitern oder durch neue zu ersetzen« (S. 19).

Märchen haben tatsächlich die grundlegenden, universellen Emotionen zum Thema: Liebe, Haß, Furcht, Wut, Einsamkeit, Gefühle der Isolation, Wertlosigkeit und Deprivation.

Mit Dr. Bettelheim bin ich der Meinung, daß das klassische Märchen gerade deshalb soviel Wirkung ausübt, weil es ein Kunstwerk ist. Ein Märchen hat etwas Rhythmisches und Magisches an sich, bewegt Herz und Verstand. Obwohl Märchen in einer Sprache geschrieben sind, die oft weit über das Verständnis eines Kindes hinausgeht, hört dieses völlig gefesselt, absorbiert, gebannt zu und nimmt alles in sich auf.

Einige Erzieher und Eltern haben die Tatsache kritisiert, daß Märchen eine Welt beschreiben, die unwirklich ist — eine Welt, die für alles vollkommene und magische Lösungen anbietet. Überdies sind viele dieser Märchen ausgesprochen sexistisch: Frauen werden allein nach ihrer Schönheit bewertet, während die Männer die tapferen Helden sind. Trotz dieser Nachteile gibt es in den klassischen Märchen vieles, womit sich Kinder leicht identifizieren können. Als moderne Ergänzung zu den klassischen Märchen hat Dr. Richard Gardner verschiedene Bücher für Kinder geschrieben: *Dr. Gardner's Fairy Tales for Today's Children*, *Dr. Gardner's Modern Fairy Tales* und *Dr. Gardner's Stories about the Real World*.

Im Rahmen meiner Arbeit mit Kindern hat es sich als äußerst nützlich erwiesen, die in den Märchen enthaltenen Phantasien und magischen Lösungen, ebenso wie sexistische Vorurteile, offen anzusprechen und mit dem wirklichen Leben des Kindes zu vergleichen. Ferner kann ich Dr. Bettelheim nur zustimmen, wenn er sagt, daß Geschichten, die mit »und sie lebten glücklich bis in alle Ewigkeit« enden, Kinder keine Sekunde zu täuschen vermögen. Ich glaube, daß es viel eher das allgemeine Streben nach ewiger Glückseligkeit in unserer Zivilisation ist, unser Wunsch, immer die modernsten elektrischen Geräte oder das sportlichste und schnellste Auto zu besitzen, was unsere Kinder verwirrt. Die widersprüchlichen Werte derjenigen, die ihre Aktivitäten im wirklichen Leben kontrollieren, verwirren sie, nicht das, was sie in Märchenbüchern lesen, denn die dort festgesetzten Werte sind klar und einfach, schwarzweiß.

In seinem Buch *Psychotherapeutic Approaches to the Resistant Child* beschreibt Dr. Gardner verschiedene Spiele, die er selbst erfunden hat, um die Technik des Geschichtenerzählens spannender zu gestalten. So läßt er das Kind zum Beispiel ein Spielzeug oder einen Gegenstand aus einem Sack herausnehmen und eine Geschichte dazu erzählen; oder er läßt ein Wort aus einem Sack voller Wörter herausgreifen und daraus eine Geschichte machen oder das Spiel *Scrabble für Kinder* spielen und zu jedem vollendeten Wort eine Geschichte erfinden.

Schreiben

Nur selten bitte ich Kinder, selbst etwas zu schreiben — nicht etwa, weil ich keinen Sinn darin sehen würde, sondern weil die meisten Kinder schlechte Erfahrungen mit dem Schreiben gemacht haben. Ich finde dies sehr schade, denn ich glaube, daß Schreiben eines der befriedigendsten und wirkungsvollsten Mittel ist, sich selbst zu entdecken und zu äußern.

Immer wieder versuche ich, die Kinder zum Schreiben zu ermutigen, gehe dann aber zu anderen Techniken über, weil sie sich sträuben und ich nicht genügend Zeit habe, ihnen bei der Entdeckung zu helfen, wie erregend Schreiben sein kann.

Da wir uns beim Schreiben jedoch derselben Worte wie beim Sprechen bedienen, kann ich den Kindern den Eindruck vermitteln, sie *seien* bereits kleine Schriftsteller, indem ich die auf ein Tonband gesprochene Geschichte eines Kindes abtippe oder die Geschichte, die es erzählt, mitschreibe und sie ihm dann in geschriebener Form vorlege.

Da ich glaube, daß direkte verbale Äußerungen die innere Kraft eines Kindes stärken, bitte ich die Kinder oft, irgendeine Aussage zu einer während unserer therapeutischen Arbeit entstandenen Zeichnung zu machen, die ich dann sogleich auf das Bild schreibe, um sie dem Kind immer wieder als weitere Verstärkung vorlesen zu können. Als Übung zu flüssigerem Schreiben ermutige ich die Kinder manchmal, einfach ein paar Worte aufzuschreiben. »Schreib irgendwelche Worte auf, an die du gerade denkst und die vielleicht zu deinem Wutbild passen.« Ein elfjähriger Junge schrieb daraufhin quer über sein Bild: »Herr und Frau Arschloch.« Wenn man wirklich will, daß Kinder sich offen äußern, darf man keine Zensur ausüben!

Kinder sträuben sich oft deshalb gegen das Schreiben, weil in der Schule viel zuviel Wert auf Rechtschreibung, Form, Satzstruktur, sogar Stil gelegt und damit die Kreativität des Kindes unterdrückt und erstickt wird. Meiner Meinung nach sollten Grammatik und Rechtschreibung vom eigentlichen »Schreiben« abgetrennt und für sich oder vielleicht auch erst später gelehrt werden, dann nämlich, wenn das Kind bereits etwas geübter ist. Man braucht sich nur vorzustellen, was geschehen würde, wenn ein Kleinkind erst dann etwas sagen dürfte, wenn es völlig richtige Sätze bilden könnte. Kinder lernen die Sprache dadurch, daß sie die Erwachsenen nachahmen. Wenn wir Kinder in Ruhe ließen und ihnen mit dem Schreiben keine Angst einjagten, würden sie Schreiben genauso leicht und bereitwillig lernen wie Sprechen.

Jedem Kind, mit dem ich arbeite, gebe ich ein kleines Spiralheft zum Schreiben. Es soll zum Beispiel in das Heft eintragen, wann es das Bett näßt oder »worüber du dich in dieser Woche geärgert hast« oder was es geträumt hat. Hier die Eintragungen eines neunjährigen Jungen — worüber er sich geärgert hatte: »1. Herr S. verbot den Jungen, Ball zu spielen. 2. Ich mußte das Badezimmer und die Toilette säubern, Sachen waschen und Handtücher aufhängen. 3. Ich muß um 20.30 Uhr ins Bett gehen und um 7.30 Uhr aufstehen. Und ich muß frühstücken, meine Haare kämmen, mich anziehen und um 8.30 Uhr das Haus verlassen.«

Ein zehnjähriges Mädchen schrieb zum gleichen Thema: »Meine Mutter ließ mich nicht einem Mädchen etwas erzählen. Ich mußte baden, als ich meiner Freundin gerade etwas erzählen wollte.«

Manchmal stellen wir richtige kleine Bücher her mit Einband und Titeln wie »Klagen«, »Ärgerliches«, »Schönes«, »Prahlereien«,

»Dinge, die ich hasse«, »Dinge, die ich gern habe«, »Meine Wünsche«, »Wenn ich Präsident wäre«, »Wenn ich meine Mutter wäre« und so weiter. Ein Büchlein trug den Titel: »Etwas über mich.« Ein achtjähriger Junge schrieb: »Braune Augen. Durchschnittskörper.« Ein anderer Junge zeichnete ein detailliertes Bild von sich und schrieb: »Ich habe schwarzbraune Haare. Ich habe grüne Augen. Ich trage blaue Jeans. Ich trage schwarze Schuhe, ein gelbes und hellblaues Hemd. Ich habe weiße Strümpfe an. Ich habe zwei Arme. Ich habe zwei Beine. Ich habe zwei grüne Augen. An meinen zwei Händen habe ich zehn Finger. Ich bin zehn Jahre alt. Ich bin 1,25 m groß. Ich bin ziemlich dünn. Ich habe zwei Ohren.« Ein anderer Junge im Alter von acht Jahren schrieb bloß: »Ich bin häßlich.« Und ein zehnjähriger Junge schrieb: »Aals ich ein und zwei Jahre alt war, hate ich einen Hund, er war gröser als ich fiel gröser. er spielte immer mit mir.« Hierzu machte er eine kleine Skizze, die einen kleinen Jungen zeigte, der mit einem viel größeren Hund Ball spielte.

Ein sechsjähriger Junge brachte ein Buch mit, das er in der Schule gemacht hatte und das den Titel »Gefühle« trug. Jede Seite begann mit einem Satz, den der Lehrer an die Tafel geschrieben hatte und den die Kinder abschreiben und dann ganz nach Wunsch vervollständigen sollten. Seine Sätze lauteten folgendermaßen:

»Liebe ist . . . wenn jemand sagt ›ich liebe dich‹ und niemand sich streitet, so daß sich niemand schlecht fühlt. Also sei lieb.« (Seine Lehrerin hatte darunter geschrieben: »Neu schreiben«, weil sie seine Schrift nicht schön genug fand!)

»Ich habe Angst, wenn . . . ich in einen Streit hineingerate. Und wenn ich mich mitten in einem Niemandsland verirre« (kleines Bild, das einen Jungen mitten in einer Wüste zeigt).

Andere Sätze lauteten: Es ist nicht fair, wenn . . . Ich bin glücklich, wenn . . . Ich bin traurig, wenn . . . Ich singe gern, wenn . . . Mein bester Freund ist . . . Was mir an mir gefällt . . . Drei wichtige Dinge, die sich in meinem Leben ereignet haben, sind . . . Das Beste, was ich tun kann, ist . . . Wenn ich drei Wünsche frei hätte . . . Der glücklichste Tag meines Lebens war, als . . . Das Schönste auf der Welt ist . . . Wenn ich Lehrer wäre . . . Wenn ich Präsident der Vereinigten Staaten wäre . . . Das Merkwürdigste, was mir je geschehen ist, war . . . Meine Eltern sind froh, wenn . . . Wenn ich Vater wäre, würde ich . . . Wenn ich Schuldirektor wäre . . .

Das Vervollständigen angefangener Sätze ist eine ausgezeichnete Methode, Kinder zu ermutigen, Aussagen über sich selbst zu machen, ihre Wünsche, Bedürfnisse, Enttäuschungen, Gedanken, Vorstellungen und Gefühle zu erleben. Weitere Anregungen dazu geben Satzvervollständigungs-Tests.

Da ich Kinder ermutigen möchte, der Polarität menschlicher Gefühle und der Widersprüche im Menschen gewahr zu werden, bringe ich häufig gegensätzliche Aussagen zusammen, so zum Beispiel: Ich bin glücklich, wenn . . . und ich bin traurig, wenn . . .; es ist leicht für mich . . . und es ist schwer für mich; etwas, das mir an dir gefällt, ist . . . und etwas, das mir an dir nicht gefällt, ist . . .

Manchmal bitte ich die Kinder auch, eine ganze Seite mit Sätzen vollzuschreiben, die mit »Ich bin« oder »Ich möchte« beginnen. Ein zwölfjähriger Junge schrieb: »Ich bin ein Junge. Ich bin glücklich, ich bin lustig. Ich bin kalt. Ich bin warm. Ich langweile mich, weil ich diese Sätze aufschreiben soll.« Und auf die andere Seite des Blattes schrieb er eine ganze Reihe Sätze, die mit »Ich bin nicht« begannen (seine eigene Idee). »Ich bin nicht blöd. Ich bin kein Mädchen« usw.

Kindern, denen das Schreiben ohnehin Spaß macht, gebe ich folgende Instruktionen: »Stell dir vor, du hättest heute die Gabe, alles zu tun, was du nur wolltest. Schreib über das, was du tun würdest. Oder: Schreib einen Brief an einen Teil deines Körpers, zum Beispiel: ›Lieber Magen: Ich möchte dir gerne folgendes erzählen.‹«

Eine Kollegin von mir bat, als sie mit einer Kindergruppe arbeitete, jedes Kind, ein Geheimnis auf ein Stück Papier zu schreiben, ohne aber den Namen darauf zu vermerken, das Papier zusammenzufalten und auf einen Stoß in der Mitte des Raumes zu legen. Jedes Kind nahm sich dann eines der Papiere und las das »fremde« Geheimnis der Gruppe so vor, als ob es sein eigenes wäre.

Auch Herbert Kohl behandelt in seinem Buch *Math, Writing and Games in the Open* das Problem, Kinder zum Schreiben zu bewegen. Er stellt die These auf, daß Kinder — zumindest in der Schule — keine Freude am Schreiben haben können, wenn sie sich vor Offenheit fürchten, daß es ihnen aber großen Spaß macht, wenn sie über Dinge schreiben dürfen, die sie wirklich angehen und die wichtig für sie sind. Kohl beschreibt seine Erfahrungen mit Kindern und mit dem Schreiben und gibt viele gute Anregungen, wie man Kinder dazu ermutigen kann, sich schreibend zu äußern.

Gedichte

Bitte ein Kind, ein Gedicht zu schreiben, und sofort wird es krampfhaft versuchen, Reime zu bilden. Ich möchte nicht sagen, daß ein Gedicht nicht aus Reimen bestehen darf, Reime sind aber eine Sache für sich. Gedichte mit Reimen eignen sich nicht besonders gut für freien Ausdruck.

Poesie kommt aus dem Herzen. In einem Gedicht lassen sich Dinge zum Ausdruck bringen, über die man sonst vielleicht weder sprechen noch schreiben würde. In Gedichten kann man seinen Gedanken und Gefühle freien Lauf lassen, ja, sogar Verrücktes zum Ausdruck bringen.

Es gibt ein paar gute Bücher, die sich mit dem Thema »Kinder schreiben Gedichte« befassen. Eines der besten ist das Buch *Wishes, Lies, and Dreams* von Kenneth Koch. Dieses Buch gibt viele Anregungen, wie man Kinder zum Gedichteschreiben motivieren kann, und es enthält viele von Kindern geschriebene Gedichte, die auf den ersten Blick gar nicht unbedingt etwas von den Gefühlen dieser Kinder verraten. In einem Abschnitt, der den Titel »Lügen« trägt, ist zum Beispiel das Gedicht eines elfjährigen Jungen wiedergegeben:

Ich fliege in die Schule um 12.00 Uhr Mitternacht
Ich laufe zum Essen um 9.00
Um 11.00 fahre ich mit der U-Bahn nach Hause
Ich heiße James der Clown Diego die Springbohne
Gelenkiger Jimmy und Flipflop Tom
Mein Kopf stammt vom Saturn meine Arme stammen vom Mond
Meine Beine vom Pluto und der Rest von mir wurde auf der Erde geboren
Meine Freundin die Biene flog mich nach Hause (S. 196).

Aus einem Abschnitt mit der Überschrift »Geräusche« stammt das folgende Gedicht eines Zwölfjährigen:

Der Wind, der aus deinem Mund kommt,
ist wie der Wind in einer dunklen Gasse
Wenn du ältere Leute sprechen hörst
hörst du ein Stöhnen

Schlägt man einen Stuhl mit einem Lineal
so klingt das wie Schüsse aus einem Maschinengewehr
Das Jaulen eines Hundes
klingt wie die Sirene der Feuerwehr
Die Schläge zweier kämpfender Boxer
klingen wie Kugeln, die eine Blechdose treffen (S. 124).

Kinder kann man meiner Erfahrung nach am besten zum Gedichteschreiben motivieren, wenn man ihnen von anderen Kindern verfaßte Gedichte vorliest. Besonders kraftvoll, schön und aufrichtig sind die Gedichte in *Wishes, Lies, and Dreams, My Sister Looks like a Pear, Me the Flunkie, Me the Nobody Knows, Somebody Turned on a Tap in These Kids, The Whole Word Catalogue 1* and *2, Begin Sweet World, Miracles* und *I Never Saw Another Butterfly*. Mein Lieblingsbuch ist *Have You Seen a Comet?* Dieses vom UNICEF-Kommitee der Vereinigten Staaten veröffentlichte Buch enthält Bilder, Geschichten und Gedichte von Kindern aus aller Welt.

   Wenn ich in der Sitzung ein Gedicht vorlese, bitte ich das Kind, seine Augen zu schließen und das Gedicht in sich aufzunehmen. Dann soll es das, was es während des Vorlesens empfunden und was ihm durch das Gedicht bewußt geworden ist, in einem Bild zum Ausdruck zu bringen. Oder ich bitte es, eine Erinnerung oder eine Vorstellung, die das Gedicht wachgerufen hat, in einem Bild festzuhalten.

   Das Gedicht »In mir ist ein Knoten« in *Have You Seen a Comet?* weckt immer wieder verborgene Gefühle. Es wurde von einem achtjährigen türkischen Kind verfaßt:

      In mir ist ein Knoten
      Ein Knoten, der nicht gelöst werden kann
      Fest
      Er schmerzt
      Als ob sie einen Stein
      in mich gesteckt hätten

      Immer denke ich an frühere Tage
      als ich in unserem Sommerhaus spielte
      zu Großmutter ging
      bei Großmutter blieb

> Ich möchte, daß diese Tage wiederkehren,
> Vielleicht wird sich der Knoten lösen
> wenn sie wiederkehren
> Aber in mir ist ein Knoten
> So fest
> und er schmerzt
> Als ob ein Stein in mir wäre (S. 32).

Nachdem ein zehnjähriges Mädchen dieses Gedicht gehört hatte, zeichnete es eine Figur, die auf einem Hügel stand, einen schwarzen Punkt in der Mitte hatte und die Arme ausgestreckt hielt. Um diese Figur herum schrieb es die Worte »Ich hasse dich, ich hasse dich«. Sie diktierte mir: »Mein Knoten ist innere Wut.« Trotz ihres rebellischen Verhaltens in der Schule und zu Hause hatte sie bis dahin jegliches Gefühl der Wut geleugnet.

Ein anderes, neunjähriges Mädchen zeichnete das Haus seiner Großmutter und die Figur eines kleinen Mädchens, das etwas entfernt von diesem Haus stand. Auch dieses Mädchen hatte einen schwarzen Fleck auf seinem Bauch. Der Fleck stellte »eine Lüge, die ich meiner Mutter erzählt habe« dar. Wegen dieser Lüge fühlte das Mädchen sich schuldig, glaubte aber, seiner Mutter nichts davon sagen zu können, weil diese dann sehr böse werden würde. (Immerhin sprach es jetzt schon mit mir darüber.) Seine Großmutter war vor kurzem gestorben. Diese Großmutter war in den Augen des Kindes die einzige Person gewesen, die es wirklich geliebt hatte, und die einzige Person, der es von seiner Lüge hätte erzählen können, ohne fürchten zu müssen, schwer bestraft zu werden.

Auch Gruppengedichte zu verfassen, ist möglich. Jedes Kind schreibt eine Zeile, vielleicht über einen Wunsch. Dann sammele ich die Zeilen ein und lese sie der Gruppe als wunderschönes Gedicht wieder vor. Die Kinder sind von ihren eigenen poetischen Fähigkeiten in der Regel recht beeindruckt. Manchmal bitte ich die Kinder, sich vorzustellen, sie wären irgendein Tier, eine Jahreszeit oder ein Gemüse, und sollten ein paar Zeilen über sich schreiben. Meist lese ich ihnen ihre Gedichte laut vor — denn ihre Worte scheinen besser zu klingen, wenn ein anderer sie vorliest.

Man kann auch sprachliche und bildnerische Ausdrucksformen miteinander verknüpfen. Eine Gruppe von Kindern bat ich einmal, in einem farbigen Bild zum Ausdruck zu bringen, wie sie sich gerade fühlten. Als sie damit fertig waren, bat ich sie, Worte oder Sätze oder auch ein Gedicht zu schreiben, die beschrieben, was sie bei der Betrachtung ihres Bildes empfanden. Ein Kind schrieb: »Die Farben fließen über mich hinweg, beruhigen und trösten mich sanft — erst ganz leicht, dann stärker.«

Vor Beginn einer Gedicht-Sitzung sprechen wir manchmal über Worte, die Gefühle beschreiben, Worte, die Bilder wachrufen, Worte, die einem gefallen, Worte, die hart klingen. Das Experimentieren mit Worten und die Erweiterung des eigenen Gewahrseins für deren Bedeutung helfen beim Gedichteschreiben.

Mit einfachen, haiku-ähnlichen Gedichtformen läßt sich eine ganze Menge anfangen. Ein Haiku ist ein japanisches Gedicht, das drei aus fünf, sieben und wieder fünf Silben bestehende Zeilen umfaßt. Ich arbeite mit einer vereinfachten, fünfzeiligen Version, deren erste Zeile aus einem Wort besteht, die zweite Zeile dann aus zwei Worten, die etwas über das erste Wort aussagen, die dritte Zeile aus drei Worten, die noch mehr über das erste Worte aussagen, die vierte Zeile aus vier Worten, die wiederum etwas über das erste Wort aussagen, und die fünfte Zeile wiederholt das erste Wort.

Hier sind ein paar Beispiele, die mir von Kindern diktiert wurden:

> Mädchen
> Lieben dich
> Ich liebe Mädchen
> Mag Mädchen sehr gern
> Mädchen
> (achtjähriger Junge)

> Dinosaurier
> Ich wünschte
> Sie würden leben
> Ich ritt' auf ihrem Rücken
> Dinosaurier
> (siebenjähriger Junge)

> Raketen
> schwarz, schön
> Strömen Feuer aus

Explodieren vom Boden aus
Raketen
(achtjähriger Junge)

Raketen
Haben Fenster
Fliegen ins All
Männer schweben im All
Raketen
(neunjähriger Junge)

Jungen
Blöde Kerle
Raufen mit Mädchen
Häßliche Gesichter, häßliche Haare
Jungen
(neunjähriges Mädchen)

Mädchen
schön, gut
Haben schöne Haare
Sie sind immer gut
Mädchen
(zehnjähriger Junge)

Schule
Laufe weg
Lese nicht gerne
Prügele mich mit jemandem
Schule
(achtjähriger Junge)

Jungen
Lieben Mädchen
Verprügeln mich manchmal
Ich mag einige Jungen
Jungen
(achtjähriger Junge)

> Nichts
> Das ist's
> Ich sage nichts
> Ich sage wirklich nichts
> Nichts
> (zehnjähriger Junge)

> Frauen
> Groß, schön
> Haben schöne Haare
> wunderschön, ich liebe sie
> Frauen
> (neunjähriges Mädchen)

Diese kleinen Gedichte sagen eine ganze Menge über das aus, was in den Kindern vorgeht. Sie sind ein weiteres kleines Fenster, das sich zu den geheimen Räumen des Kindes öffnen läßt.

Von Erwachsenen für Kinder geschriebene Gedichte gefallen Erwachsenen oft besser als Kindern. Es ist nicht leicht, so zu schreiben, daß Kinder damit etwas anfangen können. Manchmal entdecke ich ein Buch, das mir gefällt und von dem ich überzeugt bin, daß es auch einem Kind gefallen wird, und muß dann feststellen, daß ich mich geirrt habe. *Where the Sidewalk Ends*, Gedichte und Zeichnungen von Shel Silverstein, ist jedoch ein Buch, das Kinder wirklich erreicht. Das Buch *I See a Child* von Cindy Herbert wurde für Erwachsene geschrieben, die mit Kindern arbeiten und leben, ich habe aber die Erfahrung gemacht, daß einige ihrer Gedichte durchaus auch Kinder ansprechen, so zum Beispiel das folgende:

> Es tut mir leid
> Wenn etwas nicht auffindbar ist
> Wenn etwas zerbrochen ist
> Bin ich dran schuld
> Anscheinend bin immer ich dran schuld
> Also
> Entschuldige ich mich —
> Ärgere mich
> Fühle mich gedemütigt
> Es tut mir aber kein bißchen
> leid.

Große Dichtkunst kann das Herz bewegen, die meisten Kinder schrecken aber vor großer Dichtung zurück — vielleicht wieder wegen der Art und Weise, wie sie in der Schule mit Dichtkunst konfrontiert werden. Kenneth Koch beschreibt in seinem Buch *Rose, Where Did You Get That Red?*, wie er Grundschülern Dichter wie Blake, Shakespeare, Whitman nahebrachte. Er ermutigte die Kinder, wenn sie selbst Gedichte schrieben, den Stil klassischer Dichter nachzuahmen, und weckte somit bei den Kindern ein Interesse für die ihnen vorgestellten Dichter und Gedichte. Zum Beispiel beginnt »Der Tiger«, ein Gedicht von William Blake, folgendermaßen:

> Tiger, Tiger, grelle Pracht
> in den Dickichten der Nacht
> wes unsterblich Aug und Hand
> wohl dein furchtbar Gleichmaß band?*

In diesem Gedicht befragt Blake einen Tiger, und Kenneth Koch bittet nun seine Schüler, irgendwelchen geheimnisvollen und schönen Kreaturen ebenfalls Fragen zu stellen. Die Gedichte, die so entstanden sind, sind wunderschön:

> O Schmetterling o Schmetterling
> Woher hast du deine feuerroten Flügel? . . . (S. 43)

> O kleine Ameise, die du in einem Erdloch lebst
> Wie fühlst du dich heute?
> Die Rosen stehen in Blüte und das purpurrote
> Sonnenlicht scheint.
> Wie fühlst du dich, wenn
> Erdbomben auf dich geworfen werden? . . . (S. 53)

> Warum bist du so klein, kleiner Käfer?
> Man wird auf dich drauftreten, kleiner Käfer . . . (S. 55)

Auch Lieder sind Gedichte. Nie zuvor hat unsere Kultur so viele Lieder hervorgebracht wie heute. Viele der Texte von zeitgenössischen Musikstücken sind starke, bewegende Gedichte. Kinder kennen immer die neuesten »Hits«, und im allgemeinen haben sie ihre

---

* Nach: William Blake: *Lieder von Unschuld und Erfahrung*, hrsg. von Werner Hofmann, Frankfurt a. M.: Insel Verlag 1975.

Lieblingslieder, die ihnen besonders gut gefallen. Ich habe außerdem festgestellt, daß viele heimlich ihre eigenen Lieder schreiben. Ein zwölfjähriger Junge sang mir ein Lied vor, das er selbst zu einer bekannten Rockmelodie geschrieben hatte. Der Text dieses Liedes, der die Sehnsüchte und Träume des Jungen zum Ausdruck brachte, bewegte mich tief.

Ich kann mich an folgende Geschichte erinnern, die eine Freundin von mir über ihre sechsjährige Tochter erzählte: Sie hörte ihre Tochter eines Tages auf dem Klavier herumklimpern und vor sich hinsingen: »Ich hasse meine Lehrerin. Sie ist gemein. Sie ließ mich ihr nicht erzählen, was ich ihr gerne erzählen wollte. Sie ist gemein. ›Keine Zeit‹, sagte sie . . .« So fuhr sie, ihr eigenes Protestlied singend, fort, und als sie damit fertig war, half sie ihrer Mutter befriedigt bei den Vorbereitungen zum Abendessen.

Kasperlepuppen

Für ein Kind ist es oft leichter, das, was es selbst nur schwer ausdrücken kann, eine Kasperlepuppe sagen zu lassen. Die Puppe schafft Distanz, so daß sich das Kind sicherer fühlt, einige seiner innersten Gedanken zu enthüllen.

Ich habe Kasperlepuppen auf vielerlei Weise eingesetzt — hier sind einige Beispiele:

Bitte das Kind, sich aus vielen Kasperlepuppen eine auszusuchen, mit der es gerne spielen möchte, und dann die Stimme dieser Puppe zu *sein* — die Puppe zu *sein* und zu sagen, warum gerade sie ausgewählt worden ist. Ich frage zum Beispiel: »Puppe, warum hat John gerade dich ausgewählt?«

Oder ich sage zu dem Kind:

Stell dich als Kasperlepuppe vor. Erzähl uns etwas über dich. (Bei kleineren Kindern stelle ich der Puppe Fragen, zum Beispiel: »Wie alt bist du?« »Wo wohnst du?«)

Sei die Kasperlepuppe und stell uns John vor (das Kind, das die Puppe ausgewählt hat).

Such eine oder zwei Kasperlepuppen aus, die dich an irgend jemanden, den du kennst, erinnern.

Es gibt aber auch Übungen mit mehr Interaktion:

Das Kind und ich oder zwei Kinder wählen jeweils eine Kasperlepuppe aus, und diese beiden Puppen interagieren eine Weile miteinander, ohne zu sprechen, während die anderen Kinder zusehen. Dann sprechen die beiden Puppen miteinander.

Ein Kind sucht sich zwei Puppen aus und läßt sie erst non-verbal, dann verbal miteinander interagieren, während der Rest der Gruppe zusieht.

Kasperlepuppen stellen andere Kasperlepuppen oder andere Kinder vor.

Welche Kasperlepuppe ein Kind wählt, sagt schon viel über das Kind aus. John nimmt die Tigerpuppe. »Ich bin wild. Jeder hat Angst vor mir. Ich beiße jeden, der in meine Nähe kommt.« Fragen an John, den Tiger: »Wer ärgert dich am meisten, Tiger?« Oder: »Hast du Freunde — die du nicht beißt?« Oder: »Was tust du, daß die Leute soviel Angst vor dir haben?« »Tust du als John das manchmal? Fühlst du dich manchmal so? Haben die Leute Angst vor dir?« Oder: »Hast du vor jemandem Angst, der sich wie ein Tiger aufführt?«

Ich könnte die Kasperlepuppe auch fragen, was ihr an dem Kind, das sie ausgesucht hat, gefällt oder nicht gefällt, oder ich könnte sie bitten, über andere Puppen oder andere Kinder in der Gruppe etwas zu sagen. Ich glaube, es ist wichtig, möglichst viel mit dem Kind gemeinsam zu machen, deshalb suche ich mir gewöhnlich auch eine Kasperlepuppe aus und lasse sie an meiner Stelle die Fragen stellen.

Manchmal, wenn andere Methoden, die Kinder zu offenem Ausdruck zu bewegen, im Verlauf einer Sitzung auf Widerstand stoßen, hilft eine Kasperlepuppe weiter. Die zehnjährige Janice zum Beispiel lebte seit einem Jahr in einer Pflegefamilie. Ihre Mutter hatte sie und ihre Geschwister verlassen, weshalb sie alle »weggegeben«, d. h. in Pflegefamilien untergebracht wurden. (Der Vater war nicht bekannt.) Schließlich wurde Janice, die man bereits von ihrem Bruder und ihrer Schwester getrennt hatte, von einer Adoptivfamilie aufgenommen. Alles ging zunächst gut. Als sie aber endgültig adoptiert werden sollte, sagte Janice zu ihrer Sozialarbeiterin: »Haben Sie keine andere Familie für mich?« Sie lehnte sich gegen die Adoption auf, wollte aber nicht darüber sprechen.

Auch mit mir wollte sie nicht darüber sprechen. Sie zuckte bloß mit den Schultern und sagte: »Ich weiß nicht.«

Ich sagte ihr, ich sei sicher, daß ihr eine innere Stimme manchmal etwas zuflüstere, und bat sie, diese Stimme zu sein. Sie konnte das nicht, also bat ich sie, sich eine Kasperlepuppe auszusuchen und die

»Stimme der Puppe« zu sein. Sie wählte ein lustiges, etwas schlampiges und dumm lächelndes Puppenmädchen aus. Als Puppe erzählte sie mir, sie habe Angst davor, adoptiert zu werden. Sie war sich aber nicht sicher, wovor sie eigentlich Angst hatte. Ich bat sie, ihre Angst zu zeichnen. Sie zeichnete eine große, schwarze, stabile Kiste. Dann sagte sie, daß sie auch Freude empfinde — auf ihrem Bild ein rechteckiger blauer, nach oben strebender Kasten, der ihre Furcht irgendwie milderte. Die Puppe beschrieb die Zeichnung, und die Puppe war es auch, die plötzlich sagte: »Ich fürchte, ich werde meine Mutter, meinen Bruder und meine Schwester nie wiedersehen.« Sie ziehe es vor, in Pflegefamilien zu bleiben, statt »weggeschlossen« zu werden. Ich wandte mich an Janice und fragte sie freundlich: »Ist es das, was *du* empfindest? Sagt die Puppe genau das, was *du* empfindest?« Janice nickte mit Tränen in den Augen. Wir sprachen eine Weile über diese Situation. Ich wußte, daß wir Janices Ängste, Befürchtungen und ihren Kummer durcharbeiten mußten und nun allmählich damit beginnen konnten. Am Ende der Sitzung sagte Janice zu mir: »Es ist komisch, mit ihnen kann ich besser sprechen als mit Frau L.« (ihrer Sozialarbeiterin, zu der sie ein ausgezeichnetes Verhältnis hatte). Ich antwortete: »Nun, das ist genau der Grund, weshalb Frau L. wollte, daß du hierherkommst.«

Wenn ich mit kleinen Kindern arbeite, wähle ich manchmal selbst eine Puppe aus (am liebsten habe ich eine kleine Maus, die man auf den Finger steckt) und spreche als Puppe zu dem Kind. Das Kind reagiert in seiner Freude dann viel schneller auf die Maus als auf mich.

Puppenspiele

Kinder spielen sehr gern Puppentheater. Es ist zwar ganz schön, wenn man ein richtiges Puppentheater hat, die Lehne eines Stuhles oder die Rückseite meiner Stofftafel tun es aber auch. Das Kind verschwindet dahinter und benutzt den oberen Rand des Stuhls oder der Tafel als Bühne. In einer Einzelsitzung bin ich das Publikum. Manchmal führen zwei Kinder gemeinsam ein Theaterstück auf, und hin und wieder gebe ich eine Vorstellung.

Puppenspiele ähneln in gewisser Weise dem Geschichtenerzählen — durch die Puppen erzählt das Kind seine Geschichte. Wenn ich eine Vorstellung gebe, dann wähle ich entweder selbst ein Thema aus oder frage das Kind: »Wovon soll dieses Stück denn handeln?«

Manchmal wähle ich eine problematische Situation im Leben des Kindes als Thema — beispielsweise seine Methode, sich Aufmerksamkeit zu verschaffen —, manchmal führe ich aber auch einfach ein lustiges Stück zur Unterhaltung auf.

Ein Kind weiß meistens ganz genau, was es vorführen will. Ich gebe erst dann Anregungen, wenn das Kind nicht weiß, wie es anfangen soll, oder wenn es mitten in der Geschichte steckenbleibt. Charakteristisch für Puppenspiele, die die Kinder aufführen, ist zweierlei: Es sind Geschichten aus dem Familienleben, und ständig wird irgend jemand verprügelt. Ich ermutige das Kind, seine Geschichte zu erzählen, ganz gleich, was es für eine Geschichte ist, und sehe geduldig zu, wie gekämpft und geprügelt wird. Man hat mich oft gefragt, warum Kinder soviel Aggressivität in ihren Puppenspielen zum Ausdruck bringen. Ich kann nur Vermutungen anstellen. Vielleicht sind sie von Shows im Fernsehen beeinflußt. Oder vielleicht bietet ihnen das Spiel die Gelegenheit, ihre aggressiven Gefühle gefahrlos auszuagieren. Vielleicht spiegeln die Prügelszenen aber auch ihr eigenes Leben wider.

Manche Kinder brauchen keinerlei Anregungen. Sie wissen genau, was sie wollen, wählen sorgfältig ihre Puppen aus und führen ein großartiges Stück vor, das oft eng mit ihrem eigenen realen Leben oder mit ihrem Phantasieleben verknüpft ist. Viele Kinder brauchen aber ein wenig Hilfe, um das starre, immer wiederkehrende Muster der einander mit Fäusten bearbeitenden Puppen zu durchbrechen. Ich schlage ihnen deshalb konkrete Themen vor, was sie dann häufig dazu führt, ein besseres, eigenes Thema zu finden. Meine eigenen Aufführungen liefern den Kindern Modelle, an denen sie sich orientieren können. Indem sie mir zusehen, bekommen sie eine Vorstellung davon, welche verschiedenen Möglichkeiten, Theater zu spielen, es überhaupt gibt.

Manchmal wende ich die Technik des wechselseitigen Geschichtenerzählens aufs Puppenspiel an. Wenn das Kind sein Stück aufgeführt hat, nehme ich die von ihm verwandten Figuren und entwickele mein Stück. Manchmal führe ich etwas ganz Neues auf, manchmal biete ich aber auch nur eine bessere Lösung für den von ihm dargestellten Konflikt an. Wenn genügend Zeit vorhanden ist, sprechen wir, genau wie bei anderen Erzählsituationen, über die aufgeführten Stücke und ihre Beziehung zum Leben der Kinder.

Ich habe die Erfahrung gemacht, daß selbst Heranwachsende

gerne Puppenspiele aufführen. Manchmal gebe ich ihnen bestimmte Situationen vor, beispielsweise solche, die aktuelle Probleme ihres eigenen Lebens widerspiegeln, und die sie dann in ein Puppenspiel umsetzen. Manche Jugendliche experimentieren aber gern mit komplexeren Situationen. Ich habe auch schon Sprichworte wie »Wenn die Katze aus dem Haus ist, tanzen die Mäuse« eingeführt, die dann wie ein Rätsel aufzulösen sind. Ein Puppenspiel, in dem die Jugendlichen ihre Interpretation des Sprichworts aufführen, macht Spaß, stellt eine Herausforderung für sie dar und enthüllt gleichzeitig einiges über sie. Statt ein Sprichwort vorgegeben zu bekommen, können sich die Heranwachsenden ein Sprichwort aus einer Liste oder einem Buch auch selbst aussuchen und mich oder den Rest der Gruppe raten lassen, welches Sprichwort sie darstellen.

Adolf G. Woltmann beschreibt in seinem Artikel »The Use of Puppetry in Therapy« in *Conflict in the Classroom* eine interessante Variante des Puppenspiels. Woltmann arbeitete mit Kindern im Krankenhaus. Hauptfigur oder Held vieler seiner Stücke ist ein Junge namens Casper, der einen spitzen Hut trägt und ein buntes Kostüm anhat. Die meisten seiner Geschichten haben anti-soziales Verhalten, Phantastisches und moralische und ethische Werte zum Thema, mit denen die Kinder konfrontiert werden. Jeweils in der Mitte einer jeden Geschichte erscheint Casper am vorderen Rand der Bühne und fragt die Kinder, was sie als nächstes tun oder sagen, wie sie das Drama zu Ende führen würden.

Ein Stück beginnt zum Beispiel damit, daß Caspers Vater zur Arbeit geht. Die Mutter küßt den Vater zum Abschied und sagt, sie hoffe, Casper werde eines Tages in die Fußstapfen seines Vaters treten. Allein auf der Bühne erzählt Casper seinem Publikum, daß er es satt habe, in die Schule zu gehen, und statt dessen lieber Hockey spielen wolle. Er läuft ohne seine Bücher davon. Die Mutter findet sie und läuft, da sie glaubt, Casper habe sie vergessen, mit ihnen zur Schule. Im zweiten Akt sieht man Casper allein auf der Straße. Hockey macht nicht soviel Spaß, wie er gedacht hatte. Er hat kein Geld und fühlt sich einsam. Da kommt der Teufel vorbei und bietet ihm seine Dienste an. Er sagt zu Casper, er könne alles sein, was er sich wünsche. Casper wünscht sich, König zu sein. Im dritten Akt trägt er die Kleider eines Königs und befindet sich in einem Schloß. Er kann mit der Welt alles machen, was er nur will. Nun fragt er das Publikum um Rat, was er mit Schulen, Lehrern, Krankenhäusern,

Eltern usw. machen soll. Als Caspers Befehle den Vorschlägen der Kinder gemäß ausgeführt werden, bricht eine Revolution aus, und sein Leben ist in Gefahr. Er ruft um Hilfe, und sofort erscheint der Teufel, um ihn mit in die Hölle zu nehmen. Gerade noch rechtzeitig retten ihn seine Eltern.

Wer dieses Puppenspiel sieht, beteiligt sich erregt und engagiert. Viele verschiedene Vorschläge werden gemacht, und es wird heftig diskutiert. Auch wenn diese Art des Puppenspiels wegen Kostümen und Schauplätzen für die meisten von uns ein wenig anspruchsvoll sein mag, so ist die Idee auf jeden Fall anregend und kann leicht den eigenen Wünschen entsprechend modifiziert werden.

Es gibt ja sehr viele verschiedene Arten von Kasperlepuppen, aber meiner Erfahrung nach können Kinder am leichtesten mit Handpuppen umgehen. Manche Kinder spielen auch ganz gerne mit Fingerpuppen, aber vielen fällt es schwer, diese Puppen zu handhaben. Ich habe auch schon Stabpuppen benutzt (man klebt eine gezeichnete oder ausgeschnittene Figur auf ein Lineal oder einen Stock), die Kinder engagieren sich aber viel stärker, wenn sie ein Stück mit Handpuppen aufführen — vielleicht weil sie selbst (ihr Körper) stärker beteiligt sind.

Ich verfüge über ein ganzes Arsenal von Kasperlepuppen. Trotzdem kommt es ab und zu vor, daß ich für eine bestimmte Geschichte nicht die geeignete Puppe vorrätig habe, den Kindern bereitet es aber keinerlei Schwierigkeiten, die vorhandenen Puppen einfach an die Figuren anzupassen, die sie brauchen. Ich habe einen Mann, eine Frau, mehrere Jungen und Mädchen, einen Teufel, eine Hexe, ein Krokodil, einen Tiger, ein Baby, einen König, einen Hund mit langen Ohren und mehrere kleine Stofftiere und Püppchen, die ich als variable Kasperlepuppen verwende. Recht gut zu gebrauchen sind außerdem: ein Arzt, ein Polizist, ein Wolf, eine Schlange, Großeltern und eine Schutzfee. Mit Hilfe der verschiedenen Puppenfiguren agieren die Kinder nicht nur ihre eigene Lebenssituation aus, sie identifizieren sich auch bereitwillig mit verschiedenen Teilen ihrer selbst: dem Guten, dem Bösen, dem Wilden, dem Engelhaften, dem Wütenden, dem Baby, dem Weisen. Das Puppenspiel versetzt sie manchmal in die Lage, innere wie äußere Konflikte zu lösen und die vielen Aspekte ihrer selbst zu integrieren und in ein Gleichgewicht zu bringen.

Natürlich kann man Kasperlepuppen auch selbst herstellen. Es gibt genügend Bücher, die dazu Anleitung liefern. Ich selbst habe mehrere Filzpuppen folgendermaßen fabriziert: Zunächst habe ich Vorder- und Rückseite so ausgeschnitten, daß sie wie ein Fausthandschuh auf meine Hand paßten; dann habe ich beide Seiten zusammengenäht und andere Filzstücke als Augen, Nase, Mund und Haare aufgeklebt.

6 Sensorische Erfahrungen

In diesem ganzen Buch geht es darum, dem Kind Erfahrungen zu vermitteln, die es zu sich selbst zurückbringen. Erfahrungen, die es seiner Sinne erneut und verstärkt gewahr werden läßt: Sehen, Hören, Fühlen, Schmecken und Riechen. Durch sinnliche Wahrnehmung erleben wir uns selbst und treten mit der Welt in Kontakt. Viele von uns verlieren jedoch im Laufe der Zeit das volle Gewahrsein ihrer Sinne; diese werden verschwommen und unscharf, scheinen automatisch und ganz abgetrennt von ihnen selbst zu funktionieren. Sie bewegen sich, als ob es keine Sinne, keinen Körper und keine Gefühle gebe in ihrem Leben — als ob sie nichts anderes als riesige Köpfe wären: sie denken, analysieren, beurteilen, überlegen, mahnen, erinnern, erfinden, lesen Gedanken, sagen die Zukunft voraus, zensieren. Gewiß ist der Intellekt ein wichtiger Teil unserer selbst. Dank unseres Intellekts können wir mit anderen Menschen sprechen, unsere Bedürfnisse, Auffassungen und Einstellungen äußern, unsere Entscheidungen mitteilen. Der Verstand ist aber doch nur ein Teil unseres ganzen Organismus, den wir uns zu eigen machen, den wir pflegen, weiterentwickeln und *benutzen* müssen. Fritz Perls sagte oft: »Verliert euren Verstand und kommt zu euren Sinnen.« Wir müssen diese anderen Teile unserer selbst respektieren, die voll Macht und Weisheit sind.

Ich habe nicht die Absicht, hier alle Übungen und Experimente zu beschreiben, mit denen man die sensorische Erlebnisfähigkeit steigern kann. Dies tun bereits zahllose andere Bücher. Ich möchte nur kurz auf unsere »fünf Sinne« eingehen und ein paar Beispiele geben, wie ich sie in meiner therapeutischen Arbeit einsetze. Interessanterweise stammen viele der von mir verwendeten Übungen aus Büchern, die sich mit Schauspielkunst oder Sprechunterricht befassen. Praktiker in diesen Bereichen haben längst erkannt, daß es vieler sensorischer Erfahrungen bedarf, um unsere Fertigkeiten auf diesem Gebiet zu verbessern.

Fühlen

Ton, Fingerfarbe, Sand, Wasser und das Malen mit den Füßen vermitteln gute taktile Erlebnisse. Wenn ich mit Kindern arbeite, benutze ich oft das Buch *What is your Favorite Thing to Touch?* Dieses reizende Buch beschreibt viele Materialien, die sich gut anfassen. Es regt Kinder an, darüber zu sprechen, was sie selbst am liebsten anfassen. Ich habe eine ganze Menge Materialien gesammelt, die unterschiedliche taktile Erlebnisse vermitteln und mit denen man gut experimentieren kann: Sandpapier, Samt, Pelz, Bänder, Gummi, Papier, Holz, Stein, Muscheln, Metall usw.

Manchmal stecke ich verschiedene Gegenstände in einen Sack und bitte ein Kind, hineinzugreifen und etwas Hartes, Weiches oder Glattes herauszuholen. Dann ist die Reihe an mir und das Kind sagt mir, was ich herausholen soll.

Die Fähigkeit, Gegenstände aufgrund taktiler Wahrnehmungen zu unterscheiden, ist eine wichtige kognitive Funktion. Ich stecke zum Beispiel einen Bleistift, ein kleines Auto, eine Walnuß, eine Büroklammer und einen Knopf in einen Sack und bitte dann das Kind, ohne hinzusehen einen ganz bestimmten Gegenstand herauszunehmen. Oder ich sage vielleicht: »Finde etwas, mit dem man schreiben kann« oder »Finde etwas, das mit *P* anfängt«. Will man Kindern helfen, Buchstaben zu unterscheiden lernen, so kann man Holz- oder Plastikbuchstaben in den Sack tun. Man kann auch mit dem Finger einen Buchstaben, ein Wort, einen Namen oder einen Gegenstand auf den Rücken eines Kindes schreiben, um zu sehen, ob es errät, was man geschrieben hat.

Eine unserer sensorischen Gewahrseins-Übungen besteht darin, daß wir alle uns einfallenden Worte aufschreiben, die eine Tastempfindung beschreiben. Zusätzlich können wir auch Bilder zeichnen, die diese Worte (welche Farben hat dieses Wort?) oder das, woran sie uns erinnern, darstellen, oder wir können eine Körperbewegung machen, die zu dem Wort paßt. Einige dieser Wörter sind zum Beispiel: uneben, flaumig, glitschig, hart, weich, glatt, klebrig, schmierig, warm, kalt, heiß, eisig, rauh, löcherig, stachelig, kribbelig, federleicht, gummihaft, dünn, schwammig, breiig, seidig, haarig.

Wir haben auch schon unsere Schuhe ausgezogen und versucht, mit unseren Füßen verschiedene Oberflächen zu erfühlen. Wir sind barfuß im Haus und im Freien spazierengegangen und haben uns darüber unterhalten, wie unsere Füße fühlen. Wir haben die Empfindungsfähigkeit unserer Füße auf Pappe, Zeitungspapier, Pelz, Teppichen, Kissen, Sand, Gras, Blättern, einem Handtuch, Gummi, Samt, Sandpapier, Baumwolle, Bohnen, Metall, Zement, Ziegelsteinen, Erde, Filz, Reis und Wasser ausprobiert.

Wir haben über Dinge gesprochen, die unsere Haut verletzen.

Zwei Kinder können versuchen, sich wortlos, nur durch Gesten und Berührungen miteinander zu unterhalten.

Zwei Kinder können jeweils das Gesicht des anderen ertasten und dann sagen, was das für ein Gefühl war, zu tasten bzw. ertastet zu werden. Diese Übung kann man mit offenen oder mit geschlossenen Augen machen.

Wir können auch selbst unser Gesicht, unseren Kopf, die Arme und Beine oder andere Körperteile berühren und das, was wir fühlen, mündlich oder schriftlich beschreiben.

Eine weitere gute Übung ist das Blindekuh-Spiel, bei dem wir mit verbundenen Augen raten müssen, wen wir vor uns haben.

Oft ermutige ich Eltern, bestimmte Massagetechniken zu erlernen und ihre Kinder hin und wieder zu massieren. Auch Kindern kann es Spaß machen, sich gegenseitig oder selbst zu massieren. In einer Gruppe können die Kinder Paare bilden und sich nach Anleitung gegenseitig den Rücken, den Kopf, die Arme, Beine und Füße massieren.

Sehen

Kleine Kinder scheuen sich nicht, ihre Augen zu gebrauchen. Sie sehen, beobachten, bemerken, untersuchen, inspizieren alles, oft scheint es, als starrten sie Personen und Gegenstände geradezu an. Auf diese Weise erfahren sie etwas über die Welt. Dasselbe tun im übrigen blinde Kinder mit ihren anderen Sinnen.

Wenn wir älter werden, kommt es oft vor, daß wir »unsere eigenen Augen aufgeben«. Wie das Volk in dem Märchen »Des Kaisers neue Kleider« fangen wir dann an, uns selbst und unsere Welt mit den Augen anderer zu sehen. Wir Erwachsene ermutigen Kinder regelrecht dazu, ihre Augen aufzugeben, indem wir sagen: »Starr nicht so!« oder »Was sollen die Leute von uns denken!« (und meinen damit, wie werden uns die andern sehen). Uns ist es wichtig, welchen Eindruck unsere Kinder auf andere machen.

Wenn wir uns unsere Augen sozusagen wieder aneignen wollen,

müssen wir unser Selbst stärken, es akzeptieren und ihm vertrauen. Die Fähigkeit, unsere Umgebung und die Menschen um uns herum mit den Augen wahrzunehmen, ist notwendig, um guten Kontakt zur Außenwelt herzustellen. Andere klar zu sehen, erweitert unseren eigenen Horizont.

Ich erinnere mich an ein junges Mädchen, das jeden Tag an einer Bushaltestelle vorbeigehen mußte, an der viele Leute auf den Bus warteten. Immer wenn sie an dieser Menschenmenge vorbeiging, fühlte sie sich äußerst unwohl. Sie dachte, jeder würde sie kritisch begutachten. Ich sagte ihr, das nächste Mal, wenn sie an dieser Haltestelle vorbeigehe, solle sie folgendes Experiment machen: Sie solle sehr langsam vorbeigehen, sich die wartenden Leute genau ansehen und — als ob sie ein Photoapparat wäre — ein geistiges Bild von zwei oder drei Personen machen, damit sie mir berichten könne, was sie gesehen habe. Als sie das nächste Mal kam, berichtete sie, daß sie zunächst ziemlich verlegen gewesen sei (ein sicheres Zeichen dafür, daß man seine Augen aufgibt), ihre Verlegenheit aber verschwunden sei, als sie sich an meine Anweisungen erinnert habe. Sie sagte, sie habe die Übung, als sie erst einmal damit begonnen habe, sogar äußerst interessant gefunden und festgestellt, daß in Wirklichkeit gar niemand sie angesehen habe, mit Ausnahme eines kleinen Jungen, der sie angelächelt habe, als er merkte, daß sie ihn ansah. Sie beschrieb einige der Wartenden, die Farbe ihrer Haare, ihren Gesichtsausdruck, was sie trugen und wie sie dastanden. Des weiteren sprach sie darüber, was diese Leute wohl gedacht und gefühlt hatten und welche Dramen sich in ihrem Leben wohl abspielten. Wir unterhielten uns über den Unterschied zwischen dem, was sie tatsächlich sehen konnte und dem, was sie sich vorstellte.

Unser Sehen wird nicht nur dadurch behindert, daß wir uns immer wieder vorzustellen versuchen, was andere wohl denken und fühlen, sondern auch dadurch, daß wir in die Zukunft springen, statt in der Gegenwart zu bleiben. Oft verderben wir uns eine schöne Aussicht oder ein schönes Erlebnis, weil wir uns bereits Gedanken machen, was als nächstes kommen wird. Oder wir betrachten einen wunderschönen Sonnenuntergang und bemühen uns krampfhaft, möglichst alle Eindrücke zu erhaschen, bevor die Sonne hinter dem Horizont verschwindet. Dieses krampfhafte Bemühen, dieses Festhaltenwollen, hält einen davon ab, die Schönheit des Augenblicks zu erkennen und zu genießen. Dieses Festhaltenwollen ist ein universelles Phänomen. Ich photographiere zum Beispiel gern, wenn ich herumreise. Ich habe jedoch die Erfahrung gemacht, daß mich der Wunsch, ein schönes Motiv einzufangen, oft davon abhält, dieses Motiv zu genießen.

Ich halte es für wichtig, Kindern viele wirkliche *Seh*-Erfahrungen zu vermitteln, statt sie die Dinge bloß ansehen zu lassen. Frederick Franck drückt das in seinem großartigen Buch *The Zen of Seeing* so aus:

»Wir sehen uns eine ganze Menge an: Wir blicken durch Linsen, Teleskope, Fernsehröhren. . . . Diese Art des Sehens perfektionieren wir immer mehr — und dennoch sehen wir immer weniger. Noch nie war es dringlicher, über wirkliches Sehen zu sprechen. Immer raffiniertere Apparate — von Photoapparaten zu Computern, von Kunstbüchern zu Videobändern — nehmen uns das Denken, Fühlen, Erleben, Sehen ab. Wir sind bloße Betrachter, Zuschauer . . .
Wir sind ›Subjekte‹, die ›Objekte‹ betrachten. An alles heften wir sogleich Etiketten — Etiketten, die den Gegenstand ein für alle Mal bezeichnen. Mit Hilfe dieser Etiketten erkennen wir alles wieder — aber wir sehen nichts mehr. Wir kennen alle Flaschenetiketten, kosten den Wein aber nicht. Millionen von Menschen stolpern blind und freudlos im Halbschlaf durchs Leben — stoßen überall an, treten auf alles und töten, was sie kaum wahrgenommen haben. Sie haben niemals sehen gelernt oder haben vergessen, daß der Mensch Augen hat, mit denen er sehen und erleben kann« (S. 3—4).

Obwohl die in Francks Buch beschriebenen Übungen dazu gedacht sind, den Leser durch das, was der Autor als »Sehen/Zeichnen als Meditation« bezeichnet, besser zeichnen zu lehren, eignen sie sich ausgezeichnet dazu, bei jungen Menschen die visuelle Fähigkeit zu erweitern. Franck bezeichnet Sehen/Zeichnen als die Kunst, die Dinge ganz unvoreingenommen zu betrachten.

»Während ich einen Stein zeichne, lerne ich nichts ›über‹ Steine, sondern ich lasse diesen besonderen Stein seine Steinqualität enthüllen. Während ich Gräser zeichne, lerne ich nichts ›über‹ Gras, sondern öffne mich dem Wunder dieser Gräser und ihrem Wachstum, dem Wunder, daß Gras überhaupt existiert« (S. 5).

So schlägt Franck beispielsweise vor, sich zunächst meditierend vor eine Blume (oder einen Zweig, einen Salatkopf, ein Blatt oder einen Baum) zu setzen, eins mit diesem Gegenstand zu werden, das Wunderbare dieses Gegenstandes zu *sehen* und dann mit der Hand das nachzuvollziehen, was das Auge sieht. Wenn man dies tut, sehen die Augen auf einmal mehr, als man je für möglich gehalten hätte.

Wenn man den Augen gestattet, alles aufzunehmen, geht das Sehen eine Verbindung ein mit allen anderen Sinnen und Gefühlen. Ich habe Kinder zum Beispiel gebeten, sich einen Gegenstand auszusuchen, ihn eine Zeitlang, vielleicht drei Minuten, zu betrachten und dann die durch diese Meditationsübung geweckten Gefühle oder Erinnerungen zu zeichnen; dabei aber lediglich Farben, Linien und Formen zu verwenden.

Hier sind noch einige andere Sehübungen: Versuche, irgendwelche Gegenstände zu berühren und zu spüren, einmal mit geschlossenen, dann mit offenen Augen. Sieh sie dir durch Glas, Wasser, Zellophan an. Sieh dir die Dinge aus unterschiedlichen Perspektiven an — aus der Nähe, aus der Ferne, auf dem Kopf stehend. Das Buch *Sehen, hören, riechen, tasten* enthält einige ausgezeichnete Übungen, die einem Kind helfen, sein visuelles Gewahrsein zu erweitern.

Hören

Geräusche in unser Bewußtsein dringen zu lassen, ist der erste Schritt zur Kontaktaufnahme mit der Welt, der Beginn von Kommunikation. Wir alle wissen, daß viele von uns nur das hören, was sie hören wollen, und das, was sie nicht hören wollen, gar nicht erst wahrnehmen. Kinder zeigen das offen und direkt, indem sie sich die Ohren zuhalten, wenn sie etwas nicht hören wollen; Erwachsene dagegen geben dem, was sie hören, oft einen anderen Sinn. Viele Kinder klagen: »Mein Vater/meine Mutter hört mir gar nicht zu!«

Ich glaube nicht, daß es so etwas wie ein »unmusikalisches Gehör« gibt.

Viele Kinder glauben aber, unmusikalisch zu sein, weil ihnen das eingeredet worden ist, und berauben sich deshalb des Vergnügens, mit Tönen und ihrer eigenen Stimme zu experimentieren, zum Beispiel nur ein Lied zu singen. Hier sind einige Übungen, mit deren Hilfe Kinder der Geräusche um sie herum besser gewahr werden können:

Sitz ganz still mit geschlossenen Augen und laß die Geräusche um dich herum auf dich einwirken. Achte auf deine Gefühle, wenn du die Geräusche wahrnimmst. Später können wir uns über unsere unterschiedlichen Eindrücke unterhalten. — Diese Übung erhält völlig neue Dimensionen, wenn man sie an verschiedenen Orten durchführt, in einem Zimmer, in der Stadt, am Strand, auf dem Land.

Sprich über Geräusche. Sag, welche Geräusche sich hart, weich, glatt, rauh, angenehm, laut, sanft anhören. Das Buch *What is Your Favorite Thing to Hear?* eignet sich gut als Einleitung zu diesen Übungen.

Gleiche Geräusche erkennen: Ich habe einige kleine Gefäße und alte Arzneifläschchen mit verschiedenen Dingen gefüllt und zwar so, daß zwei Fläschchen jeweils den gleichen Inhalt haben: Reis, Bohnen, Reißnägel, Knöpfe, Dichtungsringe, Münzen usw. Ich überklebe die Gefäße mit Kreppband oder wickele sie sonst irgendwie ein, damit man nicht erkennen kann, was sich in ihnen befindet. Das Kind schüttelt jedes Fläschchen und findet nach dem Geräusch heraus, welche Fläschchen zusammengehören.

Man kann auch ein Xylophon verwenden, dem Kind verschiedene Töne vorspielen, damit es zu unterscheiden lernt, welche Töne gleich, höher, tiefer, lauter, leiser sind. Das Kind kann auch umgekehrt dich testen. Diese Übung kann im übrigen mit jedem Instrument gemacht werden.

Sehr viel Spaß macht ein Spiel, bei dem es darum geht, Geräusche wiederzuerkennen. Man macht hinter dem Rücken des Kindes irgendein Geräusch, gießt zum Beispiel Wasser aus, trommelt mit einem Bleistift oder zerknuellt Papier. Das Kind muß dann das Geräusch erraten. Dann ist man selbst an der Reihe und rät, welches Geräusch das Kind macht.

Geräusche und Gefühle sind eng miteinander verknüpft. Sprich über Geräusche, die traurige, glückliche, erschreckende oder sonstige Gefühle hervorrufen. Eine Harmonika oder eine Flöte eignen sich gut dazu, solche Geräusche zu produzieren. Auch unsere Stimme drückt Gefühle aus. Kinder können zum Beispiel an der Stimme erkennen, ob ein Erwachsener wütend ist, auch wenn dieser seine Wut zu verbergen sucht. Sprich offen darüber. Mach mit deiner Stimme Geräusche, die Gefühle ausdrücken.

Viel Spaß macht es auch, Kauderwelsch zu sprechen. Versuche, durch bloße Geräusche und Kauderwelsch zu kommunizieren. Versuche zu erraten, was gesagt wird.

Trommeln und andere Rhythmusinstrumente eignen sich vorzüglich, um das Ohr zu trainieren. Laß das Kind zum Beispiel einen von dir vorgegebenen Rhythmus nachmachen, oder laß es deinen Rhythmus in einem Bild darstellen.

Musik

Rudolph Dreikurs beschreibt in seinem Artikel »Music therapy« in *Conflict in the Classroom* die positive Wirkung von Musik auf mehrere psychotische Kinder:
»Musik führte in Fällen, in denen andere Methoden versagt hatten, zu positiven Ergebnissen. Offenbar stimuliert die angenehme Erfahrung des Musikhörens — oft nur als Hintergrund — die Teilnahme, vergrößert die Zeitspanne, in der das Kind aufmerksam ist, und erhöht seine Frustrationstoleranz. Äußere und innere Spannungen verschwinden, sobald die Realität angenehmer und weniger bedrohlich ist. Die Aufforderung teilzunehmen ist so subtil, daß sie nicht übelgenommen oder abgelehnt wird« (S. 201—202).

Aphasische Kinder haben mit Hilfe von Tongebung sprechen gelernt. Man vertont Worte mit bekannten Melodien und wiederholt das Lied immer wieder, bis das Kind die Worte zunächst mit und dann allmählich ohne Melodie sagen kann. Dies ist ein weiteres Beispiel für die Macht der Musik.

Musik und rhythmische Schläge sind uralte Kommunikations- und Ausdrucksformen. Ich habe die Erfahrung gemacht, daß die Guitarre ein Instrument ist, das sich besonders gut für die therapeutische Arbeit mit Kindern eignet. Als ich noch in Schulen arbeitete, spielte ich jeden Tag auf der Guitarre, und Kinder aller Altersstufen freuten sich schon im voraus auf das musikalische Zwischenspiel. Die Guitarre scheint eine Art magischer Wirkung auf Kinder auszuüben, die gewiß nichts mit dem musikalischem Talent des Spielenden zu tun hat, da ich nur sehr mittelmäßig Guitarre spielen kann; ich schlage lediglich einfache Akkorde an und klimpere ein bißchen zur Begleitung der Lieder, die ich mit den Kindern singe, auf der Guitarre herum.

Als meine Tochter in den Kindergarten ging, mußte jede Mutter einen Tag in der Woche mit den Kindern dort arbeiten. Sobald bekannt wurde, daß ich Guitarre spielen konnte, bat man mich, an meinen Tagen den Kindergruppen etwas vorzuspielen. Die drei bis fünf Jahre alten Kinder hörten mindestens eine halbe Stunde lang hingebungsvoll zu. Bald baten mich die anderen Mütter, zu den Geburtstagsparties ihrer Kinder zu kommen und zahlten mir dafür zehn Dollar (recht viel für damalige Verhältnisse), daß ich die Knirpse eine Stunde lang unterhielt. Es fiel mir nie schwer, die Aufmerksamkeit der Kinder zu fesseln. Das lag wahrscheinlich einerseits an den Liedern, die ich für die Kinder auswählte, andererseits auch an meiner Fähigkeit, mit diesen Liedern etwas auszudrücken und, wann immer möglich, die Kinder mit einzubeziehen, vor allem aber wohl an der Guitarre selbst. Ich habe es auch mit der Klaviaturzither, mit Trommeln und dem Klavier versucht, ich bin aber überzeugt, daß die Guitarre die stärkste Wirkung ausübt — vielleicht, weil man während des Guitarrespielens am besten mit den Kindern in Kontakt bleiben kann.

Im Kindergarten experimentierte ich zum ersten Mal mit Musik. Ich wollte die Kinder mit Hilfe von Musik dazu bewegen, über sich selbst zu sprechen. Ich sang zum Beispiel ein Lied wie »Go Tell Aunt Rhody«, das von einer sterbenden Gans handelt, und bald sprachen wir über Tod und Kummer und Traurigkeit. Wenn wir solche Lieder gesungen hatten, erzählte dann ein Kind schon einmal, daß seine Katze oder sein Großvater gestorben sei, so daß wir Gelegenheit hatten, uns darüber zu unterhalten. Sang ich das Lied »Simbaya Mama's Baby«, in dem die heftigen Reaktionen einer Familie auf ein neues Baby beschrieben werden, konnten sich viele Kinder mit dieser Situation identifizieren.

Lieder üben unter Umständen sogar eine größere Wirkung auf die Kinder aus als Märchenbücher. Es gibt unzählige, sehr schöne Volkslieder, die die Gefühle von Kindern aller Altersstufen ansprechen. Zum Beispiel: Liebe: »Sweety Little Baby« (Pete Seeger), »Magic Penny« (Malvina Reynolds); Anerkennung, Zugehörigkeit: »Mary Wore Her Red Dress«, »Train is a Comin'«; Feindseligkeit, Wut: »Simbaya«, »Don't You Push Me« (Woodie Guthrie), »Let Everyone Join In The Game«; Traurigkeit, Kummer, Tod: »Go tell Aunt Rhody«, »Three Caw«, »I had a Rooster« (ein Vers handelt von einem weinenden Baby), »Mamma's Got a Baby« (Woody Guthrie).

Es gibt Lieder wie »Hush Little Baby«, die Kinder trösten, und Lieder, die ihren Sinn für Humor ansprechen, wie »Jenny Jenkins«. Viele Lieder, so zum Beispiel »I Wish I Were an Apple On a Tree«, haben keinen Schluß, so daß man eigene Verse hinzufügen kann.

Unter den Volksliedern gibt es ein paar sehr schöne Lieder, die speziell für Kinder geschrieben worden sind, und in den Volksmusik-Archiven findet man zahllose Lieder für jeden Zweck. Zu jeder Lebenssituation und folglich zu jedem Gefühl gibt es Lieder, es gibt Nonsense-Lieder und Lieder, in denen eine Geschichte erzählt wird. Da diese Musik die Zeiten überdauert hat, kommt sie einem nie künstlich oder »kitschig« vor, im Gegenteil, durch ihre Vitalität und Schönheit weckt sie die Vorstellungskraft und Gefühle der Kinder. Diese Lieder waren im Laufe der Zeit vielen Veränderungen unterworfen, aber gerade deshalb sind sie auch für uns heute noch von Bedeutung.

Man findet sie in Büchern zur Volksmusik, es gibt sie aber auch auf Schallplatten. Pete Seeger, Woodi Guthrie, Ella Jenkins, Malvina Reynolds, Sam Hilton, Marcia Berman, Hap Palmer haben Lieder geschrieben und gesungen, die Kindern sehr gut gefallen.

Musik ist auf vielerlei Weise einsetzbar. Man kann Musik spielen lassen, während die Kinder mit den Fingern malen oder mit Ton arbeiten. Musik kann den Hintergrund bilden oder im Mittelpunkt der Arbeit stehen. Ich habe Kinder zum Beispiel schon gebeten, zur Musik farbige Formen, Linien und Symbole zu zeichnen. Vor allem klassische Musik eignet sich gut dazu, bei den Kindern und Erwachsenen Stimmungen und Bilder hervorzurufen. John Stevens gibt in seinem Buch *Die Kunst der Wahrnehmung: Übungen der Gestalttherapie* ein paar ausgezeichnete Beispiele, wie man Phantasieübungen mit bestimmten Musikstücken kombinieren kann. Hier ein Beispiel:

»Legen Sie sich hin und schließen Sie die Augen. Stellen Sie sich vor, Sie seien Teilchen unbeweglicher Materie auf dem Grunde eines prähistorischen Meeres. Ringsum ist nichts als Wasser — manchmal sanfte Strömung, manchmal wild brechende Wellen. Sie spüren das Wasser auf Ihrer trägen Oberfläche. . . .

Allmählich entsteht Leben; Sie werden zunächst eine Art Seegras oder eine Unterwasserpflanze. Lauschen Sie dem Summen, und lassen Sie diese Laute in Ihre Bewegungen einfließen, wenn die Wasserströmung Sie hin und her bewegt. . . .

Jetzt werden Sie zu einem niedrigen Lebewesen, das auf dem Meeresboden herumkriecht. Lassen Sie das Summen durch

Ihren Körper und bis in Ihre Kriechbewegungen fließen.
Nähern Sie sich langsam dem Land, . . . und wenn Sie am Ufer sind, wachsen Ihnen vier Beine und Sie betreten das Trockene. Finden sie sich in die Existenz eines Landtieres hinein. Wie bewegen Sie sich jetzt? . . .
Langsam richten Sie sich auf und gehen auf zwei Beinen. Wie existieren Sie als zweibeiniges Lebewesen? . . .
Gehen Sie weiter, öffnen Sie die Augen und nehmen Sie durch die Bewegungen Beziehung zu den anderen auf . . .«
(S. 260/261).

Diese Übung kann je nach dem Alter der Kinder und dem zur Verfügung stehenden Platz beliebig verändert werden.

Kinder benutzen, wenn sie sich zur Musik bewegen, sehr gerne farbige Chiffon-Schals, und es macht ihnen großen Spaß, zu Rock, Boogie und anderen zeitgenössischen Rhythmen zu tanzen.

Kinder trommeln sehr gerne — auch wenn wir selbst wenig Erfahrung damit haben, sollten wir dies ausnützen. Man kann zu einem Kind beispielsweise sagen: »Zeig mir, welchen Rhythmus du trommeln würdest, wenn du traurig wärst, und welchen, wenn du glücklich wärst«, oder »Trommle einen Rhythmus, und wir versuchen herauszufinden, welches Gefühl du dabei hast.«

Auf große Begeisterung stoßen Rhythmusinstrumente aller Art. Mit Tambourinen, Kürbisrasseln, Trommeln, Glocken — im Grunde mit allem, womit man Geräusche machen kann — lassen sich Marsch- oder Tanzrhythmen erzeugen, ja, richtige Stücke aufführen. Ich habe die gemeinsamen musikalischen Bemühungen der Kinder öfters schon mit einem billigen Kassetten-Recorder aufgenommen und ihnen ihre Musik zu ihrem großen Vergnügen wieder vorgespielt. Wenn sie sich selbst spielen hören, strahlen sie vor Stolz auf ihre eigene Leistung; zudem lernen sie im gemeinsamen Musikmachen, was es bedeutet, in einer Gruppe zusammenzuarbeiten und zusammenzuwirken.

Spaß macht es auch, Lieder zu bestimmten Kindern oder Situationen zu erfinden. Eine meiner Studentinnen erzählte einmal, daß sie verschiedene Geschichten zu einunddemselben Kind erfand und auf der Guitarre begleitete und daß die Kinder nicht genug davon bekommen konnten, sondern sie immer um weitere Geschichten baten. Auch Kinder können natürlich solche Geschichten erfinden.

Ich bin immer wieder erstaunt, welche Wirkung die Guitarre hat.

Noch während meiner Lehrerausbildung unterrichtete ich einmal eine fünfte Klasse und wurde sofort für den Musikunterricht eingeteilt, weil dieses Fach der Lehrerin der Klasse keinen Spaß machte. Als ich fragte, ob ich meine Guitarre benutzen könne, hieß die Antwort nein, das würde die Kinder zu unruhig machen (eine weit verbreitete, nichtsdestoweniger falsche Auffassung). Am letzten Tag erhielt ich die Erlaubnis, meine Guitarre mitzubringen. Am Ende der Stunde kam ein kleines Mädchen zu mir und fragte mich ganz böse, warum ich die Guitarre nicht schon früher mitgebracht hätte. Es kam sich betrogen vor, weil ihm etwas sehr Schönes vorenthalten worden war, und ich wünschte, ich hätte von Anfang an darauf bestanden, meine Guitarre mitzubringen. Ich habe nie erlebt, daß Musik Kinder unruhig macht; im Gegenteil — gewöhnlich hat Musik eine außerordentlich besänftigende und beruhigende Wirkung. Eltern haben mir berichtet, daß ihre Kinder nach »musikalischen« Sitzungen oft summend nach Hause kommen.

Selbst auf übermotorische Kinder übt Musik eine sehr beruhigende Wirkung aus. Wenn ich mit solchen Kindern arbeite, setze ich mich manchmal hin, ohne etwas zu sagen, und nehme meine Guitarre zur Hand; in freudiger Erwartung setzen sich die Kinder schnell zu mir und werden ganz still.

Einmal habe ich eine Gruppe von sogenannten »sozial benachteiligten« Kindern der vierten Klasse unterrichtet. Eines Tages, während des Musikunterrichts, kam die Direktorin in unsere Klasse. Wir sangen gerade »In the Woods there was a Tree«, und ich begleitete das Lied auf meiner Guitarre. Bei diesem Lied, das von einem Baum handelt, der in einem Erdloch wächst, muß man eine lange Liste von Wörtern wiederholen. Ich geriet dabei oft ins Stocken, aber die Kinder erinnerten sich an jedes einzelne Wort. Diese Kinder litten eigentlich an Lern- und Gedächtnisstörungen, und die Direktorin sagte verblüfft: »Vielleicht sollten wir Mathematik und all die anderen Fächer mit Musik unterrichten.«

Schmecken

Die Zunge ist ein wichtiger Teil unseres Körpers, den wir aber gewöhnlich als etwas Selbstverständliches hinnehmen. Sie ist sehr empfindlich; sie sagt uns, wenn etwas süß, sauer, bitter oder salzig schmeckt. Wir brauchen die Zunge zum Kauen, Schlucken und vor allem zum Sprechen. All diese Funktionen der Zunge lasse ich die Kinder ausprobieren, damit ihnen bewußt wird, was die Zunge alles kann. Die Zunge hilft uns auch, Gefühle zu zeigen — so kann man beispielsweise auf sehr befriedigende Art seiner Wut Ausdruck verleihen, indem man jemandem die Zunge herausstreckt. (In manchen Kulturen streckt man die Zunge heraus, wenn man jemanden begrüßen will!) Darüber hinaus ist die Zunge ein Sinnesorgan, das einem erotisches Vergnügen verschafft. Lecken ist ein Vergnügen, das alle Kinder kennen. Wir lecken manchmal Eis, um dieses Vergnügens stärker gewahr zu werden.

Sprich über das Schmecken. Sprich über das, was gut schmeckt, und das, was nicht so gut schmeckt. Bring verschiedene Dinge mit, die die Kinder schmecken sollen. Vergleiche Geschmack und Beschaffenheit. Die Zunge kann nicht nur unterscheiden, was süß oder sauer schmeckt, sondern sie kann auch fühlen, was klumpig, hart, weich, rauh, heiß oder kalt ist.

Zähne, Lippen und Wangen stehen mit der Zunge in engem Zusammenhang und sollten unbedingt in die Experimente einbezogen werden.

Riechen

Sprich über die Nase, die Nasenflügel und das Atmen. Laß durch die Nase, den Mund, jeden einzelnen Nasenflügel atmen und die ausströmende Luft mit den Handflächen fühlen.

Sprich über Gerüche — Gerüche, die man gern hat, und Gerüche, die man nicht gern hat. Laß die Kinder Gerüche erleben — eine Blume, eine Frucht, laß sie etwas Süßes, Würziges riechen. Fülle Gefäße oder Behälter mit Dingen, die unterschiedlich riechen: Parfum, Senf, Lackritz, Bananen, Salbei, Haselnüsse, Apfelstücke, Schokolade, Vanille, Seife, Blütenblätter, Zwiebeln, Ananas, Essig, Kaffee, Apfelsinenschalen, Badesalz, Zitronenextrakt, Sellerie, Holzspäne, Pfefferminz.

Stelle fest, ob die Kinder die verschiedenen Gerüche erkennen können. Sprich mit ihnen über das, was sie gerne und das, was sie nicht gerne riechen, und welche Erinnerungen durch die Gerüche in ihnen geweckt werden.

Wie würde sich dein Leben verändern, wenn du überhaupt nicht riechen könntest, wie das zum Beispiel der Fall ist, wenn du erkältet bist und deine Nase ganz verstopft ist? Versuche zehn Dinge zu nennen, die überhaupt keinen Geruch haben. Mach einen Spaziergang durch das Haus oder im Freien und beschreibe die verschiedenen Gerüche, die du wahrnimmst.

Viele Sinneseindrücke kommen jedoch durch das Zusammenwirken mehrerer Sinne zustande. Es dürfte schwierig sein, auch nur eine einzige Sinneserfahrung zu vermitteln, an der nicht mehrere Sinnesorgane beteiligt sind.

Intuition

Viele Menschen haben noch eine weitere Fähigkeit, über die wir bisher sehr wenig wissen und die jenseits unseres nachprüfbaren Wissens liegt.

Dieser »sechste« Sinn scheint mir ein grundsätzlich intuitives Wissen zu sein, ein Wissen, das eher aus dem Körper als aus dem Verstand kommt. Tiere, aber auch kleine Kinder haben offensichtlich diesen Sinn. Ich beginne neuerdings der Vermutung, daß der Körper zu wissen scheint, bevor irgendwelche Worte oder Gedanken geformt werden, mehr Aufmerksamkeit zu schenken.

Mit manchen meiner Klienten habe ich eine Übung gemacht, die sich auf diesen sechsten Sinn konzentriert und durch die sie mehr Vertrauen gewinnen sollen in ihren Körper und seine Sprache. Ich nenne sie die Ja/Nein-Übung, manchmal auch die Stimmt/Stimmt-nicht-Übung. Ich konfrontiere ein Kind beispielsweise mit der Aussage: »Ich mag Fadenbohnen.« Nun soll das Kind die Antwort »stimmt« oder »stimmt nicht« aus seinem Körper heraus, nicht mit dem Kopf geben. Bei mir kommt die Antwort manchmal aus meiner Brust, manchmal aus einer Stelle, die wenig über dem Nabel liegt. Mit etwas Übung kann man sich in die Körperstellen einfühlen, die diese intuitive Wahrheit offenbar in sich schließen.

Ich finde es sehr schwierig, über diesen besonderen Sinn zu sprechen, weiß aber, daß es diesen Sinn wirklich gibt und daß er unbedingt entwickelt werden muß. Wie die anderen Sinne kann man auch diesen Sinn üben und entwickeln. Wir nehmen Sehen, Hören, Schmecken und Fühlen als etwas Selbstverständliches hin, könnten unsere Sinne aber noch in viel stärkerem Maße nutzen, als wir glauben. Der intuitive Sinn ist an vielen Vorgängen beteiligt, zum Beispiel an der Phantasie und der bildlichen Darstellung, an der Kreativität und der Imagination, aber auch an körperlichen und seelischen Prozessen. Manche glauben, daß dieser Sinn mit unserer Seele verknüpft sei — dem Teil unserer selbst, der über unser Bewußtsein und unseren Körper hinausgeht.

Ich glaube, daß wir unsere Intuition mit Hilfe von Übungen steigern können, welche Phantasie und Vorstellungskraft erfordern. Wenn ich ein Kind beispielsweise bitte, sich eine bildhafte Vorstellung von etwas zu machen, zum Beispiel von seinen Familienmitgliedern, so glaube ich, daß es damit seinen intuitiven Sinn entwickeln wird. Eine gute Übung, um sich neue Bereiche im eigenen Selbst zu eröffnen, ist, beim Musikhören geistige Bilder zu evozieren. Shorr beschreibt in seinem Buch *Go See the Movie in Your Head* viele Techniken, mit denen man seine visuelle Vorstellungskraft steigern und damit zu größerer Selbsterfahrung gelangen kann.

Man kann seinen intuitiven Sinn aber auch dazu verwenden, seine eigene innere Weisheit zu entdecken. Die Phantasie kann einem helfen, mit diesem wissenden Selbst, das Antworten auf die Fragen nach der Dynamik des Lebens kennt, in Berührung zu kommen.

Josh, ein achtjähriger Junge, der in meiner Praxis schrecklich gerne mit dem Spielzeugtelephon spielte, pflegte mit mir lange Gespräche mittels dieses Telephons zu führen. Eines Tages sagte er zu mir, ich solle ihm eine Frage stellen, die etwas »mit einem Kind zu tun hat, das hierher kommt und Probleme hat«. Ich sagte also am Telephon: »Josh, ich habe hier ein Kind, das nie ins Bett gehen will, wenn seine Mutter es dazu auffordert. (Das war eines der Probleme in Joshs Familie.) Welchen Rat soll ich ihr geben?« Er sagte: »Leg auf, ich werde zurückrufen.« Dann wählte er eine Nummer und schrie ins Telephon: »Hallo, hallo! Ist da der Marsmensch? Ja? Gut! Ich brauche einen Rat.« Nun fragte er den Marsmenschen, was man mit meinem Problemjungen machen könnte, hörte aufmerksam zu, legte den Hörer auf und rief mich zurück. Ich nahm den Hörer auf und er sagte:

»Violet, sag seiner Mutter, daß sie mit ihm ein Abkommen treffen muß. Er darf noch eine halbe Stunde fernsehen, wenn seine Schwester schon ins Bett gegangen ist, und dann wird er freiwillig ins Bett gehen.«

Wir spielten dieses Spiel (auf Joshs Wunsch) sehr oft und kamen so auf viele der Schwierigkeiten zu sprechen, die er zu Hause und mit sich selbst hatte. In einer anderen Sitzung sagte ich:

»Josh, ich habe da diesen Jungen, der in einer Mannschaft Baseball spielt, der aber immer Wutanfälle bekommt, wenn ihn der Trainer den Ball nicht dem Schläger zuwerfen läßt, und dann absichtlich nicht mehr so gut spielt, andererseits aber auch nicht aus der Mannschaft ausscheiden will. Er will noch nicht einmal seine Mutter mit dem Trainer sprechen lassen, und sie regt sich über die ganze Sache wirklich sehr auf.«

Nachdem Josh dem Marsmenschen eine Zeit lang zugehört hatte, sagte er:

»Der Marsmensch hat gesagt, daß der Trainer ihm mehr Gelegenheit geben sollte, den Ball dem Schläger zuzuspielen, damit er das üben kann. Einmal hat ihn der Trainer den Ball werfen lassen, und da war er nicht besonders gut, deshalb läßt der Trainer jetzt nur noch den besten Werfer spielen, aber wie soll der Junge dann jemals werfen lernen? Er wirft so wahnsinnig gern.«

Dann stellte Josh das Telephon weg und sagte mit leiserer Stimme zu mir:

»Wenn meine Mutter mit ihm spricht, weiß es hinterher jeder und denkt, ich sei ein Baby.«

An dieser Stelle brach er in Schluchzen aus. Wir sprachen eine Weile über diese Situation. Dann sagte Josh:

»Vielleicht kann ich das Werfen irgendwie anders üben, und dann kann ich es dem Trainer sagen, und er wird es mich noch einmal versuchen lassen.«

Gefühle

Manche Kinder wissen nicht genau, was Gefühle sind. Das klingt merkwürdig, denn Kinder fühlen natürlich. Meiner Erfahrung nach können aber Kinder ihre Gefühle nur sehr unvollkommen mitteilen. Außerdem neigen sie dazu, die Dinge schwarzweiß zu sehen. In meiner Arbeit hat es sich als sehr hilfreich erwiesen, die Kinder eine Vielfalt von verschiedenen Gefühlen erleben zu lassen. Auch dazu gibt es Spiele und Übungen.

Bücher über Gefühle, wie zum Beispiel *Feelings: Inside You and Outloud Too* oder *Grownups Cry Too* eignen sich gut als Einstieg. Ein erster, wichtiger Schritt bei Kindern besteht meiner Meinung nach darin, über Gefühle zu *sprechen*. Sie müssen wissen, welche Gefühle es gibt, daß jeder Gefühle hat, daß man Gefühle ausdrükken, mitteilen und über sie sprechen kann. Sie müssen auch lernen, daß man zwischen verschiedenen Formen des Gefühlsausdrucks wählen kann. Kinder müssen die vielen Spielarten der Gefühle kennenlernen dürfen, damit sie eine Beziehung zu *ihren* Gefühlen bekommen. Ich habe mit Kindern unter anderem über folgende Wörter gesprochen, die Gefühle ausdrücken: glücklich, gut, stolz, wütend, ängstlich, gekränkt, aufgeregt, enttäuscht, frustriert, Schmerz, einsam, allein, Liebe, gern haben, eifersüchtig, Neid, privat, schlecht, Freude, Vergnügen, krank, besorgt, bekümmert, froh, ruhig, nervös, dumm, schwermütig, öde, schuldig, bedauern, Scham, Abscheu, fröhlich, sicher, stark, schwach, Mitleid, Einfühlungsvermögen, Verständnis, verständnisvoll, Bewunderung, Kummer, müde.

Wir unterhalten uns über den Zusammenhang zwischen Körper und Gefühlen, darüber, daß Gefühle körperlich wahrgenommen und mit dem Körper ausgedrückt werden, daß sie in unserer Körperhaltung und im Rhythmus unseres Atems zum Ausdruck kommen. Wir üben deshalb, Gefühle mit unserem Körper auszudrücken, indem wir verschiedene Bewegungen und Haltungen, die bestimmte Emotionen zum Ausdruck bringen könnten, übertreiben. Wenn ein Kind, während es bei mir ist, traurig, furchtsam, wütend oder ängstlich ist, kann ich ihm helfen, sich in seinen Körper einzufühlen und dessen gewahr zu werden, was es in diesem Moment mit seinem Körper macht.

Manchmal arbeiten wir »von innen nach außen«. Einfühlung in seinen Körper mag einen über die eigenen Gefühle aufklären. Wir sprechen darüber, wie wir unsere Gefühle vermeiden, sie zur Seite schieben, sie vernebeln, sie verbergen, sie unterdrücken. Die Gefühle verschwinden jedoch nicht, sondern stauen sich im Körper an. Erst wenn wir sie anerkennen und erleben, können wir sie auch freisetzen und unseren ganzen Organismus für andere Dinge nutzen. Tun wir das nicht, wird sich ein Teil von uns ständig mit den von uns ignorierten Gefühlen beschäftigen und uns daran hindern, unser Leben aktiv und bewußt zu leben. Wir lernen deshalb, auf unseren Körper zu hören.

Das sogenannte Gewahrseins-Kontinuum ist eine ausgezeichnete Methode, mit der wir unseres Körpers stärker gewahr werden können. Diese Technik besteht darin, daß wir uns abwechselnd etwas berichten, das uns in uns und außerhalb unserer selbst auffällt:

Ich sehe, du hast blaue Augen (äußerlich). Ich spüre, daß mein Herz pocht (innerlich). Ich sehe das Licht, das durch das Fenster fällt. Mein Mund ist trocken. Ich bemerke dein Lächeln. Ich stelle gerade fest, daß ich meine Schultern einziehe.

Während dieser Übung wird einem klar, daß nichts gleich bleibt; unsere Umgebung und unsere körperlichen Empfindungen ändern sich ständig.

Ich achte genau auf den Körper des Kindes, seine Haltung, seinen Gesichtsausdruck und seine Gesten. Manchmal mache ich es auf eine bestimmte Geste aufmerksam und bitte es, diese Geste zu übertreiben. Auf meine Aufforderung hin übertrieb ein Mädchen, das sein Bein hin und her schwang, seine Bewegung und stellte dabei fest, daß es die Person, von der es gerade sprach, am liebsten treten würde. Indem es dann das Kissen = die Person trat, gab es seiner Wut auf diese Person Ausdruck, ein Gefühl, das das Mädchen behindert hatte.

Das Kind, das während unseres Gesprächs ganz gekrümmt dasitzt, stellt fest, wenn ich es bitte, in dieser Position zu verharren oder sich noch mehr zusammenzukrümmen, daß es vor mir und dem, was in unserer Sitzung geschehen wird, Angst hat. Sobald das heraus ist, können wir uns damit auseinandersetzen.

Entspannung

Genau wie wir Erwachsenen müssen auch Kinder manchmal lernen, wie man sich entspannt. Kinder spannen ihre Muskeln an, sind verkrampft, leiden an Kopf- und Magenschmerzen, sind müde oder gereizt. Körperliche und emotionale Spannungen kommen manchmal in scheinbar ganz irrationalen Verhaltensweisen zum Ausdruck. Hilft man Kindern, sich körperlich zu entspannen, ist es ihnen besser möglich, innere Spannung abzubauen und oft sogar, deren Ursache zu nennen. Lehrer haben die Erfahrung gemacht, daß es zu jedermanns Vorteil ist, wenn Kindern im Klassenzimmer möglichst viele Gelegenheiten zur Entspannung geboten werden.

Vorstellungsbilder helfen bei Entspannungsübungen. Kleine Kinder sprechen gut auf folgende, dem Buch *Talking Time* entnommene Übung an:

»Stell dir vor, du seist ein Schneemann. Ein paar Kinder haben dich gemacht, und nun haben sie dich da alleine stehen lassen. Du hast einen Kopf, einen Körper, zwei herausragende Arme, und du stehst auf kräftigen Beinen. Der Morgen ist wunderschön, die Sonne scheint. Bald wird die Sonne so warm, daß du fühlst, wie du schmilzt. Erst schmilzt dein Kopf, dann schmilzt ein Arm, dann der andere Arm. Ganz langsam fängt auch dein Körper an zu schmelzen. Nun sind nur noch deine Füße übrig, und auch sie fangen an zu schmelzen. Bald bist du nur noch eine Pfütze auf dem Boden. — Wir wollen uns vorstellen, wir seien Kerzen auf einem Kuchen. Du darfst dir eine Farbe aussuchen, die dir gefällt. Zuerst stehen wir ganz groß und gerade da. Wir sehen wie hölzerne Soldaten aus. Unser Körper ist so steif wie eine Kerze. Nun kommt die Sonne stark heraus. Du beginnst zu schmelzen. Zuerst läßt du den Kopf hängen . . . dann deine Schultern . . . dann deine Arme — dein Wachs schmilzt langsam. Deine Beine sinken zusammen . . . langsam . . . langsam . . . bis du nur noch eine Wachspfütze auf dem Fußboden bist. Nun kommt ein kalter Wind und bläst ›huh . . . huh . . . huh . . .‹, und du stehst wieder ganz groß und gerade da« (S. 19).

Entspannung heißt nicht, daß sich die Kinder dabei unbedingt hinlegen müssen. Oft ist es entspannender, wenn man den Körper beugt und streckt. Yogaübungen sind ausgezeichnete Entspannungsübungen. Mittlerweile sind viele Yogabücher für Kinder auf dem Markt. Ich habe mit dem Buch *Let's do Yoga* von Ruth Richards und Joy Abrams gearbeitet. Dieses Buch enthält sehr klare Illustrationen und Anleitungen, die leicht zu befolgen sind. Gut sind auch die beiden Bücher *Gesund und froh* und *Erstes Yoga mit Kindern: sei ein Bach, sei ein Baum, sei ein Vogel, sei ein Frosch.*

The Centering Book enthält die besten Entspannungs- und Atemübungen für Kinder, die ich kenne:

»Wir wollen unsere Augen schließen. Nun spanne jeden Muskel deines Körpers gleichzeitig an. Beine, Arme, Fäuste, Gesicht, Schultern, Magen. Spanne sie . . . ganz fest an. Nun entspanne dich und fühle, wie die Spannung aus deinem Körper strömt. Laß die ganze Spannung aus deinem Körper und deinem Bewußtsein strömen . . . ersetze die Spannung durch ruhige, friedvolle Energie . . . bringe mit jedem Atemzug Ruhe und Entspannung in deinen Körper« . . . (S. 46—47).

Sehr entspannend wirkt es auch, wenn man ein Kind mit auf eine angenehme Phantasiereise nimmt. Manchmal bitte ich das Kind, seine Augen zu schließen und sich in seiner Phantasie an einen sehr angenehmen Ort zu begeben — einen Ort, den es kennt und der ihm gefällt, oder einen Ort, von dem es sich vorstellt, er sei sehr schön. Nach einer Weile bitte ich das Kind, wieder in das Zimmer zurückzukommen. Nach dieser Übung ist es erfrischt, entspannt und rundum gegenwärtig.

Zu Beginn einer Gruppensitzung kann ich manchmal richtig spüren, wie die Anspannung der Kinder im Raum strudelt. Dann bitte ich die Kinder erst einmal, ihre Augen zu schließen und ein paarmal tief einzuatmen, geräuschvoll auszuatmen und sich vorzustellen, sie befänden sich wieder in der Situation, in der sie waren, bevor sie in die Gruppe kamen. Ich bitte sie, im Geiste alles zu beenden, was sie unerledigt zurückgelassen haben, und dann ganz allmählich wieder ins Zimmer zurückzukehren und ganz langsam die Augen zu öffnen. Am Ende dieser Übung fordere ich die Kinder auf, sich im Zimmer umzusehen und Augenkontakt mit den anderen Kindern zu suchen. Diese Übung wirkt immer spannungsmindernd und holt jedes Kind wieder in die gegenwärtige Situation herein.

Meditation

Auch Meditieren gehört zu den Entspannungsübungen, und Kinder können gut meditieren. *The Centering Book, The Second Centering Book* und ein Buch mit dem Titel *Mit Kindern meditieren* enthalten gute Anregungen, wie man Kindern helfen kann, die Kunst der Meditation zu erlernen. Hier ist eine Übung aus *Mit Kindern meditieren:*

»Schließe die Augen und fühle, daß du in einem Meer blauen Lichtes bist; fühle und glaube, daß du eine Welle in diesem Meer bist und sanft auf und ab gleitest, genau wie eine Welle. Nun fühle, wie du zerfließt und dich in diesem Meer auflöst, genauso wie die Welle sich im Meer auflöst, ahhhhh, fühle, wie es dich entspannt. Jetzt bist du eins mit dem Meer aus blauem Licht, und es gibt keine Welle mehr, keinen Unterschied zwischen dir und dem Meer. Lausche nun . . . ganz still nach innen . . . höre den Klang des Meeres in deinem Kopf, und fühle, wie du eins mit diesem Klang wirst. Nun

verschwindet dieser Klang langsam, und die Welle kommt wieder zurück, ebenso wie die Welle im Meer zurückkommt, nachdem sie sich aufgelöst hatte, und sich zu einer anderen Welle formt und so weiter und weiter, bis die Welle am Ufer ausrollt und wir unsere Augen öffnen« (S. 68).
Nach dieser Übung kann man die Kinder mit den Fingern malen oder sich wie Wellen im Meer zur Musik bewegen lassen.

Wenn ich mit Kindern meditiere, verwende ich manchmal ein kleines Glöckchen und sage ihnen, sie möchten auf den Klang des Glöckchens hören, bis er völlig verklungen ist. Diese Meditationsübung wiederhole ich einige Male.

Wenn Sie sich noch nie mit Meditation beschäftigt haben, lesen Sie das kleine Buch mit dem Titel *Meditation als Lebenshilfe: hilfreiche Methoden zur Überwindung von beruflichen und privaten Problemen.* Dieses Buch setzt sich gründlich und doch leicht verständlich mit dem Thema Meditation auseinander, erklärt die verschiedenen Meditationsformen und enthält gute Meditationsübungen.

Meditation und der Begriff Zentrieren sind eng miteinander verwandt. Meditation bringt den Menschen zu sich selbst zurück und dies ist auch das Ziel jenes Konzepts, das wir Zentrieren nennen.

Damit Kinder wieder zu sich selbst gelangen, sich stark, ruhig und in sich selbst ruhend fühlen, habe ich folgende, etwas abgewandelte Aikido-Übung mit ihnen gemacht. Auch ich mache häufig diese Übung und spüre augenblicklich ihre Wirkung.

»Ob du stehst, sitzt oder liegst, das ist unwichtig. Schließ deine Augen. Atme zweimal tief ein und atme jedesmal geräuschvoll aus. Stell dir nun vor, daß sich ein Lichtball genau über deinem Kopf befindet. Er berührt deinen Kopf nicht, sondern schwebt über ihm. Er ist rund und glühend, voller Licht und Energie. Stell dir nun vor, daß von diesem Ball Lichtstrahlen zu deinem Körper ausgehen. In einem ständigen Strom gehen diese Strahlen von dem Lichtball aus, denn er hat mehr, als er braucht, und erhält ständig neue Lichtenergie von einer anderen Quelle. Diese Lichtstrahlen oder -bündel dringen durch deinen Kopf in deinen Körper ein. Sie dringen leicht und mühelos ein. Stell dir vor, daß jeder Strahl in einen bestimmten Teil deines Körpers eindringt. Ein Strahl geht durch deinen Kopf in deinen linken Arm, bis zu deinen Fingern, tritt dann aus deinen Fingerspitzen wieder aus und dringt in den Fußboden ein. Ein anderer Strahl durchläuft deinen rechten Arm und tritt aus. Ein anderer Strahl läuft deinen Rücken hinunter, ein weiterer an deinem vorderen Körper entlang, und weider andere laufen entlang deinen Seiten. Einer geht durch dein linkes Bein und ein anderer durch dein rechtes Bein. Durchflute das Innere deines Körpers solange mit diesen Lichtstrahlen, bis du das Gefühl hast, daß es genug ist. Sie fühlen sich warm und angenehm an, wenn sie durch alle deine Körperteile laufen. Wenn du genug hast, öffne langsam deine Augen.«

Körperbewegung

Lise Liepmann bezeichnet in ihrem Buch *Sehen, hören, riechen, tasten* Bewegung als einen unserer Sinne. »Bewegung oder kinästhetische Wahrnehmung ist eine Art verinnerlichter Tastsensibilität. Es ist das, was wir fühlen, wenn unsere Muskeln, Sehnen und Gelenke arbeiten.«

Das Thema Körperbewegung — das heißt, die Art und Weise wie wir stehen und uns bewegen, wie wir unseren Körper gebrauchen, welches Gefühl wir dabei haben, wie wir unsere Bewegungen verbessern können — ist so wichtig und umfassend, daß es vermessen wäre zu glauben, ich könnte es in wenigen Abschnitten erschöpfend behandeln. Ich kann hier nur ein paar Anregungen geben, wie man bei der therapeutischen Arbeit mit Kindern auch den Körper mit einbeziehen kann, und hoffe, daß der Leser anschließend einige der Bücher lesen wird, die sich mit diesem Thema gründlicher beschäftigen.

Das Kleinkind macht vollen Gebrauch von seinem Körper; man braucht nur zu beobachten, mit welcher Hingabe es seine Hände und Finger untersucht und später, mit welchem Vergnügen es seine neuerlangten körperlichen Fertigkeiten übt — wie es strampelt, greift, sich umdreht, seinen Körper hochstemmt, sich fallen läßt. Beobachte, mit welcher Intensität ein Kind, wenn es etwas älter ist und bereits über alle Muskeln Kontrolle hat, kleine Gegenstände mit Daumen und Zeigefinger hochhebt. Beobachte, wie das Kind kriecht, nach etwas greift, sich streckt, krümmt und dreht und wie es schließlich sich hochziehen, gehen, laufen, hüpfen und springen kann. Das Kind scheint unerschöpfliche Energien zu besitzen und stürzt sich mit größter Hingabe in alle Arten von körperlicher Betätigung. Manchmal hat es natürlich Schwierigkeiten, seine Bewegungen zu »koordinieren«, es gibt aber nicht auf. Es beginnt immer wieder von neuem und übt und übt, bis es Erfolg hat.

Irgendwann in der Kindheit setzt aber etwas ein, das diesen Prozeß zu blockieren beginnt. Das Kind wird vielleicht krank, oder die Eltern eilen ihm beständig zu Hilfe; oder das Kind erleidet Frustrationen, weil die Eltern seine Bedürfnisse nicht erkennen, verwirrt und hilflos sind; oder es handelt sich um eine subtile oder offene Mißbilligung der Freude am eigenen Körper oder sogar um Kritik wegen anfänglicher Ungeschicklichkeit und Unbeholfenheit. Viele Dinge sind dazu angetan, ein Kind in seinem Körperausdruck einzuschränken. Der Konkurrenzkampf, von der Schule aufrechterhalten und verstärkt, setzt ein, und das Kind engt sich selbst wegen seines Bemühens, die Erwartungen anderer zu erfüllen, immer mehr ein. Um Tränen oder Wut zurückzuhalten oder auch aus Angst beginnt das Kind, seine Muskeln anzuspannen; es zieht seine Schultern oder seinen Hals ein, um Angriffe oder Worte abzuwehren oder um seinen sich entwickelnden Körper zu verbergen.

Wenn Kinder die Verbindung zu ihrem Körper verlieren, verlieren sie zugleich ihr Selbstgefühl und auch eine ganze Menge ihrer körperlichen und emotionalen Kraft. Wir müssen ihnen deshalb helfen, ihren Körper zurückzugewinnen, ihn kennenzulernen, sich mit ihm und in ihm wohlzufühlen und ihn wieder gebrauchen zu lernen.

Das Atmen ist ein wichtiger Aspekt des Körpergewahrseins. Achte einmal darauf, wie du ziemlich flach atmest, wenn du Angst hast. So verlieren wir viel von unserer körperlichen Kraft. Atemübungen sind also sehr wichtig. Vergleichen wir zum Beispiel flaches Atmen mit tiefem Atmen. Wir beginnen die Wirkungen zu spüren, die tiefes Atmen auf verschiedene Teile unseres Körpers hat, und wie wir uns dabei ausdehnen und warm werden. Wir sprechen über die anderen Empfindungen, die wir haben, wenn wir tief atmen, und darüber, was wir unserer Vorstellung nach tun, wenn wir den Atem anhalten. Den Atem anhalten scheint eine Art Schutz, eine Abschirmung, ein Zurückhalten des Selbst zu sein. Aber wir sind in Wirklichkeit viel schutzloser, wenn wir den Atem anhalten. Wir probieren deshalb aus, was wir tun können, wenn wir den Atem anhalten, und wieviel mehr wir tun können, wenn wir tief atmen.

Viele junge Leute, mit denen ich gearbeitet habe, haben die Atemtechnik in Prüfungssituationen angewendet und gute Ergebnisse damit erzielt. Ein Siebzehnjähriger litt zum Beispiel an heftiger Prüfungsangst. Er bereitete sich für alle Prüfungen gut vor und beherrschte seinen Stoff, in der Prüfung versagte er aber jedesmal. Er erzählte mir, daß er sich in der Prüfung an nichts mehr erinnern könne, manchmal sogar so stark zittere, daß er kaum seinen Füller halten könne und sein Herz so rasend poche, daß er sich einer Ohnmacht nahe fühle. Wir setzten uns mit dem seiner Prüfungsangst zugrundeliegenden Gefühl der Unsicherheit und mit seinen Erwartungen auseinander, und wir sprachen über das Atmen. Er brauchte etwas, das ihm sofort half. Als er zu verstehen begann, wie sein Körper reagierte, und begriff, was er sich selbst dadurch antat, daß er nicht richtig atmete, begann er in kritischen Situationen auf seine Atmung zu achten. Er versuchte es mit einigen Zentrierungsübungen, die wir gemeinsam gemacht hatten, und gewöhnte sich an, tief zu atmen, so daß mehr Sauerstoff in seine Füße, seine Beine, vor allem aber in sein Gehirn gelangen konnte. Auf diese Weise gelang es ihm, allmählich auch in Prüfungssituationen seine Ruhe zu bewahren.

Viele Kinder reagieren auf neue Situationen mit Angst — so zum Beispiel, wenn sie an einen anderen Ort ziehen, einen neuen Lehrer bekommen, in eine neue Gruppe kommen usw. Einige Kinder, mit denen ich arbeite, haben soviel Angst vor neuen Situationen, daß sie sich weigern, irgend etwas Neues auch nur auszuprobieren.

Zwischen Sauerstoff, Angst und Erregung besteht ein enger Zusammenhang. Je erregter man ist, um so mehr Sauerstoff braucht man, um diese Erregung aufrechtzuerhalten. Atmen wir aber nicht richtig, so verwandelt sich das eher angenehme Gefühl der Erregung in Angst. Es kann sehr erregend sein, sich mit neuen Dingen auseinanderzusetzen. Die bloße Vorstellung einer neuen Situation löst jedoch oft Angst aus statt freudiger Erregung. Atmen wir dann aber tief ein und aus, können wir dadurch unsere Angst überwinden und empfinden nur noch Gefühle der Erregung, die durch unseren Körper strömen und die uns das in einem solchen Moment so dringend benötigte Gefühl der Kraft und des Halts geben.

Obwohl hypermotorische Kinder viele zufällige Körperbewegungen machen, haben sie nicht das Gefühl, ihren Körper wirklich zu beherrschen. Für diese Kinder ist es sehr wichtig — und es macht ihnen auch Spaß —, Übungen zur Körperbeherrschung zu machen. In einer meiner Gruppen erfanden elfjährige, hypermotorische Kinder folgendes Spiel, das sie immer wieder mit Begeisterung spielten: Acht Kinder und zwei Erwachsene bildeten einen Kreis, dessen Innenraum sehr klein ausfiel, da meine Praxis sehr klein ist. In die Mitte des Kreises wurden einige große Kissen gelegt, und jedes Kind mußte einmal in den Kreis gehen und irgendein Kunststückchen aufführen. Das Kunststückchen bestand im allgemeinen darin, daß sich das Kind irgendwie auf die Kissen fallen ließ. Da der Innenraum des Kreises jedoch sehr klein war, mußte sich das Kind sehr geschickt fallen lassen. Einige ließen sich nach hinten, andere zur Seite, wieder andere nach vorn usw. fallen. Den Kindern machte dieses Spiel ungeheuren Spaß, sie spielten es stundenlang, warteten dabei geduldig, bis sie an die Reihe kamen, und spendeten jedem Kind, das sich etwas Neues einfallen ließ, begeisterten Beifall. Ich habe über dieses Spiel nachgedacht und versucht herauszufinden, warum es den Kindern so gut gefiel. (Manchmal frage ich mich, wie das sicherlich viele von Ihnen auch tun werden: »Ist das eigentlich Therapie?«) Schließlich ist mir klar geworden, daß diese Kinder, die von ihren Lehrern als hypermotorisch bezeichnet wurden, das Gefühl der Körperbeherrschung genossen.

Das Buch *Movement Games for Children of All Ages* enthält ausgezeichnete Körperbewegungsübungen. Körperbewegung ist eng mit kreativem Theaterspielen verknüpft, da die besten Improvisationen sehr viel Körperausdruck und ein hohes Maß an Körperbeherrschung erfordern. Viele nützliche Ideen finden sich in Büchern, die sich mit Schauspielkunst befassen; auch ich komme im Abschnitt über improvisiertes Theaterspielen wieder auf Körperbewegung zu sprechen. Hier möchte ich deshalb nur auf einfache Körperübungen eingehen.

Daß ein Zusammenhang zwischen Körperbewegung und Lernen besteht, ist heute eine allgemein anerkannte Tatsache. Es ist charakteristisch für Kinder mit Lernschwierigkeiten, daß sie auch in der Entwicklung ihrer motorischen Fähigkeiten zurückbleiben. Sie sind linkisch und unbeholfen und haben manchmal Schwierigkeiten, ihre Schuhe zuzubinden, zu springen oder Fahrrad zu fahren. Diese Kinder leiden unter ihren Schwierigkeiten, fühlen sich frustriert und unglücklich, wodurch ihre Probleme aber nur weiter verstärkt werden. Schließlich gehen sie den Tätigkeiten, die sie eigentlich üben müßten, völlig aus dem Weg und verlieren ihr Selbstgefühl immer mehr.

Kürzlich habe ich vor einer Gruppe von Lehrern, Therapeuten und Schulpsychologen einer High School über die Frage gesprochen, wie sie dazu beitragen könnten, das Selbstkonzept ihrer Schüler zu verbessern. Ich sprach darüber, wie notwendig es sei zu erkennen, daß auch Kinder Gefühle haben und menschliche Wesen sind — daß ihre Gefühle und das, was in ihrem Leben geschieht, eine ganze Menge damit zu tun hat, wie lernfähig sie in der Schule sind. Mein Eindruck ist, daß viele Schulen ihren Stoff immer mechanistischer vermitteln und immer weniger an den Schülern als Personen interessiert sind, was sich auf den Lernprozeß sehr nachteilig auswirkt. Ich glaube, daß Lehrer sich wieder mehr Zeit nehmen sollten, eine menschliche Beziehung zu ihren Schülern herzustellen, und daß auch die Schulen und Schulverwaltungen hierfür mehr Zeit einräumen müßten, um besseres Lernen zu ermöglichen.

Vor allem sprach ich vor diesem Publikum über Leibeserziehung in der Schule. Die meisten Schüler, mit denen ich gearbeitet habe, *hassen* den Sportunterricht. Sie mögen vielleicht bestimmte Sportarten, aber selbst diese verlieren in der Schule allmählich ihren Reiz, es sei denn, das Kind ist außerordentlich begabt. Ich sprach darüber, wie traurig das sei, da der Sportlehrer im Unterschied zu den Lehrern der anderen Fächer doch die Möglichkeit habe, durch die ständige Konzentration auf Körperbewegung und Körpergewahrsein die Schüler ihre Gefühle, die sie vielleicht daran hinderten, den anderen Unterrichtsstunden aufmerksam zu folgen, ausdrücken zu lassen, ohne daß sein Unterrrichtsstoff dabei zu kurz käme.

Die Reaktion der Sportlehrer hat mich stark beeindruckt. Sie berichteten, welchen Erwartungen sie von seiten der Fachbeauftragten ihrer Schulbehörde ausgesetzt seien und daß auch sie ihren Lehrplan einhalten müßten. Sie hätten einfach keine Zeit, auf individuelle Bedürfnisse einzugehen und im Sportunterricht Freude und Selbstgewahrsein zu fördern, und sich damit abgefunden, nur noch das zu tun, was der Lehrplan vorschreibe. Diese Lehrer wirkten resigniert und schienen keine Hoffnung zu haben, daß sich in nächster Zeit etwas ändern würde.

Ich hatte mir gerade die Bücher *New Games — Die neuen Spiele* und *The Ultimate Athlete* von George Leonard angesehen. Diese beiden Bücher entwickeln eine ganz neue Konzeption für den ganzen Bereich der Leibeserziehung, für Sport, Spiele und den Gebrauch des Körpers — eine Konzeption, die vor allem Wert auf die Teilnahme aller, auf die Freude am Spiel und das Erleben der Bewegung und der Energie, auf Kooperation und harmonische Interaktion der Spieler legt. Ich erzählte den Lehrern von diesen beiden Büchern in der Hoffnung, daß sie vielleicht doch irgendwelche Veränderungen im Lehrplan für Leibeserziehungen bewirken könnten. Sie zeigten zwar große Bereitschaft, diese Ideen in die Praxis umzusetzen, waren aber nicht besonders optimistisch.

Wie wir uns im Spiel verhalten, sagt viel darüber aus, wie wir uns im Leben verhalten. Und je mehr wir darüber erfahren, wie wir uns im Leben verhalten, um so eher können wir, wenn wir mit dem, was wir sind, nicht zufrieden sind, neue Seinsweisen ausprobieren. Um deutlich zu machen, wie wir uns im Spiel, und folglich auch im Leben geben, habe ich folgendes Spiel benutzt: Zwei Personen stehen sich, etwas weniger als eine Armeslänge voneinander entfernt, gegenüber, die Beine leicht gespreizt, die Füße fest auf dem Boden. Ziel des Spiels ist es, den anderen aus dem Gleichgewicht zu bringen — sobald einer einen Fuß vom Boden hebt, hat er verloren. Die beiden dürfen sich bei ihren Versuchen, den anderen aus dem Gleichgewicht zu bringen, jedoch nur mit den Handflächen berühren. Sie müssen die Handflächen offen halten, und jeder kann (entweder mit beiden Händen gleichzeitig oder nur mit einer Hand) auf die Handflächen des anderen einschlagen, sich dabei beugen, ducken, verdrehen, solange er nur mit beiden Füßen fest auf dem Boden stehenbleibt. Interessant ist es auch, dieses Spiel mit verschiedenen Partnern auszuprobieren: mit einem Partner, der demselben und mit einem, der dem anderen Geschlecht angehört, mit jemandem, der größer, kleiner, älter usw. ist. Wenn das Spiel beendet ist, teilen wir den anderen mit, welche Strategie wir verfolgt und welche Gefühle wir im »Kampf« mit jedem Partner empfunden haben.

Zwischen der Art und Weise, wie wir uns bewegen, unserer Fähigkeit, selbstbewußt aufzutreten, sowie unserem Gefühl der Selbständigkeit besteht ein enger Zusammenhang. Eine Übung, die darin besteht, den Inhalt von Haiku-Gedichten mit Körperbewegungen darzustellen, läßt diesen Zusammenhang deutlich werden. Vor einiger Zeit nahm ich an einem Workshop teil, der sich mit mimischer Darstellung beschäftigte. Dort erfuhr ich durch diese

Übung soviel über mich selbst, daß ich sie seitdem auch mit anderen immer wieder praktiziere. Die erste Zeile des Haiku wird laut vorgelesen und derjenige, der die Übung ausführt, bewegt sich spontan zu den Worten, die er hört. Dann wird die nächste Zeile vorgelesen und eine andere Bewegung gemacht und so weiter. Zum Beispiel:

Weicher Schnee schmilzt (derjenige, der die Übung ausführt, sinkt langsam zu Boden).

Fern in den umwölkten Bergen (er macht mit einem Arm eine weitausholende Bewegung, während er den anderen Arm schwenkt und den Kopf auf die Knie senkt; dann richtet er sich mit ausgestreckten Armen wieder auf).

Eine krächzende Krähe (er nimmt die Haltung eines fliegenden Vogels ein).

Zuerst mögen die Bewegungen eckig und linkisch sein. Mit etwas Übung werden sie aber flüssiger, weiter, spontaner und vielfältiger.

Kinder bewegen sich gern zu Musik. Ich habe zum Beispiel mit der Trommel mit einem Rhythmus gearbeitet, den ich immer wieder verändere. Manchmal fordere ich die Kinder auf, steif oder lokker zu gehen, so zu gehen, als ob sie durch hohes Gras stapften, durch Treibsand oder Schlammm wateten oder als ob das Pflaster sehr heiß wäre; oder ich lasse sie in der Vorstellung durch Wasser oder auf Steinen laufen. Manchmal tun wir so, als ob wir Tiere wären; oder ein Kind ahmt die Bewegungen eines bestimmten Tieres nach, und alle andern müssen raten, welches Tier es ist. Oder wir probieren aus, was für ein Gefühl es ist, sich zu verdrehen, zu rollen, sich wie ein Wurm zu winden, wie eine Schlange zu kriechen, herumzuwirbeln oder andere ungewöhnliche Bewegungen zu vollführen. Oft bewegen wir uns mit geschlossenen Augen.

Manchmal bitte ich die Kinder, irgendeine Geste oder Bewegung zu übertreiben und den anderen dann mitzuteilen, woran sie diese Bewegung erinnert oder welches Gefühl sie dabei haben.

Ich habe bereits gesagt, daß ich mit Kritzelbildern arbeite, um Kindern zu helfen, sich künstlerisch freier auszudrücken. Eine Bewegungstherapeutin, die an meinem Seminar teilnahm, stellte fest, daß ihre Klienten in ihren Bewegungen freier wurden, wenn sie vor der Sitzung ein Kritzelbild zeichneten.

Jedem Gefühl entspricht eine körperliche Reaktion. Ob wir nun ängstlich oder wütend oder fröhlich sind, unsere Muskeln reagieren immer auf irgendeine Weise. Oft unterdrücken wir unsere körperlichen Reaktionen, halten unseren natürlichen Körperausdruck zurück. Selbst wenn wir freudig erregt und glücklich sind, hindern wir uns oft daran, ganz natürlich zu reagieren — nämlich zu springen und zu tanzen und zu jauchzen.

Wenn man Kinder bittet, Gefühle (zum Beispiel Wut) durch Körperbewegungen zum Ausdruck zu bringen, bekommen sie nicht nur ein Gespür für das, was ihre Muskeln tun, sondern entdecken auch Möglichkeiten, ihre Gefühle nach außen statt nach innen zu kehren. Die beste Methode, dies zu erreichen, besteht darin, irgendeine Geschichte zu erfinden, in der einem Kind etwas widerfährt, weshalb es sehr wütend wird. »Sei dieses Kind und drücke deine Wut durch Körperbewegungen aus. Erfinde einen wütenden Tanz.«

Esther Nelson beschreibt in ihrem Buch *Movement Games for Children of All Ages* folgendes faszinierende Spiel:

»Löse den Knoten eines aufgeblasenen Luftballons, halte ihn aber zu, wirf ihn dann in die Luft und beobachte, was geschieht. Er führt einen wilden Tanz auf, er sinkt, dreht und windet sich, schießt durch die Luft, während die Luft aus ihm herausströmt. Experimentiere mit mehreren Ballons — beobachte sie. Jeder bewegt sich anders. Bitte die Kinder, die Bewegungen der Luftballons mit Worten zu beschreiben. Sprich über die Formen, die die Bewegungen annehmen, die Richtungen, die sie einschlagen, und versuche, dafür eine lebendige Sprache zu finden — zum Beispiel: der Luftballon schlägt Haken, legt einen Zahn zu, schwirrt durch die Luft, zischt ab usw.

Wenn die Kinder dann ganz dabei sind, bitte sie, sich vorzustellen, sie seien die Ballons, denen die Luft entweicht . . .

Erinnere die ›Luftballons‹ daran, daß sich alles an ihnen bewegen muß, nichts ausgelassen werden oder sich nur einfach so dahinschleppen darf. Verwende immer wieder die Worte, mit denen die Kinder selbst die Bewegungen der Luftballons beschrieben haben. Das wird dazu beitragen, daß die Bewegungen frisch und lebendig bleiben« (S. 32).

Schon immer haben Kinder gern das Statuen-Spiel gespielt. Bei diesem Spiel wirbelt ein Kind ein anderes herum, läßt es dann los, und das herumgewirbelte Kind verharrt in der zuletzt eingenommenen Haltung. Wir raten dann, was es darstellt. Dieses Spiel kann man auch in der Weise abändern, daß die Kinder sich nach dem Rhythmus einer Trommel oder nach Musik bewegen und, wenn die Musik aufhört, in ihrer Haltung verharren.

Eine andere Übung, die ich viele Male mit Kindern gemacht habe, besteht darin, daß ich die Kinder bitte, ihre Augen zu schließen und sich an die Zeit zu erinnern, in der sie sich am lebendigsten gefühlt haben. Ich ermutige sie, diese Zeit in ihrer Phantasie noch einmal zu durchleben, sich an ihre Gefühle, an das, was sie damals taten, und an ihr Körpergefühl zu erinnern. Nach einer Weile fordere ich sie auf, aufzustehen und ihr damals erlebtes Gefühl des Lebendigseins durch Körperbewegungen zum Ausdruck zu bringen. Diese Übung führt gerade bei Heranwachsenden zu guten Erfolgen, für die es besonders wichtig sein kann, wieder mit diesem verlorenen Gefühl des Lebendigseins in Kontakt zu kommen.

Manchmal bitte ich ein Kind, nachdem es ein Bild gezeichnet hat, das Dargestellte auch noch durch eine Körperhaltung oder -bewegung zu verdeutlichen. Nachdem es seine Schwächen und Stärken also bereits in einem Bild zum Ausdruck gebracht hat, öffnen sich durch seine Körperbewegungen unter Umständen noch weitere verborgene Bereiche. Ein junges Mädchen legte sich zum Beispiel flach auf den Boden, um damit ihr Gefühl der Schwäche zu demonstrieren, und diese Haltung führte zu einem richtigen Ausströmen von Gefühlen. Übungen mit bildnerischen Ausdrucksmitteln können also durch Übungen mit körperlichen Ausdrucksmitteln sinnvoll erweitert werden.

Gloria Castillo beschreibt in ihrem Buch *Left-Handed Teaching*, auf welch vielfältige Weise sie Bettlaken verwendet. Jedes Kind erhält ein Bettlaken für ein Doppelbett, mit dem es alles Mögliche anstellen kann. Das Bettlaken wird zu einem Raum, der ganz allein ihm gehört: Es kann sich drauflegen, es zu seinem Schutz verwenden, sich darin einwickeln, Phantasiespiele mit ihm erfinden und mit ihm tanzen. Wenn das Kind auf oder unter seinem eigenen Bettlaken liegt, gelingt es ihm schnell und leicht, sich einer gelenkten Phantasie hinzugeben. Hier ist eine Übung aus dem genannten Buch:

»Setz dich und bilde mit den anderen einen Kreis, ohne jemanden zu berühren.

Zie das Bettlaken über deinen Kopf.

Versuch nun, dich daran zu erinnern, wie du dich fühlst, wenn dich niemand will.

Du weißt, daß du in einem Kreis sitzt. Wenn dir danach ist, beweg dich ganz langsam aus dem Kreis heraus.
Mach an einer Stelle halt.
Du bist jetzt ganz allein. Niemand ist bei dir. Nur du, das Bettlaken und der Boden. Sei eine Weile ganz allein. (Laß ungefähr drei Minuten verstreichen.)
Wickle dich jetzt so eng wie möglich in dein Bettlaken ein. Beweg dich nicht. Fühl das Bettlaken um dich herum.
Fang nun an herumzurollen. Wenn du mit jemandem zusammenstößt, aber immer noch gern allein sein möchtest, roll wieder weg.
Wenn du aber gern in der Nähe eines anderen sein möchtest, so bleib bei demjenigen, den du berührst.
Geh in den Kreis zurück.
Sprich über das, was geschehen ist. Wie fühlst du dich, wenn du alleine bist?
Erinnert dich das an eine Zeit, als du wirklich allein warst?
Was war das für ein Gefühl, von anderen berührt zu werden, nachdem du eine Weile ganz allein gewesen bist?« (S. 207).
Als ich einmal an einem Bewegungs-Workshop teilnahm, häufte der Gruppenleiter große, verschiedenfarbige Stoffstücke in der Mitte unseres Kreises auf. Ich faßte einen wunderschönen violetten Stoff ins Auge (erst seit ein paar Jahren, seitdem ich meinen Namen akzeptiert habe und er mir wirklich gefällt, habe ich eine Vorliebe für diese Farbe entwickelt), wartete aber, bis der anfängliche Sturm auf den Stoffstapel vorbei war. Der violette Stoff war für mich übriggeblieben, und ich zog ihn aus dem kleiner werdenden Haufen. Die Übung bestand darin, daß wir unseren Stoff um uns herumwickelten, uns auf ihn legten, uns darin einwickelten oder uns mit ihm im Tanz herumwirbelten und -drehten. Als wir uns nach unterschiedlichen Rhythmen im Raum bewegten, wurden wir aufgefordert, verschiedene Charaktere darzustellen und dann ganz für uns nach unserer eigenen inneren Musik zu tanzen. Als ich mich umsah, konnte ich sehen, daß die anderen, genau wie ich, in ihr eigenes Drama versunken waren. Schließlich lag ich in meinen Stoff eingewickelt auf dem Boden und erlebte meine Empfindungen, meine Gefühle, meine Erinnerungen und meinen Körper — sie alle schienen in meinen violetten Stoff eingehüllt zu sein. Danach sollte jeder über das, was er soeben erlebt hatte, etwas schreiben — jeder in der

Form, die ihm am meisten zusagte. Unserer Erlebnisse hatten zum Teil etwas mit der Farbe des Stoffes, zum Teil etwas mit den Gefühlen zu tun, die durch die Bewegungen entstanden waren. Ich las der Gruppe folgendes Gedicht vor:

> Ich möchte den violetten Stoff
> Aber ich stürze mich nicht auf ihn
> Er liegt dort für mich
> Schließlich nehme ich ihn
> Und frohlocke
> Ich möchte mich bloß in ihn einhüllen
> Er verkörpert für mich alle Stimmungen
> Freude, Schmerz, Traurigkeit, Fröhlichkeit
> Vor allem aber
> Mich

Ich fühle mich meiner Mutter nahe, die mir den Namen gab.
Ich fühle mich meiner Kindheit nahe, die den Namen überstand.
Ich fühle mich dem kleinen Mädchen nahe, das Schmerzen litt.
Ich fühle mich dem kleinen Mädchen nahe, das lachte und fröhlich war.
Ich fühle mich jetzt meinem ganzen Selbst nahe.

7 In-Szene-Setzen

Kreatives Theaterspielen

Allen war an der Reihe. Er griff nach dem Haufen Karten in der Mitte des Kreises und suchte sich eine davon aus. Da Allen, neun Jahre alt, Schwierigkeiten mit dem Lesen hat, kam er zu mir und bat mich um Hilfe. Ich flüsterte in sein Ohr: »Auf der Karte steht:›Du gehst einen Bürgersteig entlang und siehst etwas auf dem Bürgersteig liegen. Du bückst dich, nimmst es in die Hand und siehst es dir an.‹ Wir müssen aus dem, was du mit dem Gefundenen machst, raten, was es ist.« Er atmete einmal tief ein, richtete sich gerade auf — normalerweise geht er ziemlich krumm — und fing an, im Zimmer herumzuschlendern. Plötzlich blieb er stehen, sah auf den Boden, sperrte Mund und Augen weit auf und machte mit den Armen, indem er sie ausstreckte, eine Geste der Überraschung. Er bückte sich, nahm den imaginären Gegenstand in die Hand und untersuchte ihn aufmerksam. Ich dachte zuerst, es könnte eine Münze sein — denn so, wie er den Gegenstand berührte, mußte es etwas Rundes sein. Er fuhr mit den Fingern über den Gegenstand. Nein, es war keine Münze. Nun hielt er ihn an sein Ohr und schüttelte ihn. Ich sah jetzt genauer hin. Er machte eine Drehbewegung, als ob er etwas aufschraubte. Es mußte ein kleiner Behälter sein. Er sah hinein, schüttelte ihn. Er war leer. Er fuhr mit der Hand in seine Tasche, zog ein imaginäres Etwas heraus, legte es in den Behälter, schraubte ihn wieder zusammen, steckte ihn in seine Tasche und verkündete mit einem breiten Grinsen und glitzernden Augen, daß er fertig sei. Die Kinder schrieen ihm ihre wilden Vermutungen zu. Schließlich traf ein Kind ins Schwarze: Es war eine runde Metalldose, in die er ein Pfennigstück gelegt hatte. Zu meiner Freude setzte sich Allen lächelnd zwischen zwei andere Kinder zu uns auf den Boden. War das derselbe Allen, der sonst immer ganz allein, zusammengekrümmt, mit angespanntem und bedrücktem Gesicht irgendwo in einer Ecke saß?

Weil Theaterspielen den Kindern erlaubt, aus sich herauszugehen, hilft es ihnen, sich selbst näher zu kommen. Diese Aussage ist nur scheinbar widersprüchlich. Wenn Kinder Theater spielen, entfernen sie sich im Grunde niemals von sich selbst, sondern benutzen nur *mehr* von sich selbst. In dem eben beschriebenen Beispiel machte Allen von seinem ganzen Selbst — von seinem Verstand, seinem Körper, seinen Gefühlen, seinen Sinnen, seinem Geist — Gebrauch, um etwas auszusagen. Gewöhnlich war er ein schüchterner, in sich gekehrter Junge, der immer für sich saß und sich, als ob er sich im Zaume halten müsse, wie ein Ball zusammenkrümmte. Das Theaterspiel (und das Vertrauen, das ihm die Gruppe entgegenbrachte) ermöglichten ihm, sich ganz einzubringen. Und als er sich dann hinsetzte, konnte man an seiner Haltung und an seinem Gesichtsausdruck deutlich erkennen, daß er stärker mit sich selbst in Kontakt gekommen war und deshalb auch zu anderen besseren Kontakt herstellen konnte.

Als die siebenjährige Carla das erste Mal nach den Weihnachtsferien wieder zu mir kam, ließ sie sich sogleich auf ein auf dem Boden liegendes Kissen fallen und sagte: »Ich bin viel zu müde, um irgend etwas zu machen.« Ich schlug ihr ein Spiel vor und holte das *Talking, Feeling, and Doing Game* vom Regal. Bei diesem Spiel würfeln wir und rücken unseren Stein entsprechend der gewürfelten Zahl auf den Spielfeldern vor. Wenn wir auf einem gelben Feld landen, nehmen wir eine gelbe Karte, auf einem weißen Feld eine weiße Karte, auf einem blauen Feld eine blaue Karte. Auf jeder Karte steht entweder eine Frage oder eine Anweisung. Viele Karten fordern zu schauspielerischen Improvisationen auf.

Carla landete auf einem weißen Feld. Auf ihrer Karte stand: »Du hast gerade einen Brief erhalten. Was steht in dem Brief?« Ich gab ihr noch ein paar Anregungen: »Stell dir vor, du gehst zum Briefkasten, um nach der Post zu sehen. Du siehst die Briefe durch und da ist einer für dich dabei. Verhalte dich so, als ob das wirklich geschehen würde. Öffne den Brief und lies ihn.« Carla erwiderte, sie habe keine Lust aufzustehen, wolle sich aber »im Kopf« vorstellen, daß sie einen Brief erhalte. Carla schloß ihre Augen und saß still da. Plötzlich öffnete sie ihre Augen, stand auf und sagte zu mir, sie habe den Brief in ihrer Hand. Ich bat sie, mir die Adresse vorzulesen. Sie hielt den »Brief« in der Hand, drehte ihn um, hielt ihn näher an ihre Augen und sagte: »Er ist für mich! Hier steht CARLA«, und dann las sie ihre Adresse vor. »Von wem ist er denn?« fragte ich. Carla war nun sehr erregt. Sie rief: »Ich weiß, von wem er ist! Er ist von meinem Papa!« (Carlas Vater war kurz vorher in einen anderen Bundesstaat gezogen.) »Das ist schön!« sagte ich. »Öffne ihn schnell! Was steht in dem Brief?« Ganz langsam machte Carla alle Bewegungen, die zum Öffnen eines Briefes gehören. Sie faltete ein imaginäres, großes Briefpapier auf, und sah es sich, ohne etwas zu sagen, eine ganze Zeitlang an. Nach einer Weile fragte ich sie leise: »Was steht in dem Brief, Carla?« Ich spürte, daß Carla sich in einem sehr privaten Raum befand, und wollte nicht einfach taktlos eindringen. Schließlich antwortete Carla so leise, daß ich das, was sie sagte, kaum hören konnte: »Liebe Carla. Ich wäre an Weihnachten sehr gerne bei dir gewesen. Ich habe dir ein Geschenk geschickt, aber vielleicht hast du es noch nicht bekommen. Alles Liebe von Papa.« »Du vermißt deinen Papa sehr, nicht wahr?« sagte ich. Carla sah mich an und nickte. Dann flüsterte sie: »Ich habe das mit dem Brief einfach erfunden.« Ich nickte, und sie fing an zu weinen.

Carla hatte sich, um ihren Gefühlen auszuweichen, gleichsam von sich selbst abgeschnitten. Sie fühlte sich müde, schwer, schlaff. Im Theaterspiel erlaubte sie ihren Gefühlen, die unter einem Schutzpanzer verborgen waren, zum Vorschein zu kommen. Nachdem sie sich erlaubt hatte zu weinen, veränderte sich Carlas Verhalten in unserer Sitzung völlig. Sie war gekränkt und böse auf ihren Vater, weil sie kein Geschenk von ihm erhalten hatte, fühlte sich aber nicht imstande, diese Gefühle ihrer Mutter gegenüber einzugestehen, die sich während der Feiertage große Mühe gegeben hatte, den fehlenden Vater zu ersetzen.

Durch kreatives Theaterspielen werden Kinder ihrer selbst stärker gewahr. Sie können zu einem umfassenden Gewahrsein ihrer selbst gelangen — ihres Körpers, ihrer Phantasie, ihrer Sinne. Das Theaterspiel wird zu einem natürlichen Werkzeug, das ihnen hilft, die verlorenen und verborgenen Bestandteile ihrer Person zu finden und zum Ausdruck zu bringen wie auch Kraft und Individualität zu gewinnen.

Kreatives Theaterspielen zwingt die Kinder dazu, sich selbst und die Welt um sie herum zu erleben. Um die Welt zu interpretieren und um Ideen, Handlungsweisen und Gefühle zu vermitteln, bedienen sie sich aller ihnen zur Verfügung stehenden Ressourcen: Gesichts-, Gehör-, Geschmacks-, Tast- und Geruchssinn, Gesichtsausdruck, Körperbewegung, Phantasie, Imagination, Intellekt.

In einem solchen Spiel stellen wir unser Leben, unser Selbst dar. Wir spielen die Rollen, die wir in unseren Träumen einnehmen, zu Ende, wir entwerfen Szenen und überarbeiten das Stück während des Spiels. Wir sprechen nicht einfach nur über den Schmerz in unserer Brust, wir geben ihm eine Stimme, wir werden dieser Schmerz. Wir spielen unsere Mutter, uns selbst als Kinder, die Seiten in uns, die uns Schwierigkeiten bereiten usw. Wir machen die Erfahrung, daß wir, während wir diese Rollen spielen, uns stärker engagieren, realer werden. Wir finden uns selbst, dringen zu uns selbst durch, erleben uns auf eine echte, authentische und klare Weise. Beim Theaterspielen können wir neue Weisen des Seins ausprobieren. Wir erleben Intensität, Erregung und Spontaneität, die unserem täglichen Leben vielleicht fehlen.

Die pantomimische Darstellung, also lediglich Mimik und Körperbewegungen, erweitert unser sensorisches Gewahrsein ganz ungemein. Pantomimisch lassen sich komplexe Szenen darstellen: Ganz ohne Worte kann man allein mit dem Körper Handlungen und Interaktionen zum Ausdruck bringen, Gefühle und Stimmungen vermitteln, Personen charakterisieren und eine Geschichte spielen. Man kann auch sprachliche Elemente in die pantomimische Improvisation einführen. Kinder, die bereits an pantomimischen Übungen teilgenommen haben, fällt es im allgemeinen leicht, ihrer pantomimischen Darstellung Worte hinzuzufügen.

Im folgenden möchte ich weitere Anregungen für Improvisationsspiele geben.

Tasten

Laß einen imaginierten Gegenstand herumgehen, den die Kinder befühlen, ansehen, auf den sie reagieren und dann weitergeben sollen. Dieser Gegenstand kann beispielsweise ein Messer, ein Glas Wasser, ein Kätzchen, eine schmutzige alte Brieftasche, ein wertvolles Armband, eine heiße Kartoffel oder ein Buch sein. Der Gruppenleiter kann den Gegenstand festlegen oder die Kinder können entscheiden, um welchen Gegenstand es sich handeln soll, wenn sie an der Reihe sind; oder der Gegenstand wird erst dann geändert, wenn er durch die Hände aller gegangen ist; und die Gruppe kann schließlich versuchen zu raten, um welchen Gegenstand es sich handelt:

Stellt euch vor, daß ganz verschiedene Gegenstände auf einem Tisch liegen. Jeder geht hin und nimmt sich etwas und gibt durch die Art und Weise, wie er mit dem Gegenstand umgeht, zu erkennen, um was genau es sich handelt.

Suche etwas, das du verloren hast (eine Jacke zum Beispiel) – entweder in einem sehr großen Raum, in einem dunklen Schrank, in deinem eigenen Zimmer oder in einem Umkleideraum.

Sehen

Du beobachtest irgendeine Situation, zum Beispiel siehst du einer Sportveranstaltung zu. Bring die Gefühle, die du beim Beobachten empfindest, pantomimisch zum Ausdruck. Die Gruppe kann dann zu raten versuchen, was du beobachtest; oder ein Kind erzählt pantomimisch eine Geschichte, während ein anderes zusieht.

Stell dar, wie du reagieren würdest, wenn du einen Sonnenuntergang, ein weinendes Kind, einen Autounfall, ein Stinktier, eine Schlange, einen frei auf der Straße umherlaufenden Tiger, ein Liebespaar in der Umarmung usw. sehen würdest.

Stell dir vor, du siehst dich im Spiegel. Betrachte dich im Spiegel und zeige, wie du darauf reagierst.

Hören

Reagiere auf verschiedene Geräusche: eine Explosion, ein leises Geräusch, das du zu erkennen versuchst, eine Militärkapelle, die die Straße herunterkommt, eine bekannte Melodie im Radio. Oder andere Geräusche: ein weinendes Baby, ein nächtlicher Herumtreiber, der dich aus dem Schlaf reißt, ein Bekannter, der ins Zimmer kommt, Donner, die Türglocke usw.

Du hast gerade eine schlechte Nachricht, eine gute Nachricht, eine verwirrende Nachricht, eine erstaunliche Nachricht usw. gehört.

Riechen

Zeige, wie du auf verschiedene Gerüche reagieren würdest: auf eine Blume, eine Zwiebel, verbranntes Gummi usw.

Stell dir viele unterschiedliche Situationen vor, in denen du Gerüche wahrnimmst: du gehst im Wald spazieren und riechst ein Lagerfeuer; du bist in einem Geschäft und riechst verschiedene Parfüms; du nimmst einen üblen Geruch wahr und versuchst festzustellen, was es ist; du bemerkst, wenn du nach Hause kommst, den Geruch gebackener Plätzchen.

Schmecken

Stell pantomimisch dar, wie Eiskrem, eine Zitrone usw. schmecken.
Stell dir vor, du ißt etwas, und die anderen raten, was es ist.
Iß einen Apfel. Bevor du anfängst, den Apfel zu essen, stell ihn dir in all seinen Einzelheiten vor. Iß ihn sehr langsam und geräuschlos und sei deiner Kieferbewegungen gewahr.
Iß etwas Leckeres, ein Stück Schokolade oder ein Sahnebonbon zum Beispiel. Beiß in einen sauren Apfel oder probier etwas, das du vorher noch nie gegessen hast.
Stell pantomimisch dar, wie du mit einem Strohhalm trinkst, an einem Lutscher leckst, pfeifst, einen Luftballon aufbläst.

Der Körper

Obwohl natürlich bei all diesen Übungen der Körper auch eingesetzt wird, dienen die folgenden Anregungen dazu, den eigenen Körper und seine Bewegungen noch stärker zu erleben.
Das Buch *Theater in my Head* macht einen Vorschlag, wie man das Spiel »Simon sagt« abändern kann: »Simon sagt: ›Sei ein Seiltänzer, sei eine Schnecke, sei ein Ungeheuer, sei ein Hund, sei ein Ballett-Tänzer...‹« Auch Kinder können bei diesem Spiel die Anweisungen geben.
Stell pantomimisch dar, wie du gehst: wenn du es eilig hast, wenn du träge bist, wenn du durch eine Pfütze gehst, im Gras, barfuß auf heißem Pflaster, einen Berg hinauf, im Schnee, einen steilen Pfad hinunter, in einem Fluß auf Kieselsteinen, auf heißem Sand, mit einem verletzten Fuß, mit Schuhen, die dir zu groß oder zu klein sind.
Stell eine Tätigkeit dar wie Tischdecken, einen Kuchen backen, den Hund füttern, sich anziehen, Hausaufgabenmachen. Der Therapeut kann entweder selbst bestimmen, welche Tätigkeiten dargestellt werden sollen, und sie auf eine Karte oder ein Stück gefaltetes Papier schreiben, das dann von einem Stoß gezogen wird, oder jedes Kind denkt sich eine Tätigkeit aus, die von der Gruppe dann erraten werden muß.
Stell dir vor, du steckst in einer ganz kleinen Kiste, in einer ganz großen Kiste; stell dir vor, du bist ein Küken in einem Ei.
Mach ein paar »als ob«-Experimente: Gehe wie ein Mann, der es eilig hat, wie ein Kind, das zu spät zur Schule kommt, eine Kinokö-

nigin, jemand, der kurzsichtig ist, ein Cowboy, ein kleines Kind, das ins Bett geschleift wird, jemand, der einen Gipsverband hat, ein Riese.

Probiere aus, was du mit deinen Fingern alles machen kannst: nähen, schneiden, ein Päckchen einpacken usw.

Spiel Tauziehen, und verwende dazu ein imaginäres Seil. Dieses Spiel kann entweder von einem einzelnen Kind, das sich verschiedene Gegner vorstellt — einen feindlichen, sehr starken oder sehr schwachen —, von zwei Kindern oder von einer ganzen Gruppe gespielt werden.

Stell dir vor, du spielst mit einem Ball, der ständig seine Form ändert. Es kann ein kleiner Gummiball, ein Strandball, ein Tischtennisball, ein Korbball, ein Fußball, ein Tennisball, ein weicher Ball usw. sein. Er verändert andauernd seine Größe und sein Gewicht und könnte sogar zu einem Sacksessel oder einer Frisbeescheibe werden.

Spiel mit einer Gruppe Seilhüpfen und verwende dazu ein imaginäres Seil.

Situationen pantomimisch darstellen

Zwei Kinder überlegen sich, was sie darstellen wollen, und die anderen raten, was es ist: Bettmachen, Tischtennisspielen, Schachspielen, irgend etwas, das man zu zweit macht.

Du hast gerade ein Paket erhalten. Öffne es. Reagiere.

Du hast mit Freunden eine Wanderung gemacht. Plötzlich stellst du fest, daß du allein bist.

Du stehst in einem Fahrstuhl. Plötzlich bleibt er zwischen zwei Stockwerken stecken. Nach einer Weile bewegt er sich wieder.

Charakterisierung

Ihr seid eine Gruppe von Leuten, die auf einen Bus warten. Jeder von euch ist jemand anderes (verratet es aber nicht), zum Beispiel eine ältere Frau, die ihre Kinder besuchen möchte, ein Geschäftsmann, der zu spät zur Arbeit kommt, ein Mädchen auf dem Weg zur Schule, ein Blinder, dem beim Einsteigen geholfen werden muß usw.

Du bist ein Dieb, der gerade in der Nacht in ein Haus eindringt.

Noch während du dich im Haus befindest, kehren die Leute unerwarteterweise zurück. Du lauschst, und es gelingt dir schließlich, zu entkommen.

Du gehst in ein Restaurant und bestellst dir etwas zu essen. Du bist: 1. ein Junge, der sehr hungrig ist; 2. eine Frau mittleren Alters, die keinen Appetit hat und nichts auf der Speisekarte finden kann, das ihr zusagt; 3. ein sehr armer alter Mann, der hungrig ist, aber sich nur etwas aussuchen kann, das er auch bezahlen kann.

— Laß die Kinder verschiedene Berufe oder verschiedene Typen von Menschen pantomimisch darstellen und andere Kinder dann raten. Manchen Kindern hilft es, wenn auf einer Karte steht, welchen Beruf oder Menschentyp sie darstellen sollen.

Laß die Kinder ein Gerät oder eine Maschine darstellen, und die Gruppe muß raten, um was es sich handelt; oder laß sie eine Farbe sein und die anderen sollen aufgrund des pantomimischen Spiels erraten, um welche Farbe es sich handelt.

Bei sehr kleinen Kindern habe ich schon einen »Zauberschlüssel« oder einen »Zauberstab« benutzt. Ich schwenke den Stab und sage: »Du bist jetzt ein Hund!« und das Kind wird für kurze Zeit zu einem Hund. Dann schwenke ich den Stab wieder und sage: »Du bist jetzt ein alter Mann!«, und so weiter.

Improvisationen, bei denen gesprochen wird

Jeder beliebige Gegenstand kann einem Kind bzw. einer Gruppe von Kindern helfen, eine improvisierte Geschichte zu spielen. McCaslin beschreibt in seinem Buch *Creative Dramatics in the Classroom* eine bis in alle Einzelheiten dargestellte Geschichte, welche eine Gruppe von Kindern erfunden hat, denen lediglich eine Trillerpfeife als Requisit zur Verfügung stand.

Ich habe manchmal schon verschiedene Gegenstände in eine Papiertüte getan, Gegenstände, die ich im Haus gefunden habe und die eigentlich nichts miteinander zu tun hatten: zum Beispiel einen Trichter, einen Hammer, einen Schal, einen Füller, einen alten Hut, einen Eßlöffel usw. Es brauchen nur vier oder fünf Gegenstände in einer Tüte zu sein. Damit kann eine kleine Gruppe ein ganzes Theaterstück erfinden.

Gib Kindern verschiedene Situationen vor, die sie spielen sollen:
Ein Vertreter kommt an die Tür. Er will unbedingt einen Staub-

sauger vorführen, obwohl du ihm gesagt hast, daß du bereits einen hast. Wie wirst du mit der Situation fertig?

Du trägst Zeitungen aus. Du wirfst eine Zeitung über den Zaun, aber statt vor dem Eingang des Hauses zu landen, zertrümmert sie eine Fensterscheibe. Der Mann und seine Frau kommen heraus, um zu sehen, was geschehen ist.

Die Kinder können auch Situationen, die Begebenheiten aus ihrem Leben widerspiegeln, in einem Rollenspiel darstellen. Solche Situationen können entweder wahren Begebenheiten entsprechen oder sie können erfunden werden, immer haben sie jedoch einen Konflikt zum Inhalt, der in der spontanen Dramatisierung durchgearbeitet wird. Die besten Themen fürs Rollenspiel fallen den Kindern gewöhnlich selbst ein.

Kinder benutzen beim Theaterspielen gerne Hüte, Masken und Kostüme. Man braucht ihnen zum Beispiel nur verschiedene Hüte zur Verfügung zu stellen, und schon wechseln sie ihre Rollen so schnell, wie sie die Hüte wechseln.

Ich habe eine ganze Menge Halloween-Masken, die viele Kinder gern zum Theaterspielen verwenden. Im Spiegel kann sich dann ein Kind ansehen, welche Gestalt es eigentlich verkörpert. Ganz ähnlich wie eine Kasperlepuppe erlaubt die Maske dem Kind, Dinge zu sagen, die es sonst nicht sagen würde.

Manchmal sucht sich ein Kind aus allen Masken, die ich besitze, jene aus, die es tragen möchte, und spricht zu mir als dieses Ungeheuer, als dieser Teufel, diese Hexe oder diese Prinzessin. Oder ich bitte das Kind, jede der Masken nacheinander aufzusetzen und als die jeweils verkörperte Gestalt irgend etwas zu sagen.

In einem Artikel über die Verwendung von Kostümen in der Spieltherapie, der in dem Buch *Therapeutic Use of Child's Play* enthalten ist, spricht sich Irwin Marcus für die Verwendung von Kostümen aus, weil vor allem ältere Kinder durch sie zu spontanem Theaterspielen stimuliert würden und ihnen damit geholfen würde, Phantasien, Gefühle und traumatisierende Situationen auszuagieren. Er stellte den Kindern zum Beispiel Kostüme zur Verfügung, so daß sie ein Baby, Mutter, Vater, Doktor, Superman, Hexe, Teufel, Clown, Skelett und Ballerina spielen konnten. Außerdem gab er ihnen große farbige Stoffstücke, mit denen sie nach eigenen Ideen Kostüme entwerfen konnten. Jedes Kind wurde gebeten, ein Theaterstück zu improvisieren und sich dazu irgendeines der Kostüme auszuwählen. Marcus stellte fest, daß das Theaterspielen mit Kostümen nicht nur inhaltlich sehr viel wertvolles Material zum Vorschein bringe, sondern auch eine ganze Menge Aufschluß über den Prozeß eines Kindes gebe.

Ob mit Kostümen, Masken, Hüten, Gegenständen, Kasperlepuppen oder ohne jede Requisiten, Theaterspielen ist eine Art Geschichtenerzählen, bei dem sich das Kind sehr stark engagiert. Es ist eine gute Gelegenheit, dem Kind zu helfen, unter Beobachtung des Therapeuten von seinem ganzen Organismus Gebrauch zu machen. Wir können dabei deutlich die »Löcher« des Kindes erkennen — die Bereiche, in denen seine Entwicklung nachhinkt und gestärkt werden muß. Wir sehen, wie es seinen Körper bewegt und einsetzt; wir beobachten Rigidität und Enge oder Natürlichkeit und Flüssigkeit der Bewegung. Wir können sowohl mit dem Inhalt des Spiels arbeiten als auch mit dem Prozeß, der im Inhalt vielleicht erkennbar ist. Wird viel gekämpft? Verliert die Hauptfigur? Vielleicht hört ihr auch niemand zu? Die ganze Sache macht außerdem ganz einfach Spaß.

Theaterspielen eignet sich vor allem für die Arbeit mit Gruppen, doch auch in der Einzeltherapie läßt sich viel damit machen. In Einzelsitzungen kann ich mich zum Beispiel weit eingehender mit dem zum Vorschein kommenden Material beschäftigen.

Ein zwölfjähriger Junge spielte für mich ohne jede Requisiten ein Theaterstück. Er spielte alle Rollen, auch die des Ansagers. Dieser Junge kam in der Schule schlecht mit, seine Mutter warf ihm Faulheit und Mangel an Energie vor, und er war fast immer verdrossen. Tatsächlich aber war er gut organisiert; er inszenierte ein ausgesprochen komplexes Theaterstück, konnte jede einzelne Rolle entwickeln und hatte einen phantastischen Sinn für Humor.

Ich weiß im voraus nie, wohin uns das, was wir tun, führen wird. Ich erinnere mich zum Beispiel an ein Spiel, das ich mit einem achtjährigen Jungen spielte und das darin bestand, daß jeder von uns beiden ein Tier darstellen und der andere raten mußte, was es war. Erst wenn der andere verkündete, daß er mit seiner Darstellung fertig sei, durften wir unsere Vermutungen äußern.

Diese Abmachung gab uns Gelegenheit, nicht einfach nur die Bewegungen des Tieres nachzuahmen, sondern eine längere Szene zu spielen. Steven legte sich auf den Boden und ringelte sich zu einem kleinen Ball zusammen. Dann hob er seinen Kopf, bewegte ihn vor und zurück, bewegte auch seine Augen, lächelte und ließ seinen Kopf wieder in seinem Ballkörper verschwinden. Das wiederholte er mehrmals. Plötzlich schnitt er eine Grimasse, als ob er Schmerzen habe, wirbelte seinen Körper herum, drehte sich auf den Rükken, streckte seine Arme aus und lag still — sich totstellend. Als er mit seiner Darstellung zu Ende war, vermutete ich, daß er eine Schildkröte gewesen war, daß dieser etwas zugestoßen und sie nun tot sei. Steven erzählte mir dann, er habe einmal eine Schildkröte besessen, die sein kleiner Bruder getötet habe. Ich äußerte die Vermutung, daß er auf seinen Bruder sehr böse und über den Verlust der Schildkröte sehr traurig gewesen sein müsse. Auf diese Bemerkung reagierte Steven mit einem heftigen Wutanfall.»Ich hasse ihn! Ich würde ihn am liebsten umbringen!« preßte er zwischen seinen Zähnen hervor.

Zu Hause war Steven fast übertrieben lieb zu seinem kleinen Bruder, richtete seine Wut aber gegen seine Mutter.»Wenigstens kommt er gut mit seinem Bruder zurecht«, erzählte sie mir einmal. Ich vermutete, daß er schreckliche Angst vor seiner Wut auf seinen Bruder und seinen Rachegelüsten diesem gegenüber hatte und es sicherer fand, auf seine Mutter böse zu sein. Nach jenem dramatischen Erlebnis konnte ich nun Steven dazu anregen, seine verdrängte Wut auf den Bruder mit Hilfe von Ton, Bataca und Zeichnen zum Ausdruck zu bringen. Der Vorfall mit der Schildkröte war nicht der einzige Grund, weshalb er auf seinen Bruder böse war. Hinzu kamen tagtäglich andere kleine Vorfälle, so daß Steven schließlich Angst davor hatte, überhaupt wegen *irgend etwas* böse auf seinen Bruder zu sein.

Manchmal sprechen wir am Ende über das, was geschehen ist, was wir beim Spielen empfunden haben, welche Gefühle wir jetzt haben und so weiter. Ich bin jedoch davon überzeugt, daß nicht die Diskussion, sondern das Erlebnis selbst die Bewegung und Veränderung in Gang setzt. Das Mädchen, das in einem Stück die Rolle eines alten Mannes spielte, ist auf eine Weise mit sich selbst in Kontakt gekommen, die es nur schwer verbalisieren könnte. Und es ist auch gar nicht wichtig, daß es seine Gefühle in Worte faßt. Für mich und für jeden, der mit diesem Mädchen zu tun hat, ist es offensichtlich, daß dieses Erlebnis das Mädchen in seinem Wesen und in seinen Äußerungen freier gemacht hat, daß es nun sicherer auftritt und mehr Vertrauen zu sich selbst hat als zuvor.

Träume

In »Four Lectures« (dem 2. Kapitel von *Gestalt Therapy Now*) betonte Fritz Perls, wie wichtig die Traumarbeit sei, um mit dem Selbst in Kontakt zu kommen und es zu erleben.

»... Der Traum ist eine existentielle Botschaft. Er ist mehr als eine unerledigte Situation; er ist mehr als ein unerfüllter Wunsch; er ist mehr als eine Prophezeiung. Er ist eine Botschaft von dir selbst an dich selbst, an jeden Teil von dir, der zuhört. Der Traum ist möglicherweise die spontanste Äußerung des Menschen, ein Kunstwerk, das wir aus unserem Leben formen. Und jeder Teil, jede Situation im Traum ist eine Schöpfung des Träumenden selbst. Natürlich stammen einige Bruchstücke aus der Erinnerung oder aus der Realität, wichtig ist aber die Frage, warum sucht sich der Träumende gerade dieses Bruchstück aus? Nichts im Traum ist zufällig. ... Jeder Aspekt des Traums ist ein Teil des Träumenden, ein Teil jedoch, der bis zu einem gewissen Grad abgespalten und auf andere Objekte projiziert worden ist. Was bedeutet Projektion? Daß wir bestimmte Teile unserer selbst abgespalten, sie uns entfremdet, in die Welt hinausgeworfen haben, statt sie als unser eigenes Potential verfügbar zu haben. Wir haben einen Teil unserer selbst in die Welt ausgeleert; wir müssen daher Löcher haben, leer sein. Wenn wir uns diese Teile unserer selbst wieder zu eigen machen wollen, müssen wir uns besonderer Techniken bedienen, mit deren Hilfe wir diese Erlebnisse wieder neu assimilieren können« (S. 27).

Kinder teilen ihre Träume im allgemeinen nicht gerne mit, denn oft jagen ihnen gerade die Träume, an die sie sich erinnern, besonders viel Angst ein. Oder sie sind vielleicht so verwirrend und phantastisch, daß sie sie aus ihrem Bewußtsein zu verdrängen suchen. Wahrscheinlich ist das einer der Gründe, weshalb Kinder oft auch immer wieder denselben Traum haben. Sie bemühen sich so sehr, den Traum zu verdrängen, daß er immer wieder kommt, um sie an ihn zu erinnern. Es ist durchaus nicht ungewöhnlich, daß Erwachsene sich an Träume aus ihrer Kindheit erinnern, die noch immer unerledigt sind. Sie sind unerledigt, weil der zugrundeliegende Konflikt nicht gelöst worden ist; die abgespaltenen Teile lösten zuviel Angst aus, als daß der Betroffene sie sich wieder hätte zu eigen machen können. Ich erinnere mich an zwei oder drei Träume, die ich als Kind anscheinend wieder und wieder geträumt habe. An einem dieser Träume, die ich vor so langer Zeit träumte, habe ich kürzlich gearbeitet und von ihm eine aktuelle existentielle Botschaft erhalten; durch ihn habe ich etwas über mich selbst und über mein gegenwärtiges Leben erfahren.

Manchmal lese ich den Kindern aus einem Buch vor, das von Träumen handelt, um sie dazu anzuregen, mir ihre Träume mitzuteilen. Ausgezeichnet ist Mercer Mayers Buch *There's a Nightmare in Your Closet*. Vor einigen Jahren leiteten eine Kollegin und ich eine Therapiegruppe, die aus Kindern bestand, denen eines gemeinsam war: ihre Väter waren alle Alkoholiker und unterzogen sich gerade einer speziellen Behandlung. Meine Kollegin brachte das genannte Buch zu einer Sitzung mit und las es der Gruppe vor. Dann fragten wir die Kinder, ob sie jemals schon Alpträume gehabt hätten. Nachdem wir den Kindern gesagt hatten, daß der Traum ihnen etwas über ihr Leben erzählen würde, waren zwei bereit, an ihren Träumen zu arbeiten.

Jimmy, zehn Jahre alt, erzählte folgenden Traum: »Meine Familie und ich fuhren in einem Auto auf der Autobahn. Plötzlich kamen wir an einen steil abfallenden Hang. Meine Mutter fuhr und konnte das Auto nicht abbremsen. Die Bremsen funktionierten nicht. Ich dachte, das Auto würde seitlich den Abhang hinunterfallen. Ich bekam panische Angst und griff nach dem Steuer. Plötzlich war viel Wasser am Ende der Autobahn, als ob dort ein See wäre. Es gab keinen Ausweg. Wir konnten nur entweder wenden und dann an der Seite den Abhang hinunterstürzen oder direkt ins Wasser fahren. Bevor das passierte, wachte ich auf.«

Wir baten Jimmy, den Traum noch einmal in der Gegenwartsform zu erzählen. Das tat er, und es schien beinahe so, als ob er den Traum dabei von neuem durchlebte (von neuem träumte). Wir baten Jimmy — und das war Teil der Traumarbeit —, alle Teile seines Traums zu spielen, als ob er ein Theaterstück wäre und als ob er — Jimmy — für jede Person und jedes Ding sprechen könne. Er spielte sich selbst, seine Mutter, seinen Vater, eine seiner im Auto sitzenden Schwestern, das Auto, die Straße und den See. Jede Situation jagte ihm von neuem panische Angst ein, der er völlig ausgeliefert war. Als See war er groß, tief, überwältigend. Wir baten ihn, sich ein Ende für den Traum auszudenken. Er sagte: »Mein Vater rettet meine Mutter, die nicht schwimmen kann. Er bewahrt die Ruhe und holt alle raus. Ich weiß nicht, was ich tun soll, aber er holt auch mich raus.« Wir fragten Jimmy, welche Botschaft der Traum seiner Meinung nach enthalte, was der Traum ihm über sein derzeitiges Leben mitteile. Er sagte: »Ich weiß genau, was er mir sagt! Ich habe Angst, ich habe solche Angst, daß mein Vater wieder mit dem Trinken anfängt! Im Moment trinkt er nicht, und jetzt ist alles so schön in unserer Familie. Es war so schlimm, als er noch trank! Wenn er wieder trinkt, wird alles wieder ganz schrecklich, es war eine Katastrophe! Ich habe solche Angst davor. In meinem tiefsten Inneren habe ich wirklich Angst, ich sage aber nie etwas. Ich habe Angst, meinen Eltern zu sagen, daß ich Angst habe. Niemand sonst scheint Angst zu haben. Wenn er wieder mit dem Trinken anfängt, kann ich nichts machen. Ich bin der Jüngste in der Familie. Was kann *ich* schon machen? Ich habe das Ende erfunden — mein Vater rettet uns. So hätte ich es gern in unserer Familie.«

Es war eine große Erleichterung für Jimmy, uns an seiner Arbeit teilhaben zu lassen. Eines der anderen Kinder, ein neunjähriger Junge, sagte dazu: »Ich habe auch so eine Straße.« Als wir ihn baten, mehr über seine Straße zu erzählen, sagte er: »Manchmal habe ich das Gefühl, als ob ich mit dem Auto eine steile Straße hinunterfahre und auch nicht bremsen kann. Ich bin so machtlos.«

Vicki, 13 Jahre alt, wollte auch gern ihren Traum erzählen. »In meinem Traum denkt jeder, ich sei tot. Ich liege in einem Sarg. Aber ich bin nicht tot! Jeder denkt nur, ich sei tot. Eine nette alte Dame kümmert sich um mich, und ich schlafe im Sarg. Er ist mein Bett. Die Leute sagen der Dame aber dauernd: ›Sie ist doch tot.‹ Es gewittert auch gerade.«

Ich bat sie, das Gewitter in ihrem Traum zu sein. Vicky dachte eine Weile nach, dann stand sie lächelnd auf, ging im Zimmer umher und »blitzte« (indem sie erklärte, daß sie der Blitz sei). Sie schleuderte ihren Arm in unsere Richtung und schrie dabei jedesmal »Blitz!«. Das machte ihr sichtlich großes Vergnügen, und sie sagte uns auch, daß ihr das Spaß mache. Wir baten sie dann, die alte Dame in ihrem Traum zu sein. Sie wurde die nette alte Dame, die freundlich zu Vicki sprach und sie im Sarg zu Bett brachte. Vicki erzählte uns, daß die alte Dame sie an ihre Großmutter erinnere, die im Sterben liege. Ihre Großmutter sei immer sehr lieb zu ihr gewesen und einer der Menschen in ihrem Leben, die sie sehr gern habe.

An diesem Punkt des Durcharbeitens mußten wir uns entscheiden, ob sie mit dem Traum weitermachen oder besser an ihren Gefühlen gegenüber der sterbenden Großmutter arbeiten sollte. Wir entschieden uns für die Traumarbeit und baten sie, sich in einen imaginären Sarg zu legen und zu berichten, was das für ein Gefühl sei und was geschehe. Vicki legte sich auf den Boden und nahm eine steife Haltung an. »Ich liege hier in diesem Sarg. Ich schlafe eigentlich, aber jeder denkt, ich sei tot. Niemand schenkt der alten Dame Aufmerksamkeit, die den Leuten sagt, daß ich nicht tot bin.«

Was ist das für ein Gefühl, im Sarg zu liegen?

Vicki: Es ist nicht sehr bequem. Ich kann mich kaum bewegen.

(Auf unseren Wink hin spielten die anderen Kinder mit uns zusammen die Leute, die sich Vicki im Sarg ansahen. Wir sagten beispielsweise: »Oh, arme Vicki. Sie ist so jung gestorben. Es ist schrecklich. Es tut uns so leid.« Wir forderten Vicki auf, den Leuten zu antworten.)

Vicki: Heh! Ich bin nicht tot. Weint nicht. Ich bin lebendig. Ich kann etwas tun. Ich kann etwas tun.

Was kannst du tun?

Vicki: Eine ganze Menge. Ich kann eine ganze Menge tun.

Wir sehen dich nichts weiter tun, als dort im Sarg zu liegen. Kannst du dich für etwas anderes entscheiden, oder möchtest du dort liegen bleiben?

Vicki (steht auf): Ich möchte da nicht liegen, so daß jeder denkt, ich sei tot! Seht ihr? Seht ihr? (Sie breitet ihre Arme aus und läuft im Zimmer umher.) Ich bin lebendig!

Sag uns, welche Botschaft dein Traum für dich enthält.

Vicki (denkt einen Augenblick nach, strahlt dann und sagt):

Ich bin lebendig und kann Entscheidungen treffen! Ich kann eine ganze Menge Entscheidungen treffen.

Welche zum Beispiel? (fragt ein neunjähriger Junge aus der Gruppe)

Vicki (sieht ihn an, ist einen Augenblick sprachlos): Nun, ich kann.

Junge: Wann?

Vicki, geh herum, such dir ein paar Leute aus und entscheide dich, was du mit ihnen machen willst.

Vicki trat vor jeden von uns hin und traf ihre Entscheidungen. »Ich will dir die Hand schütteln ... Ich will dich umarmen ... Ich will dir eine Grimasse schneiden.« Diese Übung machte Vicki und der ganzen Gruppe so viel Spaß, daß jedes Kind auch einmal im Zimmer umhergehen und Entscheidungen treffen wollte.

Auch in Einzelsitzungen habe ich häufig mit Träumen gearbeitet. Den meisten Kindern, die zu mir kommen (mit Ausnahme derjenigen, die eine sehr starke Abneigung gegen das Schreiben haben), gebe ich ein billiges Spiralheft, in das sie ganz verschiedene Dinge, zum Beispiel auch ihre Träume, hineinschreiben sollen. Patricia, ein zwölfjähriges Mädchen, trug folgenden Traum ein:

»Hinter Disneyland. Es beginnt damit, daß ich in einem großen Zimmer ohne Dach bin und eine große Kiste voller Disneyland-Luftballons neben mir steht. Und Kostüme hängen neben mir. Hinter mir ist ein Zelt. Ein Mann kommt herein, deshalb verstecke ich mich. Dann geht er aber wieder weg, und ich komme aus meinem Versteck heraus, ziehe mir ein Kostüm an, blase Luftballons auf, gehe raus und verkaufe sie.«

Unten auf die Seite zeichnete sie eine kleine Skizze dieses Traums. Ich gab ihr Papier und bat sie, eine große Skizze anzufertigen. Hierauf machte sie eine sehr viel detailliertere Zeichnung. Während sie mir ihr Bild erklärte, schrieb ich das Wesentlichste auf:

»Wände, aber kein Dach. Ich bin in der Mitte des Zimmers. Mann kommt. Ich verstecke mich, weil ich glaube, daß er mich bestrafen will. Ich verstecke mich im Zelt. Er nimmt sich aber nur Luftballons und geht wieder. Er weiß nicht, daß ich da bin, sonst hätte er mich bestraft. Niemand, außer mir, weiß, daß ich es bin, weil ich ein Kostüm angezogen habe. Jeder denkt, ich sei bloß ein Arbeiter.«

Patricia malte, wenn wir zusammen arbeiteten, oft Bilder von Disneyland. Nachdem wir an diesem Traum gearbeitet hatten (es war das erste Mal, daß sie sich überhaupt erinnerte, von Disneyland zu *träumen*), formulierte sie folgende Botschaft: »Ich habe Angst, ich selbst zu sein. Ich tue lieber so, als ob ich etwas anderes, zum Beispiel eine Disneylandfigur wäre.« Nun konnten wir erst einmal damit beginnen, die wirkliche Patricia zu entdecken, die sie immer versteckte.

Bald darauf kam Patricia mit einem anderen Traum an, den sie aufgeschrieben hatte. Einleitend sagte sie: »Es ist nicht das erste Mal, daß ich diesen Traum geträumt habe. Als ich acht Jahre alt war, habe ich ihn bereits geträumt, und seitdem viele weitere Male und gestern nacht wieder.« Hier ist das, was sie aufgeschrieben hatte:

»Ein dunkler Raum mit nur einem kleinen Licht, ein Bett und ein Bügelbrett, meine (richtige) Mutti. Ich liege direkt neben ihr im Bett. Plötzlich gehen die Lichter aus, und ich höre einen Schrei.« Sie hatte eine winzige Skizze dieses Traums in eine Ecke der Seite gezeichnet und quer darüber das Wort DUNKEL geschrieben.

Ich hatte das Gefühl, daß dies ein sehr bedeutsamer Traum sei. Patricias Mutter war Opfer eines Mordes–Selbstmordes geworden (der Stiefvater erschoß erst sie und dann sich selbst), als Patricia ungefähr acht Jahre alt war. Patricia hatte die blutüberströmten Körper gefunden, als sie am nächsten Morgen das Schlafzimmer ihrer Eltern betrat. Diese Geschichte hörte ich von ihrem Vater, der sie vier Jahre später zu mir in die Therapie brachte. Patricia hatte bisher immer nur mit den Schultern gezuckt, wenn ich dieses Thema ansprach, und gesagt, daß sie sich an nichts erinnern könne. Nun arbeitete sie an diesem Traum und sagte: »Mein Leben wurde dunkel, als meine Mutti wie ein Licht verlöschte.« Dies war der Beginn der Trauerarbeit, die Patricia nie abgeschlossen hatte.

Schon sehr kleine Kinder können an ihren Träumen arbeiten. Der sechsjährige Todd zum Beispiel wachte nachts oft auf, weil er schlecht träumte. Ich bat ihn, mir einen dieser Träume zu erzählen. Er sagte, daß er immer von einem Ungeheuer verfolgt werde, manchmal sei es aber auch ein Auto, das ihn verfolge. Da er auf meinen Vorschlag, ein Bild von diesem Ungeheuer zu malen, nicht einging, fertigte ich an seiner Stelle eine Zeichnung nach seiner Beschreibung an. Dann arbeiteten wir mit meiner Zeichnung, und zwar indem ich ihn bat, dem Ungeheuer zu sagen, was er von ihm halte. Er schrie: »Hör auf, mir Angst einzujagen!« Ich bat ihn nun, sich vorzustellen, das Ungeheuer sei eine Art Kasperlepuppe und er könne für es sprechen. Als Ungeheuer sagte er zu sich: »Du bist ein böser, böser Junge! Ich muß dir Angst einjagen!« Er sollte dann noch etwas länger das Ungeheuer sein und sich selbst erklären, warum er böse sei. »Du bist böse! Du hast Geld aus dem Portemonnaie deiner Mutter genommen, und sie weiß noch nicht einmal etwas davon. Du hast Pipi in die Hose gemacht, und sie weiß nichts davon. Du bist böse, böse, böse.« Dieser Junge befand sich in therapeutischer Behandlung, weil er in der Schule durch sein Verhalten aufgefallen war; der Lehrer hatte seiner Mutter eine psychotherapeutische Behandlung empfohlen. Dieser Traum machte es uns möglich, über seine erdrückenden Schuldgefühle, seinen Groll und seine Wut auf seine Mutter zu sprechen, die kürzlich wieder geheiratet hatte. Obgleich Todd seinen neuen Stiefvater gern hatte, war er doch auf die neue Person im Haushalt eifersüchtig. Diese gemischten Gefühle verwirrten ihn, und wir mußten sie alle erst einmal hervorholen, um uns mit ihnen beschäftigen zu können. Statt eine Zeichnung anzufertigen, hätte ich Todd auch bitten können, sich die Figur eines Ungeheuers (oder eines Autos) und die Figur eines Jungen auszusuchen und die Verfolgung in der Sandkiste oder auf dem Boden auszuagieren.

Träume haben für Kinder vielfältige Funktionen. Sie können Angst zum Ausdruck bringen — Dinge, die die Kinder beunruhigen. Sie können Gefühle zum Ausdruck bringen, die die Kinder im realen Leben nicht zu äußern imstande sind. Sie können Wünsche, Sehnsüchte, Bedürfnisse, Phantasien, Fragen, Neugier und Einstellungen deutlich machen. Der Traum kann auf eine allgemeine Lebenseinstellung oder ein allgemeines Lebensgefühl hinweisen. Er ist vielleicht eine Möglichkeit, Gefühle und Erlebnisse durchzuarbeiten — Situationen, mit denen sich Kinder nicht unmittelbar oder offen auseinandersetzen können.

Bei der Traumarbeit achte ich auf Aspekte, die dem Kind offensichtlich fremd sind, Aspekte, die es sich nicht zu eigen machen will. Ich achte auf Dinge, die im Traum zu fehlen scheinen, zum Beispiel ein Auto ohne Räder oder ein Pferd ohne Beine. Ich suche im Traum nach Polaritäten und Gegensätzen, wie der Verfolger und der Verfolgte, die Ebene und der Berg. Ich achte auf Elemente, die Kontakt signalisieren könnten, wie zum Beispiel ein Sturm, der ein Haus böse zurichtet, oder auf Dinge, die Kontakt verhindern, wie eine Wand, die zwei Dinge voneinander trennt. Manchmal konzentriere ich mich auf einen Wunsch, der im Traum zum Ausdruck kommt, oder auf etwas, das ganz offenbar vermieden wird. Ich kann mich auch auf den Prozeß des Traums konzentrieren — wenn ein Kind im Traum zum Beispiel umherrennt oder sich verloren fühlt oder wenn nichts gut ausgeht. Ich kann auch darauf achten, ob mehreren Träumen die gleiche Struktur zugrunde liegt. Außerdem kann der Schauplatz des Traums von großer Wichtigkeit sein: ein wüstes Ödland, eine überfüllte Straße, ein großes Haus mit vielen Zimmern. Manchmal schreiben wir den Traum um oder fügen ihm einen Schluß hinzu. Gelegentlich arbeite ich mit Erinnerungen, Tagträumen und Phantasien genauso wie mit Träumen.

Ganz gleich, wofür wir uns bei unserer Arbeit entscheiden, wichtig ist, sich ganz auf das Kind zu konzentrieren. Wenn es bestimmte Rollen spielt, einen Dialog führt oder eine Situation beschreibt, dann achte ich genau auf seine Atmung, seine Körperhaltung, seinen Gesichtsausdruck, seine Gesten, die Veränderungen in seiner Stimme. Das Ziel ist, dem Kind zu helfen, durch den Traum etwas über sich selbst und sein Leben zu erfahren. Ich vermeide dabei bewußt, den Traum zu analysieren und zu interpretieren; nur das Kind selbst kann erkennen, was der Traum ihm möglicherweise zu sagen versucht. Kinder sind sehr gut in der Lage, aus der Traumarbeit etwas für sich selbst zu lernen.

Der leere Stuhl

Die Technik des »leeren Stuhls« wurde von Fritz Perls entwickelt, um in der therapeutischen Arbeit stärkeres Gewahrsein und größere Klarheit zu erzielen. Außerdem wird sie dazu benutzt, unerledigte Situationen ins Hier und Jetzt zu bringen. Hegt zum Beispiel jemand noch uneingestandene Gefühle einem seit langem verstorbenen Elternteil gegenüber und hält er unausgesprochenes Material in seinem Inneren zurück, so fällt es ihm leichter, Gefühle und Emotionen zu vermeiden, wenn er lediglich *über* seine Beziehung zu diesem Elternteil spricht. Aber der Vorstellung, dieser Elternteil säße auf dem leeren Stuhl, und er könne *ihm* all das, was gesagt werden muß, sagen, statt nur mit dem Therapeuten *darüber* zu sprechen, dieser Erfahrung kann sich niemand so leicht entziehen; häufig dient diese Erfahrung dazu, eine noch unvollständige Gestalt im Leben des Betroffenen abzuschließen. Geschieht dies, dann kann ich schon an der Körperhaltung des Betroffenen erkennen, daß er sich nun ruhig und entspannt fühlt, und zuweilen sehe ich, wie er tief Atem holt, beinahe erleichtert aufatmet. Mit Hilfe der Technik des »leeren Stuhls« werden vergangene, ungelöste Situationen in gegenwärtiges, intensives Erleben verwandelt.

Eine Mutter erzählte mir einmal mit hoher, klagender Stimme, wie sehr sie sich über ihren (im Zimmer nicht anwesenden) fünfzehnjährigen Sohn ärgere. Ich bat sie, sich vorzustellen, er säße neben ihr auf einem Stuhl, und ihm das zu sagen, was sie mir gerade erzählt hatte. Sie sah zu dem Stuhl hin und begann, ruhig mit ihm zu sprechen; dann fing sie an zu weinen. Als ich sie bat, ihrem Sohn von ihrer Traurigkeit zu erzählen, berichtete sie ihm, daß sie ihm gegenüber Schuldgefühle empfinde, und unsere Sitzung verlief nun sehr viel produktiver, als wenn ich ihr gestattet hätte, mich zum geduldigen Zuhörer ihrer Klagen zu machen.

Man kann aber auch nur einzelne Aspekte oder Symbole des eigenen Selbst auf den leeren Stuhl setzen. Ein sechzehnjähriges Mädchen, das an seiner übermäßigen Eßlust arbeitete, setzte zum Beispiel ihr »Vielfraß-Selbst« auf den Stuhl und konnte auf diese Weise sehr viel besser herausfinden, warum sie so viel aß; ihr eigenes »Vielfraß-Selbst« nannte die Gründe dafür, als es im Stuhl saß und dem Teil ihrer selbst antwortete, der gerne abnehmen wollte.

Die Technik des »leeren Stuhls« hilft einem, sich über die eigenen Widersprüchlichkeiten klar zu werden, was für den Prozeß des Zentrierens unerläßlich ist. Fritz Perls spricht in diesem Zusammenhang von einer Versöhnung der widersprüchlichen Seiten in einer Person: Diese widersprüchlichen Seiten können zu einem produktiven Bündnis und Zusammenspiel gebracht werden, so daß sie in ihrem sinnlosen Kampf gegeneinander nicht länger wertvolle Energien verzehren. Der größte Gegensatz besteht zwischen dem von Perls sogenannten »Topdog« und dem »Underdog«.

Die Stimme des Topdog quält und peinigt den Underdog mit Kritik: »Du solltest dies tun«, »Du solltest das tun«, »Du solltest besser sein als du bist.« Dieses »du solltest« des selbstgerechten Topdog tyrannisiert den Underdog. Der Topdog weiß immer, was der Underdog tun sollte.

Der Underdog ist eine Gegenkraft. Er reagiert mit Hilflosigkeit, Müdigkeit, Unfähigkeit, manchmal mit Auflehnung, oft mit Unaufrichtigkeit und immer als Saboteur auf den Topdog. Seine Antwort auf die Forderungen des Topdog lautet: »Ich kann nicht« (mit weinerlicher Stimme), »Ja, aber —«, »Vielleicht morgen«, »Ich werd's versuchen«, »Ich bin so müde«, und so weiter. Diese Gegenkräfte frustrieren sich ständig gegenseitig und versuchen einander fortwährend unter Kontrolle zu bringen. Dieser endlose Kampf führt zu Lähmung, Erschöpfung und zu der Unfähigkeit, jeden Augenblick mit dem sich in Harmonie befindenden ganzen Organismus voll zu erleben.

Gerade Heranwachsende sind oft permanent frustrierenden Topdog/Underdog-Konflikten ausgesetzt. Sally, ein sechzehnjähriges Mädchen, klagte über Lernstörungen — sie könne sich einfach nicht konzentrieren. So vernachlässigte sie ihre Schulaufgaben, um mit ihren Freunden zusammenzusein, empfand aber kein wirkliches Vergnügen dabei, weil sie sich wegen ihrer ungemachten Hausaufgaben, bevorstehender Klassenarbeiten und so weiter ständig Sorgen machte.

Ich bat Sally, eine konkrete Situation aus ihrer Lebenswirklichkeit zu beschreiben. Sie erzählte mir, ihre Großeltern aus dem Osten, die sie sehr gern habe, seien zu Besuch; die ganze Familie gehe an diesem Abend in ein Restaurant, sie müsse aber am nächsten Morgen einen Aufsatz fertig haben, den sie immer wieder aufgeschoben habe, weil sie sich nicht darauf habe konzentrieren können. Sally war eine gute Schülerin und stellte hohe Erwartungen an sich selbst. Sie war nervös ängstlich und begann allmählich zu glauben, sie werde »wahnsinnig«, wie sie es ausdrückte. Nun agierte sie mit Hilfe des leeren Stuhls die Topdog- und Underdogseiten ihrer selbst aus.

Topdog (streng): Sally, du bist schrecklich! Denk nur ja nicht, du könntest heute abend mitgehen. Es ist deine Schuld, daß du diese Hausaufgaben nicht vorher gemacht hast. Du *wußtest*, daß Oma und Opa hier sein würden. Du kannst heute abend nicht mitgehen.

Underdog (mit weinerlicher Stimme): Aber ich wollte den Aufsatz ja vorher schreiben. Ich kann mich einfach nicht auf das konzentrieren, was ich gerade mache. Ich habe es satt, Hausaufgaben zu machen. Ich möchte heute abend mitgehen. Vielleicht kann ich den Lehrer fragen, ob ich den Aufsatz später abliefern kann.

Topdog: Du weißt, daß du, wenn du mitgehst, keinen Spaß an dem Abend haben wirst. Du wirst ein schlechtes Gewissen wegen des Aufsatzes haben. Dafür werde ich schon sorgen!

So ging das eine Weile hin und her; schließlich sah mich Sally an, lächelte und sagte: »Kein Wunder, daß ich nichts zustande bringe, wenn das die ganze Zeit in mir so hin und her geht.«

Ich erklärte ihr, daß diese beiden gegnerischen Kräfte offensichtlich alle ihre Energien verbrauchten. Der Underdog scheine die Kämpfe zwar immer zu gewinnen, da nichts fertig werde; da aber der Topdog nicht aufgebe, sei es nie besonders befriedigend, nichts zu tun (dafür sorge der Topdog schon!). Sei der Konflikt aber erst einmal klar geworden, so sei es nützlich, zurückzutreten und zu »beobachten«, wie diese beiden Kräfte in uns miteinander in Streit liegen. Dann könnten wir unsere eigene freie Wahl treffen, vielleicht ein wenig mit beiden Seiten verhandeln.

Sally sagte also zu ihrem Topdog: »Sieh mal, ich möchte mit meinen Großeltern zusammensein. Ich sehe sie nicht oft. Laß mich in Ruhe und laß mich mitgehen. Wenn ich nach Hause komme, werde ich aufbleiben und den Aufsatz schreiben.« Und zu ihrem Underdog sagte sie: »Ich habe mich entschieden, heute abend mit in das Restaurant zu gehen; das sollte dich eigentlich zufriedenstellen. Wenn ich also nach Hause komme und den Aufsatz schreiben will, laß mich gefälligst in Ruhe und denk daran, daß du auch zum Zuge gekommen bist.«

Später erzählte Sally, daß sie mit in das Restaurant gegangen sei und hin und wieder ihren Topdog zu spüren bekommen habe, sie dann aber immer gesagt habe: »Los, verschwinde. Ich habe diese Wahl getroffen und werde den Aufsatz später schreiben. Jetzt kann ich das sowieso nicht machen.« Als sie dann nach Hause gekommen sei, sei sie bis zwei Uhr morgens aufgeblieben, und es sei ihr nicht schwergefallen, einen ganz tollen Aufsatz zu schreiben.

In späteren Sitzungen versuchten wir dann zu erforschen, wo diese beiden starken Kräfte herrührten. Sally erkannte allmählich, wie diese Kräfte ihr Leben behinderten, und lernte, geschickt mit ihnen fertigzuwerden.

Als ich in öffentlichen Schulen mit emotional gestörten Kindern arbeitete, haben wir die gerade beschriebene Technik »das Spiel mit dem leeren Stuhl« genannt. Zwei Stühle standen immer bereit und wurden von den Kindern oft dazu benutzt, sich dessen, was sie in einer bestimmten Situation taten, klar zu werden, Konflikte zu lösen, Verantwortung für ihr eigenes Verhalten zu übernehmen und Lösungen für Probleme zu finden. Ein paar Beispiele sollen verdeutlichen, wie erfolgreich diese Technik eingesetzt werden kann:

Todd, zwölf Jahre alt: Ich muß mit den Stühlen arbeiten (er kam gerade von einer Pause auf dem Schulhof zurück)!

Gut.

Todd: Ich hasse Sie, Herr Schmitt. (Spricht zu mir) Er hackt immer auf mir herum.

Sag ihm das.

Todd: Ich hasse Sie! Sie hacken immer auf mir herum! Es geht Sie überhaupt nichts an, was ich mit meinen eigenen Händen mache. (Jetzt bemerke ich, daß seine Hände ganz schwarz bemalt sind.)

Vertausch nun die Plätze und sei Herr Schmitt und sage, was er zu dir sagen würde oder gesagt hat.

Todd (mit sarkastischer Stimme): Nun, Todd, das war wirklich kein besonders guter Einfall. Deine Mutter wird böse sein und der Schule die Schuld geben, und ich weiß nicht, wie die Tinte deiner Haut bekommen wird.

Todd (tauscht von sich aus die Stühle, seine Stimme ist ohne jeden Sarkasmus): Sie brauchen aber deshalb nicht so gemein zu sein.

Todd (als Herr Schmitt): Aber Todd, als ich dich bat, deine Hände zu waschen, wolltest du nicht. Ich muß manchmal einfach streng zu dir sein.

Todd (als er selbst, mit leiser Stimme): Ich glaube, ich war ganz schön frech. (Todd sieht mich abwartend an.)

Was willst du jetzt tun?

Todd: Ich glaube, ich geh' jetzt am besten und sehe, ob ich dieses Zeug von meinen Händen abkriege. (Todd verläßt sehr aufrecht den Raum — nicht vornübergebeugt wie sonst, wenn er sich in der Defensive befindet.)

Danny, 12 Jahre alt: Ich würde gern mit den Stühlen arbeiten. (Er setzt sich auf einen drauf.)

Wer sitzt auf dem anderen Stuhl?

Danny: Sie.

Dann fang an.

Danny: Ich will jetzt nicht rechnen, Frau Oaklander. Sie können mich nicht dazu bringen.

Danny (als ich): Aber wir werden jetzt alle rechnen. Das machen wir immer um diese Zeit.

Danny: Ich möchte aber die Sache fertig machen, die ich in der letzten Stunde gemacht habe. Ich muß nur noch ein ganz kleines bißchen dran arbeiten.

Danny (als ich): Aber Danny, wenn ich dir das erlaube, wollen alle anderen das auch machen.

Danny: Aber ich brauche doch nur fünf Minuten, und dann werde ich rechnen.

Danny (als ich): Gut, Danny, das klingt vernünftig.

Danny steht auf, geht in den hinteren Raum, arbeitet ein paar Minuten an seiner Sache, kommt zurück, setzt sich hin und arbeitet intensiver an seinen Rechenaufgaben als je zuvor. Ich habe während der ganzen Zeit kein einziges Wort gesagt. (Vor diesem Dialog hatte Danny dieselbe Bitte an mich gerichtet, und ich hatte »nein« gesagt.)

Nun könnte man diese Übung als eine Form der Manipulation auffassen; da sich Danny danach aber auf seine Rechenaufgaben konzentrierte, sehe ich sie eher als das großartige Bemühen eines um Selbständigkeit ringenden Jungen an, seine eigenen Bedürfnisse zu befriedigen, selbstverantwortlich zu handeln und einer Lehrerin (mit ihren eigenen Methoden) zu zeigen, wie abhängig sie von einem Zeitplan war, den sie selbst nicht gut fand und der manchmal offenbar wichtiger war als die Bedürfnisse der Kinder.

Das folgende Beispiel verdeutlicht, wie ich den leeren Stuhl bei einem weit jüngeren Kind einsetze. Als Gina, ein siebenjähriges Mädchen, gerade auf dem Schulhof spielte, brach zwischen ihr und einem anderen Kind ein heftiger Streit aus. Weinend kam sie zu mir gelaufen. Wir setzten uns aufs Gras, und sie erzählte mir schluchzend, wie sie von dem anderen Kind an den Ringen einfach zur Seite geschubst worden war. Ich hörte ihr schweigend zu. Als sie mit ihrer Geschichte fertig war, sagte ich zu ihr: »Ich sehe, daß du weinst. Wahrscheinlich hat Terry dich gekränkt, und du bist nun böse auf sie.« Gina nickte und weinte weiter. Beinahe auffordernd fragte sie mich: »Werden Sie sie jetzt bestrafen?« Ich antwortete: »Würdest du mir erst noch einen Gefallen tun? Stell dir vor, Terry säße hier, und sag ihr, wie gekränkt und böse du auf sie bist, weil sie das getan hat.«

Gina: Du bist gemein! Ich hasse dich! Du willst immer zuerst an die Ringe gehen! Du sollst mich nicht wegschubsen!

(Ich spreche zu einem leeren Fleck auf dem Gras.) Terry, sag Gina doch bitte, was du ihr zu sagen hast. Gina, willst du dich vielleicht hier hinsetzen und Terry sein? (Gina setzt sich dort hin.)

Gina (als Terry): Gina, es tut mir leid.

Soll ich sie nun rufen und fragen, was aus ihrer Sicht zwischen euch beiden vorgefallen ist?

Gina: Nein.

Wenn Terry hier sitzen würde, würdest du ihr noch irgend etwas sagen wollen?

Gina: Terry, ich glaube, ich habe dich getreten, und mir tut das auch leid.

Was möchtest du nun tun?

Gina (grinst über das ganze Gesicht): Spielen gehen.

Dann lief sie wieder zu Terry, und ich konnte beobachten, wie die beiden eine Zeitlang miteinander spielten, ohne sich zu streiten.

Ein anderes kleines Mädchen im Alter von sieben Jahren wurde beschuldigt, einen Mantel gestohlen zu haben. Irgend jemand behauptete, es habe ihn auf dem Heimweg im Bus angehabt. Das Mädchen bestritt jedoch, den Mantel entwendet zu haben. Ich sagte zu ihm, daß ich gerne einmal mit ihm sprechen würde, und wir zogen uns in eine Ecke des Zimmers zurück, wo uns niemand sehen konnte. Ich versuchte, das Mädchen dazu zu bewegen, mir von dem Mantel zu erzählen. Es behauptete jedoch, nichts davon zu wissen. Ich bat es deshalb, sich vorzustellen, das andere Mädchen (das den Mantel verloren hatte) sitze neben ihm, und ihm zu sagen, daß es nichts über den Mantel wisse. Das Mädchen sagte daraufhin: »Es tut mir leid, daß du deinen Mantel verloren hast, und, hm, ich habe deinen Mantel nicht weggenommen, und . . .« Es fing an zu weinen und erzählte mir nun, daß es den Mantel tatsächlich genommen hatte. Ich bat es, dem anderen Mädchen auf dem leeren Stuhl etwas von dem Mantel zu erzählen — was das für ein Gefühl sei, den Mantel zu tragen. Es sagte: »Ich mag deinen Mantel. Er ist schön und warm. Ich wünschte, ich hätte auch so einen Mantel.« Ich fragte es, ob es dem anderen Mädchen noch etwas sagen wolle. »Morgen werde ich ihn dir zurückbringen.«

Mir scheint, daß das Kind sich in einer Situation befand, in der es einfach nicht zugeben konnte, den Mantel gestohlen zu haben — es mußte sich verteidigen und die Tat leugnen. Wie hätte es sonst auf eine Anschuldigung reagieren können? Als es aber die Situation mit Hilfe des leeren Stuhls, von dem keinerlei Bedrohung ausgeht, neu durchlebte, war es ihm unmöglich, seine Gefühle zu verbergen. Als es dann den Mantel zurückbrachte, nahm ich es zum Fundbüro der Schule mit, und wir suchten ihm einen Mantel aus, der nicht abgeholt worden war.

Der zehnjährige Richard lieferte ein weiteres Beispiel dafür, wie der leere Stuhl einem hilft, sein Gesicht zu wahren. Richard hatte vergessen, seine aus der Bücherei ausgeliehenen Bücher zurückzubringen. Die Bibliothekarin erlaubte ihm deshalb nicht, weitere Bücher mitzunehmen. Er weinte bitterlich. Dann fing er an, einen anderen Jungen namens Lee zu ärgern und hörte damit den ganzen Tag nicht mehr auf. Lee trug die ganze Zeit eine Affenpuppe mit sich herum, die Richard bei jeder sich bietenden Gelegenheit schnappte und in den Papierkorb warf. Schließlich hatte Lee genug und schlug zurück und löste damit bei Richard noch heftigeres Weinen aus. Er heulte und schrie und stieß schließlich seinen Schreibtisch um. Offensichtlich hatte er sich so stark in diesen emotionalen Zustand verstrickt, daß er nicht mehr wußte, wie er da wieder herauskommen sollte. Ganz gleich, was ich sagte, er schrie und weinte nur noch stärker. Er weigerte sich, mitzuarbeiten, und wollte nicht einmal in der Pause spielen. Zu guter Letzt sagte ich: »Richard, komm hier rauf zu den Stühlen.« Er hastete hinauf. Da gerade Pause war, waren die anderen Kinder alle lärmend mit irgend etwas beschäftigt.

Richard, setz jemanden, auf den du böse bist, auf den Stuhl hier.
Richard: Das ist Lee.
Was würdest du ihm gerne sagen?
Richard: Ich bin nicht böse auf dich. Es tut mir leid, daß ich deinen Affen in den Papierkorb geworfen habe. Du kannst nichts dafür.
Richard (wechselt die Plätze und sagt als Lee): Es tut mir leid, daß ich dich gewürgt habe.
Richard (als er selbst): Es tut mir leid, daß ich böse auf dich war.
Richard (als Lee): In Ordnung.
Plötzlich bemerken wir beide, daß es ganz still im Raum ist. Die anderen Jungen haben die ganze Zeit zugehört und uns beobachtet. Der wirkliche Lee ruft von hinten: »Schon in Ordnung.« Die beiden lächeln sich an. Richard will dann unbedingt noch die Bibliothekarin auf den Stuhl setzen.
Richard: Es tut mir leid, daß ich meine Bücher vergessen habe. Ich werde versuchen, daran zu denken, sie zurückzubringen.
Richard (als Bibliothekarin): Wir müssen uns an die Regeln halten. Wenn du die Bücher zurückbringst, kannst du dir neue ausleihen.
Dann setzt Richard mich auf den Stuhl, offenbar macht ihm das Spiel großen Spaß.
Richard: Es tut mir leid, daß ich den Schreibtisch umgeworfen habe und all das.
Richard (als ich): Ist schon gut, Richard. (In bester Laune geht er nach Hause.)

Widersprüche

Ich möchte betonen, wie wichtig es ist, mit den Widersprüchen in einer Person zu arbeiten. Ein Kind erschrickt, wenn es erkennt, wie gespalten es selbst ist und wie gespalten auch die Erwachsenen um es herum sind. Es ist verwirrt, wenn es feststellt, daß es auf jemanden, den es liebt, böse sein, ja, denjenigen sogar hassen kann. Es ist bestürzt, wenn jemand sich schwach und hilflos fühlt, den es für stark gehalten und als beschützend empfunden hat.

Es fällt ihm schwer, die Aspekte seiner selbst zu akzeptieren, die ihm nicht gefallen oder die von seinen Eltern kritisiert werden. Weil es viel lieber spielen würde, als bei der Hausarbeit zu helfen, werfen ihm seine Eltern vielleicht vor, immer nur das zu tun, wozu es Lust habe, und insgeheim fragt es sich vielleicht, ob es nicht tatsächlich egoistisch und faul ist. Weil es diese Teile seiner selbst verachtet und sich von ihnen abwendet, vergrößert es die Kluft zwischen den gegensätzlichen Teilen seines Selbst, was zu noch größerer Fragmentierung und Selbstentfremdung führt. Integration, Versöhnung, Synthese der entgegengesetzten, der positiven und negativen Seiten ist jedoch Voraussetzung für einen dynamischen und gesunden Lebensprozeß.

Ich führe mit den Kindern eine ganze Reihe von Übungen und Experimenten durch, um sie mit dem Gedanken vertraut zu machen, daß das Selbst aus Gegensätzen besteht und daß diese Gegensätze wesentliche Aspekte der Persönlichkeit sind.

Wir sprechen zum Beispiel über gegensätzliche Gefühle und Zustände: Liebe/Haß, glücklich/unglücklich, mißtrauisch/vertrauensvoll, gut/schlecht, sicher/unsicher, klar/unklar, krank/gesund, schwach/stark usw. Wir konzentrieren uns auf diese Gegensätze mit verschiedenen Techniken:

Bilder: Zeichne etwas, das dich glücklich und etwas, das dich unglücklich macht. Zeichne, wie du dich fühlst, wenn du entspannt bzw. wenn du angespannt bist. Zeichne dich, wie du dich siehst, wenn du schwach und wenn du stark bist.

Ton: Form daraus ein Bild deines inneren Selbst. Dann ein anderes von deinem äußeren Selbst — von dem Selbst, das du anderen zeigst.

Geschichten: »Es war einmal ein Elephant, der sehr albern war, wenn er mit Freunden zusammen war, und sehr ernst, wenn er zu

Hause war. Sei du nun dieser Elephant ... und erzähle die Geschichte zu Ende.«

Körperbewegung: Charakterisiere verschiedene Teile deines Selbst, indem du Szenen spielst, die wir anderen erraten müssen.

Collage: Stelle widerstreitende Teile deiner selbst in einer Collage zusammen.

Die Psychosynthese-Techniken bieten viele Möglichkeiten, wie wir unseren Klienten helfen können, die verschiedenen Seiten ihrer selbst, Subpersönlichkeiten genannt, zu erkennen. Eine dieser Übungen besteht zum Beispiel darin, daß man sich immer wieder die Frage stellt: »Wer bin ich?« und die Antworten so, wie sie einem einfallen, aufschreibt. »Ich bin ein harter Arbeiter. Ich bin faul. Ich habe Höhenangst. Ich bin ein guter Schwimmer.« Wenn man dann die Antworten untersucht, erhält man Aufschluß über sich und seine gegensätzlichen Charakterzüge.

Eine andere Übung besteht darin, daß man eine Torte zeichnet, die in verschiedene Stücke geschnitten ist. Man kann dann einen Dialog zwischen den einzelnen Stücken (= Teilen des eigenen Selbst) führen und sich so über die Konflikte, Ansprüche und Aspekte jedes Teils klar werden. Ein erweitertes Gewahrsein, Verständnis und Akzeptanz aller Teile unseres Selbst führen zu größerer Ichstärke und eröffnen uns mehr Wahl- und Selbstbestimmungsmöglichkeiten.

8 Spieltherapie

Während seine Mutter beschrieb, wie er sich zu Hause und in der Schule verhielt, rutschte der fünfjährige Roger ruhelos auf seinem Stuhl hin und her. Sie berichtete, er schlage, trete, stoße, kneife und drangsaliere andere Kinder so sehr, daß deren Eltern sich über ihn beschwerten. Roger machte einen mürrischen Eindruck, schien mir nicht sonderlich wohl gesonnen und machte keinen Hehl daraus, daß er mich, mein Büro und diese Zeitverschwendung hier haßte. Als wir beide jedoch schließlich allein waren, unterzog er alle Spielsachen einer sorgfältigen Prüfung, während ich schweigend neben ihm stand.

In der nächsten Sitzung griff er sich sofort das Doktorspiel und befahl mir, mich hinzulegen. Wir verbrachten die ganze Sitzung mit Doktorspielen; ich war der Patient und er der Doktor. Sobald er den Doktor spielte, verwandelte sich sein Verhalten: Er war nett und freundlich zu mir, trug eine ernste Miene zur Schau und sprach ruhig und mit viel Anteilnahme über meine Krankheit. Ich fragte ihn, ob ich ins Krankenhaus müsse. Er erwiderte ernst, daß ich sehr krank sei und unbedingt ins Krankenhaus müsse. Dann fragte er mich, ob ich Kinder hätte. Ich sagte, daß ich einen kleinen Jungen hätte und daß mir die Frage sehr große Sorgen bereite, wer sich um ihn kümmern würde, wenn ich ins Krankenhaus gehen müßte. Ich erzählte ihm, daß ich mir Sorgen machte, wie es ihm zu Hause und in der Schule ergehen würde, und daß er noch so klein sei, daß er das alles noch gar nicht ganz verstehen könne und sich unnötig Sorgen um mich machen würde. Roger hörte aufmerksam zu. Schließlich sagte er mit der freundlichsten und gütigsten Stimme: »Machen Sie sich keine Sorgen. Ich werde mit ihm sprechen und ihm erklären, daß es Ihnen schon bald besser gehen wird. Und ich werde mich auch um ihn kümmern, wenn Sie im Krankenhaus sind.« Er tätschelte meinen Arm und lächelte mich an. Ich dankte ihm für all die schönen Dinge, die er für mich tun wollte.

Roger und ich spielten mindestens fünf Sitzungen hintereinander Doktor; und jedesmal wurde das Drama unter seiner Regie detaillierter und ausführlicher. »Stellen Sie sich vor, Sie sind zu Hause, und ganz plötzlich geht es Ihnen sehr schlecht, und Sie rufen mich.«

Das freundliche, einfühlende Verhalten, das Roger in diesen Sitzungen an den Tag legte, hielt auch in der Schule und zu Hause an. In der ersten Mutter-Kind-Sitzung hatte ich erfahren, daß die Mutter einmal ziemlich krank gewesen war und dreimal für längere Zeit ins Krankenhaus hatte gehen müssen. Inzwischen ging es ihr allerdings wieder gut, und sie gab zu verstehen, daß sie nicht glaube, daß ihr damaliges Kranksein der Grund für Rogers feindseliges Verhalten sein könne. Sein großes Interesse am Doktorspielen ließ mich jedoch erkennen, daß er offenbar seinen Gefühlen im Zusammenhang mit den Krankenhausaufenthalten seiner Mutter Ausdruck verleihen mußte, und zwar auf eine Weise, die ihm zu Hause nicht möglich gewesen war.

Diese Art von Spiel ist für kleine Kinder das, was für größere Kinder das improvisierte Theaterspielen ist. Es ist aber noch mehr als das. Spielend erprobt das Kind seine Welt, und spielend erfährt es etwas über diese Welt; es braucht deshalb das Spiel für seine gesunde Entwicklung. Für das Kind ist das Spiel eine ernste, sinnvolle Tätigkeit, die seine psychische, physische und soziale Entwicklung fördert. Das Spiel ist eine Form von Selbsttherapie, mit deren Hilfe ein Kind oft Verwirrung, Ängste und Konflikte durcharbeitet. Wo Roger sich gestattete, freundlich und rücksichtsvoll zu sein, spielen andere Kinder hart und aggressiv. In der sicheren Atmosphäre des Spiels kann jedes Kind auf seine Weise neue Formen des Seins ausprobieren. Das Spiel erfüllt für das Kind eine lebenswichtige Funktion und ist weit mehr als eine leichtfertige, unbeschwerte, vergnügliche Aktivität, die Erwachsene gewöhnlich darin sehen.

Das Spiel dient dem Kind auch als Sprache — als Symbolsystem, das Worte ersetzt. Das Kind erlebt so vieles, was es sprachlich noch nicht ausdrücken kann. Es benutzt deshalb das Spiel, um das Erlebte zu formulieren und zu assimilieren.

Die vierjährige Carly stellte sorgfältig die Puppenmöbel in den verschiedenen Räumen des Puppenhauses auf und rückte die einzelnen Teile so lange hin und her, bis sie mit der Anordnung zufrieden war. Dann legte sie die Mutterpuppe und die Vaterpuppe in einen Zimmer und die Kindpuppe in einem anderen Zimmer ins Bett. »Es ist Nacht«, erklärte sie mir und, während ich ihr weiter zusah, arrangierte die Elternfiguren so, als ob sie sich gerade umarmten. Als nächstes setzte sie alle Figuren um einen Tisch in der Küche herum und sagte zu mir: »Es ist Morgen.«

In der Therapie setze ich das Spiel genauso ein, wie ich beispielsweise eine Geschichte, eine Zeichnung, eine Sandkastenszene, ein Puppenspiel oder ein improvisiertes Theaterstück einsetze. Im folgenden möchte ich kurz beschreiben, wie ich mit dieser Technik arbeite, und ein paar Erläuterungen zum Spieltherapie-Prozeß geben.

Ich beobachte das Kind beim Spielen. Wie spielt es, wie nähert es sich den Spielsachen, was wählt es aus, was läßt es liegen? Was ist ganz allgemein sein Stil? Hat es Schwierigkeiten, die Spielsachen zu wechseln? Ist es gut oder schlecht organisiert? Welchem Muster folgt sein Spiel? Wie ein Kind spielt, verrät viel darüber, wie es sich im Leben verhält.

Natürlich achte ich auch auf den Inhalt des Spiels selbst. Handelt das Spiel des Kindes von der Einsamkeit? Von Aggression? Von Umhegen? Besteht es aus Unfällen, Flugzeug- und Autozusammenstößen?

Ich achte auf die Kontaktfähigkeit des Kindes. Habe ich, während es spielt, das Gefühl, Kontakt zu ihm zu haben? Ist es in sein Spiel vertieft, was Ausdruck dafür ist, daß es zu seinem Spiel und zu sich selbst während des Spielens Kontakt hat? Verliert es immer wieder die Fähigkeit, wirklichen Kontakt herzustellen, in einer Sache ganz aufzugehen?

Wie sieht es mit dem Kontakt zwischen den einzelnen Gegenständen im Spiel selbst aus, zwischen den Menschen, Tieren oder Autos; besuchen sie sich, sprechen sie miteinander?

Manchmal helfe ich dem Kind, während es spielt, seines Prozesses und seiner Beziehung zum Spiel gewahr zu werden. Ich sage zum Beispiel: »Du machst das gerne langsam.« »Du scheinst nicht gern mit den Tieren zu spielen — ich stelle fest, daß du sie nie berührst.« »Du verlierst sehr schnell die Lust.« »Niemand scheint den anderen gern zu haben.« »Dieses Flugzeug steht ganz alleine da.«

Ich kann aber auch warten und die Aufmerksamkeit des Kindes erst nach dem Spiel auf diese Dinge lenken. Wenn ein Spiel immer wieder dem gleichen Muster folgt, stelle ich dem Kind Fragen, die sein Leben betreffen, zum Beispiel: »Hast du zu Hause gerne Ordnung?« »Machen andere dein Zimmer unordentlich?« (Ein Kind, das sonst fast nie sprach, antwortete auf diese Frage heftig: »Ja!! Meine böse Schwester!«) Manchmal lenke ich die Aufmerksamkeit des Kindes einfach auf das, was es gerade tut: »Du begräbst gerade die Soldaten.«

An jedem beliebigen Punkt kann ich das Kind bitten, innezuhalten und das, was es gerade getan hat, zu wiederholen, zu betonen oder zu übertreiben. Ich beobachtete zum Beispiel einen zehnjährigen Jungen, wie er häufig mit Autos, Häusern und Gebäuden eine detaillierte Szene aufbaute und dabei immer wieder ein Feuerwehrauto benutzte, das irgend jemandem zu Hilfe kam.

Ich sagte zu dem Jungen, ich hätte bemerkt, daß sein Feuerwehrauto ständig dabei sei, irgend jemanden zu retten, und bat ihn, eine solche Szene noch einmal für mich zu spielen. Nachdem er das getan hatte, fragte ich ihn, ob ihn das an etwas in seinem Leben erinnere. Er antwortete: »Meine Mutter erwartet von mir, daß ich ihr bei allem helfe. Seit mein Papa weg ist (bei der Marine), will sie, daß ich *alles* mache!«

Ich kann die Aufmerksamkeit des Kindes aber auch auf seine Gefühle, die im Spiel zum Ausdruck kommen, lenken. »Das klingt, als ob du wütend wärst!« Oder: »Diese Vaterpuppe klingt aber wirklich so, als ob sie böse auf den Jungen sei.« Ich beobachte seinen Körper, sein Gesicht und seine Gesten. Ich achte auf seine Stimme, auf Bemerkungen und irgendwelche versteckten Hinweise.

Oder ich bitte das Kind, sich mit irgendeiner Person, einem Tier oder einem Gegenstand zu identifizieren. »Sei du dieses Feuerwehrauto. Was sagt es? Du als Feuerwehrauto beschreibe, was du in deiner Geschichte tust.« Oder: «Was könnte diese Schlange von sich selbst sagen?« »Was ist das für ein Gefühl, dieser Hai im Wasser zu *sein?*« Oder: »Was von all dem bist du?«

Oder: »Was würde das Feuerwehrauto, wenn es sprechen könnte, zu diesem Lastwagen sagen?«

Schließlich stelle ich eine Verbindung her zwischen der gespielten Situation und dem Leben des Kindes: »Fühlst du dich manchmal wie dieser Affe?« »Kommt es vor, daß du wie diese beiden Soldaten in einen Streit gerätst?« »Fühlst du dich manchmal eingeengt?«

Immer achte ich darauf, den »Fluß« eines Kindes nicht zu unterbrechen, warte vielmehr, bis es eine Pause macht, bevor ich eine Frage stelle oder eine Bemerkung mache. Wenn ich mich ganz auf das, was das Kind tut, konzentriere, weiß ich genau, wann der richtige Augenblick gekommen ist, etwas zu sagen.

Ich bitte das Kind nie, sich mit irgendeinem Bestandteil des Spiels, des Prozesses oder des Inhalts zu identifizieren, ihn sich zu eigen zu machen oder darüber zu sprechen, wenn ich den Eindruck habe, daß das nicht der richtige Augenblick dazu ist, oder wenn das Kind sich dagegen sträubt. Besonders sehr kleine Kinder machen nicht gerne viele Worte über etwas, das sie entdeckt haben und dessen sie gewahr geworden sind, oder sie wollen sich das, was durch das Spiel ausgedrückt wird, nicht gern »zu eigen machen« — vielleicht haben sie das auch gar nicht nötig. Durch den Ausdruck von Gefühlen und Ängsten im Spiel erreicht ein Kind bereits ein gewisses Maß an Integration: einmal dadurch, daß es offen, wenn auch nicht unbedingt direkt, sondern oft symbolisch, etwas äußern kann, und zum andern dadurch, daß es die Spielsituation in einer sicheren und akzeptierenden Atmosphäre erlebt. Viele Eltern berichten, daß ihr Kind nach einer Sitzung friedlich und heiter sei.

Manchmal baue ich mit den Spielsachen eine strukturierte Szene auf, die das Kind dann zu Ende spielen soll. Ich wähle zum Beispiel verschiedene Puppenhausfiguren aus und bitte das Kind, mit diesen Puppen eine Szene zu spielen, die in irgendeiner Beziehung zu seinem Leben steht. Oder ich sage vielleicht (während ich mit den Puppen hantiere): »Das Mädchen liegt im Bett und versucht zu schlafen, sie kann aber hören, wie sich Mutter und Vater in der Küche streiten. Was geschieht dann?« Oder: »Hier sitzt eine Familie am Tisch und ißt. Das Telephon klingelt. Es ist die Polizei, die sagt, daß sich der Sohn auf der Wache befindet, weil er beim Stehlen ertappt worden ist. Was passiert jetzt?«

Ein neunjähriges Mädchen hatte schreckliche Angst vor Flugzeugen und wollte nicht, daß ihre Eltern eine geplante Reise antraten. Ich baute einen Flughafen mit Flugzeug und verschiedenen Püppchen auf, die es selbst und seine Eltern darstellten. Dann bat ich das Mädchen, seine Gefühle in dieser Situation auszuagieren. Im Spiel hinderte das Mächen seine Eltern daran, ins Flugzeug zu steigen. (In den vorangegangenen Sitzungen hatten wir jene Gefühle erkundet, die mit der Angst vor Flugzeugen und der von ihm erwarteten, bevorstehenden Katastrophe, nämlich mit seiner Angst, verlassen zu werden, zusammenhing.) Ich baute die Szene noch einmal auf, ließ diesmal die Eltern jedoch ins Flugzeug einsteigen, nachdem sie dem Mädchen einen Abschiedskuß gegeben hatten, und bat es nun, die am Flughafen zurückgelassene Puppe zu sein und deren Gefühle zu beschreiben.

Wenn ich mit sehr kleinen (vier- oder fünfjährigen) Kindern arbeite, halte ich manchmal eine spieltherapeutische Sitzung mit Mutter und Kind ab. Auf diese Art und Weise erhalte ich eine ganze Menge hilfreicher Informationen über die Interaktion zwischen Mutter und Kind. Diese Idee kam mir, nachdem ich das Buch *Are You Listening to Your Child?* von Arthur Kraft gelesen hatte. In diesem Buch beschreibt Kraft, wie er einer Gruppe von Eltern beigebracht hat, ihre eigenen Spieltherapiesitzungen mit ihren Kindern durchzuführen, und welche Erfahrungen er damit gemacht hat.

Der fünfjährige Brent und seine Mutter saßen mit ein paar Bauklötzen, einigen Tierfiguren, ein paar Autos, einem Kipp-Lastwagen und mehreren Kasperlepuppen in meiner Praxis auf dem Fußboden. Ich schlug ihnen vor, einfach eine Zeitlang mit den von mir auf dem Boden aufgebauten Spielsachen zu spielen. Zuerst schienen Mutter und Sohn die Situation etwas künstlich und unnatürlich zu finden, doch bald wurde das Spiel ernst. Brent machte den Vorschlag, jeder solle mit den Bauklötzen ein Bauernhaus bauen, und dann würden sie die Tiere untereinander aufteilen. Er entschied, daß er für die Tiere verantwortlich sei und daß er die Tiere, die er seiner Mutter überlassen wollte, auf den Lastwagen laden und zu ihr transportieren werde. Sie war damit einverstanden. Nach einer Weile hatte Brent den Eindruck, er könne mehr Bauklötze gebrauchen, und wollte einige von dem Haus wegnehmen, das seine Mutter gebaut hatte. Dem wollte sie nicht zustimmen, woraufhin Brent sie zunächst zu überreden versuchte, dann quengelte, nach ihren Bauklötzen grabschte und schrie, um dann schließlich, auf dem Fußboden zusammengekauert, zu weinen. Schließlich willigte seine Mutter ein, ihm ein paar Klötze abzugeben. Auf einmal sagte Brent, er habe keine Lust mehr, mit den Bauklötzen und Tieren zu spielen, vielmehr wolle er uns nun ein Puppenspiel vorführen. Er sah sich jede Kasperlepuppe genau an und stülpte schließlich ein Krokodil über die eine Hand und mit einigen Schwierigkeiten eine Frauenpuppe über die andere. Dann griff er die Frau mit dem Krokodil an und verschlang sie unter schadenfreudigem Gelächter. Ich sagte, daß es Zeit sei aufzuhören, und wir sammelten die Spielsachen gemeinsam auf.

Dann sprach ich mit Brent und seiner Mutter über das soeben Abgelaufene. Brents Mutter sagte, daß das, was hier in meiner Praxis geschehen sei, ganz genau dem entspreche, was sich tagtäglich zu Hause ereigne. Solange Brent seinen Willen durchsetzen könne, sei alles in Ordnung. Er kenne aber keinerlei Maß, und wenn er dann in seinen Forderungen zu weit gehe und auf Widerstand stoße, bekomme er einen Wutanfall. Gewöhnlich gebe sie dann schließlich nach. Tue sie das aber, dann sei trotzdem alles irgendwie verdorben und er sei dann auch nicht zufrieden. Mit Hilfe der sehr heftigen Szene aus der Spielsituation konnten wir uns mit dem offensichtlich zwischen Brent und seiner Mutter bestehenden Machtkampf und seinem Bedürfnis auseinandersetzen, von seiner Mutter geleitet zu werden. Sie erkannte, daß ein Fünfjähriger beinahe zwangsläufig frustriert und aufsässig werden muß, wenn er sich selbst zu viele Grenzen setzen muß.

Auch ältere Kinder sprechen gut auf die Spieltherapie an. Jason, ein zehnjähriger Junge, baute eine Zeitlang mit kleinen Klötzen Häuser auf einem Tisch. Während er ein Gebäude errichtete, sagte er zu mir, dies sei ein Gefängnis, und setzte einen Cowboy hinein. Beim Spielen erzählte er mir eine lange Geschichte über den Cowboy und seine Heldentaten. Schließlich lehnte er sich in seinem Stuhl zurück und sagte, daß er fertig sei. Ich stellte ihm ein paar Fragen zu den verschiedenen Gebäuden und Personen und bat ihn schließlich noch, der Cowboy zu sein und das Gefühl, im Gefängnis zu sitzen, zu beschreiben. Ich wählte diese Situation aus, weil sie mir besonders interessant schien – ein einsamer, im Gefängnis eingesperrter Cowboy. Jason identifizierte sich bereitwillig mit dem Cowboy, und ich fragte ihn schließlich: »Hast du manchmal das Gefühl, als ob du wie dieser Cowboy im Gefängnis sitzen würdest?« Diese Frage brachte Jason dazu, mir einige heftige Gefühle, die ihn bewegten, mitzuteilen. Obwohl wir an seiner Situation nicht viel ändern konnten, war es für ihn sehr wichtig, sozusagen aus tiefster Seele zu mir zu sprechen. Diese Gefühle in seinem Inneren verborgen zu halten, kostete ihn eine Menge Energie, und wenn einmal der Zeitpunkt kommen würde, wo er imstande wäre, seine Situation zu verändern, würden ihn diese unausgesprochenen, verborgenen Gefühle nur ganz unnötig belasten.

Obwohl ältere Kinder sich sprachlich bereits gut ausdrücken können, empfinden sie es oft als sicherer und leichter, ihre Gefühle im Spiel zum Ausdruck zu bringen. Es ist weniger bedrohlich, Feindseligkeit zum Ausdruck zu bringen, indem man Spielzeugtiere gegeneinander kämpfen läßt, Ton schlägt, Figuren im Sand begräbt und ähnliches mehr, als sie in Worten auszudrücken.

Manchmal bitte ich ein Kind, sich im Zimmer umzusehen und sich ein Spielzeug auszusuchen. Es soll sich nun vorstellen, es sei dieses Spielzeug, und mir beschreiben, in welcher Weise es benutzt wird, was es tut, wie es aussieht, was es gerne tut. Beispiele: »Ich bin ein Flugzeug. Ich fliege gern an unbekannte Orte. Ich fühle mich frei.« »Ich bin ein Elefant. Ich bin schwerfällig, und die Leute denken, ich sei dumm.« »Ich bin ein Stein. Ich habe eine sehr rauhe Seite. Aber diese Seite von mir ist sehr glatt und schön.« Jedesmal konnte sich das Kind seine Aussage »zu eigen machen«, und dieses »Sich-zu-eigen-Machen« führte zur Erschließung neuer Gefühlsbereiche. Eine solche Übung eignet sich für alle Altersstufen. Manchmal stelle ich noch zusätzliche Fragen, um weiteres Material zum Vorschein zu bringen.

Ein sechsjähriges Mädchen wählte einen Kipp-Lastwagen aus. Es sagte von sich als Kipp-Lastwagen, daß es durch die Straßen fahre und Müll abhole. Bald begann es, mir zu erzählen, daß es soviel Müll abzuholen habe, daß es immer bei Rot über die Straße fahre. Ich fragte das Mädchen, ob es selbst hin und wieder irgendwelche Regeln übertrete. Es grinste und nickte. Wir sprachen über dieses Problem und hatten eine interessante Sitzung.

Obwohl ein Kind beim Spielen das Gefühl haben soll, akzeptiert zu werden, bedeutet das nicht, daß ihm keine Grenzen gesetzt werden. Gerade die Grenzen sind ein wichtiger Bestandteil der Therapie. So gibt es beispielsweise eine Zeitgrenze (meine Sitzungen dauern im allgemeinen 45 Minuten) und gewisse Regeln: weder die Spielsachen noch das Spielzimmer dürfen beschädigt, die Spielsachen nicht aus dem Spielzimmer entfernt und, natürlich, keiner darf beleidigt oder gar verletzt werden. Es empfiehlt sich, dem Kind ein paar Minuten vorher zu sagen, daß die Sitzung zu Ende geht: »Wir haben nur noch ungefähr fünf Minuten« oder »Wir müssen bald aufhören.« Natürlich muß man den Wunsch des Kindes akzeptieren, diese Grenzen zu überschreiten, auch wenn man dennoch an den Grenzen festhält.

Wenn Kinder in der Praxis des Therapeuten spielen, nutzt das nicht allein dem therapeutischen Prozeß. Spielen macht dem Kind Spaß und fördert die notwendige Therapeut/Kind-Beziehung. Die anfängliche Angst und der anfängliche Widerstand des Kindes werden oft dramatisch reduziert, wenn es sich einem Raum voll attraktiver Spielsachen gegenübersieht.

Auch zur Diagnose eignet sich das Spiel sehr gut. Wenn ich gebeten werde, ein Kind zu »beurteilen«, sehe ich ihm oft eine Weile beim Spielen zu. Auf diese Weise kann ich beobachten, wie reif, intelligent, phantasiereich und kreativ es ist, und mir ein Bild machen über seine kognitive Organisation, seine Realitätsorientierung, seinen Stil, seine Aufmerksamkeitsspanne, seine Problemlösungsfähigkeiten, Kontaktfähigkeiten usw. Selbstverständlich werde ich es vermeiden, eine vorschnelles Urteil zu fällen.

Ein Kind kann aber im Spiel auch vermeiden, seine Gefühle und Gedanken zu zeigen – und meiner Meinung nach ist es wichtig, daß der Therapeut erkennt, wann es das tut. Vielleicht spielt es aber auch immer wieder dieselbe Art von Spiel oder nimmt an dem, was es spielt, nicht genügend Anteil – auch das muß der Therapeut erkennen und auf direkte und gleichzeitig behutsame Weise damit fertigwerden.

Wenn ich mit Eltern spreche, sage ich ihnen manchmal, von welchem Spielmaterial ihre Kinder zu Hause am meisten profitieren würden. Immer wieder kommt es nämlich vor, daß Kinder sich sehr stark für keineswegs ausgefallene Materialien wie Ton oder Malfarben interessieren, die ihnen zu Hause aber nicht zur Verfügung stehen.

Die Sandkiste

Für Kinder aller Altersstufen ist Sand ein ganz phantastisches Arbeitsmaterial. Es ist keineswegs neu, Sand als therapeutisches Medium einzusetzen. In ihrem Buch *Play in Childhood* beschreibt Margaret Lowenfeld, wie wertvoll das Spielen mit Sand ist, zum Beispiel mit einer Sandkiste, die 70 cm lang, 45 cm breit und 5 cm tief ist und eine wasserfeste Einlage hat.

»Sand und Wasser eignen sich gut zur Umsetzung zahlreicher Phantasien, zum Beispiel beim Tunnelbauen, beim Begraben oder Ertränken, beim Formen von Landschaften und Meerbildern. Ist der Sand naß, so läßt er sich formen, ist er trocken, fühlt er sich angenehm an. Man kann viele taktile Experimente machen, indem man laufend Wasser dazugibt. Feuchter Sand kann wieder getrocknet und dann wieder naß gemacht werden. Gibt man noch mehr Wasser hinzu, so wird der Sand 'matschig' und schließlich, wenn die letzte trockene Stelle völlig verschwunden ist, ganz zu Wasser (S. 47–48).«

Lowenfeld benutzte die Sandkiste in Verbindung mit sogenanntem »Welt«-Material, ein Ausdruck, den sie prägte, um Gegenstände zu bezeichnen, die für das »wirkliche Leben« charakteristisch sind.

Viele Jungianische Therapeuten verwenden die Sandkistentechnik sowohl bei Erwachsenen wie bei Kindern. Sie bedienen sich dabei vieler kleiner Gegenstände und Spielsachen, die sich dazu eignen, besondere symbolische Bedeutung zu tragen. Für sie sind Sandszenen mit Träumen vergleichbar, und oft photographieren sie die Produkte aus Sand eine Zeitlang, um mit Hilfe der Photographien den Fortschritt in der Therapie zu verfolgen.

Ich habe mir in einem Spielwarenladen einen Sack mit feinem, weißen Sand gekauft. Als Kiste verwende ich einen ungefähr 50 cm langen und breiten Plastikbehälter, der ursprünglich als Fußbadewanne in einem Laden für Badeartikel verkauft worden ist. Meine Sandkiste steht auf einem niedrigen Kunststofftisch, unter dem eine Plastikmatte liegt und den eventuell verstreuten Sand auffängt. Manchmal bitte ich die Kinder, sich selbst aus meinen mit allerlei Dingen gefüllten Körben irgendeine Figur auszusuchen und damit eine »Szene« oder ein »Bild« im Sand aufzubauen; manchmal wähle ich die Gegenstände aus, damit sich die Kinder ganz auf eine bestimmte Situation konzentrieren. Spielen mit der Sandkiste hat zahlreiche Vorteile. Das Kind braucht sein eigenes Material nicht erst, wie beim Malen, selbst zu produzieren. Der Sand ist für die Figuren eine gute Unterlage, so daß sie nicht umfallen können. Man kann ihn aufschütten und einebnen und auf diese Weise Berge, Ebenen oder Seen (die Kiste ist blau) entstehen lassen. Figuren können im Sand begraben oder, wenn eine bestimmte Situation dargestellt wird, hin und her bewegt werden. Der Sand fühlt sich sehr angenehm an, und die Beschäftigung damit wird zu einem idealen taktilen und kinästhetischen Erlebnis. Das Spielen mit der Sandkiste ist für die meisten Kinder ein ganz neues und interessantes Erlebnis; es gibt ihnen die Möglichkeit, eine ganze Menge zu sagen, ohne sprechen zu müssen.

Mark, neun Jahre alt, stellte im Sand viele Kampfszenen dar. In verschiedenen Sitzungen benutzte er dazu Soldaten, Ritter, Cowboys und Tiere. Jede Szene endete damit, daß die eine Seite immer nur noch einen einzigen Überlebenden hatte, der traurig seine Kameraden begrub, während die andere Seite ihren Sieg feierte und vielleicht einen oder zwei Gefallene begrub. Auf die Frage, welche der Figuren er sei, nannte Mark immer den Anführer der siegreichen Gruppe. Mark wünschte sehnlichst, im Leben auf der Seite der Gewinner zu stehen. Erst nach mehreren Sitzungen war er imstande, sich sein Bedürfnis, Freunde zu haben, »zu eigen zu machen« und sich mit dem einsamen Überlebenden der verlierenden Gruppe zu identifizieren. (Immerhin überlebte er wenigstens!) Erst dann konnten wir uns direkt dem zuwenden, was ihn hinderte, Freunde zu finden.

Debby, sieben Jahre alt, lebte in einer Pflegefamilie und besuchte ihre Mutter ungefähr zweimal im Monat an den Wochenenden. Ihr extrem aggressives Verhalten nach jedem dieser Besuche war der Grund, weshalb sie zu mir geschickt wurde. Debby war nicht in der Lage, das, was sie bei diesen Besuchen wirklich empfand, zum Ausdruck zu bringen, und sie sprach nie darüber, was eigentlich ihre aggressiven Gefühle verursachte – falls sie sich der Ursache überhaupt gewahr war. Weil sie nach den Besuchen immer so aggressiv war, wollte ihre Pflegemutter sie schon gar nicht mehr ihre Mutter besuchen lassen. In einer Sitzung bat ich Debby deshalb, diese Besuche im Sand zu spielen. Sie wählte sich Puppenfiguren aus, die ihre Pflegeeltern, die anderen Kinder in der Pflegefamilie, sie selbst, ihre Mutter, ihre kleinere Schwester, die in einer anderen Pflegefamilie untergebracht war, und sogar den Freund der Mutter darstellten, der Debby und ihre Schwester immer zu den Besuchen abholte. Mit kleinen weißen Bauklötzen baute sie alle notwendigen Häuser, teilte diese sogar in Zimmer ein und stattete sie mit Möbeln aus. Dann setzte sie jede Figur an den entsprechenden Platz und spielte mit der Puppe, die sie selbst darstellte, den ganzen Prozeß durch – vom Abgeholt- bis zum Zurückgebrachtwerden. Beim Zusehen wurde mir klar, daß diese Besuche Debby sehr stark belasten mußten, obwohl sie ihre Geschichte mit distanzierter, kühler, sachlicher Stimme erzählte. Selbst ich fühlte mich vom bloßen Beobachten, wie sich ihre Puppenfiguren bewegten und wieviel emotionales und kognitives »Gangschalten« nötig war, erschöpft. Ich sagte ihr, wie anstrengend ich die ganze Angelegenheit schon beim Zusehen fände und daß ich mir vorstellen könne, wie sich die Puppe und vielleicht auch Debby selbst fühlen müßten. Debby sah mir ein paar Sekunden lang aufmerksam in die Augen, und als ich ihren Blick erwiderte, brach sie in Tränen aus und kroch auf meinen Schoß, wo sie eine ganze Zeit schluchzte. So war Debby selbst – aber auch uns Erwachsenen – klar geworden, wie belastend diese Besuche für sie waren, und wir konnten einige Veränderungen bewirken und damit die Spannung der Ankunfts- und Abfahrtsprozedur einigermaßen mindern.

Sicherlich können Kinder reale Situationen ihres Lebens auch ohne Sand recht wirkungsvoll darstellen. Doch da Kinder sehr gerne mit Sand spielen, äußern sie sich mit Hilfe dieses Mediums viel freier. Debbys Szene ist außerdem ein gutes Beispiel dafür, wie wichtig es ist, daß ich auf das achte, was in *mir selbst* vorgeht. Bei meiner Arbeit mit Erwachsenen habe ich es gelernt, meinen eigenen Gefühlen und Körperempfindungen zu vertrauen und gezielt Gebrauch von ihnen zu machen. Dieser Aspekt der Arbeit ist aber bei Kindern noch sehr viel wichtiger, weil Kinder äußerst empfindsam und darüber hinaus gute Beobachter sind. Ein Kind merkt fast immer, wenn ich Interesse heuchle, mich in Wirklichkeit aber langweile. Als Debby mir in die Augen sah, wußte sie, daß ich ihr die Wahrheit sagte und daß sie mir vertrauen konnte.

Auch Lisa, dreizehn Jahre alt, lebte in einer Pflegefamilie, besuchte aber ihre wirklichen Eltern nie. Ihr wurde eine »kriminelle Neigung« attestiert.

Ich bat Lisa, irgendeine Szene im Sand aufzubauen. Sie arbeitete konzentriert und ließ eine Wüste entstehen mit ein paar kleinen Büschen, einem Kaninchen, einer Schlange, die in ein Loch kriecht, und mit einem Mädchen, das auf einem Hügel steht. Lisa wollte keine Geschichte erzählen, sondern beschrieb mir nur ihre Szene. Sie war jedoch bereit, sich mit dieser Szene und mit jeder einzelnen Figur zu identifizieren. Jedesmal beschrieb sie die Trostlosigkeit und Einsamkeit ihrer Existenz. Als ich sie fragte, ob etwas von dem, was sie gesagt hatte, auf ihr eigenes Leben zutreffe, begann Lisa von ihrer schrecklichen Einsamkeit zu erzählen. Nun, da Lisa ihre Gefühle in unseren Sitzungen äußern konnte, nahm ihr ausagierendes Verhalten allmählich ab.

Manchmal gehen Kinder in einer Sitzung auch ganz spontan von sich aus zur Sandkiste, so zum Beispiel der dreizehnjährige Gregory. Er hatte eine große Figur an die Tafel gezeichnet, die seine Mutter darstellte und die, wie er sagte, gerade brüllte. Ich bat ihn, seine Mutter zu sein und sich selbst anzuschreien. Er schrie: »Tu das ja nicht! Wenn du das noch einmal tust, darfst du nicht fernsehen! Tu dies nicht, tu das nicht, Nein, Nein, Nein, Nein, Nein! Wenn du das tust, werde ich 24 oder 48 oder 72 Stunden nicht mehr mit dir sprechen!« Noch während des Sprechens begann er, an die Tafel zu kritzeln. Dann sagte er plötzlich, er müsse mit der Sandkiste arbeiten. Er baute ein großes Haus aus Legosteinen und umgab es mit zahlreichen Tieren, einem großen Elefanten, einer Giraffe, einer Schlange, einem Esel, einem Vogel, einem Hai, einem Tiger und noch anderen Tieren sowie mit Bäumen, Büschen und Zäunen. Im Haus lebte ein Mann (er setzte eine männliche Figur in das Haus), und die Tiere lebten draußen. Als der Mann in seinem Auto zur Arbeit gefahren war (er stellte diese Szene spielerisch dar), spielten die Tiere und zerstörten dabei Garten und Haus. Die meiste Zerstörung richtete der Elefant an. Schließlich kam der Mann zurück. Er versammelte die Tiere um sich und sagte ihnen, sie sollten alles wieder aufräumen, er werde ihnen dann zuhören und mit ihnen über ihre Wünsche sprechen. Dann ging der Mann wieder, und die Tiere bauten das Haus unter der Leitung des Elefanten wieder auf, brachten alles wieder in Ordnung und fügten noch weitere Büsche, Zäune und eine Brücke hinzu. Der Mann kehrte zurück und sagte, daß er zufrieden sei. (Beim Erzählen bewegte Greg die Figuren ganz nach den jeweiligen szenischen Anforderungen.)

Als Gregory fertig war, lehnte er sich im Stuhl zurück und schwieg eine Zeitlang. Er müsse sich ausruhen, sagte er zu mir. Da unsere Zeit um war, fragte ich ihn, ob er sich mit dem Elefanten identifiziere. »Natürlich«, antwortete er. (Gregory war ziemlich dick – eine Tatsache, die ihn recht schwer belastete und seine Mutter reizte.) Gregory ging mit einem breiten Grinsen auf dem Gesicht nach Hause. Bevor er ging, griff er jedoch nach einem Stück Papier, kritzelte etwas darauf und drückte es mir beim Weggehen in die Hand. Auf dem Papier stand: »Ich mag Sie.«

Meistens beginnen kleinere Kinder in der Sandkiste sofort, spielerisch etwas darzustellen, zum Beispiel eine Kampfszene, während ältere Kinder die Gegenstände erst einmal sorgfältig und bedächtig im Sand aufstellen. Jugendlichen schlage ich manchmal vor, sich – ohne viel nachzudenken – irgendwelche Gegenstände von den Regalen zu nehmen oder ihre Welt, so wie sie sie sehen und fühlen, aufzubauen. Oder ich sage: »Schließ deine Augen und stell dir einen Augenblick deine Welt vor. Bau nun eine Szene auf, die das darstellt, was du vor deinem inneren Auge gesehen hast.«

Die Arbeit mit der Sandkiste verläuft genauso wie die Arbeit mit einer Zeichnung oder einem Traum. Sagt ein Kind »Dieser Tiger wird gleich jeden auffressen«, bitte ich es etwa, das zu tun. Dabei geschieht dann manchmal etwas Unvorhergesehenes. Zum Beispiel frißt der Tiger jeden auf – mit Ausnahme eines kleinen Kaninchens, mit dem er Mitleid hat. Oft achte ich darauf, welchen Gesamteindruck das Bild macht, und sage, welchen allgemeinen Schluß ich daraus ziehe: »Dein Zoo sieht ganz schön überfüllt aus. Fühlst du dich manchmal zu Hause eingeengt?« Oder ich sage etwas zum Prozeß: »Es fällt dir schwer, Gegenstände auszuwählen. Fällt es dir schwer, Entscheidungen zu treffen?«

Susan hatte ein schreckliches Erlebnis hinter sich: Ein Mann war ins Haus eingebrochen, hatte sie, während sie schlief, überwältigt und dann das Haus in Brand gesetzt. Sie sprach mit monotoner Stimme über dieses Erlebnis, ohne irgendwelche Gefühle zu zeigen. Zu Beginn unserer gemeinsamen Arbeit bat ich sie, in der Sandkiste ganz nach Wunsch irgendeine Szene aufzubauen. Ziemlich gleichgültig nahm die inzwischen zehnjährige Susan einiges aus dem Regal, legte es wieder zurück und probierte neue Sachen aus. Schließlich entschied sie sich für eine Szene, arbeitete eine Weile daran, setzte sich dann zurück und verkündete, daß sie fertig sei. Ich bat sie, mir die Szene zu beschreiben.

Susan: Nun, es ist eine Straße. Hier sind die Häuser, vor denen ein paar Autos parken. Und dieses große Gebäude am Ende der Straße ist ein Museum. Hier ist eine Frau, die gerade von der Arbeit kommt und nach Hause geht – sie ist mit dem Bus gefahren. Sie ist Krankenschwester. Im Museum befinden sich sehr teure Sachen, sehr wertvolle Gegenstände. Deshalb stehen hier an jeder Seite zwei kleine Wachhäuser mit zwei Wächtern (Spielzeugsoldaten). Jeder, der diese Straße entlang kommt, muß von den Wächtern überprüft werden, weil das Museum dort ist.

Bist du irgendwo auf dieser Staße? Wo bist du?

Susan: Ach, ich bin in einem dieser Häuser.

Wie fühlen sich die Leute, die in der Straße leben, wie fühlst du dich, daß ihr ein Wachhaus in eurer Straße habt?

Susan: Jedem gefällt das. Mir gefällt das auch.

Warum?

Susan: Kein Fremder kann in diese Straße kommen, ohne überprüft zu werden. Den Leuten gefällt das.

Susan, würdest du, nachdem, was du erlebt hast, gern in einer Straße wie dieser leben, in der sich ein Wachhaus befindet?

Susan: O ja! Es ist merkwürdig, daß wir jedesmal, wenn ich hier bin, immer wieder auf diese Geschichte zurückkommen! Ich hatte überhaupt nicht daran gedacht!

Danach konnten wir uns besser mit Susans Angst beschäftigen.

Seit kurzem habe ich außer der Kiste mit trockenem Sand eine zweite Kiste mit feuchtem Sand. Vor allem kleinen Kindern bereitet dies das größte Vergnügen. Ein fünfjähriger Junge fragte, ob er mehr Wasser in die Sandkiste bekommen könne, also goß ich ihm bereitwillig etwas Wasser aus einem Krug in die Kiste. Er wollte immer noch mehr. Ich goß also so viel Wasser hinein, bis der Behälter so voll war, daß man gerade noch darin herumplantschen konnte. Kenny verteilte den Sand so, daß eine Art Strand entstand, und begann dann, eine interessante Szene zu spielen, in der mehrere Dinosaurier und ein Alligator im Wasser wie am Strand mit Soldaten kämpften, die Kenny in der anderen Kiste mit dem trockenen Sand aufgestellt hatte. Die Dinosaurier gewannen. Als wir über sein Spiel sprachen, sagte Kenny zu mir, die Soldaten hätten gegen die Dinosaurier und selbst gegen einen Alligator überhaupt keine Chance gehabt, da diese sehr groß und stark und die Soldaten, nun ja, ganz gewöhnliche kleine Leute seien. Ich fragte ihn, ob er manchmal dieses Gefühl habe, klein unter lauter Riesen zu sein – nicht wirklichen Riesen, sondern Leuten, die manchmal wie Riesen auf ihn wirkten. Er grinste und nickte: »Ja, das stimmt!«

Für das Spielen mit der Sandkiste stehen den Kindern bei mir folgende Dinge zur Verfügung: *Fahrzeuge:* Autos, Lastwagen, Schiffe, Motorräder, Züge, Panzer und Jeeps, Flugzeuge, Hubschrauber, ein Krankenwagen, ein Polizeiauto, Feuerwehrautos. *Tiere:* Haustiere (Katzen, Hunde), Nutztiere, Tiere aus dem Zoo, wilde Tiere, Dinosaurier, Vögel, zahlreiche Pferde, Schlangen, Alligatoren, Krokodile, zahlreiche weiche Gummitiere, Fische, Haie. *Figuren:* Cowboys, Indianer, Soldaten, Ritter, eine Ballerina, eine Braut, ein Bräutigam, Batman, Schneewittchen und die sieben Zwerge, Nikolaus, ein Teufel, eine Hexe, ein großer Bär. Gegenstände, die sich als *Kulisse* eignen: Möbel, kleine Bauklötzchen, Gebäude, Bäume, Moos, Büsche, Flaggen, Brücken, Totempfähle, Muscheln, Kieselsteine, Treibholz, Kunststoffblumen, Zäune, Legosteine (die sehr häufig benutzt werden).

Es kommen aber ständig neue Gegenstände hinzu, weil ich immer nach weiteren interessanten Dingen Ausschau halte, wenn ich in einem Spielzeugladen, einer Zoohandlung, einem Hobbyladen, einem Laden für Geschenkartikel, einer Eisenhandlung, einem billigen Warenhaus usw bin.

Spiele

Als ich noch in Schulen mit verhaltensgestörten Kindern arbeitete, machte ich mit diesen Kindern oft Spiele, um soziales Lernen zu fördern. Diesen Kindern fiel es schwer, andere an die Reihe kommen zu lassen, beim Spielen nicht zu mogeln und vor allem verlieren zu können. Manche Kinder liefen, wenn sie ein Spiel verloren hatten, in eine Ecke des Raumes und vergruben ihren Kopf in den Armen und weinten hemmungslos. Andere schrien, kreischten, weinten und schlugen sich. Ein Außenstehender hätte ihr Verhalten wahrscheinlich für übertrieben gehalten – denn schließlich war doch alles nur ein Spiel. Für die Kinder war aber das Spiel Realität. Wurde ihnen beim Spiel Betrug vorgeworfen, so war das für sie nur wieder ein weiteres Beispiel dafür, daß man ihnen ständig Vorwürfe machte. Setzen sie sich im Spiel zur Wehr, so war dies für sie tatsächlich eine Frage von Leben und Tod. Waren solche Anfälle vorbei, spielten wir weiter.

Die Art und Weise, wie ein Kind spielte, war ein gutes Barometer dafür, wie es mit seinem Leben fertig wurde. Trotz aller Szenen, welche die Kinder beim Spielen immer wieder machten, und trotz aller heftigen Reaktionen spielten wir während des ganzen Schuljahres, und jedes Kind machte dabei erkennbare, manchmal bemerkenswerte Fortschritte. Durch die Spiele lernten die Kinder, sich auf andere in ihrem Leben zu beziehen, und je stärker sie in ihrem alltäglichen Leben wurden, um so besser wurde auch ihr Spielverhalten.

Die Spiele, die ich im Rahmen meiner therapeutischen Arbeit verwende, dienen verschiedenen Zwecken. Manchmal, wenn ein Kind ein Stück Arbeit beendet hat, schließe ich die Sitzung mit einem Spiel ab. Kinder wissen ganz genau, wann sie aufhören müssen. Wenn sie wichtige Situationen oder Gefühle enthüllt und durchgesprochen haben, sagen sie manchmal abrupt und sehr vernünftig: »Laß uns ein Spiel spielen.« Auf diese Art gibt das Kind zu verstehen: »Laß uns jetzt aufhören. Ich fühle mich erschöpft. Ich muß das, was geschehen ist, erst einmal assimilieren und integrieren und über alles nachdenken.«

Spiele machen aber nicht nur Spaß und dienen der Entspannung; sie helfen dem Therapeuten auch, das Kind kennenzulernen, über den anfänglichen Widerstand hinwegzukommen und gegenseitiges Vertrauen herzustellen. Spiele sind vor allem bei jenen Kindern hilfreich, denen es schwerfällt, zu kommunizieren, oder die eine Beschäftigung brauchen, auf die sie sich konzentrieren können. Außerdem fördern sie die Kontaktfähigkeit in der Therapiesituation selbst. Im Spiel offenbart sich der Prozeß des Kindes und die Haltung, die es im Leben einnimmt.

Psychoanalytisch orientierte Therapeuten benutzen Spiele häufig dazu, die »Übertragung« zwischen dem Kind und dem Therapeuten zu fördern. Wenn das Kind anfängt, auf den Therapeuten zu reagieren, *als ob* dieser ein anderer wichtiger Erwachsener in seinem Leben wäre – seine Mutter oder sein Vater zum Beispiel –, nutzt der Therapeut dieses »als ob«-Verhalten im therapeutischen Prozeß. Diese Form der Reaktion auf mich mag zwar wichtig sein, ich bin aber nicht daran interessiert, sie noch zu fördern. Ich bin *nicht* die Mutter des Kindes, ich bin ich. Ich möchte mich als die Person, die ich bin, auf das Kind beziehen und gemeinsam mit ihm die Unterschiede herausfinden.

Ich verwende nicht gerne komplizierte Spiele wie Monopoly oder Schach, die sehr viel Konzentration, innere Beteiligung und Zeit erfordern. Viel lieber benutze ich einfache Spiele wie Chinesisches Schach, das dreidimensionale Tic-Tac-Toe (das Lieblingsspiel vieler Kinder), Dummkopf (mein Lieblingsspiel), Jacks, Mikado (ein weiteres Spiel, das die Kinder sehr gern spielen), Memory, Perfection, Connect 4, ein Murmelspiel, Don't Break The Ice, Domino, einige Kartenspiele und Dame.

Ich schlage kein Spiel vor, das ich selbst nicht besonders gerne spiele, wie zum Beispiel Schach, bin aber auch zu diesem Spiel bereit, wenn das Kind es trotz meiner Abneigung, die es kennt, unbedingt spielen möchte.

Wenn man mit einer größeren Gruppe von Kindern arbeitet, kann man Zweier- oder Dreiergruppen bilden und jede Kleingruppe ein anderes Spiel spielen lassen; nach einer bestimmten Zeit geht jede Gruppe zu einem anderen Spiel über.

Seit einiger Zeit gibt es auch im Handel einige Brett- und Kartenspiele, die sich mit Gefühlen befassen, zum Beispiel »The Ungame« und das »Talking, Feeling and Doing Game«, mit denen ich oft arbeite. Dabei habe ich die Erfahrung gemacht, daß die Kinder oft an den mechanischen Aspekten des Spiels – den Markierungen, dem Spielbrett, den Spielmarken, den Kreiseln – Gefallen finden, während sie zugleich Fragen beantworten, Gefühle mitteilen und über ihr Leben sprechen. Solche Spiele kann man natürlich auch selbst herstellen. Das notwendige Zubehör – Pappdeckel, mehrfach beschriftbare Karten, Markierungen, Kreisel und Spielmarken – findet man in Schulwarenläden.

Auch Baukastensysteme wie Lego, Tinker Toys, Lincoln Logs und andere lassen sich in der Therapiesituation ausgezeichnet verwenden. Mir helfen sie oft, den anfänglichen Widerstand der Kinder zu überwinden, und den Kindern helfen sie, sich zu entspannen. Manche Kinder müssen etwas mit ihren Händen tun, wenn sie mit dem Therapeuten sprechen. Diese Baukastensysteme regen die Kinder zu kreativen Konstruktionen an, und die einzelnen Bauteile sind zudem mehrfach verwendbar, zum Beispiel in der Sandkiste oder in anderen Spielsituationen. Darüber hinaus offenbart sich der Prozeß des Kindes darin, wie es an Konstruktionsaufgaben herangeht.

Manche Kinder arbeiten gern mit Puzzlespielen – ganz gleich, ob es sich dabei um ein einfaches oder ein kompliziertes dreidimensionales Puzzle handelt. Oft arbeiten ein Kind und ich gemeinsam an einem Puzzle, wobei gerade dieses Spiel ihm manchmal einfach zur Entspannung dient.

Häufiger habe ich auch schon Zaubertricks angewandt. Richard Gardner ist einer der wenigen Therapeuten, die etwas über Zaubertricks geschrieben haben. In *Psychotherapeutic Approaches to the Resistant Child* schreibt er:

»Eine der sichersten Methoden, sich bei einem Kind beliebt zu machen, ist es, ihm ein paar Zaubertricks vorzuführen. Nur selten ist ein Kind so widerspenstig, unkooperativ, unruhig usw., daß es auf die Frage des Therapeuten: 'Soll ich dir mal einen Zaubertrick zeigen?' nicht mit einem 'Ja' antworten würde. Zwar gehören Zaubertricks im allgemeinen nicht zu den wichtigen, wirksamen therapeutischen Techniken, sie können aber dazu beitragen, daß sich das Kind überhaupt mit dem Therapeuten einläßt. Fünf Minuten können bereits

entscheidend sein. Danach ist das ängstliche Kind im allgemeinen weniger angespannt und deshalb eher bereit, sich auf bedeutsamere therapeutische Aktivitäten einzulassen. Selbst ein Kind, das sehr starken Widerstand leistet, gibt diesen Widerstand teilweise auf, wenn das Eis mit Hilfe eines Zaubertricks erst einmal gebrochen ist. Gewöhnlich kann man mit Zaubertricks auch das Interesse des unbeteiligten oder unruhigen Kindes gewinnen, das sich dann sehr viel bereitwilliger auch an anderen therapeutischen Aktivitäten beteiligt. Kurz, Zaubertricks fördern die Aufmerksamkeit und die Beteiligung. Da sie außerdem dafür sorgen, daß das Kind mehr Sympathie und Interesse für den Therapeuten hat, tragen sie auch zu einer Vertiefung der therapeutischen Beziehung bei, die, wie bereits betont, für den therapeutischen Prozeß von außerordentlicher Wichtigkeit ist« (S. 56–57).
Joel Moskowitz beschreibt in seinem Artikel »The Sorcer's Apprentice, or the Use of Magic in Child Psychotherapy« ausführlich, wie er Zaubertricks bei drei- bis fünfzehnjährigen Kindern anwendet. Er stellte fest, daß Zaubertricks dazu beitragen können, eine vertrauensvolle Kind-Therapeut-Beziehung herzustellen. So dienten sie etwa einem Jungen, der nur schlecht Englisch sprach, als eine Art Universalsprache und einem anderen, der als nachlässig und unbeholfen galt, gaben sie mehr Sicherheit und Selbstvertrauen.

Projektive Tests als therapeutische Technik

Obwohl projektive Tests eigentlich zu diagnostischen Zwecken entworfen wurden, eignen sich viele auch zu therapeutischen Zwecken. Und obwohl es fragwürdig ist, ob mit Hilfe dieser Tests überhaupt eine genaue Diagnose erstellt werden kann, steht ihre Nützlichkeit als *Ausdrucksmittel* außer Frage. Ich arbeite mit dem Testmaterial genau wie mit einer Geschichte, einer Zeichnung, einem Traum oder einer Sandkistenszene.

Hilfreich ist es auch, den Kindern die in den Auswertungsbögen enthaltenen Interpretationen vorzulesen. Dadurch wird das Kind ermutigt zu sagen, wie es sich selbst sieht. Aussagen von seiten des Kindes wie: »Ja, stimmt, so bin ich« oder »Nein, so bin ich gar nicht« oder »Nun, das stimmt manchmal« oder »Bei bestimmten Leuten bin ich das, bei anderen nicht« führen nicht nur zu weiteren Anstößen und Überlegungen, das Kind schöpft aus spezifischen, definitiven Aussagen über sich selbst auch zusätzliche Kraft und Selbständigkeit. Daß es lernt, Aussagen, die nicht auf seine Person zutreffen, zurückzuweisen, ist hierbei von wesentlicher Bedeutung.

Children's Apperception-Test: Ich bitte die Kinder, mir eine Geschichte zu einem Bild zu erzählen, und dann arbeite ich mit dieser Geschichte genauso, wie ich es an anderer Stelle beschrieben habe.

Thematic Apperception-Test: Dieser Test eignet sich besonders gut für die Arbeit mit Heranwachsenden. Ich bitte das Kind oder den Jugendlichen zu erzählen, was seiner Meinung nach in dem Bild geschieht, und dann arbeiten wir mit seinem »Produkt«. Manchmal schreibe ich das, was der Patient zu verschiedenen Bildern gesagt hat, auf, hole den Auswertungsbogen hervor und lese ihm vor, wie dort seine Antworten interpretiert werden. Dann frage ich ihn, ob diese Interpretationen seiner Meinung nach richtig oder falsch sind (und erkläre ihm bei dieser Gelegenheit, daß sie immer auch falsch sein können). Beispielsweise kann ich sagen: »Im Auswertungsbogen steht, deine Reaktion auf dieses Bild lasse erkennen, daß du dich sexuell zu älteren Männern hingezogen fühlst oder daß du deiner Mutter gegenüber Todeswünsche hegst.« Ein Jugendlicher, der eine solche Interpretation schwachsinnig findet, beginnt dann im allgemeinen eine lebhafte Diskussion mit mir (die ich diese Aussagen vielleicht genauso schwachsinnig finde) über die Gefühle, die diese Interpretation in ihm wachrufen.

Draw-a-Person-Test und *House-Tree-Person-Test:* Auch hier hole ich wieder den Auswertungsbogen hervor und frage das Kind, ob es mit dessen Interpretationen übereinstimmt oder nicht. Wenn nötig, übersetze ich die dort gebrauchten Ausdrücke in eine dem Kind verständliche Sprache.

Make-a-Picture-Story-Test: Diesen Test verwende ich nur im therapeutischen Sinne, indem ich das Kind bitte, seine Geschichte zu erzählen.

Handungen, Stile und Symbole in kinetischen Familienzeichnungen: Bei diesem Test wird das Kind gebeten zu zeichnen, wie seine Familienmitglieder irgendeine Tätigkeit ausführen. Mit dieser Zeichnung arbeite ich dann wie mit allen anderen Zeichnungen, oder ich lese dem Kind die Interpretation des Auswertungsbogens vor, damit es dazu Stellung nehmen kann.

Rorschach-Karten (Tintenkleckse): Ich bitte die Kinder, mir zu sagen, was sie in den Klecksen sehen, und dann arbeite ich mit dem, was sie mir dazu erzählt haben, wie mit jeder anderen Phantasie. Ich lasse sie zum Beispiel eine Geschichte erfinden, ich lasse sie das sein, was sie sehen, ein Gespräch zwischen den Teilen führen und so weiter.

Mit Lebensmittelfarbstoffen kann man auch leicht seine eigenen Tintenklecksmuster herstellen. Kleine Tuben verschiedener Farben bekommt man schon für wenig Geld. Man braucht nur einige Farben auf ein Blatt Papier zu drücken oder zu klecksen, das Papier zu falten und leicht zusammenzudrücken: Wenn man es wieder aufklappt, hat man seinen eigenen farbigen Tintenklecks, in den man nun alles Mögliche hineinlesen kann.

Farbwahltest von Lüscher: Diesen Test machen Jugendliche besonders gern. Sie wählen die Farben aus, die ihnen am meisten, weniger gut und am wenigsten gefallen, und wieder lese ich ihnen vor, wie ihre Reaktionen interpretiert werden.

Hand-Test: Bei diesem Test wird der Versuchsperson eine Anzahl von Bildern vorgelegt, auf denen Hände in verschiedenen Haltungen abgebildet sind – Hände, die nach etwas greifen, sich zusammenballen usw. Die Versuchsperson sagt dann, was die Hände ihrer Meinung nach gerade tun. Dieser Test regt dazu an, Geschichten, Eindrücke u. ä. zu erzählen.

Satzvervollständigungs-Test: Mit dem hierbei auftretenden Material therapeutisch zu arbeiten, ist sehr ergiebig.

Temperament-Analyse nach Tayler/Johnson: Dieser Test gibt eine Reihe von Gegensatzpaaren vor, wie nervös/ruhig, depressiv/fröhlich usw., und fordert die Versuchspersonen auf, sich selbst diesen Gegensätzen zuzuordnen. Aus den Antworten wird dann ein bestimmtes Persönlichkeitsprofil konstruiert. Ich gehe aber oft zu den anfänglichen Testfragen zurück, um noch mehr über die Selbsteinschätzung eines Kindes zu erfahren.

Problem-Check-List nach Mooney: Dieser Test ist eines meiner wertvollsten Hilfsmittel bei der Arbeit mit Kindern und Jugendlichen. Die Liste umfaßt 210 Aussagen, die sich an zehn- bis achtzehnjährige Schüler richten. (Es gibt auch eine Liste für College-Studenten.) Ich lese dem Kind die Aussagen vor und bitte es, mit richtig oder falsch, ja oder nein zu antworten. Die Aussagen umfassen Sätze wie »Ich habe oft Kopfschmerzen« oder »Ich schäme mich einer Sache, die ich getan habe«. Kinder spüren immer, daß eine Beziehung zwischen diesen Aussagen und ihrem eigenen Leben besteht, und erzählen mir vieles über sich selbst, das ich vorher nie zu hören bekommen habe. Wenn wir den Test durchgegangen sind, schauen wir uns noch einmal einige Antworten genauer an und verfolgen sie weiter.

Fable-Test nach Despert: Ursprünglich wurden Fabeln erfunden, um einen bestimmten Konflikt oder eine kritische Situation zu thematisieren. Beispiel:

Auf einem Baum in einem Nest schlafen Papa Vogel, Mama Vogel und ihr kleines Vogelkind. Plötzlich bläst ein starker Wind; er schüttelt den Baum so sehr, daß das Nest auf die Erde fällt. Davon wachen die drei Vögel erschrocken auf. Papa Vogel fliegt schnell auf eine Ananaspalme, Mama Vogel auf eine andere Ananaspalme. Was wird der kleine Vogel tun? Er kann schon ein klein wenig fliegen.

Es gibt natürlich noch viele andere Tests, die ich jetzt nicht erwähnt habe, die sich aber auch sehr gut therapeutisch nutzen lassen.

Werden Tests zu Diagnosezwecken eingesetzt, müssen wir die Ergebnisse mit *großer* Vorsicht behandeln. Normalerweise hat das Kind keine Gelegenheit, Stellung zu nehmen und den Schlußfolgerungen des Fachmanns zu widersprechen. Testergebnisse können etwas Entpersönlichendes und Endgültiges an sich haben, dem man nur schwer entgegenwirken kann, wenn die Ergebnisse erst einmal in die Akten aufgenommen worden sind. Das kann für ein Kind von großem Nachteil sein.

In einem mir bekannten Fall wurde ein Kind von einem Psychologen aufgrund einer Reihe von Tests als schizophren diagnostiziert. Diese Diagnose tauchte dann immer wieder in den Akten des Sozialamtes auf. Später kam dieser Junge zu mir in therapeutische Behandlung, und ich erhielt Kopien der Testergebnisse. Nachdem ich fünf Minuten mit diesem Kind zusammen war, wußte ich, daß es nicht schizophren war. Der Junge hatte jedoch (wie er mir später erzählte) große Angst empfunden vor dem Psychologen, der ihn getestet hatte, und sich deshalb hinter eine Mauer des Schweigens zurückgezogen. Der Psychologe hatte sicher nicht die Absicht gehabt, dem Kind Angst einzujagen. Das Kind wurde jedoch von irgend etwas abgestoßen. Wichtig ist in diesem Zusammenhang, daß die Ergebnisse, obwohl der Psychologe wahrscheinlich nur sein Bestes tat, falsch waren. Nachdem die Testergebnisse aber erst einmal vorlagen, behandelte jeder das Kind, als ob es schwer gestört wäre.

Kürzlich kam ein Kind in meine Praxis, das von der Schule »getestet« und als retardiert diagnostiziert worden war. Gleich nach dem ersten Kontakt wußte ich, daß dies nicht der Fall war. Dieser Junge, ein nordamerikanischer Indianer, hatte bisher – er war sieben Jahre alt – in einem Reservat gelebt und war nun von der für ihn neuen Schulsituation schlicht und einfach überwältigt.

Wer sich dafür interessiert, wie man Kinderzeichnungen psychologisch interpretieren kann, dem empfehle ich, das Buch *Children's Drawings as Diagnostic Aids* von Joseph H. Di Leo zu lesen. Der Autor zeigt, was man alles durch eine Kinderzeichnung erfahren kann, wenn man die Lebenssituation des Kindes kennt. Zeichnungen können, genau wie Träume, oft genaue Aussagen darüber machen, was sich im Leben eines Menschen gerade abspielt. Jedoch kann nur der/die Betroffene selbst die Richtigkeit bestätigen, und solange er das nicht in irgendeiner Weise tut (und sei es auch nur für sich selbst in Form einer Zeichnung), hat es keinen Sinn, eine Diagnose zu erstellen. Meine diagnostischen Vermutungen können mir lediglich helfen, den Therapieprozeß in eine bestimmte Richtung zu lenken. Sollte ich jedoch eine falsche Richtung einschlagen, wird mich das Kind dies auf irgendeine Weise wissen lassen. Ich muß es lediglich erkennen.

Ein gutes Beispiel für eine Fehlinterpretation findet sich in dem Buch *Human Figure Drawings in Adolescence*. Bei einem dreizehnjährigen Kind wird die Diagnose gestellt, es leide an einer pseudoretardierten Kindheitsschizophrenie, und seine Zeichnungen werden folgendermaßen interpretiert:

»Diese bestürzenden Bilder bestätigen die Diagnose. Der Patient sieht sich nicht als Person, die er ist, sondern als eine Art... Standuhr mit umgekehrten Ziffern und ausgestreckten Antennen. Das freistehende Pendel sieht wie ein Nabel aus« (S. 109).

Meiner Meinung nach – und ich bin mir ziemlich sicher, daß das Kind, wenn es bloß gefragt worden wäre, die Tatsache bestätigt hätte – handelt es sich hier um eine sehr gute Darstellung eines Fernsehgerätes! Das »freistehende Pendel« ist der Knopf zum Ein- und Ausschalten. Die »Uhr mit den umgekehrten Ziffern« ist der Programmschalter! Jeder, der sich einmal einen Fernseher genau angesehen hat – und dieses Kind hat das offensichtlich getan –, weiß, daß die Zahlen auf dem Programmschalter immer entgegen dem Uhrzeigersinn angebracht sind.

Jeder, der Kinderbilder untersucht, muß etwas über die normale künstlerische Entwicklung bei Kindern wissen. Es gibt viele gute Bücher, die für bestimmte Phasen der kindlichen Entwicklung typische Zeichnungen beschreiben. Ruth Kellog etwa hat dieses Gebiet gründlich untersucht und ihre Ergebnisse in dem ausgezeichneten und umfassenden Buch *Analyzing Children's Art* zusammengefaßt.

Als ich vor vielen Jahren als Studentin in einer Vorschulklasse arbeitete, geschah immer wieder etwas, das mich vor Hilflosigkeit und Frustration in Tränen ausbrechen ließ. Die Lehrerin, der ich zugeteilt wurde, galt als besonders vorbildlich, hatte aber meiner Meinung nach keine Ahnung von Kindern. Einmal malte ein Kind stillvergnügt auf einer Staffelei, als die Lehrerin plötzlich das Bild von der Staffelei herunterzog, es in Fetzen riß und schrie: »Kommen deine Arme aus deinem Kopf?« Als ich sie später deshalb zur Rede stellte, blieb sie dabei, daß es ihre Aufgabe sei, den Kindern beizubringen, wie man etwas *richtig* macht! Ich konnte ihr nicht begreiflich machen, daß beinahe jedes Kind diese Phase durchläuft, in der Arme und Beine aus dem Kopf kommend gezeichnet werden. Indem sie forderte, die Kinder sollten sich an ihre Anweisungen halten, unterdrückte sie Wachstum, Kreativität, Ausdruck und Lernen. Als wir später den Hafen besuchten und die Kinder aufgefordert wurden, den Hafen mit Bauklötzen nachzubauen, mußten alle Gebäude bis hin zur Anzahl der verwandten Klötze einander genau gleichen. Mir sagte sie, daß sie die Kinder lehre, die Dinge so zu sehen, wie sie sind! Diese Lehrerin wurde wegen ihrer ruhigen, ordentlichen, wohlerzogenen Klasse sehr bewundert.

Ich selbst lege zwar bei meiner Arbeit mit Kindern keinen besonderen Wert auf Tests, habe aber die Erfahrung gemacht, daß Eltern, Schulen und Sozialämter ganz erpicht darauf sind und sich von Testergebnissen stark beeinflussen und beeindrucken lassen. Sie scheinen Bestätigung für das zu suchen, was sie selbst an einem Kind beobachtet haben. Erwachsene sind deshalb immer ganz begeistert, wenn ich ein paar bewährte Test durchführe und dann in einem Bericht eine bestimmte Schlußfolgerung ziehe, zum Beispiel diese: »Die Ergebnisse der obigen Tests lassen erkennen, daß dieses Kind Tendenzen zu antisozialem Verhalten zeigt. Es ist restriktiv und ängstlich und richtet seinen unterdrückten Zorn gegen sich selbst, seit kurzem gelegentlich auch gegen andere.« All das wußten wir bereits vorher, aber erst die Tests machten unsere Beobachtungen zu *Tatsachen*. Mit einem Seufzer der Erleichterung, daß wir nun also wissen, um welches Problem es geht, können wir uns dann der Therapie zuwenden.

9 Der therapeutische Prozeß

Das Kind kommt in die Therapie

Was veranlaßt eine Mutter oder einen Vater, ein Kind zum Psychotherapeuten zu bringen?

Viele Kinder zeigen Verhaltensweisen, die darauf schließen lassen, daß irgend etwas nicht stimmt. Die meisten Eltern zögern jedoch, bevor sie die Hilfe eines Psychotherapeuten in Anspruch nehmen. Ich glaube, die meisten Eltern würden lieber leugnen, daß ihr Kind Probleme hat, welche die Hilfe eines Fachmanns erforderlich machen. Sie sagen sich: »Das Kind macht im Moment eine schwierige Phase durch; das gibt sich mit der Zeit wieder.« Welche Eltern möchten sich schon eingestehen, daß sie als Eltern versagt haben? Außerdem stellen die Kosten einer Therapie für die meisten Eltern ein erhebliches Problem dar, ganz zu schweigen von der Zeit, die erforderlich ist, um das Kind zu den Sitzungen zu bringen. Auch kann man nie wissen, was dabei herauskommt, wenn man sein Kind in therapeutische Behandlung gibt. Manche Eltern spüren insgeheim, daß *sie* eigentlich diejenigen sind, die Hilfe brauchten, und es ist gar nicht so leicht, dieser Tatsache ins Auge zu sehen.

Als meine Tochter ungefähr elf Jahre alt war, entwickelte sie folgenden Tick: Sie warf ihren Kopf zurück, als ob sie ihre Halsmuskulatur dehnen wollte. Sie machte das immer häufiger, bis es zu einer ärgerlichen Angewohnheit wurde. Wir gingen mit ihr zu einem Arzt, der die Sache damit abtat, daß das kein Anlaß zur Sorge sei. Unsere Tochter hörte aber einfach nicht auf damit. Ihr Vater und ich sind beide Psychotherapeuten, und *trotzdem* gingen wir mit unserer Tochter nicht sofort zu jemandem, der ihr besser als ein Arzt hätte helfen können, die Ursache dieses Ticks zu entdecken. Wir selbst achteten nicht auf das, was ihr Körper uns zu sagen versuchte. Glücklicherweise hörte sie nach einiger Zeit von selbst damit auf. Rückblickend wurde uns klar, daß auch wir – genau wie viele andere Eltern – die Tendenz haben, zu lange zu warten, bevor wir die Hilfe eines Psychologen in Anspruch nehmen. Hätte unsere Tochter ihren Tick vielleicht so lange beibehalten, bis ihre Halsmuskeln Schaden erlitten hätten, dann hätten wie sie natürlich zu einem Psychotherapeuten gebracht — nur leider zu spät.

Bis sich die Eltern endlich entschließen, zum Telefon zu gehen und einen Therapeuten anzurufen, ist die Situation für das Kind oder die Eltern häufig schon sehr schwierig geworden. Selbst wenn die Eltern vom Verhalten des Kindes nicht direkt betroffen sind, haben ihr Unbehagen, ihre Angst oder Besorgnis dann doch ein solches Ausmaß erreicht, daß sie sich gezwungen fühlen, etwas zu unternehmen.

Manchmal bringen Eltern ihre Kinder auch deshalb in die Therapie, weil irgend etwas Ungewöhnliches geschehen ist und sie sichergehen wollen, daß das Kind mit diesem Erlebnis und den daraus resultierenden Gefühlen fertig wird. Solche Ereigniss können der Tod oder die Krankheit eines geliebten Menschen, Mißhandlung, Belästigung, ein Unfall oder Erdbeben sein.

Gelegentlich bittet ein Kind auch selbst um eine Behandlung. Viele Heranwachsende haben schon von sich aus eine Therapie in die Wege geleitet. Manchmal bitten Kinder, mit denen ich früher bereits gearbeitet habe, erneut um Hilfe. Ein neunjähriges Mädchen, das einmal drei Monate lang bei mir in Behandlung gewesen ist, sagt immer wieder einmal zu seiner Mutter: »Ich möchte, daß du bei Violet einen Termin für mich ausmachst.«

Wenn ich gefragt würde, wann man ein Kind in therapeutische Behandlung geben sollte, wüßte ich nicht, was ich antworten sollte. Wie kann man wissen, ob es »Zeit« ist oder ob sich das Problem von selbst lösen wird? Gewiß wäre es lächerlich, wegen jedes Konflikts oder jedes Problems zum Therapeuten zu laufen. Ich bin der festen Überzeugung, daß Eltern lernen sollten, gewissermaßen »bei ihren Kindern wohnende Therapeuten« zu sein. Kinder teilen ihren Eltern zwar nicht immer mit, was in ihnen vorgeht, Eltern können aber lernen, mit vielen im täglichen Leben auftauchenden Situationen fertigzuwerden. Die meisten der in diesem Buch beschriebenen Techniken können auch Eltern anwenden. Oft genügt es schon, daß Eltern mit Hilfe bestimmter Programme wie dem Eltern-Effektivitätstraining lernen, mit ihren Kindern zu kommunizieren, um bereits viele schwierige Situationen des täglichen Lebens selbst bewältigen zu können. Manchmal weiß ich, wenn ich ein Kind sehe, daß die Eltern unter ein wenig Anleitung mit dem Problem selbst fertigwerden können; alles, was nötig ist, sind ein paar Sitzungen mit Vätern und Müttern, die zur Kooperation bereit sind.

Auf einem Campingplatz hatten sich die neunjährige Diana und ihre Eltern mit einem jungen Mann angefreundet. Eines Tages wollten die Eltern in die Stadt fahren, um Lebensmittel zu kaufen, und baten den jungen Mann deshalb, bei Diana zu bleiben. Als sie weg waren, nahm der ungefähr Zwanzigjährige Diana auf den Schoß, küßte sie auf die Lippen und streichelte sie. Diana erzählte ihrer Mutter später, was geschehen war, woraufhin diese ganz außer sich war und Diana einschärfte, nur ja ihrem Vater nichts zu erzählen. Diana (die körperlich nicht verletzt worden war und zugegeben hatte, die Liebkosungen des jungen Mannes genossen zu haben) reagierte nun auf das Verhalten der Mutter damit, daß sie sagte, sie sei krank, und die ganze Woche das Zelt nicht verließ. Als sie wieder zu Hause waren, brachte die Mutter sie zu mir. Diana hatte Alpträume und Magenschmerzen und wollte nicht zur Schule gehen.

Als Diana und ich dann allein waren, wollte sie wissen, warum ihre Mutter sich so verhalten habe. »Warum war sie so außer sich? Warum wollte sie nicht, daß ich es meinem Vater erzählte?« Wie sich herausstellte, wußte Diana die Antwort auf diese Fragen sehr wohl. Diana war sehr begierig, Informationen über das Thema Sexualität zu erhalten, eine Tatsache, die ihre Eltern lieber ignorierten. Nach zwei Sitzungen, an denen Diana und ihre Eltern gemeinsam teilnahmen und in denen offen über Sexualität gesprochen wurde und darüber, warum es nicht richtig sei, daß ein Zwanzigjähriger eine Neunjährige liebkost, war Diana wieder die alte. Ihren Eltern gelang es, bislang tabuisierte Themen offen und frei mit Diana zu besprechen. Das letzte, was Diana zu mir sagte, als sie meine Praxis verließ, war: »Wenn dieser Kerl Mädchen seines eigenen Alters umarmen und küssen sollte, hätte er Angst vor ihnen, vor mir hat er aber keine Angst. Ich glaube, er muß noch etwas erwachsener werden. Vielleicht hat ihn seine Mutter, als er noch klein war, nicht oft genug umarmt und geküßt.«

Es ist nicht leicht zu erkennen, wann der richtige Augenblick gekommen ist, ein Kind in die Therapie zu bringen. Oft sorgt das Kind selbst dafür, daß etwas getan wird, indem es vielleicht immer heftiger kämpft, bis jemand etwas merkt. Häufig fällt das Verhalten des Kindes zuerst in der Schule auf, allerdings wird meistens erst dann etwas unternommen, wenn die Situation unerträglich geworden ist. Nachdem ein Junge infolge seines antisozialen Verhaltens auf dem Schulhof bereits wochenlang während der Pausen und während der

Mittagszeit im Büro des Schulleiters hatte sitzen müssen, wurden seine Eltern schließlich davon in Kenntnis gesetzt, daß der Junge, falls sie nicht einen Psychologen zu Rate ziehen würden, in eine Klasse für verhaltensgestörte Kinder gesteckt werden müsse.

Viele meiner Klienten werden vom Gericht an mich überwiesen. Viele dieser Kinder zeigten bereits Verhaltensstörungen, lange bevor sie verhaftet wurden. Ein sechzehnjähriger Junge, der eines Gerichtsbeschlusses zufolge zu mir in die Therapie kam, hatte seit seinem ersten Schuljahr »Schwierigkeiten gemacht«, wie seine Mutter es ausdrückte. Sie sagte, es sei ihm sehr schwer gefallen, lesen zu lernen und in der Schule stillzusitzen – damit hätten alle Schwierigkeiten begonnen. Dies war aber das erste Mal, daß er psychotherapeutische Hilfe erhielt.

Ärzte haben es oft mit Kindern zu tun, die wegen körperlicher Symptome zu ihnen in die Behandlung kommen, welche sie aber als psychogen diagnostizieren. Dennoch schicken manche Ärzte das Kind wieder nach Hause, ohne den Eltern zu empfehlen oder sie gar zu drängen, einen Psychologen zu Rate zu ziehen. Ein zehnjähriges Mädchen litt an starken Magenschmerzen. Nach vielen intensiven Untersuchungen stand es für die Ärzte fest, daß es keine körperlichen Ursachen für die Schmerzen gab, diese vielmehr auf Angst und Anspannung zurückzuführen seien. Sie verschrieben Beruhigungsmittel, erwähnten aber die Möglichkeit einer psychotherapeutischen Behandlung mit keinem Wort. Als die Schmerzen trotz der Tabletten weiter anhielten, brachten die Eltern das Mädchen schließlich zu mir in die Therapie.

Ein weiterer wichtiger Grund, weshalb Eltern zögern, sich an einen Psychotherapeuten zu wenden, ist, so glaube ich, ihr Glaube, Psychotherapie sei notwendigerweise ein sehr langwieriger, sich möglicherweise über Jahre hinziehender Prozeß. (In dem Abschnitt über die Beendigung der Therapie werde ich dieses Problem noch etwas ausführlicher behandeln.) Gewiß gibt es Kinder, bei denen eine langfristige Behandlung erforderlich ist. Ich habe jedoch festgestellt, daß viele Probleme im allgemeinen innerhalb von drei bis sechs Monaten bei einer Sitzung wöchentlich gelöst werden können.

Manchmal erhalte ich, bevor ich überhaupt anfange, mit dem Kind zu arbeiten, ganze Papierstapel Material über das Kind: Testergebnisse, Diagnoseberichte, Gerichtsverfahren, Schulberichte. Diese Papierstapel bieten zwar interessanten Lesestoff, wenn es aber soweit ist, kann ich nur so mit dem Kind umgehen, wie es sich selbst mir gegenüber darstellt. Wenn ich die mir gegebenen Informationen meiner Arbeit zugrunde legen würde, dann würde ich mich nicht mit dem Kind, sondern mit dem auseinandersetzen, was auf einem Stück Papier steht. Auf diesen Papieren sind aber die Wahrnehmungen, Ergebnisse und oft auch unfairen Urteile *anderer* schriftlich festgehalten.

Ein fünfzehnjähriges Mädchen sagte einmal zu mir: »Ich möchte, daß meine Mutter mich an eine Schule in Arizona schickt, von der ich gehört habe. Dort weiß niemand etwas von mir, und ich kann ganz von vorne anfangen.« Sie war im Sumpf der negativen Erwartungen anderer steckengeblieben (Erwartungen, die peinlich genau in Verwaltungsakten dokumentiert waren) und fühlte, daß sie keine Chance mehr hatte.

Ich muß also mit dem Kind da beginnen, wo es sich befindet, wenn es *bei mir* ist, ohne mich um das zu kümmern, was ich von ihm gehört, gelesen oder auch nur selbst diagnostiziert habe.

Das Kind nimmt Kontakt zu jemandem auf, der bereit ist, es so zu akzeptieren, wie es in jenem Augenblick ist, ohne vorgefaßte Meinungen und Urteile an es heranzutragen. Es kann eine andere Seite von sich zeigen, vielleicht eine sanfte, entgegenkommende Seite, die es seinen Eltern und Lehrern gegenüber nur schwer offenbaren kann. Wenn ein Kind, das in Berichten als laut und aggressiv beschrieben wird oder meinen eigenen Tests zufolge defensiv-feindselig sein soll, mir gegenüber fügsam und empfänglich ist, kann ich auf das Kind nur so eingehen, wie es bei mir in diesem Moment *ist*, wie es *jetzt* sein will. Auch ein Kind ist ein vielschichtiges Wesen, das zu vielen verschiedenen Arten des Seins fähig ist.

Vor meiner ersten Begegnung mit der dreizehnjährigen Jennifer erhielt ich einen dicken Aktenordner, der die verschiedensten Berichte enthielt: Schulberichte, psychiatrische Beurteilungen, psychologische Testergebnisse, den Bericht eines Bewährungshelfers. Sie wurde darin als feindselig beschrieben; es hieß, sie lehne jegliche Hilfe oder Vorschläge ab, es mache ihr nichts aus, die Schule zu schwänzen, von zu Hause wegzulaufen, Ladendiebstähle zu begehen, sich sexueller Promiskuität hinzugeben, und sie zeige keinerlei Interesse an der Schule oder ihrer Zukunft. Es wurde die Prognose gestellt, sie werde in absehbarer Zeit entweder schwanger werden oder solange mit ihrem antisozialen Verhalten fortfahren, bis sie im Gefängnis lande. Ich sah meiner bevorstehenden Begegnung mit Jennifer mit großer Besorgnis entgegen und fragte mich, wie ich, angesichts ihrer früheren Erfahrungen mit psychologischen Beratungsstellen, überhaupt einen Anfang machen könnte. Ich stellte mir ein hartes, höhnisch grinsendes, blasiertes Mädchen vor. Ihre auch in den Unterlagen festgehaltene Weigerung, einen weiteren »Klapsdoktor« aufzusuchen, es sei denn, es handele sich diesmal um eine Frau, wunderte mich jedoch, und ich erinnerte mich an mein eigenes Prinzip, mich solange eines Urteils zu enthalten, bis ich mit dem Klienten persönlich in Kontakt gekommen war.

Jennifer wurde von ihrem Vater in meine Praxis gebracht, der mir in ihrer Gegenwart erzählte, er habe jegliche Hoffnung aufgegeben, daß ihr noch irgendwie geholfen werden könne.

Als Jennifer und ich allein waren, erzählte ich ihr als erstes, daß ich wegen all dem, was ich über sie schon gehört hatte, dieser Begegnung mit großer Angst entgegengesehen hätte. Jennifer, ein dünnes, zartes, bleiches Mädchen, sah mich erstaunt an. Ich sagte ihr, wie ich sie mir vorgestellt hatte, stand sogar auf und spielte ihr die Szene vor, so daß wir schließlich beide lachen mußten. Sie wollte wissen, wie ich sie jetzt sähe; ich stand also auf, nahm eine gekrümmte Haltung an, zog meine Schultern ein und ging mit kleinen, zögernden Schritten im Zimmer umher. »Wenn ich so gehe«, sagte ich, »komme ich mir wie eine ängstliche, kleine Maus vor.« Jennifer antwortete: »Sie haben's erraten.« Ich fragte sie nun, warum sie nur zu einer Therapeutin hatte gehen wollen. »Ich hasse es, wie Männer zu mir sprechen«, sagte sie. Wie konnte Jennifer auch nur beginnen, zu jemandem über sich selbst und ihre tieferen Gefühle zu sprechen, wenn sie bereits die Art und Weise haßte, wie derjenige zu ihr sprach?

Die erste Sitzung

Im allgemeinen rufen mich die Eltern an, um einen ersten Termin auszumachen, und versuchen am Telefon, mir das Problem zu erklären. Ich sage ihnen dann, daß sie mir, wenn sie mit ihrem Kind zu mir kommen, noch einmal in Gegenwart des Kindes erzählen sollten, um welches Problem es gehe. Meines Erachtens ist es wichtig, daß das Kind zugegen ist, damit seine schlimmsten Vorstellungen und Befürchtungen etwas gemildert werden. Das Kind weiß nämlich immer, daß etwas nicht in Ordnung ist und stellt sich das Problem oft schlimmer vor, als es in Wirklichkeit ist.

Nie lasse ich ein Kind, während seine Eltern mit mir sprechen, im Wartezimmer warten. Was immer sie mir zu sagen haben, sie müssen es in Gegenwart des Kindes sagen. So kann ich die Reaktionen des Kindes und die Eltern-Kind-Dynamik beobachten, zunächst einmal alle Seiten anhören und, vor allem, sofort eine vertrauensvolle Beziehung zu dem Kind herzustellen versuchen. Es sieht, daß ich ein fairer und unparteiischer Teilnehmer bin, der sich für jeden – besonders aber für das Kind – interessiert.

Wenn die Familie also in mein Büro kommt, bitte ich die Eltern, mir zu erzählen, was sie dazu veranlaßt habe, mich mit ihrem Kind aufzusuchen. In der Regel beginnt die Mutter zu berichten. Nach einigen Sätzen unterbreche ich sie und frage das Kind, ob es dem, was seine Mutter da gesagt hat, zustimme. Oft drücken sich die Eltern in komplizierten Worten aus und versuchen, über den Kopf ihres Kindes hinweg zu sprechen. Davor hüte ich mich sehr und achte auch bei anderen auf eine einfache Sprache. Wenn die Mutter zum Beispiel sagt: »Er hat in der Schule ein sehr antisoziales Verhalten an den Tag gelegt«, dann frage ich das Kind, ob es weiß, wovon seine Mutter spricht. Selbst wenn es dann ja sagt, bitte ich die Mutter, *mir* zu erzählen, was genau sie damit meint. Als eine Mutter das Wort »antisozial« gebrauchte, sagte das Kind: »Ich habe das nicht!« – als ob es sich dabei um so etwas wie Masern handelte. Genauso reagierte ein anderes Kind auf das Wort »introvertiert«.

Im allgemeinen mache ich mir keine allzugroßen Sorgen, wenn das Kind zu diesem Zeitpunkt noch nicht bereit ist, etwas zu sagen oder seinen eigenen Standpunkt darzulegen. Ich möchte vor allem, daß es anwesend ist, damit es Gelegenheit hat zu hören, was seine Eltern sagen, und sich genau anzusehen, wer ich bin. Es macht die Entdeckung, daß ich an ihm interessiert bin, es anschaue, ihm zuhöre, Achtung vor ihm habe. Ich spreche nicht von oben herab mit ihm, ignoriere es nicht, mißachte es nicht oder tue so, als ob es ein Objekt wäre, das zur Diskussion steht. Ich versuche, es in das Gespräch einzubeziehen, und sei dies nur, indem ich es frage, ob es den Äußerungen seiner Eltern zustimmt, oder indem ich Blickkontakt zu ihm herstelle. Das Kind weiß bald, daß ich es sehr ernst nehme.

Mir liegt daran, unmißverständlich klarzumachen, daß ich wirklich zuhöre und bemerkt habe, daß die Mutter, der Vater oder die Lehrer sich wegen des Verhaltens des Kindes Sorgen machen. Ich möchte aber auch klarstellen, daß ich das, was gesagt wird, nicht unbedingt gleich als vollendete Tatsache akzeptiere. Ich möchte erst einmal herausfinden, *wessen* Problem das ist. Ich möchte wissen, ob das Problem auch von dem Kind selbst für ein Problem gehalten wird. Ist das nicht der Fall, sage ich den Betroffenen, daß es sich um das Problem der Schule oder der Eltern, nicht aber um das Problem des Kindes handelt. Das Kind ist dann sehr erleichtert.

Zum Beispiel kam eine Mutter mit ihrer sechsjährigen Tochter in meine Praxis und erzählte mir, die Lehrerin habe ihr nahegelegt, mit dem Kind zu einem Psychologen zu gehen, weil es andere Kinder beiße und schlage und überhaupt keine Freunde habe. Zunächst mußten wir versuchen, dem Kind so gut wie möglich klarzumachen, was eine psychologische Beratung ist. Als ich die Tochter dann fragte, ob es stimme, daß sie andere Kinder beiße und schlage und überhaupt keine Freunde habe, sagte sie: »Ich *habe auch* Freunde!« Ich sagte hierauf: »Ich vermute, daß deine Lehrerin besorgt ist – es ist also *ihr* Problem. Irgendwie hat sie, die Lehrerin, den Eindruck, du hättest keine Freunde, und macht sich deshalb Sorgen, und außerdem glaubt sie, daß du andere Kinder beißt und schlägst.« Dann fragte ich die Mutter, ob sie glaube, ihre Tochter habe keine Freunde. Die Mutter erwiderte: »Nun, sie ist viel zu Hause, aber sie hat einen kleinen Freund, der ein Stück weiter oben in unserer Straße wohnt, mit dem sie spielt.« Also sagte ich: »Dann ist es für *Sie* kein Problem.« »Nein«, erwiderte die Mutter, »ich habe nie ein Problem darin gesehen.« Das Ganze stellte sich also als das Problem der Lehrerin heraus. Damit war das Kind sehr zufrieden, und seine Anspannung ließ nach.

In der ersten Sitzung lasse ich kein Aufnahmeformular ausfüllen. Meine »Bestandsaufnahme« ist der Ablauf der ersten Sitzung, in der Eltern und Kind zu mir kommen und mir erzählen, warum sie mich aufsuchen. Eine Therapeutin, mit der ich befreundet bin, hat einen recht einfachen Aufnahme-Fragebogen entworfen, den sie von Kindern und Jugendlichen ausfüllen läßt und der ihr, wie sie glaubt, hilft, das anfängliche Eis zu brechen. Dort wird nach Name, Adresse, Geburtstag, Hobby, Kindern in der Familie, eigenem Zimmer oder nicht, Schule, Klasse und ähnlichem mehr gefragt. Ich fühle mich aber nicht ganz wohl bei dem Gedanken, ein Aufnahmeformular ausfüllen zu lassen. Ich stelle mir nämlich vor, daß das Kind oder die Eltern dann vielleicht annehmen, ich besäße nun alles, was ich über das Kind wissen müsse, und würde diese Informationen speichern, um sie, wann immer erforderlich, hervorzuholen und zu verwenden. Ich ziehe es vielmehr vor, langsam, im Verlauf der verschiedenen Sitzungen, immer mehr Informationen über das Kind zu sammeln, weil diese dann eher in einem sinnvollen Zusammenhang auftauchen. Aufnahmeformulare werden von anderen aber wahrscheinlich zu einem ganz ähnlichen Zweck verwendet wie etwa von mir Zeichnungen in der ersten Sitzung benutzt werden. Wir alle müssen irgendwie die therapeutische Beziehung herstellen — und das ist am Anfang oft gar nicht so einfach.

Nachdem das Problem zur Sprache gebracht und klar umrissen worden ist, bitte ich häufig die Eltern, draußen zu warten, während ich dann allein mit dem Kind spreche. Ich sage ihm beispielsweise, daß ich alles in meiner Macht Stehende tun werde, ihm zu helfen, daß ich Spiele mit ihm spielen will, die ihm sicherlich Spaß machen, daß ich etwas über seine Schwierigkeiten erfahren möchte und schließlich, daß alles, was wir miteinander tun, unter uns bleiben wird. Das Kind hat sich dann meist schon im Zimmer umgesehen und die Spiele und Spielsachen, den Maltisch und die Sandkiste entdeckt — alles Dinge, die sehr verlockend aussehen und sein Interesse erregen. Wenn genug Zeit zur Verfügung steht, fordere ich das Kind auf, sich ruhig genauer umzusehen. Oder ich bitte das Kind, eine Person und ein Haus oder irgendein beliebiges Bild zu zeichnen. Ich erkläre ihm, daß wir mit einigen der Dinge, die es da sieht, spielen und uns unterhalten werden. Ich sage ihm, daß wir manchmal über Gefühle sprechen und manchmal diese Gefühle auch malen werden.

Obwohl ich starke Zweifel am Wert psychologischer Testverfahren hege, führe ich manchmal dennoch einige Tests durch, um auf diese Weise — am Anfang unserer Beziehung — mit dem Kind in Kontakt zu kommen. Tests können aber sowohl Distanz schaffen wie auch aufrechterhalten. Manchmal greife ich auch zu Tests, weil mir nichts anderes einfällt. Den meisten Kindern fällt es nicht schwer, den *Draw-a-Person-Test* oder den *House-Tree-Person-Test* zu machen. Da sich jedoch nichts jemals gleichbleibt, muß die eigentliche Beurteilung ein fortlaufender Prozeß sein. Wir und die

Kinder, mit denen wir arbeiten, befinden uns in ständiger Veränderung, die wiederum durch die sich ständig ändernden Ereignisse in unserer Umwelt beeinflußt wird. Wenn ein Kind sich selbst zeichnet, erfahre ich eine ganze Menge über es. Ich erfahre aber mehr über ein Kind, wenn ich darauf achte, wie es dabei vorgeht, als wenn ich ihm, sobald es mit der Zeichnung fertig ist, die Interpretationen des Auswertungsbogens vorlese. Sehr aufschlußreich ist es, wie das Kind an eine Aufgabe herangeht. Es mag zögern, immer wieder sagen, daß es nicht gut zeichnen könne, um Bleistift und Lineal bitten; das sind Zeichen eines Gefühls der Unsicherheit. Die Zeichnungen mögen desorganisiert, ja sogar phantastisch wirken. Sie können farbenprächtig, kreativ, voller Humor sein. Das Kind mag mit großen, schwungvollen Strichen arbeiten, während des Arbeitens lachen, summen, mit mir sprechen oder ganz still sein und kaum seine Hand bewegen. Es arbeitet vielleicht sehr gewissenhaft, genau und sorgfältig, oder es zeichnet mit dicken Strichen. Es kann viele Details und viele Farben verwenden oder ein Bild malen, das bloß ein Schattenbild oder eine Skizze ist. Die Reife des Bildes mag dem Alter des Kindes nicht entsprechen. Wie es die Zeichnung anfertigt, dies kann einen Hinweis darauf geben, wie es sich im Leben verhält oder wie es sich in diesem Moment mit mir und in meiner Praxis fühlt.

Obwohl ein Kind in seinen Zeichnungen viele Dinge enthüllt, hüte ich mich davor, sogleich ein Urteil zu fällen. Interpretationen haben wenig Sinn, es sei denn, ich gebrauche sie als Anhaltspunkt für weitere Exploration. Es gibt zum Beispiel viele Gründe, warum das Kind eine Person ohne Hände malt; den eigentlichen Grund kennt jedoch nur das Kind selbst. Es kann durchaus sein, daß ein Kind, das winzige Figuren in eine kleine Ecke eines großen Blatts Papier zeichnet, Angst hat und unsicher ist. Seine Angst und Unsicherheit mögen aber lediglich auf die spezifische Situation zurückzuführen sein — auf die Begegnung mit mir. Zu Hause mag es furchtlos und mit leidenschaftlicher Hingabe zeichnen.

Auf meine Bitte, eine Person zu zeichnen, fragte ein achtjähriges Mädchen: »Warum?« Ich erklärte ihm, daß mir das helfen würde, einige Dinge über es herauszufinden. Als es fertig war, wollte es wissen, was ich herausgefunden hätte. Ich sah mir das Bild an und sagte: »Nun, ich sehe, daß du die Farbe rot magst und daß deine Person lächelt, vielleicht fühlst du dich im Moment ganz wohl. Du hat ein sehr kleines Bild gemalt, deshalb vermute ich, daß du heute keine Lust hast, große Bilder zu malen (ich mache mit meinem Arm eine entsprechende Geste), sondern lieber in einem kleinen Bereich bleibst. Und du hast Blumen gern, denn da sind eine ganze Menge Blumen zu sehen.« Das Mädchen strahlte und nickte, war also mit meinen Vermutungen einverstanden.

Manchmal vergeht die ganze erste Sitzung damit, daß ich mich mit dem vorgebrachten Problem befasse. Ich bin fest davon überzeugt, daß man Probleme offen anpacken sollte. Immerhin wissen wir Beteiligten zu diesem Zeitpunkt alle, warum wir hier sind, warum sollten wir uns also nicht offen damit auseinandersetzen? Dieses Vorgehen mag vielen selbstverständlich erscheinen, einige Familien haben aber die Erfahrung gemacht, daß Probleme in der psychologischen Beratung überhaupt nicht thematisiert werden oder jedenfalls nicht, bis irgendein magischer Augenblick erreicht ist, oder daß nach der Devise gehandelt wird: »Darüber brauchen wir nicht zu sprechen; es wird sich schon von selbst erledigen.«

Ein dreizehnjähriger Junge und seine Eltern kamen zu mir in die Praxis, weil der Junge chronischer Bettnässer war. Nachdem sie mir den Grund ihres Kommens erklärt hatten, sagte ich: »Gut, wir stimmen alle darin überein, daß Jimmy hier ist, weil er das Bett näßt, und jetzt möchte ich gerne wissen, welches Ihre Gefühle sind, wenn Jimmy das Bett näßt.« Mit Tränen in den Augen sagte der Vater: »Ich bin so erleichtert, daß ich offen über meine Gefühle sprechen kann. Der letzte Therapeut, den wir aufgesucht haben, kam nie mehr darauf zu sprechen, nachdem wir ihm die Situation bei unserer ersten Kontaktaufnahme am Telefon erklärt hatten. Er riet uns, nicht darüber zu sprechen, und führte nie ein gemeinsames Gespräch mit uns dreien.« Als Jimmy in der zweiten Sitzung einen riesigen Ozean malte, um darzustellen, was er empfand, wenn er in seinem nassen Bett aufwachte, bestätigte er noch einmal, daß er und sein früherer Therapeut nie über das Bettnässen gesprochen hatten.

Ich bin mir bewußt, daß das zutage tretende Problem lediglich ein Symptom ist. Ich weiß, daß gewöhnlich (aber nicht immer!) Probleme in sehr viel tieferen Schichten durchgearbeitet werden müssen. Aber bevor ich weitergehen kann, muß ich mich mit dem befassen, was *ist*.

Während Jeffs Mutter die Gründe nannte, weshalb sie ihren Sohn zu mir brachte, sagte der Neunjährige sehr wenig. Als sie dann aus dem Zimmer ging, sagte ich zu ihm:»Jeff, wenn ich dich so ansehe, habe ich das Gefühl, daß du Angst vor mir hast. Hast du Angst vor mir?« Jeff zuckte mit den Schultern, sah auf seine Füße, und sein Gesicht schien noch bleicher und schmaler zu sein als während des ersten Teils der Sitzung. »Ist es die gleiche Angst, die du auch empfindest, wenn du in der Schule zum Büro des Schulleiters gehst?« Schwaches Nicken. »Oder zum Arzt? Hast du Angst davor, zum Arzt zu gehen?« Er sah mich an:»Ja.« »Erzähl mir davon.«

Jeff erzählt mir ein bißchen von seiner Angst, taut langsam auf, seine Stimme wird fester. »Soll ich Ihnen mal einen Zaubertrick zeigen, den ich heute gelernt habe?« Wir haben endlich etwas Kontakt hergestellt. Jeff zeigt mir seinen Zaubertrick, die Zeit ist um, und er scheint zufrieden zu sein, als ich mit seiner Mutter den nächsten Termin ausmache.

Die achtjährige Lucy wurde von ihrer Mutter zu mir gebracht, weil diese über die Reaktion ihrer Tochter auf die Trennung von ihrem Mann beunruhigt war. Lucy erschien ihr ungewöhnlich introvertiert und ruhig, aß nicht viel und schien ganz allgemein »anders als früher« zu sein. Während Lucys Mutter sprach, saß Lucy zusammengekauert am einen Ende der Couch. Ich bat die Mutter, ihre besorgten Äußerungen direkt an die Tochter zu richten. Als sie das tat, zuckte Lucy nur mit den Schultern. An mich gewandt sagte die Mutter: »Sehen Sie? Das meine ich. Sie will einfach nicht mit mir sprechen. Ich weiß, daß sie ihre Gefühle zum Ausdruck bringen muß, aber sie sagt einfach nichts.« Nun sagte Lucy: »Ich kann nicht sprechen. Es hat keinen Sinn.« Die Mutter fing an zu weinen. Dann sprach sie darüber, welchen Kummer die Trennung ihr selbst bereite. Lucy hörte kommentarlos zu. Die Mutter sagte: »Mir hilft es sehr, wenn ich über meine Gefühle spreche.«

Als wir dann allein waren, bat ich Lucy, ein Bild von ihrer Familie zu zeichnen. Sie zeichnete jedes Familienmitglied, auch ihren Vater. Sie standen alle aneinandergelehnt. Auf allen Gesichtern lag ein starres Lächeln, alle trugen farblich die gleiche Kleidung, und alle hielten die Hände hinter dem Rücken versteckt. Sie wollte nicht über ihr Bild sprechen, das aber deutlich genug für sich selbst sprach.

Lucys Aussage über ihre gegenwärtige Einstellung war klar: Sie wollte nicht sprechen — denn was würde das nützen? Aus ihrem Bild schloß ich, daß sie Angst davor hatte, ihren Gefühlen freien Lauf zu lassen. Sie wollte und brauchte die Unterstützung ihrer sich aneinanderlehnenden Familienangehörigen, andernfalls würde ihre ganze Welt zusammenstürzen. Ihre Welt war zwar bereits zusammengestürzt, aber noch konnte sie damit nicht umgehen. Diese erste Sitzung war sehr wichtig; sie bstimmte den weiteren Verlauf der Therapie und ebnete den Weg für die zukünftige Arbeit.

Nach jeder ersten Sitzung mache ich mir ein paar Notizen: was wir zusammen gemacht haben, was geschehen ist, meine Gefühle, Reaktionen, Beobachtungen. Früher hatte ich eine Abneigung gegen ausführliche Aufzeichnungen, meine Einstellung hat sich aber in letzter Zeit etwas geändert. Manchmal notiere ich mir im Beisein des Kindes schnell eine Idee, wie wir in der nächsten Sitzung fortfahren könnten, oder ich mache mir eine Notiz, daß ich ihm eine Hausaufgabe gestellt habe. (Zum Beispiel: »Tu dir jeden Tag etwas Gutes, etwas, das du normalerweise nicht tun würdest, und stelle fest, wie du dich fühlst, wenn du dich selbst umsorgst.«) Normalerweise handelt es sich dabei nur um kurze Aufzeichnungen; manchmal wirkt eine bestimmte Sitzung jedoch so erregend auf mich, daß ich den Verlauf der ganzen Sitzung schriftlich festhalte. Gelegentlich nehme ich eine Sitzung auf Band auf, bei Kindern ist das aber, sofern das Tonband nicht integraler Bestandteil der Sitzung ist, recht schwierig. Viele Kinder sind nämlich sehr gehemmt, wenn sie wissen, daß das Tonbandgerät läuft.

Meine Notizen sind ein wichtiger Teil des therapeutischen Prozesses. Anhand dieser Notizen kann ich sehen, was geschehen ist, und entscheiden, was wir vielleicht als nächstes machen sollten. Wenn ich den Eindruck gewinne, in dieser Sitzung zu starken Druck ausgeübt zu haben, bemühe ich mich, das nächste Mal behutsamer vorzugehen. Wenn ich meine Gefühle und Reaktionen aufschreibe, so nur, um die Notizen als vorübergehende Richtlinien und Gedächtnisstützen zu benutzen.

Für die Eltern sind meine Aufzeichnungen nicht bestimmt, höchstens, um ihnen einen ganz allgemeinen Überblick über den Fortschritt der Therapie zu geben; ich lese sie aber oft den Kindern vor. Kinder sind nämlich, wie ich festgestellt habe, ganz fasziniert von dem, was in ihren »Akten« steht. Ihre Faszination läßt sich wahrscheinlich dadurch erklären, daß in der Schule von jedem Kind eine

Akte angelegt wird, die es während seiner ganzen Schulzeit begleitet. Die Kinder *wissen*, daß diese Berichte existieren, und sind schrecklich neugierig, was in diesen Berichten steht. Meiner Meinung nach haben Kinder auch ein Recht zu erfahren, was über sie gesagt oder geschrieben wird.

Sie hören schrecklich gerne, was ich aufgeschrieben habe. Ein dreizehnjähriges Mädchen fragte mich zum Beispiel, ob ich die Berichte seines Bewährungshelfers einsehen könne, damit sie herausfinden könne, was in seiner Akte stehe. Sie schien sich große Sorgen zu machen. Ich rief also den Bewährungshelfer an. Er konnte mir keine Kopie der Berichte schicken, war aber bereit, mir am Telefon zu sagen, was in den Berichten stand, um mir so bei meiner Arbeit mit dem Mädchen behilflich zu sein. Ich erzählte ihm, daß das Mädchen sehr besorgt darüber sei, welchen Eindruck sie wohl auf ihn gemacht habe. Dann erzählte ich dem Mädchen, was der Bewährungshelfer gesagt hatte, und las ihr wörtlich meine während des Telefongesprächs gemachten Notizen vor. Sie fragte mich mehrmals: »Sind Sie sicher, daß das alles ist, was er gesagt hat?« Ich las ihr meine Notizen noch einmal vor. Dann unterhielten wir uns darüber, warum sie solche Angst vor ihrer »Akte« hatte. Sie erzählte mir, sie sei sehr erleichtert, daß der Name des Jungen, mit dem sie zusammengewesen war, als sie von der Polizei als Ausreißerin aufgegriffen worden war, nicht in den Berichten erwähnt werde. »Ich habe mir solche Sorgen gemacht, daß er wegen mir Schwierigkeiten haben könnte«, erklärte sie.

So sieht meine Praxis aus

Sehr oft werde ich gefragt, wie denn meine Praxis aussehe. Vielleicht stellen sich manche Leute einen riesigen Spielplatz vor oder wenigstens ein großes Spielzimmer mit herrlichen Spielsachen. In Wirklichkeit ist meine Praxis sehr klein, ungefähr 3 m mal 5 m groß. Im Zimmer befinden sich eine kleine Couch, zwei Stühle, einige kleine Tischchen. Diese Einrichtungsgegenstände werden meistens von den Erwachsenen, die zu mir kommen, benutzt. Außerdem gibt es noch einen alten, schweren Tisch, den ich als Maltisch verwende. Unter diesem Tisch befindet sich ein Regal, in dem ich die Farbtöpfe und -dosen, etwas Zeitungspapier, Papierhandtücher und Pinsel verwahre. Dann gibt es noch einen Schrank, der groß genug ist, um die anderen Mal- und Bastelartikel darin aufzubewahren: Papier, Bunt-, Pastell-, Filzstifte, Fingerfarben, Ton, Holz und Holzwerkzeuge usw., außerdem eine Sandkiste, neben der eine große Bücherkiste steht, in der sich hauptsächlich Spielsachen befinden, sowie Körbe, in denen ich die Sachen für die Sandkiste, Spiele und ein paar Bücher aufbewahre.

Folgende Spielsachen haben sich als besonders nützlich erwiesen: kleine hölzerne Bauklötze, die Puppenstube samt dazugehörigen Möbeln und Puppenfiguren, alle möglichen Fahrzeuge (Autos, Flugzeuge, Schiffe, Lastwagen, Polizeiautos, Feuerwehrautos, Krankenwagen), Legobausteine, ein Doktorspiel, zwei Spielzeugtelefone, Soldaten, Panzer und Jeeps, Kasperlepuppen, kleine Tierfiguren (vor allem wilde Tiere), ein paar große Gummischlangen, ein Seeungeheuer, mehrere Dinosaurier, ein Hai.

Außerdem habe ich eine Tafel, eine Zielscheibe und ein Korkbrett, auf die man schießen kann, und einen Puncho (eine große, aufgeblasene, am unteren Ende beschwerte Figur, die sich, wenn sie umgestoßen wird, immer wieder aufrichtet). Auch ein paar große, ausgestopfte Tiere haben sich als nützlich erwiesen.

Mein Praxisraum hat Teppichboden, auf dem Boden liegen ein paar große Kissen und an den Wänden hängen farbige Plakate. Er ist keineswegs ideal. Mir wäre ein größerer Raum mit Garten sehr viel lieber. Obwohl ich mit dem mir zur Verfügung stehenden Platz nicht zufrieden bin, scheinen die Kinder nichts zu vermissen. In der Regel scheint der Raum sie eher zu faszinieren, und sie akzeptieren ihn bereitwillig und glücklich. Wenn wir miteinander arbeiten und/oder sprechen, sitzen wir meist auf dem Boden. Das ist gemütlich und nicht so steif und eignet sich für meine Art der Arbeit mit Kindern besonders gut.

Der therapeutische Prozeß

Kinder kommen nicht in meine Praxis und verkünden: »Heute möchte ich an dem oder dem arbeiten.« Wenn sie mich kennen und Vertrauen zu mir haben, kommen sie vielleicht in freudiger Erwartung dessen, was wir wohl wieder zusammen unternehmen werden. Manchmal wissen sie allerdings im voraus, mit welchem Material sie arbeiten oder mit welchen Spielsachen sie spielen wollen, und manchmal kommen sie an und möchten mir etwas erzählen, das seit dem letzten Mal geschehen ist. Sie wissen aber nicht, welche Probleme sie erforschen oder durcharbeiten oder welche verborgenen Seiten sie entdecken wollen.

Heranwachsende wollen oft eine ganz bestimmte Situation mit mir diskutieren, oft aber auch einfach nur über ihr Leben sprechen, sich über die Schule oder Familienangehörige beklagen. An einem bestimmten Punkt hören sie jedoch stets auf, tiefer zu gehen.

Es ist also meine Aufgabe, Methoden anzubieten, durch die wir, bildlich gesprochen, Türen und Fenster zur inneren Welt unserer Klienten öffnen können. Ich muß den Kindern Möglichkeiten geben, ihre Gefühle und Ängste zu äußern, mit mir gemeinsam das an die Oberfläche Gebrachte zu bearbeiten. So kann ein Kind eine Gestalt schließen, Entscheidungen treffen und Schwierigkeiten verringern, die immer größer werden, je länger sie ungelöst bleiben.

Die meisten Techniken, die ich in meiner Arbeit mit Kindern verwende, fördern die Projektion. Das Kind zeichnet ein Bild oder erzählt eine Geschichte, und auf den ersten Blick scheint das nichts mit dem Kind selbst oder seinem Leben zu tun zu haben. Wir wissen, daß die Projektion oft als »Abwehrmechanismus« bezeichnet wird, als Abwehr gegen Verletzungen des Selbst. Man kann zum Beispiel das, was man selbst fühlt, auf einen anderen projizieren, weil man der Tatsache nicht ins Auge zu sehen vermag, daß diese Gefühle in einem selbst sind. Oder: Manche Menschen sehen sich nur durch die Augen anderer und machen sich deshalb ständig Sorgen, wie die anderen sie wohl sehen mögen.

Die Projektion ist aber auch die Grundlage jeder künstlerischen und wissenschaftlichen Kreativität. Außerdem ist sie ein sehr wertvolles Mittel in der Therapie. Da unsere Projektionen aus unserem Inneren kommen, aus unseren eigenen Erfahrungen, unserem Wissen und unseren Interessen, geben sie sehr viel Aufschluß über unser Selbstgefühl. Das, was ein Kind »da draußen« zum Ausdruck bringt, spiegelt seine Phantasien, Ängste, Besorgnisse, Vermeidungen, Ressentiments, Schuldgefühle, Wünsche, Sehnsüchte, Bedürfnisse und ureigensten Gefühle wider. Was nach außen verlagert wird, ist wichtiges Material, das mit Vorsicht behandelt werden muß. Von größter Wichtigkeit für den therapeutischen Prozeß ist, wie ich, die Therapeutin, mit diesem Material umgehe. Oft ist ein Kind nur dann bereit, etwas von sich selbst zu offenbaren, wenn es in Form einer Projektion geschehen kann. Als Kasperlepuppe oder zu einer Kasperlepuppe sagt es vielleicht Dinge, die es direkt zu mir niemals sagen würde. Projektionen sind bei Kindern, die wenig sprechen, besonders nützlich, denn das, was beispielsweise in einem Bild zum Ausdruck kommt, ist unter Umständen sehr aussagekräftig und »spricht« anstelle des Kindes. Projektionen sind aber auch bei Kindern nützlich, die sehr viel sprechen, denn sie lenken die Aufmerksamkeit auf das, was hinter all dem Gerede steckt.

Das Material, das durch die Projektionen des Kindes gleichsam freigesetzt wird, interpretiere ich im allgemeinen nicht, ich versuche lediglich das, was ich sehe und höre, so zu übersetzen, daß ich es für meine Interaktionen mit dem Kind nutzen kann. Meines Erachtens wären die schönsten Interpretationen, die ich liefern könnte, als Therapie für das Kind nutzlos. Interpretationen können bestenfalls richtungweisend sein, aber es sind letztlich meine eigenen, auf *meinen* Gefühlen und Erfahrungen basierenden Vorstellungen, die sich darin ausdrücken. Wann immer ich ein Kind in eine bestimmte Richtung führe, die sich aus meinen eigenen Interpretationen ergibt, muß ich deshalb besonders vorsichtig sein.

In erster Linie versuche ich, dem Kind sehr behutsam und sanft zu helfen, seiner selbst gewahr zu werden und sich selbst anzunehmen. Den meisten Kindern bereitet es keine Schwierigkeiten, ihre Projektionen als zu ihnen selbst gehörig zu akzeptieren und anzuerkennen. Wie ich einem Kind helfe, das, was es so sicher nach »draußen« verlegt hat, sich wieder zu eigen zu machen, ist sicherlich einigermaßen klargeworden. Ich kann aber nicht dafür garantieren, daß Sie, wenn Sie meinen Anregungen Schritt für Schritt folgen, auch immer zu guten Ergebnissen kommen werden. Jeder Therapeut muß seinen eigenen Weg finden. Therapie ist eine Kunst; wenn es dem Therapeuten bzw. der Therapeutin nicht gelingt, Technik, Wissen und Erfahrung mit einem inneren intuitiven und kreativen Gespür zu verbinden, wird wahrscheinlich nicht viel passieren. Eine Bedingung, um mit Kindern arbeiten zu können, ist sicher auch, daß man sie wirklich gern hat und respektiert. Das heißt nicht, daß ein Kind einen nicht ärgern, einem nicht gegen den Strich gehen oder einen nicht reizen kann. Wann immer mir das passiert, ist das für mich ein rotes Warnsignal: Ich halte ein und versuche zu verstehen, woher meine Reaktionen kommen. Solche Überlegungen können im übrigen reiches Material für den therapeutischen Prozeß bieten.

Und gerade weil ich das Kind gern habe, sage ich vielleicht: »He, das, was hier geschieht, geht mir gegen den Strich!« Und dann sprechen wir darüber.

Ich habe die Erfahrung gemacht, daß manche Kinder, vor allem sehr kleine, nicht unbedingt ihre Einsichten und Entdeckungen verbalisieren müssen. Oft reicht es völlig aus, wenn man jene verborgenen Schichten oder blockierten Gefühle zutage fördert, die ihren emotionalen Wachstumsprozeß behindert haben. Schon das kann genügen, sie zu gut integrierten, verantwortlichen und glücklichen Menschen zu machen, die sehr viel besser in der Lage sind, mit den vielen, sich aus dem Aufwachsen ergebenden Frustrationen fertigzuwerden, positive Beziehungen zu Gleichaltrigen und Erwachsenen herzustellen und ein Gefühl der Ruhe, der Freude und des eigenen Selbstwerts erleben zu können.

Nun zu den Techniken: Es gibt deren unzählige, und ständig kommen neue hinzu. Wenn wir uns in unserer Welt umsehen, entdecken wir ein unbegrenztes Angebot von unterschiedlichsten Hilfsmitteln, die wir auch in den Therapieprozeß einbringen können. Techniken sind aber niemals nur Tricks oder Rezepte, die es einem erlauben, ziellos draufloszuarbeiten. Man darf eine in der Therapie angewandte Technik nie als einen Zweck an sich betrachten (was zum Beispiel viele Lehrer mit ihren »Lehrplänen« tun). Man muß sich ständig vor Augen halten, daß ein Kind ein einzigartiges Individuum ist. Ein guter Therapeut stellt sich ganz auf den sich zwischen ihm und dem Kind entwickelnden Prozeß ein, unabhängig von seiner besonderen Technik. Das Verfahren oder die Technik kann lediglich Katalysator sein. Nie läßt sich der Verlauf einer Sitzung vorhersehen — er ist immer vom Kind und von der Situation abhängig. Eine Idee führt zur nächsten, und ständig ergeben sich neue Methoden zur Förderung des kreativen Ausdrucks: der kreative Prozeß ist ein offener Prozeß.

Ich weiß keineswegs immer, *warum* ich das tue, was ich gerade tue; so sind einige meiner besten Therapiesitzungen zustande gekommen. Eine Kollegin von mir erzählte kürzlich von einem zehnjährigen Jungen, mit dem sie gerade arbeitete. Er kam in ihre Praxis und wollte mit ihr über die Aufteilung unseres Landes in Bundesstaaten sprechen, ein Thema, das er gerade in der Schule durchnahm. Er zeichnete für sie ein Bild der Vereinigten Staaten und deutete mit Linien die Aufteilung in einzelne Bundesstaaten an. Die

Vorstellung, daß unser Land unterteilt ist, schien ihn zu faszinieren. Nach einer Weile fragte ihn meine Kollegin dann, ob er denn selbst manchmal das Gefühl habe, geteilt zu sein. Da zeichnete er sich selbst mit all seinen »Unterteilungen«: glücklich, traurig, zornig und so weiter.

Ich möchte aber nicht den Eindruck erwecken, als geschehe in jeder Sitzung etwas Wunderbares und Außergewöhnliches. Oft scheint sich, von außen betrachtet, nichts besonders Erregendes und Wichtiges zu ereignen. Aber in jeder Sitzung sind das Kind und ich zusammen. Das Kind lernt sehr bald, daß ich jemand bin, der es akzeptiert und der aufrichtig zu ihm ist. Manchmal hat das Kind zu nichts Lust, dann unterhalten wir uns eben oder hören Musik. Gewöhnlich ist es aber bereit — oft sogar ganz erpicht darauf —, einen meiner Vorschläge auszuprobieren. Hin und wieder macht es auch selbst einen Vorschlag. Aber selbst wenn sich aus diesen Aktivitäten nichts ergibt, was therapeutisch bedeutsam ist, so weiß ich doch, daß die ganze Zeit über etwas geschieht.

Ich habe keine der Techniken, über die ich hier schreibe, selbst erfunden. Die meisten stammen aus einem allgemeinen Wissen, es sind Vorgehensweisen, die ich schon immer kannte. Manche Dinge sind einfach da und brauchen nur genutzt zu werden. Einige Ideen habe ich von anderen Leuten übernommen, und manche davon habe ich wiederum meinen eigenen Erfordernissen angepaßt. Manche Techniken habe ich sehr, sehr oft verwendet. Viele andere Techniken habe ich nie ausprobiert oder noch nicht einmal in Erwägung gezogen, wieder andere kenne ich zwar, werde sie aber vielleicht nie einsetzen. In diesem Buch habe ich immer, soweit es möglich war, meine Quelle angegeben, und im Anhang dieses Buches habe ich eine ziemlich umfassende Liste von Büchern und anderen Hilfsmitteln zusammengestellt, der Sie Anregungen und Techniken entnehmen können, die Sie Ihren eigenen Bedürfnissen und denen des Kindes, mit dem Sie gerade arbeiten, entsprechend abwandeln können.

Widerstand

Kinder sind oft recht argwöhnisch und weigern sich, das auszuführen, worum ich sie bitte. Ein zehnjähriger Junge, den ich gebeten hatte, die rote Farbe in seinem Bild zu sein, sagte nur: »Sind Sie verrückt?« Kinder schämen sich manchmal, vor allem wenn sie in einer Gruppe teilnehmen, »verrückte« Dinge zu tun, oder sie sind so verschlossen, angespannt und abwehrend, daß sie nicht in der Lage sind, sich freien Phantasien hinzugeben. Ich sage dann zum Beispiel bereitwillig: »Ich weiß, daß das schwer ist« (oder dumm oder verrückt — denn das ist es natürlich), »tu's trotzdem«. Obwohl ich den Widerstand überwinden möchte, respektiere ich ihn. Ich reagiere auf den Protest mit einem leichten Nicken und wiederhole meine Aufforderung. Während dieser Interaktion lächle ich gewöhnlich nicht, ich nehme den Widerstand ernst. Ich erkenne ihn an und möchte ihn sehr behutsam überwinden, umgehen, unterlaufen. Manche Kinder werden dann kichern oder Geräusche des Abscheus von sich geben und damit den anderen Kindern und mir zu verstehen geben, daß sie das überhaupt nicht für eine gute Idee oder für sehr intelligent halten. Ich habe schon erlebt, daß sich Kinder auf den Boden fallen lassen und so tun, als ob sie ohnmächtig geworden wären. Derartige Demonstrationen des Widerstandes beunruhigen mich nicht weiter; ich bin auf sie gefaßt, akzeptiere sie und fahre mit meiner Arbeit fort. Sobald die Kinder merken, daß die Gruppe und ich nicht weiter darauf eingehen, zeigen sie Bereitschaft, meinen Aufforderungen doch zu folgen. Nach ein-, zweimaligem Auftreten verschwindet diese Art von Widerstand ganz von selbst.

Manche Kinder leisten nicht bewußt Widerstand, sondern sind so gehemmt oder verspannt, daß sie in den Sitzungen erst einmal eine gewisse Sicherheit erlangen müssen, was dann vielleicht ihre imaginativen Prozesse freisetzt. Ich weiß, daß manche Kinder ziemliche Angst davor haben, sich gehenzulassen, so daß ich mich manchmal auch direkt mit der dem Widerstand zugrundeliegenden Angst befasse. Ober ich überlasse es dem Kind selbst zu entscheiden, wann es bereit ist, etwas zu riskieren, das ihm Schwierigkeiten bereitet. Wenn es Vertrauen entwickelt, wird es offener und, wenn sein Selbstgefühl stärker wird, auch risikobereiter.

Viele Kinder haben Schwierigkeiten, ein Gefühl für ihre eigene Identität, Verantwortlichkeit und Autonomie zu entwickeln. Ich bin ständig darum bemüht, das Kind von seinen symbolischen Ausdrucksformen und seinen Phantasien zur Realität und zu seinen eigenen Lebenserfahrungen zu führen. Ich gehe diese Aufgabe meistens sehr behutsam und geduldig an, obwohl ich unter Umständen auch recht bestimmt auftreten kann.

Eine der erfolgreichsten Techniken, den Kindern über ihre Blokkierungen hinwegzuhelfen, ist das Lernen am Modell. Ganz gleich, ob in einer Einzel- oder in einer Gruppensitzung: Wenn *ich selbst* den Kindern das vormache, was ich sie zu tun bitte, werden sie es auch tun. Wenn ein Kind nach zwei oder drei Versuchen immer noch nichts in seinem Kritzelbild erkennen kann, male ich selbst ein Kritzelbild. Das Kind ist fasziniert, weiß jetzt, was es tun soll und fühlt sich, da ich es vorgemacht habe, bei seinen eigenen Versuchen sicherer. Gewöhnlich beteilige ich mich bei Spielen, beim Puppen- und Theaterspielen, bei Phantasie- und Zeichenübungen. Dabei bin ich so aufrichtig wie möglich und habe keine Angst, meine Schwächen, Probleme und meine eigene Geschichte preiszugeben. (Ein Junge interessierte sich sehr für die Tatsache, daß ich mich hatte scheiden lassen, und wollte von mir ganz genau wissen, wie meine Kinder reagiert hatten.) Wenn Kinder nicht wissen, wie sie anfangen sollen, sage ich oft: »Stell dir vor, du bist vier Jahre alt und zeichnest so, wie du in diesem Alter gezeichnet hast.«

Oft nähert sich ein Kind einer Zeichnung genauso, wie es sich Aufgaben oder Situationen in seinem Leben nähert, zum Beispiel mit großer Vorsicht. Wenn ein Kind große Angst vor dem Zeichnen hat, dränge ich es natürlich nicht dazu. Entweder sprechen wir dann über seine Angst vor dem Zeichnen, oder wir wenden uns etwas weniger Bedrohlichem zu. Ich bitte es vielleicht, die Tafel zu benutzen oder auch eine Zaubertafel, auf der man alles wieder auslöschen kann. Kinder, die vor dem Zeichnen Angst haben, weil Zeichnungen etwas Dauerhaftes sind, arbeiten lieber mit diesen beiden Tafeln; das Wissen, daß sie ihr Produkt schnell wieder auswischen bzw. verschwinden lassen können, gibt ihnen ein Gefühl der Sicherheit. Kinder müssen, genau wie Erwachsene, dort akzeptiert werden, wo sie *sind*. Von hier aus, von diesem Punkt ihrer Existenz aus können sie allmählich anfangen, mit größerer Sicherheit sich selbst zu betrachten. Nähere ich mich dem Kind behutsam, in keiner Weise bedrohlich, ist es im allgemeinen auch zu einem Versuch der Zusammenarbeit bereit. Manchmal hilft es auch, wenn ich das Kind bitte, *mir* zu sagen, was ich zeichnen soll, oder wenn ich das Kind zeichne, während es mir dabei zusieht. Ich kann nicht besonders gut zeichnen, nur ziemlich kindlich, aber gerade das gibt dem Kind Vertrauen in seine eigenen Fähigkeiten.

Der Widerstand des Kindes, sich aktiv an der Therapie zu beteiligen, ist aber nicht die einzige Form von Widerstand. Hinzu kommt der Widerstand, den das Kind während der ersten Sitzungen dem Therapeuten/der Therapeutin gegenüber empfindet. Diesen Widerstand zu überwinden ist ein sehr subtiler Prozeß, der sich nur schwer beschreiben läßt. An diesem Prozeß beteiligt sind Ihr eigenes intuitives Empfinden, das Sie, bevor Sie sich dem Kind nähern, wahrnehmen und dem Sie Aufmerksamkeit schenken müssen, und das Gefühl des Vertrauens, welches das Kind für Sie empfindet.

Dabei ist das, was in der ersten Sitzung zwischen Ihnen, den Eltern und dem Kind geschieht, von entscheidender Bedeutung. Das Kind beobachtet Sie, hört Sie, schätzt Sie ein. Kinder haben ein sehr feines Gespür und können Erwachsene und deren Fähigkeit, mit Kindern umzugehen, sehr schnell beurteilen.

Wenn Sie dann in der ersten Sitzung mit dem Kind allein sind, ist dies eine weitere Gelegenheit für Sie, ihm zu zeigen, ob Sie offen, aufrichtig, echt, ehrlich, vorurteilslos, akzeptierend und freundlich sind. Das Kind kann eine Sitzung, es kann aber auch mehrere Sitzungen brauchen, um sich dessen sicher zu sein. Sie wissen aber sofort, wann Sie sein Vertrauen gewonnen haben. Sie werden es auch spüren, wenn Ihnen das nie gelingen sollte.

Man muß sich im klaren darüber sein, daß Kinder allen Grund haben, Widerstand zu leisten und sich zu schützen. Wie ich immer wieder betont habe, tun sie bloß das, was sie zum Überleben und zu ihrem eigenen Schutz tun müssen. Die chaotische Welt, in der sie leben, und die nur allzuoft viel zu strenge, verständnislose und für ihre Nöte blinde Schule haben sie gelehrt, auf sich selbst aufzupassen und sich vor ungerechtfertigten Eingriffen zu schützen. Wenn ein Kind anfängt, mir zu vertrauen, wird es sich allmählich öffnen und folglich verwundbarer sein. Meine Aufgabe ist es, ihm behutsam weiterzuhelfen.

Als ich einmal als Beraterin an einer Gruppe von Therapeuten teilnahm, sprach eine Teilnehmerin darüber, wie frustrierend es für sie sei, bei einem Kind auf Widerstand zu stoßen. Ich gab ihr alle möglichen Ratschläge, wie sie den Widerstand überwinden könnte, als mir plötzlich klar wurde, was ich da tat: Ich ergriff ihre Partei gegen das Kind. Wenn ich sie durch meine Unterstützung darin bestärkte, den Widerstand des Kindes zu bekämpfen, würde das nur dazu führen, daß auch der Widerstand des Kindes stärker würde. »He«, sagte ich zu mir selbst, »Moment mal. Glaubst du etwa, das Kind sollte *keinen* Widerstand leisten?« Warum sollte ein Kind nicht Widerstand leisten? Es hat allen Grund dazu. Wir müssen lernen, seinen Widerstand nicht etwa defensiv oder offensiv, sondern als etwas ganz Notwendiges zu akzeptieren.

Bei manchen Kindern werden wir immer wieder auf Widerstand stoßen. Nachdem sie ihre anfängliche Vorsicht aufgegeben haben, werden diese Kinder zwar mitarbeiten, von Zeit zu Zeit werden sie aber immer wieder Widerstand leisten. Dieser Widerstand signalisiert uns: »HALT! Ich muß an dieser Stelle aufhören. Das ist zuviel für mich. Das ist zu schwer! Das ist zu gefährlich. Ich möchte nicht sehen, was sich auf der anderen Seite meines Schutzwalls befindet. Ich möchte damit nicht konfrontiert werden.« Jedesmal, wenn wir mit einem Kind an diesem Punkt angelangt sind, machen wir Fortschritte. In jedem Schutzwall befindet sich eine neue Tür, die in neue Bereiche führt, wo Wachstum wieder möglich ist. An diesem Punkt hat das Kind Angst; es schützt sich gut, warum auch nicht? Manchmal scheint mir dieser Punkt dem zu gleichen, was Fritz Perls den toten Punkt oder die Sackgasse genannt hat. Wenn wir mit einer Person an einen toten Punkt gelangen, dann sind wir Zeuge eines Prozesses: wie dieser Mensch dabei ist, seine alten Strategien aufzugeben, und deshalb das Gefühl hat, keinen Halt mehr zu haben. Er tut oft alles, um diese Situation zu vermeiden — er läuft zum Beispiel vor ihr davon oder stiftet genügend Verwirrung, um die Situation zu vernebeln.

Wenn wir rechtzeitig erkennen, was dieser tote Punkt bedeutet, dann wissen wir, daß ein Kind vor einer neuen Seinsweise, einer neuen Entdeckung steht. Jedesmal, wenn wir auf Widerstand stoßen, können wir also davon ausgehen, daß wir nicht an einer starren Grenze, sondern an einem Punkt angelangt sind, hinter dem sich ein Bereich befindet, der sich ausdehnen und entwickeln will.

Beendigung der Therapie

Meiner Meinung nach zögern Eltern auch deshalb so oft, für ihr Kind psychotherapeutische Hilfe in Anspruch zu nehmen, weil sie glauben, daß eine Therapie sehr viel Zeit, vielleicht viele Jahre in Anspruch nehmen würde. Natürlich gibt es einzelne Kinder, bei denen eine lange Behandlung erforderlich ist. Ich glaube jedoch, daß Kinder in der Regel keine allzu lange psychotherapeutische Behandlung brauchen.

Anders als Erwachsene haben Kinder noch nicht so viele Schichten unerledigter Probleme angesammelt und jahrelang »alte Bänder« angehäuft. Bei Kindern habe ich manchmal schon nach drei oder vier Sitzungen dramatische Ergebnisse erzielt. Wenn ich höre, daß ein Kind, ohne aus besonders schwierigen Lebensumständen zu kommen, bereits sehr lange, sagen wir einmal über ein Jahr, psychotherapeutisch behandelt wird, dann werde ich sehr mißtrauisch und würde mir am liebsten einmal genau ansehen, was sich in dieser therapeutischen Beziehung abspielt.

Normalerweise werden in drei bis sechs Monaten genügend Fortschritte erzielt, um eine Beendigung der Therapie gerechtfertigt erscheinen zu lassen. Im Verlauf der Therapie erreichen die Kinder gewöhnlich einen wenn auch vielleicht nur zeitweiligen Zustand der Stabilität, und an diesem Punkt läßt sich die Therapie gut beenden. Das Kind braucht nun die Möglichkeit, die sich aus der Therapie ergebenden Veränderungen zu integrieren und sie sich seinem natürlichen Reifen und Wachsen zu assimilieren. Manchmal ist dieser Zustand der Stabilität ein Zeichen von Widerstand, der dann aber respektiert werden muß. Es ist, als ob das Kind instinktiv wüßte, daß es diesen besonderen Schutzwall jetzt noch nicht durchbrechen kann. Es braucht mehr Zeit und mehr Kraft; erst wenn es älter geworden ist, kann es sich vielleicht Zugang zu diesem Bereich verschaffen. Kinder scheinen dafür ein Gespür zu haben, und der Therapeut muß den Unterschied zwischen Widerstand, der noch bearbeitet werden kann, und einem echten »Endpunkt« erkennen.

Es gibt Anhaltspunkte, die darauf hindeuten, wann man eine Therapie beenden kann. Lehrer und Eltern berichten vielleicht, daß sich das Verhalten des Kindes geändert hat. Es interessiert sich auf einmal für ganz andere Dinge, für Baseball, für Freizeitclubs und für Freunde. Die Therapie beginnt, sein Leben zu behindern. Im allgemeinen kommt das Kind gern zu den Therapiesitzungen — jedenfalls dann, wenn es erst einmal seine anfängliche Vorsicht abgelegt und einen Zustand der Stabilität noch nicht erreicht hat. Kommt es nicht gerne zu den Sitzungen, so muß man genau untersuchen, welches die Gründe für seine Unlust sind.

Veränderungen im Verhalten allein mögen aber nicht ausreichend sein, um eine Therapie zu beenden. Sie können auch darauf zurückzuführen sein, daß das Kind dem Therapeuten gegenüber offener wird und tiefere Schichten seiner Persönlichkeit offenbart.

Man sollte deshalb auch auf Hinweise achten, die sich aus der therapeutischen Arbeit selbst ergeben.

Ein fünfjähriger, sowohl von den Erziehern im Kindergarten als auch von seiner Mutter als »unerträgliches« Kind bezeichneter Junge zeigte bereits seit einiger Zeit durch solche Veränderungen in seinem Verhalten an, daß er nun ein »erträgliches« Kind geworden war. In der Arbeit mit mir gab es jedoch immer noch Gefühle, die aufgedeckt werden mußten und die ich ihm auszudrücken und durchzuarbeiten half. Nach ungefähr drei Monaten bemerkte ich jedoch eine wirkliche Veränderung. Er fing an, mit mir zu »spielen« — und die Sitzungen erweckten nicht mehr so sehr den Eindruck, als ob da »gearbeitet« würde.

Einmal zeigte ich ihm ein paar Bilder, die ich manchmal als Anregung zum Geschichtenerzählen verwende. Auf einem Bild (das ich dem *Children's Apperception-Test* entnommen hatte) sieht man ein Kaninchen in einem verdunkelten Raum auf einem Bett sitzen, die Tür zum Zimmer steht halb offen. Im allgemeinen löst dieses Bild Angst aus, das Gefühl, ausgestoßen oder isoliert zu sein. Der fünfjährige Billy sagte: »Der kleine Junge, ich meine das Kaninchen, ist aufgewacht und sitzt nun in seinem Zimmer, es ist aber noch zu früh, um aufzustehen, also wartet er, bis es Morgen wird.« Ich sagte: »Es ist noch ziemlich dunkel. Glaubst du, daß er Angst hat?« Er antwortete: »Nein, er hat keine Angst, wovor sollte er Angst haben? Seine Mutter und sein Vater sind im anderen Zimmer.« Daraufhin ich: »Ich frage mich, warum diese Tür offensteht.« Er sah mich ungläubig an und sagte: »Damit er rein- und rausgehen kann.« Jetzt wußte ich, daß es ihm gut ging.

Auf einem anderen Bild sieht man eine Känguruhmutter mit einem Baby im Beutel und einem kleinen Känguruh, das auf einem Dreirad hinterherfährt. Mutter Känguruh hat einen Korb mit Lebensmitteln am Arm, und das Baby hält einen Luftballon in der Hand. Zu diesem Bild erzählte derselbe Junge folgende Geschichte:

Billy: Sie sind gerade einkaufen gewesen und wollen nun ein Picknick machen. Das Baby wird mit seinem Luftballon spielen, und der Junge wird auf seinem Dreirad fahren.

Was wird die Mutter tun?

Billy: Sie wird essen. (Billys Mutter ißt übermäßig gern.)

Meinst du, daß der Junge auch gern in dem Beutel getragen werden würde, wo das Baby sitzt? (Er hatte kürzlich ein Brüderchen bekommen.)

Billy (sieht sich das Bild sehr lange an): Nein. Weißt du, als er ein Baby war, durfte er dort sitzen. Jetzt ist er groß genug, um mit einem Dreirad zu fahren, aber das Baby kann noch nicht einmal laufen.

Du meinst, du hast bereits deine Chance als Baby gehabt, und jetzt ist dein Bruder dran?

Billy: Stimmt (grinst über das ganze Gesicht)!

Oft hat ein Kind nach einiger Zeit der Therapie genügend Arbeit geleistet, um allein weitermachen zu können. Das gilt vor allem dann, wenn die Eltern mit in die Therapie einbezogen worden waren und nun die Therapie mit ihrem Kind selbständig fortführen können — das heißt, wenn sie gelernt haben, mit ihrem Kind anders umzugehen. Manchmal ist die Therapie eines Kindes zu Ende, und nun entschließen sich die Eltern (oder einer von beiden) dazu, einige ihrer eigenen Konflikte und Gefühle zu erforschen und durchzuarbeiten. Die Erfahrung, ihrem Kind durch die Therapie geholfen zu haben, ebnet ihnen den Weg, selbst eine therapeutische Beziehung einzugehen.

Sobald das Kind mit einer Therapie begonnen hat, fühlen sich die Eltern erleichtert, und die häusliche Atmosphäre wird entspannter. Dies wiederum ermöglicht dem Kind, stärker von der Therapie zu profitieren, und sein Verhalten beginnt, sich in positiver Richtung zu verändern. Das bleibt nur selten seinen Lehrern verborgen, die jetzt ihrerseits positiver reagieren. Damit einher geht das Älterwerden und Reifen des Kindes, und auch dies sind Faktoren, die es positiv beeinflussen können. Alle diese Variablen wirken zusammen und unterstützen die Therapie; es kommt zu einem Schneeballeffekt, zu gegenseitiger Verstärkung, zur Synergie.

Natürlich kommt es auch vor, daß eine Therapie zu früh beendet wird. Ein siebenjähriges Mädchen schien durch ihr Verhalten zu erkennen zu geben, daß der Zeitpunkt gekommen war, die Therapie zu beenden. In der Schule, zu Hause und mit ihren Freunden kam sie nun gut zurecht, und auch unsere Sitzungen schienen, was die therapeutische »Arbeit« betraf, immer weniger produktiv zu sein. In einer Sitzung erwähnte ich deshalb ihr und ihrer Mutter gegenüber, daß wir, da sich alles so vorteilhaft entwickelt habe, vielleicht die Beendigung der Therapie in Betracht ziehen könnten. Noch am selben Tag nahm das Mädchen einige seiner alten Verhaltensweisen wieder auf – es legte Feuer, stahl und zerstörte das Eigentum anderer. Als die Mutter das in der nächsten Sitzung zur Sprache brachte, sagte das Kind: »Wenn ich brav bin, darf ich nicht mehr zu Violet gehen.« Da wurde mir klar, daß ich das Mädchen entweder schlecht auf das Ende der Therapie vorbereitet oder die Situation falsch eingeschätzt hatte, als ich geglaubt hatte, es sei soweit, die Therapie beenden zu können. Zum Glück sagen uns die Kinder, was wir wissen müssen.

Wichtig ist es, ein Kind auf das Ende der Therapie vorzubereiten. Obwohl wir den Kindern helfen, soviel Unabhängigkeit und Autonomie wie nur möglich zu erlangen, entwickeln wir natürlich eine liebevolle Bindung zueinander. Wir müssen uns deshalb auch mit den Gefühlen auseinandersetzen, die in uns geweckt werden, wenn wir uns von jemandem trennen, den wir gern haben.

Die Beendigung einer Therapie muß nicht unbedingt so endgültig sein, wie es das Wort »Beendigung« vermuten läßt. Das Ende einer Therapie bedeutet bloß, daß im Augenblick ein Endpunkt erreicht ist. Manche Kinder brauchen die Bestätigung, daß sie wiederkommen können, wenn es nötig sein sollte (sofern das überhaupt möglich ist). Normalerweise überlegen wir mit den Eltern gemeinsam, ob ein Ende der Therapie ins Auge gefaßt werden sollte, und wir sprechen dann ganz offen über diese Frage. Manchmal ist das allerdings nicht möglich.

Ich breche die Behandlung eines Kindes nicht gern abrupt ab. Meistens schlage ich vor, daß wir noch ein paar Mal alle vierzehn Tage zusammenkommen. Wir sprechen dann über die Zeit, die wir miteinander verbracht haben — versuchen also, unsere gemeinsame Arbeit zu beurteilen. Manchmal nehmen wir uns den Ordner des Kindes vor und betrachten uns noch einmal all die Zeichnungen, die es im Laufe der Zeit angefertigt hat, und erinnern uns unserer gemeinsamen Gespräche darüber. Ein achtjähriges Mädchen sagte zu mir: »Ich möchte Ihnen gerne eine Abschiedskarte machen.« Ich sagte, ich sei einverstanden, und holte die nötigen Materialien aus dem Schrank. Das Mädchen machte eine sehr blumige Karte, wie sie oft am Valentinstag verschickt werden. Es gab mir die Karte und sagte: »Sie werden mir fehlen«, und ich sagte: »Du wirst mir auch fehlen«. Nun fing es an zu weinen. Es setzte sich auf meinen Schoß, und ich drückte es an mich und sagte ihm, wie schwer es manchmal sei, Abschied zu nehmen. Es nickte und weinte, und ich weinte auch ein wenig, und dann stand es schließlich auf und sagte: »Ich mach Ihnen noch eine Karte.« Es lächelte und zwinkerte schelmisch mit den Augen. Diesmal machte es eine sehr lustige Karte, einer Witzkarte vergleichbar. Wir lachten, und ich gab ihm meine Adresse und Telefonnummer und bat es, mich einfach anzurufen oder mir zu schreiben, wenn es den Wunsch verspürte.

Als ich noch in Schulen mit emotional gestörten Kindern gearbeitet habe, gab ich den Kindern, die am Ende des Schuljahres in eine »normale« Klasse versetzt wurden, immer meine Telefonnummer. Gelegentlich rief mich auch eines dieser Kinder an. Die Gespräche waren im allgemeinen immer sehr kurz, eine kurze telefonische Kontaktaufnahme. Ich hatte ein gutes Gefühl bei diesen Telefonanrufen und nie den Eindruck, dadurch Abhängigkeit zu fördern; hier versuchten ganz einfach Menschen, die sich nahe gekommen waren, den Kontakt zueinander aufrechtzuerhalten. Kinder, die zu mir in die Therapie kommen, rufen mich jedoch nur selten an, von ihnen erhalte ich eher Briefe. Ich schreibe dann eine kurze Antwortkarte, und meiner Erfahrung nach ist das Bedürfnis dieser Kinder nach Kontakt dann mit ein oder zwei Briefen befriedigt.

Während der letzten Schultage machen Lehrer, so meine ich, oft den Fehler, die Kinder aufzufordern, das zu zeichnen, was sie in den Sommerferien wohl machen werden. (Im Herbst fordern die Lehrer sie dann auf, zu zeichnen, was sie im Sommer gemacht haben.) Wenn die Kinder sich mit etwas auseinandersetzen sollen, das sie selbst wahrscheinlich noch gar nicht genau wissen, können sie nicht wirklich dessen gewahr werden, was hier und jetzt geschieht. Warum dürfen sie kein Bild zeichnen, in dem sie mit Farben, Linien und Formen zum Ausdruck bringen, was das für ein Gefühl ist, *jetzt* die Schule hinter sich zu lassen?

Eine Sozialarbeiterin, die an einer Schule zwei Gruppen geleitet hatte, erzählte mir am Ende des Schuljahres, daß sie einerseits traurig sei, weil das Schuljahr vorbei sei und sie eine andere Stellung annehmen und deshalb die Kinder nicht wiedersehen werde, daß sie sich andererseits aber auch auf ihre neue Stellung freue. Sie war über ihre eigene Ambivalenz und ihre Gefühle bezüglich der bevorstehenden Trennung verwirrt, wollte aber die Kinder nicht durcheinanderbringen, indem sie ihnen erzählte, wie traurig und gleichzeitig froh sie über ihr Weggehen sei. Ich fand aber, daß dies eine großartige Gelegenheit sei, die Kinder an ihren gemischten Gefühlen teilhaben zu lassen und *beide* Gefühle ganz ehrlich zu äußern. Denn auch Kinder haben oft gemischte Gefühle und sind darüber ziemlich verwirrt. Sie sagte: »Ja, ich glaube, das stimmt — es ist wirklich wichtig, ihnen die eigenen Gefühle zu zeigen. Trennung ist schwer. Und mir wäre es auch oft lieber gewesen, wenn Leute mir gegenüber stärker zum Ausdruck gebracht hätten, daß ihnen ein Abschied schwerfiel.«

Bei einer Trennung oder einem Abschied haben wir eigentlich immer das Gefühl, nicht alles getan oder gesagt zu haben. Das ist es, was die Beendigung einer Beziehung so schwierig macht. Vor allem in solchen Situationen müssen wir mit unseren eigenen Gefühlen in Kontakt bleiben und dürfen keine Angst davor haben, unsere Gefühle aufrichtig zu äußern. Es ist etwas ganz Natürliches, wenn man beim Abschiednehmen traurig (und zugleich glücklich) ist!

10 Besondere Formen von Problemverhalten

In diesem Kapitel werde ich einige spezifische Verhaltensweisen behandeln, zu denen Kinder ihre Zuflucht nehmen und derentwegen sie schließlich in die Therapie kommen. Wie ärgerlich das Verhalten eines Kindes auch manchmal sein mag, ich betrachte dieses Verhalten nie als Krankheit, vielmehr als einen Beweis der Stärke und des Überlebenswillens des Kindes. Ein Kind wird alles in seiner Macht Stehende tun, um in unserer Welt zu überleben. Es wird das tun, was seiner Meinung nach das Beste ist, um die schwierige Sache des Erwachsenwerdens hinter sich zu bringen.

Entgegen dem weit verbreiteten Mythos von der »schönen Kindheit« ist die Kindheit eine schwierige Zeit. In seinem Buch *Escape from Childhood* setzt sich John Holt eingehend mit diesem weitverbreiteten, aber realitätsfernen Mythos auseinander:

»Die meisten Menschen, die an die 'Institution' Kindheit glauben, sehen in ihr einen von einer Schutzmauer umgebenen Garten, der kleine und schwache Kinder so lange vor der grausamen Welt da draußen beschützt, bis sie groß und stark genug geworden sind, um mit dieser Welt fertigzuwerden. Es mag sein, daß manche Kinder ihre Kindheit tatsächlich so erleben. Ich möchte ihnen diesen Garten nicht zerstören noch sie aus ihrem Garten hinauswerfen. Wenn es ihnen in ihrem Garten gefällt, dann sollten sie auch unbedingt dort bleiben. Ich glaube aber, daß die meisten jungen Menschen, und in zunehmendem Maße immer kleinere Kinder, ihre Kindheit nicht als einen Garten, sondern als ein Gefängnis erleben.
Ich will nicht behaupten, daß die Kindheit ständig und für alle Kinder eine schlimme Zeit sei. Für viele Kinder gibt es aber das, was man eine 'glückliche', 'unbeschwerte', 'behütete', 'unschuldige' Kindheit nennt, nicht. Für viele Kinder wiederum dauert sie, wie gut sie auch immer sein mag, viel zu lange an, und sie können ihr nicht allmählich, auf vernünftige

Weise und schmerzlos entwachsen oder sie einfach problemlos hinter sich lassen« (S. 9).

Ich stimme mit Holts Aussagen überein. Ich komme mit vielen Kindern zusammen, die zu extremen Mitteln greifen, um im Gefängnis ihrer Kindheit so gut wie sie es vermögen zu überleben. Sie greifen zu allen Mitteln, um so lange durchzuhalten, bis sie den magischen Zustand des Erwachsenseins erreicht haben und endlich volle Verantwortung für sich selbst übernehmen können, bis sie respektiert werden und, wie sie hoffen, so behandelt werden, wie es ihr Recht ist. Oft dauert es aber sehr, sehr lange, bis man endlich erwachsen geworden ist.

Aggression

Erwachsene halten Kinder, die sich unmittelbar spontan verhalten, oft für aggressiv. Von diesen Kindern sagt man, sie »agierten aus«, und meint damit, daß sie sich — statt stillzuhalten — gegen ihre Umwelt, gegen ihre Welt zur Wehr setzen. Für mich ist die Bezeichnung »ausagieren« eine dieser vielen unpassenden Etikettierungen. Denn Kinder, die in ihrem Verhalten passiv, introvertiert, gedämpft, vielleicht sogar kataton sind, »agieren« ebenfalls »aus« — nur eben auf ihre Weise. Im Grunde agieren wir alle auf die uns eigene Weise ständig etwas aus.

Ein Kind, das verrückt spielt und dessen Verhalten in der Schule als Ausagieren bezeichnet wird, fällt zuallererst auf. Oft ist es extrem unruhig, handelt impulsiv, schlägt manchmal scheinbar völlig grundlos (häufig aber aus gutem Grund) andere Kinder, gehorcht nicht (und wird deshalb als aufsässig bezeichnet), spricht laut, unterbricht häufig, ärgert und provoziert andere, verleitet andere Kinder zu ähnlichem Verhalten und versucht zu dominieren. Erwachsene mögen solche Verhaltensweisen bei Kindern nicht, denn sie zerstören die für unsere Kultur typische soziale Atmosphäre, in der wir uns so außerordentlich wohl fühlen. Diese Verhaltensweisen müssen aber aus der richtigen Perspektive gesehen werden. Sie treten nämlich in einem System auf, das jeweils unterschiedliche Maßstäbe an das Verhalten von Kindern und von Erwachsenen anlegt. Zum Beispiel wird ein Erwachsener selten dafür bestraft, daß er ein Kind unterbricht. Bestimmte Verhaltensweisen von Kindern können für Erwachsene wie Kinder natürlich oft recht ärgerlich sein. Wird aber ein Kind als »aggressiv« oder »aufsässig« bezeichnet, oder sagt man von ihm, es »agiere aus« oder sei »unverschämt« oder »ungehorsam«, so muß man sehen, daß dies urteilende Etikettierungen sind. Auch ich verwende oft solche Bezeichnungen, aber ich möchte dem Leser klarmachen, daß ich mir bewußt bin, es handelt sich hierbei um Etikettierungen, Beschreibungen und Urteile eines anderen.

Manchmal sagt man von einem Kind, es sei aggressiv, wenn es einfach seinem Ärger Ausdruck verleiht. Als Ausdruck seines Ärgers zertrümmert es vielleicht einen Teller oder versetzt einem anderen Kind einen Stoß. Ich habe jedoch den Eindruck, daß aggressive Handlungen im allgemeinen nicht wirklich der Ausdruck von Ärger sind, sondern daß sie eher von den eigentlichen Gefühlen ablenken. Aggressive Handlungen, oft auch antisoziale Handlungen genannt, können destruktives Verhalten wie Zerstörung von Eigentum, Stehlen, Brandstiftung einschließen. Ich sehe in dem Kind, das zu feindseligem, störenden, destruktiven Verhalten Zuflucht nimmt, ein Kind, das tief in seinem Inneren sehr zornig ist, sich zurückgewiesen, unsicher, ängstlich und verletzt fühlt und oft nur ein schwach ausgeprägtes Selbstgefühl besitzt. Auch hat es eine sehr schlechte Meinung von dem Teil seines Selbst, den es kennt. Es ist entweder nicht imstande oder aus Angst nicht bereit, seine Gefühle zu äußern, denn wenn es dies täte, könnte es die Kraft verlieren, die es für sein aggressives Verhalten aufbieten muß. Es fühlt, daß es das, was es tut, tatsächlich tun muß — es ist seine Methode zu überleben.

Clark Moustakas sagt in seinem Buch *Psychotherapy with Children*, das Verhalten des gestörten Kindes sei oft durch undifferenzierte und ziellose Gefühle der Wut und der Angst motiviert. Es könne sich beinahe jedem und allem gegenüber feindselig verhalten. Eltern und Lehrer gehen dann oft davon aus, daß solches Verhalten eine ganz bestimmte Ursache im Kind haben müsse.

Das Gegenteil ist der Fall: Es ist die Umwelt, die das Kind stört. Nicht durch seine inneren Schwierigkeiten, sondern durch seine Umwelt wird das Kind zu diesem Verhalten provoziert. Was ihm innerlich fehlt, ist die Fähigkeit, mit einer Umwelt, die es wütend und ängstlich macht, fertigzuwerden. Es weiß nicht, wie es mit den Gefühlen umgehen soll, die eine unfreundliche Umwelt in ihm erzeugt. Wenn das Kind sich also irgendwie wehrt, so tut es das, weil es nicht weiß, was es sonst tun könnte. Tatsächlich ist es in vielen Fällen die

Umwelt, die ein Kind zu antisozialem Verhalten herausfordert. Ein Kind wird normalerweise nicht plötzlich aggressiv. Es ist nicht in der einen Minute ein braves, gutmütiges Kind und in der nächsten Minute ein Kind, das plötzlich und völlig zusammenhanglos anfängt, Feuer zu legen oder parkende Autos mit Farbe zu besprühen. Normalerweise ist das ein Prozeß. Mit Sicherheit hat das Kind seine Bedürfnisse schon vorher auf zurückhaltendere Weise zum Ausdruck gebracht, Erwachsene schenken ihm gewöhnlich aber erst dann Aufmerksamkeit, wenn es zu auffälligen Verhaltensweisen übergeht. Diese, von den Erwachsenen als antisozial bezeichneten Verhaltensweisen sind im Grunde oft der verzweifelte Versuch, wieder eine soziale Verbindung herzustellen. Das Kind ist nicht mehr in der Lage, auf eine andere Weise mit seiner Umwelt zu kommunizieren, es greift zum einzigen ihm noch möglichen Mittel.

Bei mir ist ein solches Kind selten aggressiv. Wenn es anfängt, mir zu vertrauen, kommt seine Aggressivität im Spiel, in den Geschichten, in den Zeichnungen usw. zum Ausdruck. Ich beginne mit ihm so, wie es sich mir darstellt; ich kann mich nicht mit irgendwelcher Aggressivität befassen, die ich nicht bemerke. Sind die Eltern in der ersten Sitzung dabei, bekomme ich meistens eine ganze Litanei von Beschwerden über das Kind zu hören, während es mürrisch am Ende der Couch sitzt und so tut, als ob es nichts höre oder zumindest sich nichts daraus mache. Manchmal wagt es vielleicht ein »Das tue ich nicht!« oder »Das stimmt nicht!« einzuwerfen. Meine langjährige Erfahrung mit Kindern und ihren Familien läßt mich dann oft gleich vermuten, daß das Problem hier eher bei den Eltern und deren Gefühlen und Reaktionen dem Kind gegenüber liegt. Bevor ich jedoch eine Familientherapie oder »Elterntherapie« vorschlage, warte ich noch ab, bis ich Beweise für meine Vermutungen habe. Erst muß ich das Kind besser kennenlernen und ein genaueres Gespür dafür bekommen, was zwischen ihm und seiner Familie abläuft.

Ich beginne meine Arbeit mit diesem Kind also nicht damit, daß ich mit ihm über seine Aggressivität spreche, womit ich sicherlich eine Barriere zwischen uns errichten würde, sondern ich bemühe mich erst einmal darum, eine vertrauensvolle Beziehung zwischen uns herzustellen, indem ich ihm zum Beispiel irgendein Spiel vorschlage, das keinerlei Bedrohung für es darstellt. Das Kind weiß in der Regel, daß ich weiß, warum es hier ist, deshalb sage ich ihm:

»Sieh mal, ich kenne alle diese Beschwerden, die über dich vorgebracht werden, ich habe sie gehört, meine Aufgabe ist es nun, dir und deiner Familie zu helfen, daß ihr euch wieder besser fühlt. Und jetzt möchte ich dich erst einmal selbst kennenlernen und herausfinden, was wirklich los ist.«

Mir fällt es leichter, mit aggressiven, zum Ausagieren neigenden Kindern zu arbeiten als mit gehemmten und introvertierten Kindern. Das aggressive Kind zeigt mir sehr schnell, was in ihm vorgeht. Oft fordere ich es erst einmal auf, das zu tun, wozu es gerade Lust hat. Zu diesem frühen Zeitpunkt wende ich im allgemeinen auch noch keinerlei diagnostisches Verfahren an. Das Kind ist in der Regel sehr mißtrauisch und wachsam; wenn ich aber unsere Sitzung zu einem erfreulichen Erlebnis für es mache, wird es das nächste Mal gerne wiederkommen. Gewöhnlich ist es über die Art von Aufmerksamkeit, die ich ihm schenke, so erstaunt, daß es mir überhaupt keine Schwierigkeiten bereitet, eine Beziehung zu ihm herzustellen.

In den ersten Sitzungen konfrontiere ich also das Kind in aller Regel nicht mit seinem Verhalten. Ich sage nicht zu ihm: »Ich habe gehört, daß du aggressiv bist; ich habe gehört, daß du Tommy schlägst.« Ich beschäftige mich mit dem, was in seinen Bildern oder in seinem Spiel nach außen dringt, mit dem, was es gerne tut. Ganz allmählich gehe ich schließlich zu gezielteren Aktivitäten über. Zuerst kommt dann gewöhnlich seine Wut durch. Unter dieser Wut mag sich zwar Schmerz verbergen, aber sichtbar werden immer erst Ärger und Wut.

Wut

Wut ist ein ganz normales Gefühl, dessen sich niemand zu schämen braucht. Jeder wird einmal wütend; ich werde wütend, Sie werden wütend. Erst das, was wir mit unseren Gefühlen *anstellen*, ob wir sie akzeptieren, wie wir sie äußern, verursacht die Probleme. Wie wir mit der Wut umgehen, wird nicht zuletzt von der Einstellung unserer Kultur diesem Gefühl gegenüber bestimmt: Es ist sozial unerwünscht, wütend zu werden. Kinder erhalten in diesem Zusammenhang widersprüchliche Botschaften: Einerseits bekommen sie die Wut der Erwachsenen — entweder sehr direkt oder aber indirekt als eisige Mißbilligung — zu spüren, andererseits ist es ihnen, den Kindern, gewöhnlich nicht gestattet, ihre eigene Wut zum Ausdruck zu bringen. Sehr früh lernen sie bereits, solche »negativen« Gefühle zu unterdrücken und sich statt dessen zu schämen (»Wenn meine Mutter so zornig ist, bin ich wahrscheinlich sehr böse«) oder sich schuldig zu fühlen, weil sie immer wieder von Gefühlen des Zorns und der Wut überwältigt werden. Durch das Fernsehen und durch Filme werden Kinder ständig mit Wut in Form von Gewalt, mit militärischer oder polizeilicher Autorität konfrontiert. Sie hören von grausamen Verbrechen und Kriegen. Werden sie dann selbst einmal wütend, so jagt ihnen dieses Gefühl große Angst ein, übt aber gleichzeitig auch eine starke Faszination auf sie aus. Kein Wunder also, daß die Wut zu einem schrecklichen, schlummernden Ungeheuer wird, das ständig im Zaum gehalten, unterdrückt, abgelenkt und gemieden werden muß.

Wenn ich mich mit der Wut von Kindern beschäftige, lassen sich hierbei vier Phasen erkennen:

1. Ich gebe den Kindern die Möglichkeit, ihre Wut ganz offen zum Ausdruck zu bringen.

2. Ich helfe ihnen, sich ihrem eigentlichen, vielleicht zurückgehaltenen Wutgefühl zu nähern, und ermutige sie, ihrer Wut hier und jetzt in meiner Praxis emotionalen Ausdruck zu verleihen.

3. Ich vermittle den Kindern das Gefühl, ihre Wut verbalisieren zu dürfen: das, was sie zu sagen haben, der Person direkt zu sagen, die es hören soll.

4. Ich spreche mit ihnen über ihre Wut. Ich frage sie, was das für ein Gefühl ist, wütend zu sein, wie sie dieses Gefühl erleben.

Kindern fällt es sehr schwer, ihrer Wut Ausdruck zu verleihen. Antisoziale Verhaltensweisen (Verhaltensweisen, von denen angenommen wird, sie gefährdeten unsere etablierte soziale Ordnung) sind nicht eigentlich Ausdruck von Wut, sondern vielmehr ein Zeichen dafür, daß echte Gefühle vermieden werden. Da unter der Schicht wütender Gefühle im allgemeinen Gefühle des Verletztseins bzw. der Verletzlichkeit begraben liegen, ist es für Kinder — genau wie für Erwachsene — bedrohlich und schwierig, diese Oberfläche zu durchdringen und die darunterliegenden authentischen Gefühle hinauszulassen. Es ist viel leichter, die Energie einfach abzuleiten, indem man losschlägt, einen Aufruhr anzettelt oder sarkastisch ist.

An allen unseren Gefühlen ist physische Energie beteiligt, die in

Muskelbewegungen und körperlichen Funktionen zum Ausdruck kommt. Wenn wir unsere Wut nicht äußern, wird sie sich auf andere, im allgemeinen für uns schädliche Weise Ausdruck verschaffen. Wenn ich spüre, daß ein Kind seine Wut zurückhält und unterdrückt, muß ich ihm helfen, in »angemessener« (das heißt in für Erwachsene akzeptabler) Weise mit seinen Gefühlen der Wut umgehen zu lernen.

Kevin, sechs Jahre alt, kam in die Therapie, weil er sich buchstäblich selbst zerriß. Er zerkratzte sich, wo und wie er nur konnte. Wenn er sich nicht selbst verletzte, zerstörte er irgendwelche Gegenstände, die ihm gehörten. Als er aber anfing, seine Matratze zu zerreißen, waren die Erwachsenen um ihn herum so beunruhigt, daß sie ihn zu mir brachten. Es stellte sich bald heraus, daß Kevin starke Gefühle der Wut und des Zorns empfand, aber schreckliche Angst davor hatte, diese Gefühle zu äußern. Er lebte in einer Pflegefamilie, die bereits das vierte oder fünfte Zuhause für ihn war.

Als Kevin einmal mit Ton spielte, erwähnte er einen seiner Mitschüler. Während er über diesen Jungen sprach, begann er heftig auf den Ton einzuschlagen. Ich fragte ihn sehr behutsam nach seiner Beziehung zu diesem Jungen: »Was habt ihr zusammen gespielt?« (In solchen Augenblicken ist das Kind wie eine Schildkröte, die vorsichtig ihren Kopf aus ihrem Panzer herausgestreckt hat. Ich muß es sehr sanft und vorsichtig behandeln, damit es nicht erschrickt und sich nicht wieder in seinen Panzer verkriecht.) Kevin sprach mit gepreßter Stimme. Ich fragte weiter: »Bist du manchmal böse auf ihn?« Kevin nickte und erzählte mir, wie dieser Junge ihn ärgere. Nun legte ich ein Kissen auf den Boden und bat Kevin, sich vorzustellen, dieser Junge säße auf dem Kissen, und ihm zu erzählen, wie er sich fühle. Zuerst sprach ich selbst mit dem Jungen, um Kevin zu zeigen, wie er es machen sollte. Schon bald redete Kevin heftig auf den Jungen ein und machte seinem Ärger Luft. Dann forderte ich Kevin auf, auf das Kissen einzuschlagen, und wieder machte ich es ihm vor. Am Anfang schlug Kevin nur sehr zögernd auf das Kissen ein, wurde aber zunehmend mutiger. Ich gab Kevin den Rat, wann immer er auf diesen Jungen oder auf jemand anderen böse sei, sich auch zu Hause ein Kissen zu nehmen und darauf einzuschlagen. Seine Pflegemutter berichtete mir, daß er das in den ersten Wochen täglich mehrere Stunden lang nach der Schule getan, dann aber allmählich damit aufgehört habe. Auch zerkratzte er sich nicht mehr und ließ seine Matratze in Ruhe. Natürlich befaßten wir uns auch mit anderen Dingen, zum Beispiel mit den sehr tief verborgenen Gefühlen, die Kevin für seine wirkliche Mutter empfand, usw. Erst mußten wir allerdings mit dem beginnen, was an der Oberfläche lag, und Kevin brauchte dazu ein paar Hilfsmittel. Er mußte zunächst einmal Kräfte für sich selbst sammeln.

Auf ein Kissen einschlagen ist eine von vielen Methoden, die Kindern helfen können, ihrer Wut Ausdruck zu verleihen: Sie können genausogut Zeitungspapier zerreißen, Papier zerknüllen, gegen ein Kissen oder eine Dose treten, um den Häuserblock rennen, mit einem Tennisschläger auf ein Bett einschlagen, unter der Dusche schreien, alle Schimpfwörter, die sie kennen, auf ein Blatt Papier schreiben, etwas über ihre Wut schreiben oder ihre Gefühle der Wut zeichnen. Ich spreche mit den Kindern auch über die physisch-körperlichen Aspekte der Wut, wie sich zum Beispiel die Muskeln im Kopf, im Magen und in der Brust zusammenziehen und Kopfschmerzen, Magenschmerzen und Brustschmerzen verursachen. Das leuchtet Kindern sofort ein.

Kinder machen sich sehr viele Gedanken darüber, wie die Erwachsenen um sie herum reagieren. Ein zwölfjähriger Junge baute eine Schreikiste für mich und eine zweite für sich selbst. Er stopfte die Kiste mit Papierknäueln voll, machte oben ein Loch hinein, in das er eine Handtuchrolle aus Papier steckte, und zeigte mir, wie der Schall, wenn er in die Kiste hineinschrie, so gedämpft wurde, daß seine Mutter nichts mehr hören konnte. Ein dreizehnjähriger Junge sagte einmal zu mir: »Wenn ich dem Schulleiter wirklich sagte, was ich ihm gerne sagen würde, würde er mich aus der Schule werfen.« Statt sich also direkt mit seiner Wut auseinanderzusetzen, spielte er auf dem Schulhof den großen Störenfried und war im Klassenzimmer »hyperaktiv«. Wenn ich selbst schrecklich wütend bin, mache ich es ganz genauso: Ich fühle mich wohler, wenn ich mit dem Fuß auf den Boden stampfe, auf meinen Nägeln herumbeiße oder hektisch Kaugummi kaue. Ich weiß auch, daß ich, wenn ich viele Gefühle zurückhalte, mich kaum noch auf andere Dinge konzentrieren kann.

Was meine ich aber, wenn ich sage, »Wut direkt zum Ausdruck bringen«? Wenn sich der Junge direkt mit seiner Wut auf den Schulleiter auseinandergesetzt hätte, dann hätte er sich vor dem Schulleiter aufgebaut, ihm gerade in die Augen gesehen und ihm seine

Wut ins Gesicht geschleudert. Wichtig scheint mir zu sein, daß man dem Kind die Möglichkeit gibt, sich seiner Wut *bewußt* zu werden, zu *wissen*, daß es wütend ist. Mit diesem ersten Schritt hilft man ihm, ein Gefühl für die eigene Stärke und Ganzheit zu gewinnen, statt ängstlich alle »unangebrachten« Gefühle zu vermeiden bzw. ihnen auf eine indirekte Weise Luft zu machen, so daß sie ihm selbst oder anderen Schaden zufügen. In einem weiteren Schritt muß das Kind lernen, eine Situation einzuschätzen und sich zu entscheiden, ob es seine Wut dem anderen direkt ins Gesicht sagen oder aber auf irgendeine andere Weise nur für sich zum Ausdruck bringen will.

Manchmal unterhalten wir uns darüber, was Wut überhaupt ist. So bat ich zum Beispiel eine Gruppe von Kindern, mit denen ich arbeitete, mir alle Worte zu sagen, die sie benutzten oder die ihnen in den Sinn kamen, wenn sie wütend waren. Diese Worte schrieb ich alle mit Kreide auf eine große Tafel. Ein zwölfjähriger Junge war so verblüfft, daß ich so ruhig und vor aller Augen verbotene Wörter an die Tafel schrieb, daß er sich auf den Boden warf und in hysterisches Gelächter ausbrach. Nachdem wir eine lange Liste solcher Wörter zusammengetragen hatten, sahen wir sie uns genauer an. Mir fiel auf, daß einige Wörter aggressiv und angreifend waren, während andere sich stärker auf innere Zustände bezogen. Wir unterhielten uns über die verschiedenen Möglichkeiten, mit Wut innerlich fertigzuwerden oder sie nach außen zu kehren. Ich fragte zum Beispiel: »Was macht euch wütend?«, »Was geschieht dann?«, »Was tut ihr?«, »Wie könnt ihr es vermeiden, in Schwierigkeiten zu geraten, wenn ihr wütend seid?« Anschließend sollten die Kinder alles, was ihnen zur Wut einfiel, zeichnen. Die Bilder waren sehr ausdrucksvoll, und jedes Bild machte deutlich, wie der Prozeß der Wut bei dem jeweiligen Kind aussah. Ein zehnjähriger Junge zeichnete ein Labyrinth (siehe S. 265). In die rechte obere Ecke des Bildes zeichnete er mehrere Strichmännchen und eines zeichnete er in die linke untere Ecke, neben das er die Worte »was ist der richtige Weg« schrieb, oben in die Mitte des Bildes schrieb er »Einsamkeit«. Er beschrieb sein Bild und erzählte uns, wie einsam er sich fühle, wenn er auf seine Freunde wütend sei. Er wisse nicht, wie er zu ihnen zurückfinden könne; er fühle sich mit seinen Gefühlen einsam und verlassen. Ein neunjähriger Junge äußerte mir gegenüber in einer Einzelsitzung eine ähnliche Empfindung. Nachdem er seine Gefühle der Wut aufs Papier gekritzelt hatte, sagte er: »Ich fühle mich einsam,

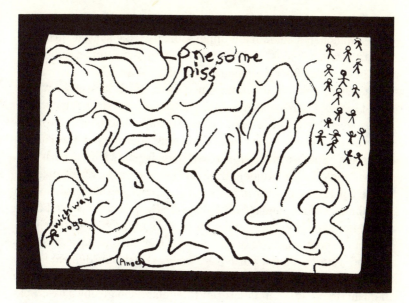

wenn ich wütend bin. Wenn ich wütend bin, fühle ich mir sehr, sehr einsam.«

Auch während einer Sitzung entsteht manchmal Wut, die das Kind sogleich an Ort und Stelle erleben und ausdrücken sollte. Wenn die Kinder es als zu bedrohlich empfinden, sich diese Gefühle »zu eigen zu machen«, bringen sie ihre Wut auch indirekt im Spiel oder mit künstlerischen Mitteln zum Ausdruck. Zwar ist es weitaus befreiender, sich die eigenen Gefühle einzugestehen und sich mit ihnen zu identifizieren, es ist aber auch schon hilfreich, die Wut in symbolischer Form zu äußern.

Völlig versunken spielte Jimmy, sechs Jahre alt, mit der Puppenstube und den dazugehörigen Möbeln und Figuren eine Szene. Er ließ eine der Puppen einen Diebstahl begehen, über den die anderen Puppen dann wahnsinnig in Wut gerieten. Offensichtlich identifizierte Jimmy sich total mit dieser Szene und brachte durch die Figuren seine eigenen Gefühle der Wut zum Ausdruck. Anfänglich sträubte sich Jimmy jedoch gegen meine Versuche, dieses Spiel mit seinem Leben in Beziehung zu bringen. Das ist auch, gerade bei kleineren Kindern, zu erwarten. Es hatte schon sehr lange gedauert, bis Jimmy überhaupt bereit war, sich mit Hilfe des Puppenspiels zu äußern. Nachdem er aber seinen anfänglichen Widerstand überwunden hatte, erlangte dieses neue Spiel eine große Bedeutung und Wichtigkeit für ihn. Vorher hatte Jimmy häufig gesagt: »Bloß Mädchen spielen mit Puppenstuben«, »Sie sollten Ihre Puppenstube wegwerfen«, »Ich möchte nicht mit der Puppenstube spielen« oder »Was für eine blöde Puppenstube«.

Es sah so aus, als ob Jimmy in seinem Spiel darstellte, wie er selbst beraubt wird — sein Gefühl, daß in ihn eingedrungen und ihm etwas gestohlen werde. Als wütende Puppenstubenfigur protestierte er gegen diese Gewalttat. Ich ging aber meiner Interpretation seines Spiels nicht weiter nach, denn irgendwie fühlte ich, daß er, wie viele kleine Kinder, im Spiel seine eigene Arbeit machte. Hätte ich Jimmy dazu bringen wollen, seiner Gefühle ausdrücklich gewahr zu werden, und ihn deshalb in ein Gespräch verwickelt (vielleicht um *meine* Vermutungen zu bestätigen), dann hätte ich ihn fragen können: »Hast du manchmal das Gefühl, daß dir etwas oder jemand weggenommen worden ist?« oder »Hast du in deinem Leben auch schon etwas verloren?«. Ich wußte, daß Jimmy keine Familie mehr hatte, sondern in mehreren Pflegefamilien gelebt hatte. Später, als unsere Beziehung gefestigter war, konnte ich ihn direkt fragen, was das für ein Gefühl für ihn war, nicht mit seiner eigenen Mutter zusammenzuleben, aber auch nicht zur Adoption »freigegeben« zu sein.

Andere Kinder können ihre Wut sehr viel direkter ausdrücken. Ein fünfjähriger Junge bat mich zum Beispiel, ein Gesicht zu zeichnen und das Blatt an das Korkbrett zu heften, das ich sonst zum Pfeilschießen benutze. Er sagte, das Gesicht sei sein Vater (er hatte seinen Vater nie kennengelernt), und fing an, Pfeile auf es abzuschießen. Ich ermutigte ihn, während des Schießens auch etwas zu sagen, und er schrie: »Ich bin wütend auf dich!«, »Du bist ein Furz!« Es machte ihm großen Spaß, das Gesicht voll zu treffen. Nach einer Weile bat er mich, Tränen (vielleicht eine Projektion seiner eigenen) auf das Gesicht zu malen. Und schließlich sollte ich ein anderes, lächelndes Gesicht malen. »Jetzt ist alles in Ordnung«, sagte er.

Bevor die siebenjährige Laura zu mir kam, war sie drei Monate bei einem anderen Therapeuten in Behandlung gewesen. Mit diesem Therapeuten war sie aus irgendeinem Grund nicht zurechtgekommen; sie war nur sehr ungern zu ihm gegangen und kam später genauso ungern zu mir. Lauras Leben war gerade zu der Zeit besonders problematisch, und dieses kleine Mädchen äußerte ihre Gefühle dann so, daß sie stahl, Autopolster zerschnitt, Feuer legte und

Autos mit Farben besprühte, wenn sie eine Straße entlangging. Am Anfang sah es so aus, als ob es uns nie gelingen würde, eine Beziehung zueinander herzustellen. Mir war klar, daß wir uns zuallererst mit ihren Gefühlen dem anderen Psychologen gegenüber auseinandersetzen mußten, bevor ich irgendeine Chance bei ihr hätte. Ich hatte dieses Thema auch bereits ein- oder zweimal angeschnitten, war aber jedesmal auf eisige Ablehnung gestoßen: Laura hielt ihre Augen geschlossen und ihre Lippen fest zusammengepreßt. Dann wagte ich einen neuen Vorstoß. Diesmal murmelte Laura etwas, und ich sah, wie sie ihr Bein hin und her schwang, als ob sie gegen etwas trete. Ich sagte: »Du sieht so aus, als ob du mit deinem Bein gern jemanden treten würdest.«

»Mm. Ich würde ihn wirklich gerne treten!«

Ich machte den Vorschlag, sie solle den Stuhl treten, als ob er auf dem Stuhl säße. Sie stand auf und trat gegen den Stuhl. Ich ermutigte sie, weiter zu treten, und ihm bei jedem Fußtritt etwas zu sagen.

»Ich hasse Sie! Es ist Ihre Schuld, daß es mir so schlecht gegangen ist!«

Ich hielt den Stuhl fest, und sie versetzte ihm einen Fußtritt nach dem andern. Plötzlich hörte sie auf, setzte sich hin, lächelte mich an und ging zu einem anderen Thema über. Ihr Körper war jetzt entspannter und mir gegenüber war sie offen und freundlich. Dies war der Beginn einer sehr befriedigenden und erfolgreichen therapeutischen Beziehung.

Folgende Gegenstände eignen sich sehr gut, um Gefühlen der Wut Ausdruck zu geben: Bataca (ein mit Schaumstoff überzogener, schlägerähnlicher Gegenstand mit Griff), Gummimesser, eine Pfeilpistole und eine aufblasbare Plastikpuppe. Man kann aber auch eine Figur aus Ton formen und das Kind sie dann mit der Faust oder mit einem Gummihammer zerschmettern lassen. Ein kleiner Junge machte seiner Wut dadurch Luft, daß er das aus Ton geformte Gesicht seines Bruders entstellte. Ich bat ihn, zu dem Tongesicht zu sprechen, während er es verunstaltete. So kam sehr viel mehr Material zum Vorschein, als wenn er mir einfach nur von seinem Bruder erzählt oder sich über ihn bei mir beschwert hätte. Als er fertig war, glättete Danny den Tonklumpen und machte ein neues Gesicht, das wieder seinen Bruder darstellte. »Jetzt hat er erst mal genug«, sagte er zu mir.

Der neunjährige Billy kam wegen extrem aufsässigen Verhaltens im Klassenzimmer und auf dem Schulhof zu mir in die Behandlung. Die Schule hatte seinen Eltern dringend geraten, sich an einen Psychologen zu wenden, damit er nicht in eine besondere Klasse für verhaltensgestörte Kinder gesteckt werden müsse. Während seines kurzen neunjährigen Lebens waren Billy und seine Familie infolge der beruflichen Karriere seines Vaters schon häufig umgezogen, und Billy hatte diese Umzüge nicht gut verkraftet. In der ersten Sitzung saß Billy zusammengekauert und schweigend an einem Ende der Couch, während seine Eltern ihre Klagen vortrugen. Als ich dann mit Billy allein war, weigerte er sich immer noch, zu sprechen oder zu spielen. Während dieser ersten Sitzung war mir jedoch aufgefallen, daß Billy immer wieder zum Maltisch hingesehen hatte. In der nächsten Sitzung bat ich ihn deshalb, irgendein Bild zu malen, und nach einigem Zögern war er einverstanden. Er malte dann voller Hingabe, und ich saß neben ihm und sah ihm zu (siehe S. 269).

Billy: Das ist ein Vulkan.

Erzähl mir etwas von dem Vulkan.

Billy: Wir haben das in der Schule gelernt. Das ist kein aktiver, sondern ein untätiger Vulkan. Das ist heiße Lava (rote Linien in einem braunen Vulkan mit dicken Wänden), die noch nicht ausgespuckt worden ist. Und das ist Rauch, der gerade aus dem Vulkan kommt. Er muß ein bißchen Dampf ablassen.

Billy, erzähle mir doch noch mehr von deinem Vulkan, aber stell dir diesmal vor, der Vulkan könnte sprechen. Er kann sprechen, weil du ihm deine Stimme gibst, wie du auch einer Kasperlepuppe deine Stimme gibst. Erzähle mir also nochmal etwas von deinem Vulkan. Fang so an: »Ich bin ein Vulkan.«

Billy: Gut. Ich bin ein Vulkan. In mir steckt eine ganze Menge heiße Lava. Ich bin ein untätiger Vulkan. Ich bin noch nicht ausgebrochen. Aber ich werde ausbrechen. Grauer Rauch kommt gerade aus mir heraus.

Billy, wenn du wirklich ein Vulkan wärst, wenn dein Körper der Vulkan wäre, wo würde dann die heiße Lava sein?

Billy (sehr nachdenklich — legt schließlich seine Hand auf seinen Bauch): Hier.

Billy, was wäre die heiße Lava für dich, Billy den Jungen?

Billy (seine Augen glänzen): Wut!

Hierauf bat ich Billy, mir ein weiteres Bild zu malen und mir mit

Hilfe von Formen, Farben und Linien zu zeigen, wie seine Wut aussah. Er malte einen großen, dicken roten Kreis, dessen Inneres er mit verschiedenen Farben ausmalte. Ich schrieb folgende Sätze auf sein Bild, die er mir diktierte: »Das ist die Wut, die Billy in seinem Bauch hat. Sie ist gelb, rot, grau und orange. Rauch kommt heraus.« Dann schrieb ich ein paar Dinge auf, die ihn wütend machten: »Wenn meine Schwester das Zimmer unordentlich macht, wenn ich mit anderen in Streit gerate, als ich vom Rad runtergefallen bin, als ich mein Schloß kaputtgemacht habe, als ich auf der Rollschuhbahn hingefallen bin.« Da erkannte Billy, wieviel er von sich selbst enthüllt hatte, und wollte nicht länger über seine Wut sprechen. Wir beendeten die Sitzung mit einem Spiel Schach.

Billy war offensichtlich noch nicht bereit, seiner Wut auf andere Weise als durch Bilder Ausdruck zu verleihen. Er wußte, daß Wut in ihm brodelte. In späteren Sitzungen gelang es ihm aber ganz allmählich, von dieser Wut immer mehr zu zeigen, und sein destruktives Verhalten ging langsam zurück. Er gewann Freunde, schloß sich einem Baseball-Team an und war viel freundlicher, fröhlicher und extrovertierter. Wie sehr sein Verhalten sich geändert hatte, erkannte ich daran, daß der Schulpsychologe, als ich drei Monate später in der Schule anrief, um mich zu erkundigen, wie es Billy in der Schule gehe, sich gar nicht mehr an Billy erinnern konnte!

Immer wieder mache ich die Erfahrung, daß die zur Unterdrükkung der Wut aufgewandte Energie zu unangemessenen Verhaltensweisen führt. Da es bei den Kindern noch nicht so viele Schichten unterdrückter Wut gibt wie bei den meisten Erwachsenen, können Veränderungen sehr schnell eintreten. Und trotzdem bin ich immer wieder überrascht, wenn ich sehe, wie ein Kind sich seinen Weg durch den auch bei ihm angesammelten Unrat bahnt und als gesünderes, ganzheitliches Wesen daraus hervorgeht. Debby, ein zwölfjähriges Mädchen, dem von den Strafverfolgungsinstanzen eine »kriminelle Neigung« attestiert worden war, malte ihre wütenden Gefühle: gelbe und orange und graue Kritzel, die sie mit einer dicken schwarzen Grenzlinie umgab. Zu ihrem Bild sagte sie: »Die Wut umgibt mich und zwängt die guten Gefühle ein, so daß sie nicht herauskommen können.« In diesem Satz faßte sie ihr Problem kurz und bündig zusammen. Als Debby Hilfe erhielt und ihren Gefühlen der Wut Luft machen konnte, war dies eine Befreiung für ihre guten Gefühle; ihr aufsässiges Verhalten ging dramatisch zurück.

Bobby, neun Jahre alt, kam zu seiner Sitzung und verkündete, er habe, wie so oft zu Hause und in der Schule, Kopfschmerzen. Ich bat ihn, seine Kopfschmerzen zu zeichnen: »Schließ deine Augen und sieh dir deine Kopfschmerzen genau an. Welche Form und welche Farben haben sie? Dann zeichne sie.« Bobby beschrieb mir seine Kopfschmerzen folgendermaßen: »Der Fleck in der Mitte schmerzt am meisten. Die Seiten des Kopfes tun auch sehr weh. Die Stellen um die Mitte herum tun nicht so weh. Meine Kopfschmerzen sitzen in der Stirn, dem orange-roten Teil. Manchmal sind sie hinten. Grün, rot, gelb, ockergelb tun nicht so weh. Ich würde meine Kopfschmerzen am liebsten umbringen, dann könnten sie mir nicht mehr wehtun. Ich bekomme sie, wenn ich viel rumrenne, zum Beispiel in der heißen Sonne. Manchmal wache ich schon mit Kopfschmerzen auf. Ich bekomme sie auch, wenn ich wütend bin. Und beim Abendessen. Jetzt habe ich ganz leichte Kopfschmerzen.«

Dann zeichnete er ein Gesicht mit den größeren Kopfschmerzen, die aber jetzt ganz klein geworden waren. Allein weil er sich erlaubt hatte, seine Kopfschmerzen zu erleben, hatte der Schmerz merklich nachgelassen. Seine Bemerkungen: »Ich würde meine Kopfschmerzen am liebsten umbringen« und »Ich bekomme sie, wenn ich wütend bin und beim Abendessen« hatten mich jedoch aufhorchen lassen.

Ich bat Bobby deshalb, seinen Kopfschmerzen auf dem Papier zu sagen, wie gerne er sie umbringen würde. Mit etwas Unterstützung tat er das für eine Weile. Dann äußerte ich die Vermutung, daß es in seinem Leben vielleicht jemanden gebe, den er gerne »umbringen« würde. Er sagte sofort: »Ja! Meinen Bruder!« Ich bat ihn, das Gesicht seines Bruders zu zeichnen und seinem Bruder dann zu sagen, wie wütend er auf ihn sei. Er zeichnete ein großes, häßliches Gesicht und machte seiner Wut Luft, indem er diesem mehrere Stiche mit dem Beistift versetzte. Bobby mußte unbedingt lernen, auf gesündere Weise mit seiner Wut umzugehen, als diese in Kopfschmerzen zu verwandeln.

Kindern fällt es schwer, sich offen zu ihrer Wut bekennen zu lernen. Sie müssen lernen, direkt um das zu bitten, was sie wollen, und zu sagen, was ihnen gefällt und was ihnen nicht gefällt. Allerdings werden sie durch die Reaktionen der Erwachsenen auf ihre direkten und offenen Äußerungen geradezu dazu ermutigt, falsch, unaufrichtig und indirekt zu sein. Kinder und vor allem Jugendliche erzählen mir oft, wie sie von Erwachsenen kritisiert und bestraft werden, wenn sie ihre Gefühle offen zum Ausdruck bringen. Da sie diesen negativen Reaktionen bereits sehr früh begegnen, haben sie keine Gelegenheit, echte Kommunikationsformen zu erlernen, um sie dann auch als Erwachsene zu praktizieren.

In jenen Familien, mit denen ich es zu tun habe, haben durchweg alle Mitglieder, auch die Erwachsenen, Schwierigkeiten, miteinander zu kommunizieren. Selbst eine so einfache Übung wie die, bei der jedes Familienmitglied dem anderen eine Eigenschaft nennt, die es an ihm mag oder nicht mag, führt zu überwältigenden Ergebnissen. Nach dieser Übung sagte einmal ein Junge zu seinem älteren Bruder: »Ich hätte nicht gedacht, daß dir überhaupt *irgend etwas* an mir gefällt!« und weinte dabei vor Freude. Ich habe diese Übung auch schon mit Kindern gemacht, die nicht miteinander verwandt waren, und dabei festgestellt, daß dies eine gute Möglichkeit ist zu lernen, direkt und offen zueinander zu sein.

Ein achtjähriger Junge beklagte sich bei mir, daß sein Vater nie Zeit für ihn habe. Ich wußte, daß das stimmte — der Vater hatte seinen Sohn zwar sehr gern, war aber ein vielbeschäftigter Mann. Und mir war klar, daß ich eher diesen Jungen dazu bringen konnte, seine Bedürfnisse direkt — und nicht, wie es sonst seine Art war, auf weinerliche und versteckte Weise — mitzuteilen, als daß es mir gelingen würde, seinen Vater zu einer Familiensitzung zu bewegen. Ich bat ihn, so zu seinem Vater zu sprechen, als ob dieser auf dem leeren Stuhl säße (ich hätte natürlich auch mit einer Puppe, einer Kasperlefigur, einer Zeichnung oder der Tafel arbeiten können), und ihm gegenüber seinen Ärger wie auch seine Wünsche zu äußern. Das tat er; dann schlug ich ihm vor, er solle nach Hause gehen und alles hier Gesagte seinem Vater wiederholen. In der nächsten Sitzung berichtete er mir, daß sein Vater tatsächlich zugehört habe, und sie hätten auch eine Lösung gefunden, wie sie bestimmte Dinge gemeinsam machen könnten. Der Junge war freudig erregt und hatte durch dieses Erlebnis einiges an Selbstvertrauen gewonnen.

Eine Mutter brachte ihren fünfjährigen Sohn in die Therapie, weil dieser ab und zu fürchterliche Wutanfälle bekam, nach denen beide immer völlig erschöpft waren. Während sie sein Verhalten beschrieb, zappelte Jeff herum und tat so, als ob ihn das alles nicht interessiere. Da ich ihn miteinbeziehen wollte, unterbrach ich seine Mutter und bat sie, etwas, das sie an Jeff verrückt machte, in einem Bild darzustellen, und Jeff bat ich, etwas zu zeichnen, das ihn an seiner Mutter verrückt machte. Jeff sagte hierauf, daß er dazu keine Lust habe, sah aber aufmerksam zu, wie seine Mutter einen mit ausgestreckten Armen und offenem Mund auf dem Boden liegenden Jungen zeichnete, von dessen Körper rote, wellenförmige Linien ausgingen. Das Bild zeigte Jeff, wie er gerade einen Wutanfall hat-

te. Hierauf fing auch Jeff an zu zeichnen. Er zeichnete eine kleine, am Boden liegende Figur und eine sehr viel größere, über der kleinen Figur stehende. Dazu sagte er: »Das ist meine Mutter, wie sie mich anschreit, wenn ich einen Wutanfall habe.« Ich bat Jeffs Mutter, dem Jungen auf ihrem Bild zu sagen, was in ihr vorgehe, wenn er einen Wutanfall habe, und Jeff bat ich, der Mutter auf seinem Bild etwas von seinen Gefühlen zu erzählen. Bald führten sie über ihre Bilder ein Gespräch miteinander, und Jeff war ganz bei der Sache. Er sagte zum Beispiel, er müsse immer alles machen, bei seinem dreijährigen Buder lasse seine Mutter aber alles durchgehen. Ich bat ihn, doch etwas konkreter zu werden: »Was erwartet sie denn zum Beispiel von dir? Sag ihr, was das ist.«

Seine Antwort: »Du willst zum Beispiel immer, daß ich all die Spielsachen, die er herumliegen läßt, auflese, nur weil es meine Spielsachen sind. Und wenn ich versuche, dir das zu sagen, hörst du mir nicht zu, und dann bekomme ich einen Wutanfall.«

Ich bat Jeff, ein paar Vorschläge zu machen, wie man dieses Problem vielleicht lösen könnte, und es stellte sich heraus, daß er ein paar sehr gute Lösungen parat hatte. Mutter und Sohn sprachen über jede Möglichkeit, einigten sich schließlich und gingen zu einem anderen konkreten Problem über. Jeff kam nur dreimal zu mir. Als er und seine Mutter begannen, einander zuzuhören, hörten auch seine Wutanfälle auf. Nicht alle Probleme lassen sich so leicht lösen, Jeffs Fall ist aber ein gutes Beispiel dafür, welche Macht ein Kind ausüben kann — eine Macht, vor der Eltern manchmal kapitulieren

müssen, obwohl die dafür verantwortliche Ursache recht einfach, offensichtlich und leicht zu beseitigen sein mag.

Linda, zehn Jahre alt, war von einem Mann belästigt worden, weigerte sich aber, mit irgend jemandem darüber zu sprechen, und hüllte sich allmählich fast völlig in Schweigen. Ich konnte mir denken, welche Gefühle Linda wohl empfand — Zorn, Furcht, Scham, vielleicht Schuld —, und ich wußte, daß wir jedes dieser Gefühle untersuchen und behandeln mußten. Ich sprach ihr Erlebnis direkt an und bat Linda, in einem Bild darzustellen, wie sie sich jetzt fühle.

Ohne ein Wort zu sagen, nahm sie sich Filzstifte und zeichnete ein Mädchen, über das sie »ich« schrieb und eine Figur ganz in Schwarz, über das sie »Mann« schrieb (siehe S. 273). Das Mädchen hielt einen Bogen in der Hand, und der Mann war von vielen Pfeilen umgeben. Mit viel Körperausdruck und einer Stimme, der ihre ganze emotionale Erregung anzuhören war, beschrieb Linda, was sie auf diesem Bild gerade tat. Wenn sie sich geweigert hätte, das Bild zu zeichnen, hätte ich ihr etwas anderes, weniger Bedrohliches vorgeschlagen, zum Beispiel irgendein beliebiges Bild zu zeichnen oder eine Szene im Sand aufzubauen. Ich hätte das Thema jedoch immer wieder angesprochen in der Überzeugung, daß sie irgendwann einmal bereit sein würde, sich dazu zu äußern.

Die neunjährige Debby bat ich einmal zu malen, wie sie sich fühlte, wenn sie glücklich war, und wie sie sich fühlte, wenn sie wütend war. Mit einer Linie teilte sie ihr Blatt Papier in zwei Hälften und schrieb »wütend« auf die eine und »glücklich« auf die andere Seite. Die »wütende« Seite bestand aus einem kleinen Farbklecks; die »glückliche« Seite war größer und enthielt leuchtende Farben. Debby fiel es schwer, ihre wütenden Gefühle zu akzeptieren; indem ich ihr aber Gelegenheit gab, ihre guten Gefühle zu malen, konnte sie sich entspannen und sich mit ihren negativen Gefühlen besser auseinandersetzen. Wir unterhielten uns zunächst über ihre »glückliche« Seite. Als Antwort auf meine Frage »Was macht dich glücklich?« schrieben wir auf ihr Bild »ausgehen, mein Papa, mit Ihnen sprechen«. Dann sprachen wir über die wütende Seite. Auf diese Seite schrieben wir: »Mein Bruder, wenn er mich ärgert; wenn er mir widerspricht; *kleine* Dinge. Auch die Schule — mein Lehrer war schuld, daß ich mir so dumm vorkam, als ich eine Frage stellte. Ich werde nie wieder eine Frage stellen! Viele kleine Dinge in mir.« Dann sah sie mich an und sagte: »Ich würde jetzt am liebsten schreien.« Ich bat sie, ihre Gefühle zu malen, wenn ihr nach Schreien zumute sei. Während sie sprach, malte sie mit großen flüssigen Bewegungen: »Ich hasse es, wenn meine Mutter an mir herumnörgelt, ich solle meine Hausaufgaben machen und Klavier üben! Sie nörgelt, nörgelt, nörgelt immer an mir herum. Ich hasse das! Wenn ich auf meine Mutter wütend bin, wünsche ich, daß ihr der Kopf abfällt!« — dann fügte sie aber ganz schnell hinzu: »*Nein, das wünsche ich nicht!*« Wenn Kinder wütend sind, haben sie oft Verstümmelungs- und Todesphantasien, die ihnen schreckliche Angst einjagen — das ist ein weiterer Grund, weshalb sie ihre Wut fest im Inneren verschlossen halten.

Ein neunjähriger Junge stellte seine wütenden Gefühle in einem kühnen, schwarz-purpur-roten Kritzelbild dar. Wir schrieben auf die Rückseite des Blattes: »Das sind Johns wütende Gefühle — aber auch seine verletzten Gefühle. Ich bin auf meinen Bruder wütend, der mich beschimpft; auf meine Eltern, die so tun, als ob ich nicht auf der Welt wäre. Sie beantworten meine Fragen nicht. Ich kann nicht Gitarre spielen. Ich würde gerne Gitarrenunterricht nehmen, aber sie lassen mich nicht. Überhaupt lassen sie mich ganz viele Dinge nicht tun.«

Susan, elf Jahre alt, sprach offen und frei über ihr schreckliches Erlebnis. Ein Mann war in ihr Haus eingebrochen, in ihr Zimmer gekommen und hatte so lange auf sie eingeschlagen, bis sie ganz schwarz und blau war und blutete; dann hatte er das Haus in Brand gesteckt und war wieder verschwunden. Sie sprach mit gefühlloser, monotoner Stimme über diesen Vorfall, der in den Zeitungen für Schlagzeilen gesorgt hatte. Wir saßen zusammen auf dem Boden, vor uns einen Klumpen Ton, und sprachen darüber. Ich bat sie, so zu tun, als ob der Ton dieser Mann wäre, und das, was sie diesem Mann gegenüber empfand, zum Ausdruck zu bringen. Zuerst zögerte sie, nach einigem Drängen fing sie aber an, dem Ton kleine Stiche zu versetzen. Der Ton war weich und gab nach und paßte sich ihren Bewegungen an. Ihr Schutzpanzer bekam allmählich einen Sprung, und sie begann, heftig mit ihren Fäusten auf den Ton einzuschlagen. Ich sagte ihr, sie solle dem Ton-Mann sagen, was sie ihm gerne sagen wolle. Sie machte ihrem Herzen etwas Luft, hörte dann aber plötzlich auf und ich sah, wie Tränen in ihre Augen traten. Sie starrte mich an.

»Susan, was denkst du gerade?« fragte ich sie behutsam. Sie flüsterte: »Ich bin so wütend auf meine Mutter! Ich bin so wütend auf sie!«

Susan konnte ihrer Mutter nicht sagen, daß sie sehr verletzt war, weil diese sie nicht hatte schreien hören, sondern erst durch den Rauchgeruch wach geworden war. Sie erzählte mir, sie könne ihrer Mutter das deshalb nicht sagen, weil diese sich über das, was geschehen sei, so wahnsinnig aufrege. Ich hatte das Gefühl, daß Susan unbedingt offen mit ihrer Mutter über ihre Gefühle sprechen sollte, daß es bei ihr nicht ausreiche, wenn sie nur mit mir darüber sprach. Ich bat deshalb ihre Mutter, an der nächsten Sitzung teilzunehmen, und wir bearbeiteten gemeinsam Susans Gefühle ihrer Mutter gegenüber, die mit dem schrecklichen Erlebnis in Zusammenhang standen. Am Ende der Sitzung lagen sie sich in den Armen und weinten. Die Mutter sagte, dies sei das erste Mal, daß sie Susan nach diesem Erlebnis habe weinen sehen. Für Susan war es eine wichtige Lehre zu erkennen, daß alle Menschen, auch ihre Mutter, ihre Gefühle äußern müssen. Viele Kinder halten ihre Gefühle zurück, weil sie ihre bekümmerte Mutter oder ihren bekümmerten Vater nicht noch mehr aufregen oder belasten wollen. Das Gefühl der Wut — dieses am meisten gefürchtete, verleugnete, unterdrückte Gefühl — habe ich deshalb so ausführlich behandelt, weil es häufig das größte, zugleich aber am tiefsten verborgene Hindernis auf dem Weg zu Ganzheit und Wohlbefinden ist.

Das hyperaktive Kind

Die Frage nach den Ursachen hyperaktiven Verhaltens und der geeignetsten Behandlung wird unter den Fachleuten zur Zeit heftig diskutiert. Über das manifeste Verhalten eines hyperaktiven Kindes gibt es natürlich keinerlei Zweifel. Das Kind kann nicht stillsitzen, zappelt herum, muß ständig in Bewegung sein, spricht zuviel, ist oft lästig, schlägt andere Kinder und löst damit Streitigkeiten aus, hat eine mangelhafte Triebkontrolle, ist impulsiv, hat Koordinationsschwierigkeiten oder Schwierigkeiten, seine Muskeln zu beherrschen, ist ungeschickt, läßt vieles fallen, zerbricht Gegenstände, verschüttet Milch. Es hat Konzentrationsschwierigkeiten und läßt sich leicht ablenken.

Ich habe mit ziemlich vielen überaktiven Kindern gearbeitet. Es ist schwierig, mit ihnen zusammenzuleben, und sie sind die ersten, die in der Schule auffallen und von ihren Lehrern als Sonderschulfälle eingestuft werden. Ein hyperaktives Kind ist oft stark lernbehindert, weil seine visuellen, auditiven und manchmal auch taktilen Wahrnehmungsfähigkeiten beeinträchtigt sind. Seine motorischen Schwierigkeiten sind dafür verantwortlich, daß es Auge und Hand schlecht koordinieren kann und es ihm schwerfällt, flüssig und deutlich zu schreiben. Die vielen Reize aus seiner Umwelt verwirren und irritieren es. Aber auch viele sekundäre Effekte tragen zu den Schwierigkeiten des hyperaktiven Kindes bei. Erwachsene haben keine Geduld mit ihm, vertrauen ihm nicht, schreien es an — das Kind geht ihnen schlichtweg auf die Nerven. Da es zudem nur schlecht in der Lage ist, interpersonale Beziehungen herzustellen, hat es nur wenig Freunde. Es empfindet es als demütigend, von anderen einfach abgestempelt zu werden. Andere Kinder ärgern es und machen sich über es lustig. Seine Lernschwierigkeiten belasten es, und gewöhnlich hat es ein sehr schlechtes Bild von sich selbst. In einer ihm hart und ungerecht erscheinenden Welt kämpft es aber trotzdem.

Wie immer sind die Ärzte mit ihrem Rezeptblock schnell bei der Hand und verschreiben dem überaktiven Kind dämpfende Medikamente. Ich habe schon Kinder gesehen, die — weil sie täglich Pillen schluckten — lange genug stillsitzen konnten, um ein bißchen Lesen zu lernen, oder die so gefügig gemacht waren, daß es fast den Anschein haben konnte, als ob sich bei ihnen eine Persönlichkeitsumwandlung vollzogen habe und aus einem aggressiven und unangenehmen Kind ein angenehmes und einfaches Kind geworden sei. Wie bei allen nur auf die Symptome abzielenden Maßnahmen der Verhaltensänderung gewinnt das so behandelte Kind jedoch keine eigene innere Kraft, um sich mit sich selbst und seiner Umwelt wirklich auseinandersetzen zu können. Es gebraucht seine Pillen wie Krücken und manchmal auch als Mittel der Manipulation: »Gib mir meine Pillen, damit ich lieb sein kann«, hört man sehr oft von solchen Kindern.

Auch sollte man ruhig einmal darüber nachdenken, welche physiologischen Schäden derartige Medikamente möglicherweise anrichten. Ich gehöre eher zu den Verfechtern einer guten Ernährung und einer Behandlung mit Multivitaminpräparaten. Ich weiß nämlich, daß hyperaktive Kinder oft sehr schlecht ernährt sind. Diese Kinder erhalten oft große Mengen an Süßigkeiten und sonstigem

»junk food«*. Damit werden sie entweder für gutes Betragen belohnt oder zum Schweigen gebracht.

Viele als hyperaktiv eingestuften Kinder versuchen möglichst, alle unangenehmen Gefühle zu vermeiden. Ein Kind, das nicht imstande oder nicht bereit ist, Gefühle zu äußern, das Gefühle ständig unterdrückt, hat natürlich Schwierigkeiten, stillzusitzen, aufzupassen, sich zu konzentrieren — *ohne* daß irgendwelche neurologisch verursachten Störungen der Perzeption oder Motorik vorlägen. Gerade ängstliche Kinder fürchten sich oft davor, sich wirklich auf irgendeine Aktivität einzulassen. Sie wenden sich ständig neuen Dingen zu und scheinen nicht imstande, bei einer Sache zu bleiben und sich ganz auf sie zu konzentrieren. Das heißt mit anderen Worten, daß auch furchtsame, wütende oder ängstliche Kinder hyperaktives Verhalten an den Tag legen und dadurch den Anschein erwecken können, sie seien »hyperaktiv«, mit allen sich aus diesem Etikett ergebenden Folgen.

Der fünfjährige Jody war dafür ein typisches Beispiel. Die Diagnose hieß »hyperaktiv«, und er nahm täglich zehn Milligramm Ritalin ein. Obwohl er dieses Medikament, wie seine Mutter berichtete, bereits seit einem Jahr einnahm, war das Symptom nicht verschwunden. In meiner Praxis flatterte er von einem Spielzeug zum nächsten und war nicht imstande, sich auch nur kurzfristig auf eine Sache einzulassen. Er nahm sich etwas, begann damit zu spielen und hörte dann plötzlich mitten im Spiel auf. Oder er begann Ton zu formen oder ein Bild zu zeichnen und sagte dann plötzlich: »Ich habe keine Lust mehr.« Ich sagte dann jedesmal »gut« und half ihm, die Sachen wieder wegzuräumen. In der vierten Sitzung erzählte mir Jody, er habe von einem Ungeheuer geträumt, das ihn umbringen wolle. Ich bat ihn, das Ungeheuer zu malen. Er arbeitete ohne Unterbrechung und mit großer Intensität. Als er sich dann zurücksetzte und verkündete, er sei fertig, bat ich ihn, zu seinem Ungeheuer zu sprechen und ihm zu sagen, was er von ihm halte.

Jody: Du machst mir Angst! Du wirst mich umbringen!

Wie könnte es dich umbringen, Jody?

Jody: Es könnte mich auffressen.

Sag ihm das.

---

* Wörtlich übersetzt »Drecks-Nahrung«, ein Ausdruck, mit dem Pädagogen in den USA Eiskrem, Cola, Hot dogs und Popcorn bezeichnen (Anmerkung der Übers.).

Jody: Du könntest mich auffressen! (Er zieht die Schultern ein.) Ooooooo. Ich habe Angst vor dir.

Sei die Stimme des Ungeheuers, und antworte dir selber.

Jody: Seine Stimme sein?

Ja, tu so, als ob du das Ungeheuer wärest. Was sagt es zu dir?

Jody: Es sagt: »Sieh dich vor. Ich werde dich fressen« (mit tiefer, brummender Stimme)!

Wir machten noch eine Weile so weiter, und dann fragte ich schließlich: »Jody, wie fühlst du dich, wenn du das Ungeheuer bist?«

Jody: Gut!

Während der ganzen Sitzung war Jodys Aufmerksamkeit kein einziges Mal abgeschweift. In den folgenden Sitzungen war Jody zunehmend in der Lage, eine selbstgewählte Tätigkeit ganz durchzuhalten. Sein Spiel kreiste um gewalttätige Situationen. Er baute zum Beispiel sorgfältig die Puppenstube mit Möbeln und Familie auf und sagte dann: »Jetzt fällt eine Bombe runter und tötet alle.« Oder er reihte kleine Autos auf und fuhr sie dann alle mit einem Lastwagen um. Oder er stellte Soldaten im Sand auf und schoß auf jeden einzelnen, bis sie alle umgefallen waren. Wann immer sich die Möglichkeit dazu bot, ermutigte ich Jody, die Bombe oder der Lastwagen, der die Autos umfuhr, zu »sein«. Ich wollte, daß Jody seine eigene Macht erlebte. Als er erst einmal innerhalb der sicheren Grenzen meiner Praxis seiner Stärke gewahr geworden war, konnte er dieses Gefühl der Stärke auch mit nach Hause nehmen.

Ich habe die interessante Erfahrung gemacht, daß ein als hyperaktiv bezeichnetes Kind sehr selten wirklich hyperaktiv ist, wenn ich mit ihm in meiner Praxis arbeite. Ich habe meist vorher gelesen, was in den Schulberichten über seine Hyperaktivität steht, und konnte es manchmal auch selbst in der Schule beobachten. Ich habe die Klagen seiner Eltern gehört und gesehen, wie es sich im Wartezimmer verhielt, hin und her sprang, herumkletterte usw. Es kommt natürlich vor, daß das Kind auch in meiner Praxis zappelig und unruhig ist, aber interessanterweise zeigt es eigentlich kaum solche Verhaltensweisen, die man im allgemeinen als Hyperaktivität bezeichnet. Wenn diese Kinder merken, daß man ihnen Aufmerksamkeit schenkt, ihnen zuhört und sie ernst nimmt, dann gelingt es ihnen recht schnell, ihre Symptome einzudämmen.

Ich arbeite mit diesen Kindern in ähnlicher Weise wie mit Kindern, die aggressiv und wütend sind. Ich beginne mit dem Kind dort, wo es ist, und versuche, mich auf die mir aufgefallenen oder während der Sitzung auftauchenden Probleme zu konzentrieren. Handelt es sich eindeutig um Symptome von Hyperaktivität, so gibt es zwei Arten des Vorgehens: 1. Ich gebe dem Kind Materialien wie Ton, Sand, Wasser oder Fingerfarbe, von denen ich weiß, daß sie einen besänftigenden und beruhigenden Einfluß ausüben. 2. Ich folge dem Kind, wenn es seine Aufmerksamkeit mal auf diesen, mal auf jenen Gegenstand richtet, und lenke seine Aufmerksamkeit bewußt auf die jeweils begonnene Aktivität, um ihm zu helfen, diese intensiver zu erleben.

Ich glaube, daß jedes beliebige taktile Erlebnis diesen Kindern hilft, sich zu konzentrieren und stärker ihrer selbst — ihres Körpers und ihrer Gefühle — gewahr zu werden. In der Schule habe ich bei der Arbeit mit »hyperaktiven« und »antisozialen« Kindern oft Fingerfarben verwendet — und das mit ausgezeichneten Ergebnissen. Im Speiseraum habe ich mir Tabletts entliehen, flüssigen Stärkekleister darauf verteilt und verschiedene Plakatfarbenpulver auf den Kleister verstreut. Mit großem Vergnügen arbeiteten die Kinder dann meistens Seite an Seite an ihren Tischen. In den sechs Jahren, die ich an Schulen tätig war, benutzte ich diese Methode sowohl in ganz verschiedenen Alters- und Kindergruppen als auch in meinen eigenen Kindertherapiegruppen und in einzeltherapeutischen Sitzungen. Kein einziges Mal hat ein Kind ein anderes Kind oder die Wände mit Farbe beschmiert. Die Kinder waren immer ganz in ihre Arbeit vertieft, schufen wunderschöne Muster, experimentierten mit Farbmischungen und sprachen während der Arbeit miteinander oder mit mir. Wenn unsere Zeit um war, nahmen wir ein großes Blatt Papier, legten es über das zuletzt entstandene Bild, drückten es auf das Tablett und erhielten auf diese Weise einen interessanten Druck, den wir trocknen ließen und später dann auf die gewünschte Größe zuschnitten und aufklebten. Jedes Kind machte dann seinen Arbeitsplatz sauber und wusch sein Tablett.

Diese Betätigung war für die Kinder von unschätzbarem Wert. Die von ihnen hergestellten Drucke waren auch wirklich sehr schön, und die Kinder waren natürlich sehr stolz auf ihre Werke und auch auf sich selbst. Sie waren eine gute Stunde konzentriert und mit Vergnügen bei der Sache und erprobten zudem soziale Verhaltensweisen. Da diese Tätigkeit eine taktile und kinästhetische Erfahrung ist, wurde auch das Gefühl der Kinder für ihren eigenen Körper geschärft. Diese Kinder lassen sich so leicht von äußeren Reizen ablenken und manchmal auch verwirren, daß es von großer Bedeutung für sie ist, wieder ein Gefühl für sich selbst zu entwickeln und zu erleben. Ich glaube, daß jedes taktile und kinästhetische Erlebnis dazu beiträgt, seines eigenen Körpers und seines eigenen Selbst und damit seiner Gefühle, Gedanken und Vorstellungen auf eine neue Weise gewahr zu werden.

Während die Kinder malten, spielte ich ihnen manchmal Musik — meist klassische Musik — vor. Solange das Band lief, unterhielten sich die Kinder kaum. Die Musik ermöglichte ihnen, ihr Ganz-bei-sich-selbst-Sein auf neue und gesteigerte Weise zu erleben.

Ton, Wasser und Sand bieten wieder andere taktile Erlebnisse. Wenn ich in einer Schule arbeitete, die über einen Spielplatz verfügte, ging ich manchmal mit den Kindern zum Sandkasten, wenn niemand sonst auf dem Spielplatz war. Jedes der acht bis zwölf Kinder hatte dann seine eigene Ecke, in der es ungestört arbeiten konnte.

Wasser ist der beruhigendste von allen »Stoffen«. Viele dieser emotional gestörten Kinder hatten, als sie klein waren, nie Gelegenheit gehabt, mit Sand, Matsch und Wasser zu spielen — Erlebnisse, die für eine gesunde Entwicklung besonders wichtig sind. Da ich in meiner Praxis kein Waschbecken habe, benutze ich in Einzelsitzungen mit hyperaktiven kleinen Kindern oft ein transportables Wasserbecken.

Taktile und motorische Erfahrungen steigern ganz offenbar das Selbstgefühl des Kindes und üben wohl auch eine beruhigende Wirkung aus; so scheint es mir naheliegend, daß auch Massagen sehr wohltuend auf hyperaktive Kinder wirken können. Ich kann mich erinnern, daß ich, wenn ich einem emotional gestörten Kind Lesen oder Rechnen beibringen wollte, oft leicht mit der Hand über seinen Rücken gestrichen habe. Die Kinder hatten das sehr gern, baten mich oft selbst darum, und ich weiß, daß diese Berührung ihnen half, stillzusitzen und sich zu konzentrieren. Seitdem ich dies weiß, habe ich Eltern gegenüber immer wieder den Vorschlag gemacht, auch sie sollten ihre Kinder hin und wieder massieren. Auch bei Kindern, die ein traumatisches Erlebnis hinter sich haben, kann eine Massage sehr hilfreich sein; Furcht und Angst führen nämlich zu Muskelverspannungen, die durch eine Massage gelöst werden können.

Wenn Kinder sich von jedem Gegenstand, jedem Geräusch, jedem Bild und jedem Lichtstrahl ablenken lassen, Fragen stellen, ohne eine Antwort abzuwarten, ununterbrochen reden, ohne zu erwarten, daß andere darauf reagieren, dann sind sie nicht wirklich an ihrer Umwelt interessiert. Sie sehen die Dinge, ohne sie wirklich in sich aufzunehmen, bevor sie sich einer anderen Sache zuwenden. Wenn ich solches Verhalten beobachte, gehe ich methodisch so vor, daß ich zu jedem Gegenstand eine Bemerkung mache oder Fragen stelle und das Kind dann ermutige, sich etwas anderes vorzunehmen. Diese Methode erlaubt es dem Kind, sein Verhalten beizubehalten, gleichzeitig aber intensiver zu erleben. Wenn es zu einer Kerze geht und sie in die Hand nimmt, sage ich zum Beispiel: »Sieh dir diese Kerze an. Was siehst du? Fühle das Wachs. Fällt dir die orangefarbene Stelle auf?« Wenn ich dann sehe, daß es seine Aufmerksamkeit einer anderen Sache zuwendet, hindere ich es nicht daran. »Was ist das für ein Geräusch? Es hört sich so an, als ob ein Feuerwehrauto vorbeifahren würde.« Ich möchte, daß sich das Kind zu dem, was es tut, wenigstens auch teilweise bekennt. »Was ist das für ein Gefühl in deinem Bein, wenn du es so wie jetzt hin und her schüttelst?« — »Ich vermute, du möchtest die Antwort auf deine Frage gar nicht hören.«

Oft werden Kinder, die mit einer bestimmten Sache in der Schule beschäftigt sind und von draußen Geräusche hören, von diesen Geräuschen sehr stark abgelenkt. Vielleicht stehen sie sogar auf und gehen ans Fenster, um nachzusehen, was es da draußen gibt. Der Lehrer sagt dann gewöhnlich: »Geht an eure Arbeit zurück. Das da draußen braucht euch nicht zu stören.« Meiner Meinung nach ist dies das schlechteste Mittel, dessen man sich bedienen kann. Viel sinnvoller ist es, den Kindern zu sagen: »Gut, laßt uns ans Fenster gehen und nachsehen, was da draußen los ist«, sich die Sache anzusehen, bei ihr zu verweilen, sie abzuschließen und dann wieder an die Arbeit zurückzugehen.

Es gibt eine Theorie, wonach es am besten ist, bei leicht ablenkbaren Kindern die Umwelt so reizarm wie nur möglich zu halten. Da ich mich in einer solchen Atmosphäre nie wohl fühlen konnte, waren meine Arbeits- und Wohnräume immer alles andere als reizarm und kahl. Ich habe gerne viele Farben und hübsche Dinge um mich, die man ansehen und mit denen man arbeiten kann. Das hat sich auch nie, weder bei Gruppen noch bei einzelnen Kindern, als problematisch erwiesen, vorausgesetzt, ich gab den Kindern die Möglichkeit, sich jeder Ablenkung zuzuwenden und sie zu Ende zu bringen. Meines Erachtens müssen Kinder lernen, mit den Reizen in ihrer Umwelt fertigzuwerden. Und sie lernen sehr schnell, mit Reizen umzugehen, wenn sie gelernt haben, sich auf sie zu konzentrieren. Sie achten dann weit genauer auf das, was sie sehen und hören, und nehmen Veränderungen wahr; ihre Wahrnehmungsfähigkeiten werden geschärft.

Reize dadurch zu vermeiden, daß man sie entfernt oder ignoriert, schwächt ein Kind nur und verschlechtert vielleicht sogar seine Situation. Ein Kind, das Schwierigkeiten hat, einen Ball zu fangen, wird möglichst Situationen vermeiden, in denen es einen Ball fangen soll. Wenn es aber behutsam ermutigt wird, sooft wie möglich einen Ball zu fangen, kann es seine Fähigkeit, Auge und Hand zu koordinieren, langsam verbessern. (Ich finde es immer sehr ärgerlich, wenn Lehrer oder Trainer beispielsweise bei einem Baseballspiel immer wieder den besten Werfer den Ball werfen lassen und die anderen aufs Feld schicken, wo sie nur noch schlechter werden.)

Ich lege großen Wert auf Methoden, die hyperaktiven Kindern die Möglichkeit geben, sich auf sich selbst zu konzentrieren. Sowie ihr Selbstgefühl ausgeprägter wird, erlangen sie auch eine bessere innere Kontrolle. Ich beginne mit einfachen sensorischen und taktilen Aktivitäten (Sand, Wasser, Ton, Fingerfarbe) und gehe dann langsam zu Aktivitäten über, die mehr Bewegung erfordern. Atem- und Entspannungsübungen können ausgedehntere Bewegungsübungen einleiten. Es wird sehr viel darüber gesprochen, die Aktivitäten dieser Kinder zu strukturieren und einzuschränken, sehr selten wird jedoch darüber diskutiert, welche Möglichkeiten man ihnen bieten kann, ihre eigenen inneren Strukturen auszubilden und zu entwickeln. Man muß Kindern die Gelegenheit geben, ihre eigenen Entscheidungen zu treffen, selbst Kontrolle auszuüben.

Ich trete jedoch nicht für eine totale Permissivität ein, denn ich bin davon überzeugt, daß es sowohl zur Sicherheit des Kindes wie auch zu meiner eigenen Arbeitserleichterung notwendig ist, Regeln aufzustellen — zum Beispiel die Regel, daß Ton immer nur auf dem extra zu diesem Zweck vorhandenen Brett bearbeitet und nicht durch das Zimmer geworfen werden darf. Ich muß die Kinder in meiner Praxis aber nur selten auf solche Regeln hinweisen. Kinder wissen meist sehr viel besser, als wir es ihnen gewöhnlich zutrauen, was in einer bestimmten Situation angemessen ist. Wenn sie Grenzen übertreten, so vielleicht deshalb, weil genau das die Erwachsenen oft von ihnen erwarten.

Holzarbeit ist eine ausgezeichnete Übung auch für extrem hyperaktive Kinder, von denen die meisten nie die Gelegenheit hatten, auch nur eine Säge oder einen Hammer in der Hand zu halten, geschweige denn sie zu benutzen. Bevor wir anfangen, sprechen wir darüber, wie man mit den Werkzeugen umgehen muß — wie man sie benutzt, ohne sich zu verletzen. Dann gebe ich den Kindern Holzstücke, Hämmer, Nägel, Sägen, Bohrer usw., mit denen sie dann die schönsten Dinge fabrizieren. Sie versuchen Boote, Kisten, Flugzeuge usw. zu bauen, lösen selbständig Probleme, bitten auch mal um Hilfe, helfen sich gegenseitig und teilen die Werkzeuge miteinander. Es bereitet mir Unbehagen, wenn Kinder Pfeile, Gewehre und Pistolen herstellen, deshalb bitte ich sie, das nicht zu tun, mache ihnen aber gleichzeitig klar, daß der Grund für meine Bitte mein eigenes Unbehagen ist. Sie kommen in der Regel meiner Bitte auch bereitwillig nach. Als wir einmal am »Bauen« waren (wie die Kinder das nennen), betrat ein Professor der California State University von Long Beach, der sich den Unterricht einer Referendarin ansehen wollte, völlig unerwartet den Raum und sagte: »Diese Kinder sehen ja wie ganz gewöhnliche, normale Kinder aus!«

Ich bringe absichtlich Beispiele aus der Zeit, als ich noch an Schulen unterrichtete, weil ich zeigen möchte, daß die von mir beschriebenen Methoden auch in sehr schwierigen Situationen erfolgreich angewandt werden können. Kinder, welche die eigens für verhaltensgestörte Kinder eingerichteten Klassen besuchen, haben in der Schule meist schon so viele Niederlagen und Fehlschläge erlitten, so viel Scham und Wut erlebt, daß sie schon die bloße Atmosphäre des Schulgebäudes hassen. Sie verkriechen sich im Schatten der Schulregeln, und, obwohl sie ihre Klasse und ihren Lehrer vielleicht wirklich gern haben, ist das Stigma, gezeichnet und abgesondert zu sein, allgegenwärtig.

Während ich dies schreibe, fällt mir wieder ein, mit welchen eigentlich recht einfachen Methoden ich damals versucht habe, die Spannung, unter der überaktive Kinder leiden, abzubauen und ihr Selbstvertrauen zu stärken. Wenn wir etwa in der Schule eingeladen wurden, an einer Veranstaltung in der Aula teilzunehmen (wir wurden keineswegs immer eingeladen), sagte ich zu den Kindern, sie sollten so schnell sie nur konnten vorauslaufen und an einer vorher ausgemachten Stelle auf mich warten. Zum Neid aller anderen Kinder, die in ordentlichen Reihen losmarschierten, rannten meine Schüler los und warteten dann sehr ordentlich an der verabredeten Stelle, bis ich eintraf. Beim Laufen konnten sie einen Teil ihrer durch das Stillsitzen im Klassenzimmer aufgestauten Energien abbauen und waren so imstande, in der Aula wieder eine Weile stillzusitzen.

Ich bin nicht dafür, Kinder, womöglich auch noch schweigend, nach militärischem Vorbild in Reih und Glied stehen oder marschieren zu lassen. Wenn wir spazierengingen, durften die Kinder ganz nach Wunsch Gruppen bilden — zu zweit, zu dritt usw. — oder auch ganz allein gehen. Ich sehe keinen Sinn darin, die Kinder in geraden Reihen sich aufstellen zu lassen, die Jungen auf der einen, die Mädchen auf der anderen Seite, und ihnen auch noch das Sprechen zu verbieten. Das erhöht bloß die Unruhe, die Frustration und die Spannung. Mir gefällt es ja auch nicht, schweigend in einer Reihe stehen und warten zu müssen, und ich habe noch nie erlebt, daß Erwachsenen das Sprechen verboten wurde. Wenn es aber, wie in der Cafeteria, notwendig war, in einer Reihe zu stehen und darauf zu warten, bis man an die Reihe kam, machte es den Kindern keine Schwierigkeiten, sich dieser Notwendigkeit zu unterwerfen, weil ihnen der Sinn sofort einleuchtete.

Während des Unterrichts gab es Phasen, in welchen von allen Kindern erwartet wurde, daß sie ruhig waren, weil einige Kinder lernen oder sich konzentrieren mußten; ebenso gab es Phasen, während derer das Sprechen über das, was wir machten, einfach dazugehörte. Es gibt bestimmte Tätigkeiten, für die schweigende Konzentration nicht erforderlich ist. Und gerade diese Kinder brauchten jede sich nur bietende Gelegenheit zur sozialen Interaktion. Oft waren sie dann am kreativsten, wenn sie gemeinsam — und nicht gerade geräuschlos — etwas erarbeiten durften.

Ich glaube, daß Lehrer und andere, die mit Kindern arbeiten, Lärm häufig deshalb unterbinden wollen, weil sie sich dadurch gestört fühlen, weil sie fürchten, die Kontrolle über die Kinder zu verlieren, oder weil andere von ihnen denken könnten, sie seien nicht in der Lage, Kontrolle und »Disziplin« aufrechtzuerhalten. Wenn der Lärm die Erwachsenen oder auch die Kinder selbst belästigt, sollte das Problem in der Gruppe besprochen werden. Die Kinder wissen dann, daß es plausible Gründe dafür gibt, warum sie leiser sein sollen — weil man etwa Kopfschmerzen davon bekommt —, daß dies nicht die bloße Tyrannei der Erwachsenen ist. Die Kinder können sich zum Beispiel von vornherein auf ein bestimmtes Signal einigen, das die Aufmerksamkeit der Gruppe auf sich lenken soll. Ein solches Signal könnte ein Hammer, eine Glocke, eine Trommel, eine Melodie oder ein kurzes Anknipsen des Lichts sein. Oft haben die Kinder selbst die besten Ideen, was man als Signal benutzen kann.

Wir sollten nie vergessen, daß Kinder, auch die als hyperaktiv bezeichneten, Menschen sind wie wir. Wir alle haben unseren eigenen inneren Rhythmus. Einige von uns sind schnell, andere sind langsam. Jeder von uns hat seine ihm eigene Art, von einer Aufgabe zur nächsten überzugehen; wir beenden etwas auf die uns eigene Weise, bevor wir bereit sind, uns anderem zuzuwenden. Wenn wir mit einer Gruppe arbeiten, müssen wir wissen, daß viele verschiedene Prozesse ablaufen; auch Kinder sind keine Roboter, die sich alle nach dem gleichen Programm bewegen.

Zum Schluß möchte ich noch betonen, wie außerordentlich wichtig Entscheidungen sind. Alle Kinder müssen die Möglichkeit haben, ab und zu Entscheidungen treffen zu können; vor allem hyperaktive Kinder müssen ihre Urteilsfähigkeit in positiver Weise üben dürfen. Um Entscheidungen treffen zu können, braucht man ein Selbstgefühl; will man eine Entscheidung fällen, so muß man das eigene Denken und Fühlen kennen. Man muß lernen, Verantwortung für die eigene Entscheidung zu tragen. In unserem Eifer, Grenzen, Struktur, Routine und Ordnung in das Leben hyperaktiver Kinder zu bringen (und ich weiß natürlich, daß sie all das wirklich nötig haben), vernachlässigen wir es oft, ihnen genügend Gelegenheiten zu bieten, das Selbstvertrauen stärkende Entscheidungsprozesse zu erleben. Ich konnte beobachten, wie auch das zappeligste, unruhigste Kind unendlich lange vor verschiedenfarbigem Papier stand, um sich drei zur Wahl gestellte Farben auszusuchen. Oft ist es in Sorge, seine Wahl könnte ihm später vielleicht leid tun, und es wäre ihm manchmal lieber, wenn ich ihm einfach drei Farben geben würde. Man kann beinahe sehen, wie das Gehirn arbeitet, wenn sich das Kind den Packen Papier genau ansieht, und wie es durch diese Übung stärker wird. Scheinbar leichte Entscheidungen fallen einem hyperaktiven Kind oft recht schwer, ich glaube aber, daß es gerade deshalb besonders wichtig ist, ihm viele Gelegenheiten zu Entscheidungen zu geben. Ich kann mir keine bessere Methode vorstellen, die Persönlichkeit eines Kindes zu fördern.

Das introvertierte, in sich gekehrte Kind

Was ist das eigentlich, ein introvertiertes* Kind? Diese Bezeichnung höre ich oft von Eltern und Lehrern. In meinem Wörterbuch steht »zurückhaltend, reserviert, zurückgezogen«. Ein Kind, das in sich gekehrt ist, muß sich vielleicht aus einer Welt zurückziehen, die ihm zu sehr weh tut.

Kinder, die ruhig oder schüchtern sind, kommen im allgemeinen nicht zur mir in die Therapie. Da sie wenig Schwierigkeiten machen, sind die Erwachsenen eigentlich ganz zufrieden mit ihnen. Problematisch wird es erst, wenn das Kind anfängt, sein schüchternes Verhalten zu übertreiben. Es spricht vielleicht nur sehr wenig oder überhaupt nicht oder immer nur im Flüsterton. Vielleicht wahrt es immer Distanz, hat Angst, irgendwo mitzumachen oder Neues auszuprobieren. Oft ist es ein Einzelgänger und hat entweder gar keine oder nur sehr wenige Freunde.

Trotz aller Bemühungen, Geschlechtsrollen-Stereotypen auszumerzen, akzeptiert man es bei vielen Mädchen immer noch, wenn sie schüchtern, reserviert, ruhig und in sich gekehrt sind. Jungen dagegen werden viel eher ermutigt, mit der aggressiven Seite ihres Wesens in Kontakt zu treten. Mädchen sind niedlich, wenn sie ruhig und schüchtern sind. Interessanterweise sind Mädchen, die wegen ihres introvertierten Verhaltens zu mir in die Therapie kommen, im allgemeinen älter, schüchterne Jungen dagegen werden sehr schnell zu mir geschickt. Nur sehr wenige Eltern möchten einen ruhigen und schüchternen *Sohn* haben. Da Mädchen aber für schüchternes Verhalten gelobt werden, benehmen sie sich natürlich auch so, und es vergeht viel Zeit, bis es Anlaß zur Sorge gibt.

In sich gekehrte Kinder sind Kinder, die etwas in ihrem Inneren festhalten. Im Laufe der Zeit haben sie gelernt, ihren Mund zu halten — irgend jemand hat zu viel gesagt, und sie haben die Botschaft verstanden. Kinder machen sehr schnell »dicht«, halten Gefühle und Erlebnisse fest unter Verschluß. Haben Sie jemals versucht,

---

* Im Original: »withdrawn« (Anmerkung der Übers.).

mit einem Kind zu sprechen, das »dicht gemacht« hat? *Sie* können sprechen, aber das Kind wird nicht sprechen.

Dem in sich gekehrten Kind muß ich mich mit großer Behutsamkeit nähern. Dieses Kind, das durch seine Introvertiertheit soviel Macht hat, ist nicht bereit, diese Macht einfach aufzugeben. Eine Mutter sagte zu mir: »Sie sagt nie etwas! Das macht mich wahnsinnig!« Nicht-Sprechen ist die einzige Waffe dieses Kindes gegen die Forderungen seiner Mutter. Es kommt in der Schule gut mit, macht seine Hausarbeiten, hält sich an die Regeln, quengelt und bettelt nicht, weint, schlägt, kämpft oder schreit nicht. Aber es spricht nur, wenn es sich nicht vermeiden läßt — »Reich mir bitte das Salz«.

Diese Waffe benutzt das Kind nicht absichtlich. Irgendwann hat es eben gelernt, daß es keinen anderen Weg gibt als zu schweigen, und obwohl sich die Umstände in der Zwischenzeit geändert haben mögen, schweigt es immer noch. Oder vielleicht schweigt es, weil es fühlt, daß es zu gefährlich wäre, sich zu öffnen und zu sprechen. Für mich ist nicht so wichtig zu wissen, warum es sich so verhält. Wichtig ist, daß ich dem Kind helfe, andere Bereiche zu finden, aus denen es Kraft schöpfen kann, damit es dann frei zu entscheiden vermag, ob es sprechen möchte oder nicht. Denn dadurch, daß es sich so stark im Zaum hält, verschließt es sich viele Teile seines Selbst und seines Lebens. Es gestattet sich nicht, frei zu experimentieren, seine Fähigkeiten zu entdecken, sich zu entwickeln und zu wachsen.

Ich bin also sehr behutsam — Gewalt würde die Schale nur zerbrechen; mein Ziel ist es jedoch, das Kind soweit zu bringen, neugierig seine Schalen zu öffnen und hinauszuspähen. Ich begegne dem Kind dort, wo es ist, und spreche selbst nur sehr wenig. In unserer ersten Sitzung hat es die Klagen seiner Eltern mitangehört. Es sagt nichts. Wenn wir dann allein sind, ordnet es sich mir völlig unter. Es kommuniziert mit mir, indem es mit den Schultern zuckt, das Gesicht verzieht und kurze Sätze, vor allem »Ich weiß nicht«, sagt. Ich bin der Macht dieses Kindes sehr gewahr. Ich habe manchmal das Gefühl, zu laut zu sein, zuviel zu sprechen, zu sehr zu drängen, auch wenn ich versuche, mich in Schach zu halten.

Dieses Kind kann natürlich hören, auch wenn es nicht spricht. Also erzähle ich ihm, daß seine Mutter sich Sorgen macht, weil es nicht viel sagt. Ich stelle mir vor, daß das Kind die Sorgen seiner Mutter nicht ganz versteht, denn ich weiß, daß Kinder, die nicht viel sagen, ihr Schweigen selten als ein Problem wahrnehmen. Sie haben einfach das Gefühl, daß sie nichts zu sagen haben. Das sage ich dem Kind, und es nickt. Ich erkläre ihm, daß es durch all das, was wir in unseren Sitzungen anstellen, vielleicht feststellen wird, daß es doch eine ganze Menge zu sagen hat.

Nonverbale Ausdruckstechniken eignen sich besonders gut für die Arbeit mit schweigsamen, in sich gekehrten Kindern. Durch diese Techniken können die Kinder zu kommunizieren beginnen, ohne zunächst ihr Schweigen aufgeben zu müssen.

Angie, zehn Jahre alt, sprach während der ganzen ersten Sitzung kein einziges Wort. Ihre Eltern wußten nicht mehr, was sie noch tun sollten. Obwohl ihre Noten gut waren, hatte die Lehrerin im Zeugnis vermerkt, ihre Verschlossenheit gebe Anlaß zur Besorgnis. Sie sagte ihren Eltern nicht, warum sie nicht sprach; sie sagte ihnen eigentlich *überhaupt nichts*. Bis jetzt hatten ihre Eltern sich keine Sorgen gemacht, denn sie war immer still und gut und brav gewesen und hatte gute Zeugnisse nach Hause gebracht. Aber schließlich erkannten sie doch, daß etwas nicht in Ordnung war.

Als ihre Eltern dann im anderen Zimmer warteten, bat ich Angie, eine Person zu zeichnen, was sie gehorsam und sorgfältig tat. Das Mädchen auf ihrem Bild hatte leere Augen, es lächelte und streckte die Arme aus. Ich fragte sie, ob sie eine Geschichte zu dem Mädchen erfinden könne — ihren Namen, ihr Alter, irgend etwas. Sie zuckte mit den Schultern, runzelte die Stirn und schüttelte den Kopf. Ich fragte sie, ob sie sich selbst dargestellt habe. Sie schüttelte den Kopf. Ich dankte ihr für das Bild; unsere Zeit war um.

In der nächsten Sitzung bat ich sie, eine Szene im Sand aufzubauen. Sie zuckte die Achseln, als ob sie sagen wollte: »Natürlich, wenn Sie das wollen.« Zunächst sah sie sich jeden Korb im Regal sehr genau an und wählte sorgfältig Tiere, Zäune, Bäume, Leute, ein Haus und einen Felsen aus. Dann baute sie einen Zoo auf, in dem alle Tiere durch einen Zaun von den vielen Besuchern getrennt waren. Sie arbeitete sehr konzentriert, stellte Figuren um, veränderte hier und da etwas, richtete umgefallene Figuren geduldig wieder auf und baute so einen ziemlich überfüllten Zoo auf. Während der ganzen Zeit sprach sie kein Wort; selbst ihren Atem hielt sie zurück. Es war nicht das erste Mal, daß mir auffiel, daß in sich gekehrte Kinder nicht voll durchatmen. An einem Ende des Zoos hatte sie eine kleine Brücke aufgestellt und auf diese Brücke eine kleine Ente gesetzt.

Sie sah auf und setzte sich zurück, gab mir damit also zu verstehen, daß sie fertig sei. Ich fragte sie, welches Tier ihr Lieblingstier sei. Sie zuckte die Schultern; keine Antwort. Ich fragte mit einigem Nachdruck: »Wenn du eines dieser Tiere sein könntest, welches wäre das dann?« Sie sah sich ihren Zoo an und zeigte auf die Ente, die auf der Brücke saß. Ich sagte: »Dein Zoo ist ziemlich voll. Die Tiere sind in ihren Gehegen alle recht eingeengt — alle, bis auf diese Ente. Fühlst du dich auch manchmal so eingeengt wie diese Tiere hier?« Schulterzucken. »Du hast also das einzige Tier gewählt, das etwas Platz für sich hat. Hast du zu Hause ein eigenes Zimmer?« »Nein« (laut und deutlich). »Mit wem teilst du das Zimmer?« »Mit meiner Schwester.« »Hättest du gerne ein eigenes Zimmer?« »Ja! Und sie auch! Es gefällt uns nicht, zusammen im selben Zimmer zu sein.« Dann schwieg sie wieder. Sie starrte lange Zeit auf ihre Szene. Ich unterbrach sie nicht. Schließlich fragte ich sie, woran sie denke, während sie den Zoo betrachte. Schulterzucken. Die Zeit war um.

Ich war mit dieser Sitzung sehr zufrieden. Ich spürte, daß sehr viel mehr geschehen war, als ich von einer zweiten Sitzung erwartet hätte. In jeder weiteren Sitzung sprach Angie — angeregt durch eine Zeichnung, eine Phantasie, eine Sandkistenszene — etwas mehr. Ich ermutigte sie, in ihr Notizbuch zu schreiben (sie konnte gut schreiben). Sie schrieb Träume, Gedanken, Gefühle auf. Wir arbeiteten mit Ton und unterhielten uns, während wir den Ton formten. Mit Hilfe von Bildern konnte ich sie schließlich dazu bringen, Geschichten zu erzählen. In einer Sitzung machte sie eine Collage. Das gefiel ihr sehr, und in den folgenden Sitzungen sprach sie dann viel mehr. Dadurch kamen immer mehr Informationen zum Vorschein — Gefühle, Dinge, die sie gerne tat, ihre Lieblingsfarben und -lieder. Ich habe eigentlich nie ganz herausgefunden, warum sie sich so lange in Schweigen gehüllt hatte. (Ich kannte ihre Familiengeschichte und könnte Vermutungen äußern, aber welchen Sinn hätte das? Manchmal fragen mich Eltern nach meinen Vermutungen, und ich sage ihnen dann, was ich denke, mache ihnen aber klar, daß es sich dabei lediglich um Vermutungen handelt.) Angie begann, mit mir und mit ihren Eltern, mit ihrer Schwester, ihren Lehrern und ihren Freunden zu sprechen. Sie stellte fest, daß sie etwas zu sagen hatte.

Ein anderes Mädchen, mit dem ich arbeitete, sprach zwar, aber nur flüsternd. Jill war elf Jahre alt und die Älteste von fünf Geschwistern. Sie war sehr tüchtig und paßte auf ihre Geschwister auf. In der Schule kam sie gut mit, und sie war ein braves Kind. Ihre Mutter war geschieden und berufstätig. Ich hatte vorher mit einem ihrer jüngeren Brüder gearbeitet, der regelmäßig Wutanfälle bekam. Als sein Verhalten sich besserte, fragte mich die Mutter, ob ich mir auch die Elfjährige einmal ansehen könnte. Wir hatten einige Familiensitzungen durchgeführt, und die Mutter war auch mehrmals allein zu mir gekommen, so daß diese Frau bestimmte Verhaltensweisen nun ganz anders einschätzte als früher. Sie machte sich Sorgen, weil ihre Tochter so still war. »Wir wissen eigentlich nie, was in ihr vorgeht, und ich weiß, daß das nicht gut für sie ist«, sagte sie zu mir.

Jill kam also zu mir und begann auch ganz allmählich, von ihren Gefühlen zu erzählen — aber alles, was sie sagte, sagte sie nur flüsternd. Zur gleichen Zeit arbeitete ich auch mit einer Kindergruppe und entschied mich, es auf einen Versuch ankommen zu lassen und Jill in diese Gruppe aufzunehmen. Dort zog sie sich in sich selbst zurück und schwieg — ich bemerkte aber etwas sehr Interessantes: Alle Kinder der Gruppe sprachen von Jills wunderschönem, leuchtend rotem Haar und ihren Sommersprossen. In einer Einzelsitzung bat ich sie dann, darzustellen, was das für ein Gefühl sei, rote Haare zu haben. Sie malte ein Mädchen mit leuchtend roten Haaren und sorgenvoll gerunzelter Stirn und schrieb über die Figur ICH. Sie zeichnete fünf andere Figuren um das Mädchen herum, die sie alle bezeichnete und mit einer Sprechblase ausstattete. Eine Figur, als EIN JUNGE bezeichnet, sagte »Ha, du Feuerball!« Eine andere, als EIN MANN bezeichnet, sagte: »Wo hast du diese roten Haare und Sommersprossen her?« EINE FRAU sagte: »Ich wollte immer rote Haare haben!« Ein KLEINER JUNGE sagte: »Ha, rote Flamme.« Als sie mit Zeichnen fertig war, beschrieb sie mir das Bild, stand auf und wiederholte die Bemerkungen der einzelnen Figuren mit lauter, sarkastischer Stimme.

Das war das erste Mal, daß ich Jill laut sprechen hörte. Sie diktierte mir folgende Sätze, die ich auf ihr Bild schrieb: »So ist das, wenn man rote Haare hat. Jeder macht seine Bemerkungen darüber. Vielleicht würde ich mich nicht so schlecht fühlen, wenn nicht alle immer ihre Bemerkungen über meine Haar machen würden.« Ich fragte Jill, welche Haarfarbe sie gerne hätte. »Schwarz«, sagte sie laut und deutlich. Wir sprachen darüber, daß sie, wenn sie einmal älter wäre, ihre Haare färben könnte. Sie erzählte mir, sie könne sich nicht erinnern, daß die Leute jemals keine Bemerkungen über ihr Haar oder ihre Sommersprossen gemacht hätten.

Lange Zeit hatte Jill Wut, Traurigkeit, Groll in ihrem Inneren verborgen. Sie fühlte sich von ihrem Vater verlassen, ärgerte sich darüber, daß sie auf ihre jüngeren Geschwister aufpassen mußte und machte sich wegen ihrer bekümmerten, überarbeiteten Mutter Sorgen. Alle diese Gefühle kamen zum Vorschein, als sie ihre Stimme losließ. Eines Tages erzählte sie mir, daß sie ihre Haarfarbe vielleicht doch behalten werde. »Manchmal«, sagte sie, »macht es Spaß, soviel Aufmerksamkeit wegen dieser blöden Haare zu erregen. Meine Sommersprossen mag ich aber immer noch nicht.«

Auch Sandra, neun Jahre alt, sprach nur flüsternd mit mir und beklagte sich oft über Magenschmerzen. In vielen Sitzungen fertigten wir Zeichnungen von ihren Magenschmerzen an. Da sie, als ich sie bat, ihre Magenschmerzen zu zeichnen, nicht so recht wußte, was ich von ihr wollte, zeichnete ich das erste Bild selbst. In einer Sitzung arbeitete sie einmal lange mit der Stofftafel. Sie heftete mehrere Figuren an die Tafel, die Hauptfigur schien ein Mädchen zu sein. Ich bat sie, mir etwas über dieses Mädchen zu erzählen.

Sandra (flüsternd): Es hat niemanden, mit dem es spielen könnte.

Es sieht nett aus. Warum will niemand mit ihm spielen?

Sandra: Es ist in Schwierigkeiten. Es war so wütend auf seine Familie, daß es allen die Köpfe abgehackt hat.

Das war alles, was sie zu dem Mädchen sagen wollte. Ich fragte sie schließlich: Bist *du* wütend?

Sandra (kaum atmend): Nein.

In der Sandkiste spielte sie eine Szene, die von einem herrschsüchtigen Hirsch handelte, der alle anderen Tiere herumkommandiert. In einer Rosenbuschphantasie sagte sie als Blüte eines Rosenbuschs: »Ich schließe meine Blütenblätter, wenn Leute vorbeikommen. Das Gras und die Berge sind meine Freunde. Mit ihnen spreche ich.« Ich hatte den Eindruck, daß sie bei mir nicht mehr ganz so leise flüsterte.

Eines Tages kam sie in meine Praxis und sagte mit kaum hörbarer Stimme: »An diesem Wochenende war mein Vater bei uns, als meine Mutter nicht da war.« Ich fragte sie, wie das gewesen sei. »Ich bin nicht an ihn gewöhnt. Ich mag meine Mutter lieber.« Ihre Stimme, ihr Gesicht, ihr Verhalten, ihre Körperhaltung wirkten verschlossener als zuvor. Wir setzten uns zusammen auf den Fußboden, und ich bat sie, mir zu erzählen, woran sie bei ihrem Vater nicht gewöhnt war. Sandra wandte ihren Kopf ab. Ich drehte ihren Kopf sanft zu mir und sah ihr in die Augen. »Er berührt mich«, sagte sie und fing an zu weinen. Nun strömten die Worte nur so aus ihr hervor, und sie erzählte mit normaler Stimme, wie sie seit langem von ihrem Vater belästigt wurde. Sandra hatte vorher niemandem etwas davon erzählt.

Das in sich gekehrte Kind ist oft isoliert, weil es eben nicht frei und offen mit anderen kommunizieren kann. Es fällt ihm schwer, Zuneigung oder Ärger zu äußern. Es vermeidet gewöhnlich alle Situationen, in denen es Zurückweisung erfahren oder verletzt werden könnte. Spontanes Verhalten kennt es nicht und, obwohl es Spontaneität bei anderen bewundert und vielleicht selbst gerne zwangsloser, offener und freier wäre, schreckt es vor spontanem Verhalten zurück. Andere halten es manchmal für unterwürfig, furchtsam, schüchtern, gehemmt, hin und wieder aber auch für arrogant, weil es allein sein möchte und sich von anderen zurückzieht. Eben weil es nicht kommunikativ ist, erweckt es den Anschein, als ob es sich überhaupt nicht ausdrücken könne, vielleicht gar dumm oder schwerfällig sei, obwohl es in der Schule gute Noten haben mag. Manchmal wird es sogar als schizoid bezeichnet.

Je älter jemand ist, um so schwieriger wird es, seinen während vieler Jahre errichteten Schutzwall zu durchdringen. Ein Erwachsener kann dieser seiner Neigung, sich zu schützen, jedoch bewußt entgegenwirken und sich willentlich vornehmen, sich anders zu verhalten. Ein kleines Kind dagegen ist ganz in sein Bedürfnis nach Selbstschutz verstrickt und seiner Introvertiertheit überhaupt nicht gewahr, obwohl es insgeheim spüren mag, daß irgend etwas nicht stimmt. Viele Jugendliche suchen therapeutische Behandlung, weil sie die hartgewordene Schale so gern durchbrechen wollen, die sie davon abhält, wie ihre Gleichaltrigen Spaß und Freude zu haben. Die Schale erfüllt den Zweck, Schutz vor Schmerz und Verletzung zu bieten, nicht mehr; sie erkennen, daß sie Hilfe benötigen, um diese Schale durchbrechen zu können und zu neuen Erfahrungen zu gelangen.

Ein siebzehnjähriger Junge kam zu mir in die Therapie, weil er auf einmal den Eindruck hatte, »anders« als seine Kameraden zu sein. Er hatte nur wenige Freunde und hatte nicht, wie seine Schulkameraden, Freude an sozialen Kontakten. Er sagte, er sei schon immer so gewesen, aber früher habe ihm das nichts ausgemacht. In seiner Freizeit ging er vielen Hobbys nach: Er sammelte Briefmarken, Münzen, alles mögliche andere. Sein Familienleben war seiner Meinung nach immer sehr stabil gewesen, und er konnte sich absolut nicht vorstellen, was der Grund für seine Kommunikationsschwierigkeiten war. Lange Zeit waren das die einzigen Äußerungen, die er (in Beantwortung meiner Fragen) von sich gab. Er hatte buchstäblich nichts zu sagen. Oft mußte ich ihm jedes Wort einzeln entlocken und war dann am Ende der Sitzungen völlig erschöpft. Andere empfanden wohl genauso, wenn sie mit ihm in Kontakt kamen. Als ich ihn bat, ein paar Zeichnungen anzufertigen, war er so gehemmt, daß er kaum in der Lage war, meiner Bitte zu entsprechen. Und auch als ich ihm sagte, wie ich auf seine Kommunikationsschwierigkeiten reagierte, war er nicht imstande, mir seine Gefühle zu beschreiben. Im Laufe der folgenden vier Monate zeigten sich jedoch Veränderungen in seinem Verhalten. Einige Notizen aus meinen Aufzeichnungen:

Erste Sitzung: Sagte, ihm gefalle seine Schüchternheit nicht. Er könne keine Freunde finden. Hätte gerne eine Freundin. Sei noch nie mit einem Mädchen verabredet gewesen. Gehe manchmal mit anderen zusammen aus, werde dann aber gewöhnlich nicht wieder aufgefordert, mitzukommen. Ist gut in der Schule. Will aufs College gehen. Bis auf seine Schwierigkeiten mit Mädchen und bis auf die Tatsache, daß er keine Freunde hat, hält er sich für ganz normal. Weiß nicht, warum er keine Freunde hat. Um diese Informationen zu erhalten, mußte ich ihm jedes Wort einzeln aus der Nase ziehen. Hat keine anderen Sorgen oder Probleme als den Wunsch, Freunde zu finden. Familienleben problemlos. Kindheit problemlos.

Zweite Sitzung: Bat ihn, seine schwache und seine starke Seite zu zeichnen und dabei lediglich Farben, Linien und Formen zu verwenden. Er versuchte es, hatte aber große Schwierigkeiten. Gab auf. Fragte ihn, was er dabei fühle. Konnte keine Antwort geben. Redete selbst sehr viel.

In den folgenden Sitzungen: Ziemlich die gleiche Situation. Erzählte mir etwas, das während der Woche geschehen war. Sagte, er komme gern zu mir — ich sei jemand, mit dem er sprechen könne. Ich sagte ihm, welches Gefühl ich hätte — wie schwierig es sei, sich mit ihm zu unterhalten, weil ich ihm jedes Wort einzeln entlocken müsse. Keine Reaktion. Zuckte mit den Schultern, lächelte. Stimmte mir zu, daß andere Leute wahrscheinlich das gleiche empfänden.

Nächste Sitzung: Gab ihm Papier und bat ihn, eine Ich-bin-Übung zu machen — Sätze, die mit »Ich bin...« beginnen, zu vollenden. Er schrieb: Ich bin eine Junge; ich bin eine Person; ich bin nicht perfekt; Ich bin sensibel; ich bin Realist und Idealist; ich bin innerlich unabhängig; ich bin mir nicht so sicher; ich bin frei; ich bin...

Nächste Sitzung: Holte Ton hervor. Bat ihn, mit geschlossenen Augen ein Bild von sich selbst zu formen. Der Ton war für ihn ungewohnt, er fühlte sich unbehaglich, gab aber meinem Drängen nach. Sehr bewegende Sitzung. Sagte, er gehe nicht aus sich heraus, weil er kein Selbstvertrauen habe. Er habe Angst, einen albernen oder dummen Eindruck zu machen und verletzt zu werden, wenn er etwas sage, usw.

In den nächsten Sitzungen: John begann, sich an seine Träume zu erinnern. Er erzählte Träume, mit denen wir arbeiten konnten. Einmal träumte er, er sei am Ertrinken, kämpfe im Wasser und könne sich schwimmend retten.

Nächste Sitzung: Machte eine Gewahrseins-Kontinuum-Übung mit ihm, um ihm zu helfen, stärker dessen gewahr zu werden, was in seinem Körper, seinem Bewußtsein, seinen Gefühlen vor sich geht. Machte ein Spiel daraus. Jeder von uns sagte abwechselnd, was wir sahen, hörten, fühlten, welche Gedanken in uns auftauchten und so weiter. Sehr erfolgreich!

Nächste Sitzung: Stellte fest, daß John immer mehr redete und jetzt selbst bestimmte, woran er arbeiten wollte. Arbeitete an seiner Angst, sich lächerlich zu machen. Fertigte eine Zeichnung von seiner Angst an. Das Zeichnen machte ihm diesmal keine Schwierigkeiten! Konnte sich daran erinnern, als Kind öfter das Gefühl gehabt zu haben, lächerlich gemacht zu werden. Begann, Wut zum Ausdruck zu bringen! Plötzlich erkannte er, daß es vieles gab, was ihn wütend machte.

Mit neuen Kräften ausgestattet, wechselte John bald darauf ins College über. Er berichtete, daß er jetzt leichter Freunde finde, glücklich sei, viel mehr rede. John war sehr intelligent, machte sich viele Gedanken und hatte auch viel zu sagen; das alles hatte er jahrelang in seinem Inneren verschlossen gehalten. Er sagte, manchmal tauchten seine alten Gefühle wieder auf, er wisse jetzt aber, was er dann machen müsse. Er beendete die Therapie, weil sein Leben reicher geworden war. Das klingt jetzt vielleicht wie eine sentimentale Erfolgsgeschichte; dazu kann ich aber nur sagen, daß das Leben manchmal sentimentaler ist, als man für möglich hält.

Ängste

Kinder haben mehr Angst, als wir glauben, und oft behalten sie ihre Ängste für sich. In unserer Gesellschaft gilt Angsthaben als Feigheit. Eltern geben sich oft große Mühe, die Ängste ihrer Kinder wegzuerklären, statt die Angstgefühle ihrer Kinder zu akzeptieren. Kinder lernen also, ihre Ängste zu unterdrücken, um ihren Eltern einen Gefallen zu tun oder um sie nicht zu beunruhigen.

Kinder müssen aber über ihre Ängste sprechen. Einige dieser Ängste sind das Ergebnis falscher Vorstellungen, andere wiederum basieren auf realen Situationen. Und viele resultieren aus der Ungleichheit zwischen Kindern und Erwachsenen, aus der Stellung, die ein Kind in unserer Gesellschaft innehat. Alle seine Ängste aber müssen akzeptiert und respektiert werden. Nur wenn damit offen umgegangen wird, kann ein Kind die Kraft gewinnen, mit einer in der Tat manchmal furchterregenden Welt fertigzuwerden.

Die Ängste mancher Kinder werden zu regelrechten Phobien: Sie werden so stark, daß die Kinder alles vermeiden, was diese Ängste auslösen könnte, damit ihr Leben aber stark behindern. Ein zehnjähriger Junge hatte eine solche Höhenangst, daß er es nicht ertragen konnte, weiter als bis zum zweiten Stockwerk eines Gebäudes hinaufzugehen. Bergwandern kam für ihn erst gar nicht in Frage.

Obwohl ich weiß, daß eine solche Phobie eine Verschiebung der eigentlichen Ursache der Angst ist — die Furcht wird auf etwas Allgemeines, die Höhe zum Beispiel, und nicht auf die tatsächliche Quelle zurückgeführt —, arbeite ich mit dem, was mir präsentiert wird. Gewöhnlich gehe ich ziemlich direkt vor und konfrontiere das Kind mit seiner Angst, indem ich es bitte, seine Angst zu zeichnen, mit Puppenfiguren eine Angstsituation zu inszenieren oder eine Situation selbst zu spielen. Auf diese Weise kommt das Kind näher an seine Angst heran.

Den oben erwähnten Jungen forderte ich zunächst auf, etwas zu tun, wozu er gerade Lust hatte; ich hatte das Gefühl, daß wir etwas mehr Zeit brauchten, um uns erst einmal kennenzulernen. Er baute in der Sandkiste eine Straße mit Häusern und Bäumen auf und errichtete mitten im Sand einen *Wolkenkratzer* aus Legosteinen! Von dieser Szene ausgehend bat ich ihn, ein Püppchen auf sein hohes Gebäude zu setzen, dann dieses Püppchen zu *sein* und seine Gefühle zu beschreiben. Bereitwillig kam er meiner Bitte nach und sagte, daß er das Gefühl habe, das Gleichgewicht zu verlieren und hinunterzufallen. Sein Körper verkrampfte sich, wurde angespannt, sein Atem wurde flach. Am Körper und an der Atmung kann man leicht erkennen, wann jemand Angst hat. Angst manifestiert sich ganz deutlich in körperlichen Reaktionen.

Der erste wichtige Schritt in der Therapie ist es, mit den unterdrückten Gefühlen in Berührung zu kommen, die mit der Angst zu tun haben. Bei diesem Jungen stellte ich fest, daß eine Ursache seiner Furcht das Gefühl war, keine Kontrolle über sich zu haben — das Gefühl, immer näher an den Rand getrieben zu werden und allem weiteren hilflos ausgeliefert zu sein. So verbrachten wir einige Sitzungen damit, Körperbeherrschung zu üben und Gleichgewichtsübungen zu machen: wir kletterten eine kleine Leiter hoch und runter, balancierten auf einem Seil und liefen dann über ein Brett. Mit zunehmendem Selbstvertrauen und Können begann er, immer größere Höhen auszuprobieren. Ich wies ihn darauf hin, daß er dabei wahrscheinlich immer Angst empfinden werde, daß er aber trotzdem das tun könne, was er tun wolle. Im Laufe unserer gemeinsamen theraupeutischen Arbeit brachte er mir gegenüber viele Gefühle zum Ausdruck, die, oberflächlich betrachtet, nichts mit seiner Phobie zu tun hatten. Als er jedoch Gefühle, Gedanken und Vorstellungen nicht mehr im Inneren festhielt, begann er auch seine Angst loszulassen. Jedwede Einschränkung, jedes Festhalten scheint uns also in den verschiedensten Lebensbereichen zu behindern. Je mehr wir loslassen und aufgeben können, um so mehr Kontrolle, Gleichgewicht und Mitte erfahren wir offenbar. Auch hier war uns jedoch nicht klar, ob wir tatsächlich die »eigentliche Ursache« seiner Angst gefunden hatten.

Ein anderes Kind, mit dem ich arbeitete, hatte wahnsinnige Angst vor Wasser. Mit Hilfe einer gelenkten Phantasie entdeckten wir die Ursache seiner Furcht. Das Mädchen erinnerte sich plötzlich, daß sein älterer Bruder es einmal, als es noch sehr viel kleiner war, ins Wasser getaucht und unter Wasser festgehalten hatte. Es war zu Tode erschrocken und dachte, es würde ertrinken. Als seine

Mutter diese Erinnerung bestätigte, konzentrierten wir uns ganz auf dieses Erlebnis: Wir versuchten nun, mit der Wut auf den Bruder in Kontakt zu kommen, machten körperliche Übungen und zu Hause versuchte das Mädchen, schrittweise und ganz allmählich sich wieder an Wasser zu gewöhnen. Wir konnten seine Furcht zwar nicht völlig überwinden, sie immerhin aber so weit eindämmen, daß sie nicht mehr alles beherrschte. Das Mädchen hatte das Gefühl, sehr viel erreicht zu haben, auch wenn Schwimmen wahrscheinlich niemals sein Lieblingssport werden würde. Dieses Mädchen war bereits sehr viel älter als der Junge mit der Höhenangst, und seine Angst vor Wasser war durch viele Erlebnisse immer wieder verstärkt worden.

Sehr oft haben Kinder vor Einbrechern und Eindringlingen Angst. Ein neunjähriges Mädchen hatte Angst, ein Einbrecher könnte durch das Fenster seines Zimmers klettern, und litt deshalb an Schlafstörungen. Es hatte keine Angst vor der Dunkelheit, denn Licht lehnte es mit der Begründung ab, daß dieses dem Einbrecher nur helfen werde. Ich bat das Mädchen, ganz genau aufzuzeichnen, wie der Einbrecher in sein Zimmer gelangen würde. Es zeichnete sein Haus, das Fenster seines Zimmers und einen Baum ganz in der Nähe des Fensters, den der Einbrecher hinaufklettern würde, um in sein Zimmer zu gelangen. Es beschrieb die Szene bis in alle Einzelheiten, auch welche Dinge der Einbrecher mitnehmen würde. Als wir dann diese Furcht genauer untersuchten, fanden wir heraus, daß es keine Angst davor hatte, körperlich verletzt zu werden, sondern einfach die Vorstellung nicht ertragen konnte, ein fremder Mann könne ins Haus eindringen und Dinge mitnehmen. Schließlich hatte das Mädchen die Idee, Glöckchen an den Zweig des Baumes zu hängen, der am dichtesten an sein Fenster heranreichte. Diese Glöckchen würden es rechtzeitig aufwecken, so daß es den Einbrecher verjagen könnte. Nach diesem Vorschlag hatte es weniger Angst und konnte besser schlafen, und wir wandten uns anderen Problemen zu.

Eine Mutter berichtete mir etwas ganz Ähnliches, daß nämlich ihr fünfjähriger Sohn Angst vor Einbrechern habe. Als ich ihm gegenüber auf dieses Thema zu sprechen kam, wollte er davon nichts wissen. Ich laß ihm deshalb ein Büchlein mit dem Titel *Some Things Are Scary* vor und bat ihn, als ich die Geschichte zu Ende gelesen hatte, nun selbst eine Geschichte über den Jungen, von dem das

Buch handelte, zu erfinden und zu erzählen, wovor dieser Junge Angst habe. Billy wollte erst nicht so recht, bis ich — wie so oft in Sitzungen, in denen wir Geschichten erzählen — das Tonbandgerät aufbaute. Ohne zu zögern erzählte er nun eine Geschichte über den Jungen, der Angst hatte, ein Einbrecher könne ins Haus eindringen und verschiedene Gegenstände mitnehmen; diese zählte er einzeln auf. Obwohl seine Geschichte ziemlich kompliziert war und ich aufgrund dessen, was ich von seiner familiären Situation wußte, einige Vermutungen darüber hätte anstellen können, was diese Geschichte zu bedeuten hatte, versuchte ich gar nicht erst, sie zu interpretieren. Als Billy mit seiner Geschichte fertig war, bat ich ihn, der Einbrecher in seiner Geschichte zu *sein*. Das tat er sehr genüßlich und mit viel Körperausdruck; er bückte sich und schlich verstohlen wie ein echter Einbrecher umher. Dann bat ich ihn, der Junge aus seiner Geschichte zu sein und so zu tun, als ob er mit dem Einbrecher sprechen könne. Er sagte, er habe keine Angst vor diesem Einbrecher und werde ihn verprügeln, was er dann auch tat, indem er auf ein Kissen einschlug, das den Eindringling darstellte. Offensichtlich geschah dabei etwas Wichtiges, war diese Szene eine Art Wendepunkt. In der Schule und zu Hause besserte sich sein Verhalten merklich. Ich weiß nicht, welche Konflikte Billy in dieser Sitzung gelöst hat; Interpretationen oder Mutmaßungen hätten, so meine ich, keine andere Funktion gehabt, als ein möglicherweise interessantes, aber völlig überflüssiges Gespräch zu führen. Wichtig ist allein die Qualität der therapeutischen *Erfahrung* des Kindes, nicht, wie der Therapeut die Situation analysiert.

Andrew, zehn Jahre alt, hatte fast ständig Angst. Er mußte mit Licht schlafen, sah nachts oft nach, ob seine Mutter auch im Bett lag, hatte Angst, allein in die Schule zu gehen, und litt, wenn er einen Unfall oder eine schaurige Szene im Fernsehen gesehen hatte, mehrere Nächte hintereinander unter Alpträumen.

In einer Sitzung benutzten wir die Karten des *Make-a-Picture-Story-Test*, zu denen er ein paar recht schaurige Geschichten erfand. Eine Geschichte handelte von einem Mann, der sich auf einem Friedhof vor einem Gespenst und einem Ungeheuer hinter einem Baum versteckte. In einer anderen Geschichte blutete ein Mann in einer Höhle, und es war niemand da, der ihm hätte helfen können. Wieder eine andere Geschichte handelte von einem verletzten Mann, einer alten Frau und einem Mädchen, die auf einem Floß mitten im Meer trieben, ohne daß Hilfe in Sicht gewesen wäre. Andrew gab zu, daß er sich meistens schwach, hilflos und machtlos fühlte. Schließlich erzählte er zu der Karte mit der Straßenszene folgende Geschichte:

Ein Auto kam die Straße runter, und eine Riesenschlange kroch aus der Kanalisation hervor. Ein Mann mit einem gebrochenen Bein sah die Schlange und rief um Hilfe. Ein Polizist kam vorbei und schoß auf die Schlange, die aber durch die Schüsse nicht verletzt wurde. Dann war da ein Junge auf der Straße. Der Mann im Auto war sein Vater, und sein Vater wollte ihn nach Hause holen. Sein Vater hatte solche Angst, daß er mit der Schlange nicht kämpfen wollte. Der Junge rief Superman um Hilfe, Superman kam und nahm die Schlange mit sich fort. Ende.

Ich fragte Andrew, wer er in dieser Geschichte sei, und Andrew antwortete, eigentlich sei er der Junge, aber am liebsten wäre er Superman, dann könnte er sich um alles selbst kümmern. Ich fragte ihn, um was er sich denn gerne kümmern würde.

Andrew: Ich hätte gern ein Motorrad, und ich würde gern besser lesen können, und ich würde gern nie wieder in die Schule gehen.

Gut, Und um was würdest du dich sonst noch gerne kümmern?

Andrew: Ich würde mich gern um meine Mutter kümmern. Sie macht sich immer über alles Sorgen, über Geld und uns Kinder zum Beispiel.

Als Andrew fünf Jahre alt war, hatten sich seine Eltern scheiden lassen. Seine Mutter erzählte mir, daß er die Scheidung offensichtlich gut verkraftet und eine gute Beziehung zu seinem Vater habe, den er regelmäßig sehe. Ich bat Andrew also, der Junge in seiner Geschichte zu sein, und zu jeder Figur in seiner Geschichte zu sprechen. Als Junge sagte er zum Vater: »Du hättest dich um die Schlange kümmern sollen. Superman kann nicht immer in der Nähe sein, wenn wir ihn brauchen!«

Ich hatte das Gefühl, daß wir der Ursache seiner Ängste allmählich auf die Spur kamen. Als Andrew erst einmal anfing zu sagen, welche Angst er davor hatte, für seine Mutter verantwortlich zu sein und wie sehr ihn die Scheidung seiner Eltern bedrückte, konnten wir damit beginnen, ihn in seinem Selbstgefühl zu stärken.

Auch die zehnjährige Cindy litt schrecklich unter unbestimmten Angstgefühlen. Als ich sie in einer Sitzung bat, sich vorzustellen, ihre Angst säße im Zimmer auf einem Stuhl, beschrieb sie ein häßliches Ungeheuer mit Hörnern und spitzen grünen Zähnen. Ich forderte sie auf, zu dem Ungeheuer zu sprechen.

Cindy: Du bist häßlich. Huuuuu. Ich hasse dich. Geh weg. (Wendet sich ab.) Ich kann es nicht ansehen.

Frag dein Ungeheuer, warum es da ist, warum es sich an dich dran hängt.

Cindy: Warum bist du hier?

Sei jetzt das Ungeheuer. Setz dich hier hin, und sei das Ungeheuer, und antworte Cindy.

Cindy: Nein! Ich kann nicht das häßliche Ungeheuer sein.

Cindy, du hast das Ungeheuer erfunden — es ist nicht wirklich da. Setz dich hier hin und tu so, als ob du das Ungeheuer wärst. (Widerstrebend setzt sich Cindy auf den anderen Stuhl.) Ungeheuer, sag Cindy, warum du dich so an sie dran hängst.

Cindy (als Ungeheuer zu mir): Ich möchte, daß sie...

Nein, nicht zu mir. Sag es *ihr* (ich deute auf den Stuhl, auf dem Cindy gerade noch gesessen hatte).

Cindy (als Ungeheuer): Ich muß dafür sorgen, daß du immer Angst hast.

Ungeheuer, sage ihr, warum du willst, daß sie immer Angst hat.

Cindy (als Ungeheuer): Ich will, daß du Angst hat, denn sonst könntest du vergewaltigt werden.

Setz dich jetzt wieder hier hin, Cindy. Cindy, hast du Angst davor, vergewaltigt zu werden? (Ich frage sie sehr behutsam.)

Cindy (mit leiser Stimme): Ja.

Bist du jemals vergewaltigt worden?

Cindy: Ich weiß nicht.

Du siehst so aus, als ob du dich an etwas erinnertest. Sag mir, an was du dich erinnerst.

Und Cindy erzählt mir, daß zwei Jungen sie, als sie sechs Jahre alt war, in eine Garage gezogen und gezwungen hatten, ihre Hose runterzuziehen, und Cindy dann berührt hatten. Sie sagte, sie habe ihren Eltern nie etwas davon erzählt, weil die Jungen gedroht hätten, sie umzubringen, wenn sie das täte. Und sie hatte immer von Mädchen gehört, die vergewaltigt und umgebracht wurden.

Cindys Angst, vergewaltigt zu werden, wurde noch dadurch verstärkt, daß sie nur ziemlich verworrene Kenntnisse über die Sexualität besaß. Die beiden älteren Jungen hatten ihr, als sie noch kleiner war, Angst eingejagt, sie war von ihnen aber nicht vergewaltigt worden. Dadurch, daß sie die Leute ständig über Vergewaltigung und Mord reden hörte, wurde ihre Angst zur Panik. Berührung und Entblößung kamen für sie einer Vergewaltigung gleich. Wir sprachen offen über den Körper, über die Sexualität, über das Kinderzeugen usw. und lösten so viele der sie lähmenden Ängste auf.

Manche Kinder leiden auch unter einem Gefühl der Angst, das zwar ständig da, aber sehr unbestimmt und undifferenziert ist. Zeichnungen eignen sich dann ausgezeichnet als Einstieg. Ein Kind zeichnete einen schwarzen Ball neben einer Tür, auf die es »geschlossene Tür« schrieb. Ein anderes Kind zeichnete ein schwarzes Quadrat, das über einem blauen Rechteck mit der Aufschrift Glück schwebte, welches seinerseits über einem gelben Dreieck mit der Aufschrift Traurigkeit stand. Ich bat das Kind, das schwarze Ding zu sein und das Angstsymbol genau zu beschreiben: »Ich bin rund und schwarz und dunkel«, usw. Das Symbol kann zu anderen Teilen des Bildes oder zu dem Kind selbst »sprechen«, und das Kind kann zu dem Symbol sprechen. Während dieses Prozesses achte ich genau auf den Körperausdruck des Kindes, auf Veränderungen in der Stimme und auf die Bedeutung dessen, was es sagt, denn manchmal kommen dabei bruchstückhafte Erinnerungen an wichtige Lebenssituationen an die Oberfläche.

Manchmal scheint es mir sinnvoll, ein Kind seine Furcht ausagieren zu lassen. Susan, das schon erwähnte elfjährige Mädchen, das von einem Mann angegriffen worden war, der ins Haus eingedrungen war, erzählte mir, daß es Angst habe. Ich hatte aber den Eindruck, daß Susan nur sehr oberflächlich von diesem Erlebnis sprach — als ob sie nicht in der Lage wäre, ihren Gefühlen wirklich Luft zu machen. Ich bat sie deshalb, ihre Furcht zu malen. Das Gemälde sah wie ein bedeutungsloses Kritzelbild aus, war aber für Susan alles andere als bedeutungslos. Als sie mit Malen fertig war, beschrieb sie die Teile, die ihre Angst darstellten, und ich fragte sie, was die anderen Linien bedeuteten. Sie sah sie nachdenklich an und flüsterte dann »Wut«. Sie hatte begonnen, ihre »Wutenergie« zu aktivieren, die sie mit Hilfe der Furcht unterdrückt hatte.

Auch Ängste, die keinerlei realen Anlaß haben, werden als wirkliche Ängste erlebt. Ein Mädchen konnte es nicht ertragen, nicht bei seiner Mutter zu sein. Wenn es nicht wußte, wo seine Mutter war, machte es sich die größten Sorgen und ängstigte sich schrecklich.

Die Mutter mußte es in die Schule bringen und dort auch wieder abholen und konnte sich kaum einen Babysitter nehmen. Vor langer Zeit hatte einmal jemand, der gerade aus der Wäscherei gekommen war, einige Wäschestücke verloren, die vom Wind in den Schulhof gefegt wurden. Die Wäschestücke, unter denen sich auch weibliche Kleidungsstücke befunden hatten, wurden zwar bald wieder aufgelesen, einige Kinder hatten aber bereits eine blutrünstige Mordgeschichte erfunden. Debby, die damals in die erste Klasse ging, hörte diese Geschichte und entwickelte von da an eine panische Angst. Da es sich auch um weibliche Wäschestücke gehandelt hatte, stellte sie sich vor, ihre Mutter sei das Opfer. Immer wieder wurde ihr gesagt, daß nie ein Mord geschehen und die ganze Geschichte nur erfunden worden sei, sie hatte aber trotzdem Angst. Die Mutter, die ihr Kind nicht noch mehr traumatisieren wollte, ging auf Debbys Angst ein und ließ sie kaum noch allein. Ein Jahr später brachte ihre Mutter sie schließlich in die Therapie.

In einem solchen Fall gehe ich sehr direkt vor. Ich sprach mit Debby ganz ernsthaft über den »Mord«, bat sie, die Szene zu zeichnen, ließ sie die Szene mit Püppchen spielen und untersuchte jedes einzelne Detail. Bald wurde es zu einer Art Scherz zwischen uns, und eines Tages sagte Debby schließlich, die des ganzen Geredes über den Mord anscheinend überdrüssig geworden war, zu mir: »Violet, es *war* gar kein Mord — es waren einfach aus dem Auto gefallene Wäschestücke! Wir wollen nicht mehr davon reden!« Debby verlor nun zwar diese Angst, und ihre Mutter konnte sie jetzt manchmal sogar allein lassen, aber andere Ängste kamen statt dessen zum Vorschein — ein nicht ungewöhnlicher Vorgang. Sie hatte Angst, ihre Mutter könnte mit dem Flugzeug abstürzen oder in einen Autounfall verwickelt werden. Wir agierten diese Ängste jeweils aus, ohne die Möglichkeit zu leugnen, daß so etwas tatsächlich geschehen könnte. Als Debby einmal gerade dabei war, ihre Wut über irgend etwas zu malen, verkündete sie plötzlich, sie sei so wütend auf ihre Mutter daß sie wünschte, ihr Kopf möge abfallen. Sofort wurde sie ganz blaß, hielt sich mit der Hand ihren Mund zu und flüsterte: »Nein, das will ich nicht!« Wir konnten nun offenbar damit beginnen, uns mit ihren starken, zornigen, aber durchaus normalen Todeswünschen zu befassen.

Kinder bleiben oft in ihren Ängsten stecken und wissen nicht, wie sie daraus wieder herauskommen sollen. Candy, ein zehnjähriges

Mädchen, wurde zu mir gebracht, weil sie Angst hatte, in einem anderen Haus zu übernachten, und nur zu Hause schlafen konnte. Ihre Angst wurde aber erst zu einem Problem, als sie in das Alter kam, in dem Mädchen gerne einmal bei ihren Freundinnen übernachten. Nun hatte sie das Gefühl, eine ganze Menge Spaß zu versäumen. Auf das Drängen ihrer Eltern hin hatte sie es auch einige Male versucht, es aber nie eine ganze Nacht lang ausgehalten. Irgendwann am Abend mußten ihre Eltern sie immer wieder nach Hause holen.

Candy wußte nicht genau, wovor sie eigentlich Angst hatte. Ich bat sie, ein Bild zu zeichnen, wie es ihrer Vorstellung nach wäre, wenn sie im Haus ihrer Freundin übernachtete. Sie zeichnete die Familie ihrer Freundin, wie sie gerade vor dem Fernsehgerät saß, und ihre Freundin im Bett in ihrem Zimmer. »Wo bist du?«

Candy: Ich bin nicht zu sehen. Ich bin gerade im Bad.

Was tust du da?

Candy: Ich weine. Ich möchte nach Hause.

So ist das wohl immer.

Candy: Ja.

Gut. Sei im Bad. Sag, was du fühlst.

Candy (tut so, als ob sie weinte): Ich möchte nach Hause. Ich möchte wissen, was meine Eltern tun. Ich möchte wissen, was meine Brüder tun. Ich vermisse sie. Ich möchte mein eigenes Bett.

Was geschah dann?

Candy: Der Vater meiner Freundin hat mich nach Hause gebracht. Alle waren zu Hause.

Hast du gedacht, sie seien nicht zu Hause?

Candy: Ich weiß nicht. Ich mag nicht, wenn ich nicht weiß, was zu Hause los ist, wenn ich nicht da bin.

Nun bat ich sie zu zeichnen, wie es wäre, wenn sie *nicht* weinte und nicht nach Hause gehen müßte.

Candy zeichnete das Schlafzimmer ihrer Freundin, ihre Freundin und sich selbst in Schlafsäcken auf dem Boden liegend. Ich bat sie, das Mädchen im Schlafsack zu sein, das sie (Candy) darstellte.

Candy: Ich liege im Zimmer meiner Freundin im Schlafsack.

Gefällt es dir dort?

Candy: Ja! Es macht Spaß. Meine Freundin und ich unterhalten uns, und wir lachen.

Was geschieht in dem andern Zimmer?

Candy: Ihre Eltern sehen fern.

Was geschieht bei dir zu Hause?

Candy: Meine Brüder schlafen. Meine Eltern sehen fern, glaube ich. Oder vielleicht ist auch ein Babysitter da, und sie sind ins Kino gegangen.

Was würdest du denn tun, wenn du zu Hause wärst? Stell es dir vor.

Candy: Wahrscheinlich wäre ich im Bett und würde schlafen. Es ist schon spät.

Frag das Mädchen im Schlafsack, ob es Angst hat.

Candy: Candy, hast du Angst?

Candy (im Schlafsack): Nein! Warum sollte ich Angst haben? Das macht doch Spaß. Wir werden morgen das Frühstück machen — Pfannkuchen.

Frag Candy, ob sie sich Gedanken macht, was zu Hause los ist.

Candy: In Ordnung. Sie sagte nein.

Weil es ihr Spaß machte, führte Candy noch weitere Gespräche mit sich selbst. Sie sagte, sie werde jetzt versuchen, bei ihrer Freundin zu übernachten. Ich erklärte ihr, daß sie wahrscheinlich immer noch ein wenig Angst haben werde, da sie ja daran gewöhnt sei, Angst zu bekommen. Ich sah Candy dreimal, dann übernachtete sie im Haus ihrer Freundin, und die Sache war erledigt.

Manchmal gelingt es mir auch nicht, einem Kind bei der Überwindung seiner Ängste zu helfen. Der zehnjährige John zum Beispiel hatte schreckliche Angst im Dunkeln. Das erste, was er zu mir sagte, war: »Sie können mir nicht helfen.« Seine Mutter berichtete in der ersten Sitzung, ihr Sohn habe noch viele andere Probleme: »Er haßt Veränderungen, hat Angst, Neues auszuprobieren, ist sehr ablehnend, mag nicht berührt, umarmt oder geküßt werden, hat keine Freunde, mag andere Leute nicht besuchen, hat Angst, sich von der Stelle zu rühren, sieht viel fern.«

Bezeichnenderweise erwiderte John seiner Mutter folgendermaßen: »Man wird mich verhauen« und »Ich habe auch Freunde — in der Schule.« John war überrascht, als seine Mutter auf meine Bitte hin die guten Seiten ihres Sohnes aufzählte: er sei hilfsbereit, habe ein gutes Herz, sei lieb zu seinen beiden jüngeren Brüdern und spiele gern Kasperletheater für sie.

In der ersten Sitzung, in der wir beide allein waren, erzählte mir John, daß er Angst davor habe, überfallen und zusammengeschlagen zu werden. Dann sprach er davon, wie er zurückschlagen werde. Er begann, mir Fernsehhorrorgeschichten zu erzählen, die ihm Angst einjagten, und sagte, daß er sich nachts vor Werwölfen und Hexen fürchte. Ich bat ihn, etwas zu zeichnen, das ihm Angst einjage. Er zeichnete »etwas ganz Schreckliches, das den Leuten das Blut aussaugt« und sagte, es sei ein »Succibus«. Das Bild zeigte eine große monsterähnliche Figur in schwarzem Gewand, deren weiße Haare steif vom Kopf abstanden. Es machte ihm offensichtlich Spaß, über diese Figur zu sprechen, er wollte sie aber nicht *sein*.

Dann sah er die Kasperlepuppen, nahm sich die Fingerpuppen und spielte mir ein ganz unterhaltsames Stück vor. Nach der Vorführung bat ich ihn, ein Haus und eine Person und einen Baum zu zeichnen. Er zeichnete ein stark farbiges und sehr detailliertes Bild, auf dem eine lachende Sonne, lachende Wolken und ein hübsches lachendes Mädchen zu sehen waren. Dicht an dem Haus führte eine lange Straße vorbei, an der ein großes Schild mit der Aufschrift EINBAHNSTRASSE stand. Das einzige, was er zu dem Bild sagte, war, daß er die Einbahnstraße hinaufgegangen sei.

Ich sah John nie wieder. Seine Mutter sagte den nächsten Termin mit der Begründung ab, sie werde nach den Ferien anrufen und einen neuen Termin mit mir ausmachen. Ich habe nie mehr etwas von ihr gehört.

Hin und wieder kommt ein Kind zu mir in Behandlung, das Angst davor hat, erwachsen zu werden, und eine vage, nicht näher bestimmbare Angst vor der Zukunft hat. Kürzlich wurde ein zehnjähriger Junge zu mir gebracht, weil er seinen Eltern gegenüber seine Angst vor dem Erwachsenwerden zum Ausdruck gebracht hatte — nicht etwa bei einer zornigen Auseinandersetzung mit einem Erwachsenen, sondern mit leiser und ernster Stimme. Ein sechsjähriges Mädchen litt unter ähnlichen Ängsten. Ich fand heraus, daß die Eltern beider Kinder großen Wert darauf legten, daß ihre Kinder sich an der Zukunft orientierten, und ihnen immer wieder vor Augen hielten, daß sie mit allem, was sie jetzt taten, schon ihre Zukunft gestalteten. Die Eltern des Zehnjährigen sagten zum Beispiel zu ihrem Sohn: »Mach deine Hausaufgaben — aus dir soll doch etwas werden, wenn du erwachsen wirst« und »Eines Tages wirst du uns noch einmal dankbar sein, daß wir dafür gesorgt haben, daß du deine Hausaufgaben gemacht hast.« Die Sechsjährige bekam ständig zu hören: »Wenn du jetzt nicht lernst, wie man sich benimmt, wie wirst du dann jemals, wenn du erwachsen bist, einen Stelle bekommen?« Solche oder ähnliche Sätze gehen uns leicht von den Lippen, wir alle haben sie irgendwann selbst zu hören bekommen. Viele von uns richten ihr Leben als Erwachsene immer noch nach jenen Sätzen aus, die ihnen in der Kindheit eingeschärft worden sind. Manche Kinder haben das Gefühl, nie den Erwartungen entsprechen zu können, die sie als Erwachsene offenbar erfüllen müssen. Wie sollen sie denn diesen Erwartungen entsprechen, wenn sie noch nicht einmal die Erwartungen erfüllen können, die jetzt an sie gestellt werden?

Die folgenden Übungen mache ich mit Kindern, die an solchen Ängsten leiden:

Schließ deine Augen und stell dir vor, wie es sein wird, wenn du erwachsen bist. Wie fühlst du dich? Was tust du? Wie sieht die Welt für dich aus?

Schließ deine Augen und sieh dich so, wie du jetzt bist. Stell dir vor, du lebst dein Leben genauso, wie du es gerne möchtest. Was tust du?

Mit solchen Phantasien können wir uns bemühen, den Ängsten besser auf die Spur zu kommen. Ich versuche auch, den Eltern verständlich zu machen, daß sie ihren Kindern gestatten müssen, als Kinder in der Gegenwart zu leben. Wenn die Eltern das nicht einsehen wollen, dann muß ich wenigstens den Kindern helfen, dies zu verstehen. Wenn ein Kind selbst die Dinge in einem richtigeren Verhältnis sehen kann — auch wenn seine Eltern dazu nicht in der Lage sind —, wird es sich ruhiger, glücklicher und weniger ängstlich fühlen und besser mit seinem Kindsein zurechtkommen. Wenn es imstande ist, sich so zu akzeptieren, wie es *jetzt* ist, dann wird dies zu einer ausgeglicheneren Haltung führen.

Kinder erleben oft, daß die Erwachsenen um sie herum in einem Zustand der Unruhe und der Angst leben. Sie beobachten eine chaotische, widersprüchliche und unsichere Welt. Und obwohl manche von ihnen es kaum erwarten können, endlich selbst erwachsen zu werden, um endlich unabhängig und für sich selbst verantwortlich zu sein, haben dieselben Kinder dennoch insgeheim große Angst vor dem, was auf sie zukommen mag.

Besondere Streßsituationen oder traumatische Erlebnisse

Manchmal kommt es vor, daß Kinder ein schlimmes Erlebnis gehabt haben und deshalb therapeutische Hilfe benötigen. Scheidung, eine schwere Krankheit, Tod, Belästigung oder ein Unfall sind solche Erlebnisse, die bei Kindern ein emotionales Trauma verursachen können. Diese Kinder brauchen Hilfe, damit sie die daraus erwachsenden Gefühle, die sie zu überwältigen drohen oder die — wenn sie unterdrückt werden — indirekt Probleme verursachen, durcharbeiten können. Auch scheinbar geringfügige Ereignisse können eine tiefe Wirkung auf das Kind ausüben, zum Beispiel, wenn es Zeuge eines Unfalls wird, in eine andere Stadt zieht oder in eine neue Schule kommt, wenn es ein Geschwisterchen bekommt oder ein geliebtes Tier stirbt.

Manchmal legt ein Kind plötzlich beunruhigendes Verhalten an den Tag, das auf den ersten Blick mit keinem besonderen Erlebnis in Zusammenhang steht. Manchmal liegt das Erlebnis schon einige Zeit zurück, und jeder hat in der Zwischenzeit das Kind damit zu »beschützen« versucht, daß über dieses Erlebnis nicht mehr offen gesprochen wurde. Und manchmal verdrängt das Kind das Erlebte selbst, weil es im Augenblick noch nicht bereit ist, sich dem zu stellen; doch später kommt es dann häufig wieder zum Vorschein.

Oft kann ein Kind seinen Eltern nicht sagen, was in ihm vorgeht, weil auch die Eltern über das, was geschehen ist, sehr betroffen sind und das Kind auf sie Rücksicht nimmt; es möchte ihnen nicht noch mehr Schmerz und Kummer verursachen. Wenn aber die Eltern offen sind, fällt dies auch dem Kind leichter.

Ein traumatisches Erlebnis muß an die Oberfläche gebracht werden, muß offen besprochen, vielleicht symbolisch wiederholt werden. Wenn das Erlebnis noch einmal durchlebt und darüber gesprochen wird, tritt oft eine Art Desensibilisierung ein. Ich erinnere mich an die Fernsehverfilmung des Buches *Sybil* (das von einer Frau mit sechzehn verschiedenen Persönlichkeiten handelt), wo in einer Szene zu Sybil gesagt wird, daß sie sicherlich die *Erinnerung* an das Erlebnis überleben werde, da sie ja auch das tatsächliche Erlebnis überlebt habe.

Die zwölfjährige Patricia wurde zu mir gebracht, weil sie Verhaltensweisen zeigte, die ihren Vater und ihre Stiefmutter störten. Ihre Verhaltensstörung war nicht sonderlich gravierend, reizte ihre

Eltern aber doch so, daß sie einen Therapeuten aufsuchten. Die Stiefmutter des Kindes erklärte mir am Telefon, sie sei nicht die richtige Mutter des Kindes, diese sei vielmehr von ihrem Stiefvater getötet worden, der sich danach selbst das Leben genommen habe, und das Kind habe die beiden Körper dann gefunden. Das Ganze habe sich ungefähr vor vier Jahren ereignet, als Patricia acht Jahre alt gewesen sei. Sie hätten mit Patricia nicht viel über den Vorfall gesprochen, um das Kind nicht noch mehr aufzuregen.

Jedesmal, wenn ich Patricia gegenüber auf den Vorfall zu sprechen kam, zuckte sie nur mit den Schultern und war nicht bereit, über ihre Gefühle zu sprechen. In vielen Sitzungen arbeiteten wir intensiv mit Farbe, Ton und Geschichten, und entdeckten dabei auch manches. Eines Tages verkündete Patricia dann, sie habe von ihrer Mutter geträumt. Sie erzählte mir diesen Traum und überschüttete mich plötzlich mit lang aufgestauten Gefühlen, die mit der traumatischen Entdeckung der beiden Körper in Zusammenhang standen. Sie zeichnete Bilder von dem Mord, Bilder vom Haus, Bilder von der Polizeistation, sogar Bilder von ihrem alten Wohnviertel, das sie nie wieder gesehen hatte, nachdem sie am selben Tag, an dem der Mord geschah, noch weggebracht worden war. Sie erinnerte sich an Gespräche, die an jenem Tag geführt wurden, und erzählte mir davon. Sie erinnerte sich sogar daran, daß sie, als die Polizisten kamen, vor ihnen Angst und irgendwie das Gefühl gehabt hatte, etwas Falsches getan zu haben. Sie träumte nun öfter von ihren alten Freunden, ihrem alten Haus, vor allem aber von ihrer Mutter. Als sie jetzt endlich ihren Kummer durchzuarbeiten lernte, wurde sie sehr viel ruhiger und ihre Familienbeziehungen besserten sich merklich.

Auch der Tod eines geliebten Tieres verursacht bei kleinen Kindern manchmal Kummer. Die achtjährige Janet besaß ein Meerschweinchen, das eines Tages starb. Das Kind hatte starke Schuldgefühle, die aber erst zum Vorschein kamen, als wir auf den Tod des Meerschweinchens zu sprechen kamen. Sie hatte sehr viel mit dem Meerschweinchen gespielt, und ihre Mutter hatte den Verdacht geäußert, daß das vielleicht zu seinem Tod geführt habe. Ich erzählte Janet, daß wir, als ich noch in Schulen arbeitete, auch Meerschweinchen in unserer Klasse besessen und daß die Kinder immer mit ihnen gespielt hätten. Sie haben sie gefüttert, das Papier gewechselt, sie gehalten, sie gestreichelt. Möglicherweise sind sie deshalb etwas früher gestorben, als wenn sie nicht angefaßt worden wären; aber für die Kinder war dies eine bedeutsamere Erfahrung, als wenn sie sie einfach nur in einem sterilen Käfig hätten beobachten können. Janet fing an zu weinen und fragte, ob sie eine Zeichnung von ihrem Liebling anfertigen dürfe, damit sie mir zeigen könne, wie er ausgesehen habe. Unter das Bild schrieb sie: »Squeaky, mein Liebling.« »Es tut mir leid, daß ich dich nicht mehr mit in die Schule nehmen konnte, wie ich es dir versprochen hatte«, sagte sie ihm zum Abschied. Als die Sitzung zu Ende war, schenkte sie mir das Bild — sie brauchte es nicht mehr.

Ein zehnjähriger Junge namens Brad kam eines Tages ganz aufgeregt zu seiner Sitzung: Er war Zeuge eines Unfalls geworden. Da ihn dieses Erlebnis stark bewegte, setzten wir uns während der ganzen Sitzung damit auseinander. Er fertigte eine sehr detaillierte Zeichnung von dem Unfall an, in der weder der Krankenwagen noch das Polizeiauto noch die Feuerwehr fehlten. Er zählte jedes einzelne Detail auf und vergaß dabei auch das Krankenhaus nicht, in das die Verletzten seiner Meinung nach gebracht worden waren. Während er mir diktierte, schrieb ich auf sein Bild: »Eines Tages kam es in San Pedro, Kalifornien, zu einem schweren Unfall. Ein Feuerwehrauto und ein Polizeiwagen und ein Krankenwagen vom Hoover Krankenhaus waren da. Es war ein schwerer Unfall. Vier Autos kippten um. Eines fiel beinahe die Klippen hinunter. Die Polizei half den nicht so schwer Verletzten, aber die Feuerwehrleute und die Ärzte kümmerten sich um die Schwerverletzten. In Auto Nummer Zwei wurde eine Person getötet. Die anderen waren nur verletzt.« Auf sein Bild schrieb er: »Ein aufregender Unfall.«

Von diesem Bild ausgehend unterhielten wir uns dann über seine Angst vor Unfällen und vor dem Tod. Er sagte, daß er jetzt, nachdem er diesen Unfall gesehen habe, große Angst davor habe, in einem Auto zu fahren. Brad mußte über den Unfall und seine Gefühle sprechen, um darüber hinwegzukommen. Seine Eltern, die bei ihm waren, als der Unfall geschah, versuchten, den Vorfall nicht mehr zu erwähnen.

Der neunjährige Greg kam eines Tages zu mir und sagte, er müsse unbedingt etwas zeichnen. Er zeichnete eine Szene mit einem Zug und einem Möbelwagen. Er diktierte mir folgende Geschichte:

»Ich ging einmal eine Straße entlang. Es war ein sonniger Tag, und ich sah einen Zug, der über eine Brücke fuhr, und ich sagte zu

mir: ›Ich wünschte, ich säße in dem Zug.‹ Ich würde gerne mit dem Flugzeug nach England fliegen (meine ganze Familie lebt dort). Auf dem Zug waren viele Autos. Ich zählte sie, und der Zug fuhr sehr schnell. Es sah so aus, als ob die Autos, während ich sie beobachtete, langsam fuhren. Dann sah ich ein Polizeiauto vorbeifahren, und ich sah einen Möbelwagen. Die Ampel war grün und riesige, dicke Pfeiler hielten die Eisenbahnbrücke. Im Zug sitzen Leute, die nach Michigan ziehen, und der Möbelwagen bringt die Möbel dorthin. Der Junge heißt John, und er freute sich über den Umzug. Das Polizeiauto fährt zum Bahnhof.«

Dann erfuhr ich, daß Gregs Familie dabei war, umzuziehen, daß Greg darüber aber keineswegs wie John in seiner Geschichte froh war. Er hatte Angst vor dem Umzug. Seine Mutter stammte aus England und sprach oft davon, wieder zurückzugehen, was Greg zusätzlich Angst machte.

Ein anderer, zehnjähriger Junge wurde zu mir gebracht, weil seine Mutter todkrank war. Die Eltern hatten mit ihren Kindern offen über die Erkrankung der Mutter gesprochen, aber dieser Junge weigerte sich, an den Gesprächen teilzunehmen. Er erfand immer irgendeine Ausrede, um in dem Moment das Zimmer zu verlassen. Die Mutter war darüber sehr traurig; sie wollte mit ihrem Sohn reden. In meiner direkten, aber zurückhaltenden Art kam ich auf die

Krankheit der Mutter zu sprechen. Es dauerte jedoch einige Sitzungen, bis er darauf reagierte und seine Gefühle offenbarte.

Jeder weiß, wie schwierig und belastend eine Scheidung für die Kinder ist. Gewöhnlich sind die Kinder der Probleme zwischen ihren Eltern lange vor der eigentlichen Trennung gewahr. Obwohl Eltern selten offen mit ihren Kindern über Eheprobleme sprechen, spüren die Kinder ganz genau, daß es in der Beziehung Probleme gibt.

Ich glaube, daß man Kinder nicht vor dem Trauma der Scheidung schützen kann. Sie haben zu Recht große Angst vor einer bevorstehenden Trennung: Wo werden sie leben? Was wird geschehen? Wird sich alles verändern? Sind sie schuld daran? Sie stellen sich die Situation vielleicht noch beängstigender vor, als sie dann in Wirklichkeit ist. Eltern, die wissen wollen, was in dieser Zeit möglicherweise in ihren Kindern vorgeht, empfehle ich das ausgezeichnete Buch *The Boys' and Girls' Book About Divorce* von Richard Gardner. In einem anderen Buch, *Psychotherapy with Children of Divorce*, macht Gardner Vorschläge, wie ein Therapeut Eltern helfen kann, ihre Kinder vor einem unnötigen Trauma zu bewahren.

Eine Mutter war über ihre siebenjährige Tochter beunruhigt, weil sich diese seit der Trennung ihrer Eltern merkwürdig benahm. Kelly hatte nachts Alpträume und wachte davon auf, machte ihren Lehrern Sorge, stritt sich mehr als früher mit ihrer Schwester, war unleidlich und brach bei der geringsten Kleinigkeit in Tränen aus. Während unserer gemeinsamen Arbeit kamen wir immer wieder auf Kellys Vater zu sprechen. Als ich sie bat, ihre Familie zu zeichnen, sagte sie: »Meinen Papa möchte ich nicht zeichnen, denn das erinnert mich an die Zeit, als Mama und Papa noch zusammen waren.« Diese Bemerkung ermöglichte uns ein Gespräch darüber, wie es war, als sie alle noch zusammenlebten.

In der nächsten Sitzung richtete sie die Puppenstube erst sorgfältig mit Möbeln ein und setzte dann ein Mädchen hinein. Sie sagte: »Dieses Mädchen lebt ganz allein. Ihre Mutter und ihr Papa sind im Krieg getötet worden.« Dann sprachen wir darüber, wie einsam sie sich ohne ihren Vater fühlen mußte.

Ein anderes Mal baute sie ein Haus in der Sandkiste auf, setzte Leute hinein, griff dann mit Dinosauriern an und tötete alle. Sie war jetzt imstande, auch ihre Wut über das, was geschehen war, zu äußern.

Ein kleines fünfjähriges Mädchen, dessen Eltern sich gerade getrennt hatten, baute im Sand eine Szene auf, die aus einer Familie und wilden Tieren bestand. Der Löwe griff den Vater an, und Janie begrub ihn mit den Worten im Sand: »Der Vater wurde getötet, und nun hatten sie nur noch Mutti.«
Wie war das für sie?
Janie: Traurig. Alle weinten.
Hast du geweint, als dein Papa in ein anderes Haus gezogen ist?
Janie: Ja.
Du vermißt ihn sehr.
Janie: Ja . . . Aber ich sehe ihn manchmal, und er geht mit mir aus.
Ein anderes achtjähriges Mädchen hatte keine großen Schwierigkeiten, seine Gefühle im Zusammenhang mit der Scheidung seiner Eltern zu äußern. Ich bat es, mit Farbstiften etwas zu zeichnen, das es an der Scheidung schlecht fand, etwas, das es gut fand, etwas, das weder gut noch schlecht war, und etwas, das ihm einfach so dazu einfiel. Das Mädchen teilte das Papier in vier Felder und bat mich, »Schlecht, Gut, In Ordnung, Dazwischen« in die Felder zu schreiben. In das Feld mit der Aufschrift »Schlecht« kritzelte es etwas mit schwarzer Farbe und diktierte mir: »Abends nicht zusammen zu essen und nicht zusammenzusein, wenn wir ins Bett gehen.« In die Rubrik »Gut« kritzelte es mit rosa Farbe und diktierte: »Wir sehen ihn häufiger und unternehmen etwas zusammen.« Für »Dazwischen« benutzte es einen blauen Stift und diktierte: »Manchmal habe ich das Gefühl, es ist gut so, und manchmal nicht«, und in das Feld mit der Aufschrift »In Ordnung« kritzelte es türkis und diktierte: »Die Scheidung ist eigentlich ganz in Ordnung, weil sie nicht glücklich miteinander waren.«
Als ich dasselbe Mädchen in einer späteren Sitzung bat, das zu zeichnen, was in seinem Leben am schlimmsten und was am schönsten sei, zeichnete es ein großes Gebäude und schrieb auf das Bild: »Das Schlimmste in meinem Leben ist, daß ich in die Schule gehen muß.« Dann zeichnete es sich selbst mit seiner Freundin und mit seiner Mutter und seinem Vater und schrieb: »Das Schönste in meinem Leben ist, daß ich Spielkameraden und Eltern habe.« Hier sah es zu mir auf, lächelte und sagte: »Selbst wenn sie geschieden sind!«

Körperliche Symptome

Ein Bettnässer ist ein Kind, das sich bemerkbar machen will. Ich sage sowohl dem Kind wie auch den Eltern, daß sein Bettnässen ein Zeichen von Gesundheit ist! Dieses Kind war vorher nicht imstande, sich und seine Bedürfnisse verbal zu äußern, also begann es, sich auf andere Weise Ausdruck zu verschaffen. Es hätte anstatt durch Bettnässen sich auch durch Asthma oder Ekzeme bemerkbar machen können. Ich glaube nicht, daß es ein bloßer Zufall ist, daß die Bettnässer, mit denen ich gearbeitet habe, sehr umgängliche, liebenswerte Kinder waren, die nicht viel Zorn zum Ausdruck bringen konnten.

Die Mutter eines Kindes, mit dem ich gearbeitet hatte, beklagte sich bei mir, daß ihr Sohn, seit er bei mir in Behandlung sei, verbal sehr viel Wut äußere, es ihm also offensichtlich überhaupt nicht besser gehe. Sie meinte, er müsse unglücklich sein, weil er so wütend sei. Ich fragte sie, ob er denn immer noch bettnässe, schlafwandele und Alpträume habe, welche die ganze Familie am Schlafen hinderten — Verhaltensweisen, die der Anlaß waren, weshalb sie ihren Sohn in die Therapie gebracht hatte. Die Frage schien sie erst zu verwirren, dann sagte sie: »Ach das! Das hat er schon seit einiger Zeit nicht mehr gemacht!«

Ich versuche, das Problem des Bettnässens, aber auch andere körperliche Symptome, von mehreren Seiten her anzugehen. Zunächst einmal fordere ich die Eltern auf — manchmal auch die ganze Familie — zu sagen, was sie von der Situation halten. Dann versuche ich, die Verantwortung für den Körper wieder demjenigen zurückzugeben, dem er gehört: Das Kind ist für das Bettnässen ganz allein verantwortlich. Darüber hinaus möchte ich dem Kind helfen, dieses körperliche Symptom so bewußt wie möglich zu erleben. Und schließlich möchte ich ihm behilflich sein, das, was es äußern muß, auf eine angemessenere Weise zu äußern lernen. Ich bin nicht daran interessiert, die eigentliche Ursache für das Bettnässen zu ergründen. Ich möchte nicht wissen, welchem Reinlichkeitstraining es unterworfen wurde. Ich interessiere mich vielmehr für seinen gegenwärtigen Prozeß — wie und wo es sich jetzt befindet.

Sehr wichtig ist es, daß die Eltern und das Kind gemeinsam an der ersten Sitzung teilnehmen. Später kann auch eine Familiensitzung mit allen Mitgliedern erforderlich sein. Jedes Familienmitglied hat dem Bettnässer gegenüber eine ganze Menge Gefühle, die mit dem Bettnässen in Zusammenhang stehen. Es ist unbedingt notwendig, daß diese Gefühle ausgesprochen werden. Die meisten Eltern haben bereits alles ausprobiert, um das Problem des Bettnässens zu lösen: Sie haben es mit Freundlichkeit und Verständnis oder mit Anschreien versucht, sie haben das Kind seine eigenen Bettlaken waschen lassen oder die ganze Sache ignoriert. Jeder befindet sich in einem heftigen Strudel von Gefühlen — Besorgnis, Scham, Schuld, Angst, Ärger, Furcht, Wut, Traurigkeit. Die meisten dieser Gefühle werden aber nur indirekt mitgeteilt. Es ist daher nicht verwunderlich, daß auch das Kind seine wirklichen Gefühle unterdrückt und weiterhin sein Bett nässen *muß*. Kein Kind will ins Bett machen. Manchmal stellen Eltern sich doch tatsächlich vor, ihr Kind wolle absichtlich in einem nassen, kalten, übelriechenden, ungemütlichen Bett aufwachen, um sich an ihnen zu rächen.

Der nächste Schritt ist, dem Kind die Verantwortung für sein Bettnässen zu geben. Das ist eine sehr wichtige Voraussetzung dafür, daß das Bettnässen überhaupt aufhören kann. Ich sage dem Kind, daß es das tut, um sich bemerkbar zu machen, daß es selbst ins Bett macht, nicht jemand anderes. Hierbei wird dann ganz klar, daß es keineswegs damit fortfahren will, auch wenn es trotzig geschrien hat: »Ist mir doch egal« oder eine gleichgültig unbeteiligte Haltung eingenommen hat. Auch die Eltern müssen verstehen, daß ihr Kind verantwortlich ist, nicht sie. Es wacht in einem nassen Bett auf — nicht sie. Es kann lernen, sein Bett selbst frisch zu beziehen, seine Laken selbst zu waschen. Wenn sie ihm das abnehmen wollen, müssen sie die Verantwortung für ihre Entscheidung übernehmen. Ist das Kind noch zu klein (obwohl die meisten Kinder, die wegen Bettnässens in die Therapie gebracht werden, bereits in einem Alter sind, in dem sie ihre Bettlaken selbst waschen können), kann es seine Eltern um Hilfe bitten. Die Eltern müssen lernen, daß Bettnässen keine Handlung ist, die belohnt oder bestraft, gebilligt oder mißbilligt werden muß. Es hilft nichts, wenn sie das Kind loben, wenn es nicht ins Bett macht; genausowenig hilft es, wenn sie es für sein Bettnässen tadeln. (Wir loben ein Kind im allgemeinen nicht, wenn es *keine* Kopfschmerzen hat, noch nennen wir es einen Idioten, wenn es welche hat.)

Ist erst einmal klargestellt worden, wer für das Bettnässen verantwortlich ist, besteht der nächste Schritt darin, dem Kind zu helfen, seinen Körper und sein Bettnässen zu *erleben*. Zunächst einmal gebe ich dem Kind ein Notizbuch, in das es eintragen kann, wann es ins Bett gemacht hat. Das hilft dem Kind, sich besser bewußt zu werden, was es da eigentlich tut. Wenn man ein unerwünschtes Verhalten aufschreibt, geschieht etwas Merkwürdiges: es wird automatisch seltener. Schreibt man beispielsweise jedes Mal auf, wenn man sich beim Nägelkauen erwischt, wird man seltener an den Nägeln kauen. Sobald ein Kind daher jedesmal in sein Notizbuch schreibt, wenn es ins Bett gemacht hat, wird es schon sehr viel seltener das Bett nässen. Kann ein Kind gut schreiben, so bitte ich es, Worte und Sätze zu notieren, die beschreiben, was das für ein Gefühl ist, in einem nassen Bett aufzuwachen. George von Hilsheimer beschreibt in seinem Buch *Verhaltensgestörte Kinder: Übungsprogramm mit praktischen Anregungen für Erzieher, Lehrer und Eltern* eine interessante Methode, wie man Kindern helfen kann, ihres Körpers gewahr zu werden, während sie im Schlaf urinieren. Er bot den Bettnässern Geld für jedes Bettnässen und brachte die Kinder so dazu, bewußt zu versuchen, ins Bett zu machen.

Bettnässenden Kindern zu helfen, ihres Körpers gewahr zu werden, ist ein wichtiger Bestandteil der Therapie. Wir machen viele Körperübungen, Atem-, Meditations- und Bewegungsübungen und Spiele. Den Körper kennen und beherrschen lernen ist ein befriedigendes, erregendes und wesentliches Erlebnis für diese Kinder.

Manchmal nimmt das Bettnässen während einer Phase der Therapie für kurze Zeit zu. Als die Eltern eines Jungen aufhörten, sich am Drama des Bettnässens zu beteiligen, machte dieser Junge eine Zeitlang noch häufiger ins Bett. Vielleicht wollte er damit seine Eltern auf die Probe stellen und sehen, ob sie ihn tatsächlich selbst die Verantwortung für die Situation tragen ließen (was sie taten), vielleicht gestattete er sich aber auch, sein Bettnässen wirklich zu erleben.

Der letzte und wichtigste Schritt besteht dann darin, dem Kind zu helfen, seine Gefühle, vor allem in bezug auf das Bettnässen zu äußern. Interessanterweise stellt ein Kind das Bettnässen nicht ein, wenn das ursprüngliche — reale oder vorgestellte — Erlebnis, das zum Bettnässen geführt hat, ihm nicht mehr gegenwärtig ist. Irgendwann einmal hat sein Körper die Botschaft empfangen, das Bett zu nässen, und seitdem sind sozusagen für den Empfang einer neuen Botschaft nicht die richtigen Leitungen gelegt worden. Beginnt aber das Kind erst einmal, Kontrolle über seine Funktionen auszuüben, und findet es neue Wege, seine Gefühle auszudrücken, so wird auch das Bettnässen aufhören.

Da es so häufig vorkommt, daß Kinder das Bett nässen, habe ich dieses Problem hier relativ ausführlich behandelt. Die Arbeit mit Bettnässern unterscheidet sich nicht wesentlich von der Arbeit mit Kindern, die andere körperliche Symptome oder psychische Probleme aufweisen, obwohl ich natürlich meine Methode jeweils etwas modifiziere.

Wieder etwas anderes ist es, wenn Kinder tagsüber ihre Hosen vollmachen. Oft leiden diese Kinder gleichzeitig an Verstopfung und Bauchschmerzen, weil sie ihren Stuhl tagelang zurückhalten. Sie machen zu den merkwürdigsten Zeiten in die Hose und verstecken ihre Unterwäsche oft vor ihren Eltern. Ich bin mir nie ganz sicher, was ein Kind veranlaßt, seinen Stuhl zurückzuhalten und dafür irgendwann später in die Hosen zu machen. Doch ich erkläre ihm, daß sein Körper auf diese Weise seinen Wunsch nach Gesundheit zum Ausdruck bringt. Der Darm bewegt sich, weil der Körper der Giftigkeit der im Darm befindlichen Abfallprodukte gewahr ist; das anfängliche Zurückhalten des Stuhls steht für etwas anderes, das nicht direkt geäußert werden kann.

Ich arbeite mit Kindern, die mit diesem Problem kämpfen, ganz ähnlich wie mit Bettnässern. Oft lenke ich die Sitzungen so, daß die Kinder möglichst oft ihre unterdrückten Gefühle der Wut zum Ausdruck bringen können. Diese Kinder sind zwar oft feindselig und sarkastisch, können gut reden und argumentieren, scheinen aber dennoch nie ihre ganze Wut loszuwerden.

Manchmal hat sich meine Annahme, daß diese Kinder Wut unterdrücken, jedoch schon als falsch erwiesen. Einmal arbeitete ich mit einem zehnjährigen Mädchen; durch die Übungen mit Ton, Bataca und den Puppen kam zwar viel Wut heraus, aber das Problem blieb bestehen. Es gab auch Zeiten der Besserung, aber jede Streßsituation ließ das Problem sofort wieder voll zum Ausbruch kommen. In einer Sitzung, in der das Mädchen eine Geschichte erzählte, spürte ich plötzlich, daß es Angst hatte. Das war das erste Mal, daß es überhaupt Angst zeigte. In späteren Sitzungen stellte ich dann fest, daß es an sehr starken, tief verborgenen Ängsten litt. So fürchtete es zum Beispiel zu ertrinken, obwohl es schwimmen konnte und nach außen hin keinerlei Angst vor dem Schwimmen zeigte. Niemand wußte von seiner Angst — auch seine Eltern nicht. Sehr sorgfältig untersuchten wir jeden Aspekt dieses Bereichs. Es konnte sich nicht erinnern, jemals eine gefährliche Situation im Wasser erlebt oder auch nur beobachtet zu haben.

Einem intuitiven Gefühl folgend, machte ich mit dem Mädchen eines Tages eine Phantasieübung. Ich bat es, sich vorzustellen, es sei ein zweijähriges Kind, das auf der Toilette sitzt. Wir machten die Übung lachend und mit viel Humor. Das Mädchen saß lächelnd und mit geschlossenen Augen da und hörte auf meine Stimme, während ich die Phantasie lenkte. Plötzlich saß es ganz gerade, mit weit geöffneten Augen und sagte, es habe Angst, in die Toilette zu fallen und mit seinem Stuhl weggespült zu werden. Über diese Entdeckung war es sehr aufgeregt, und es war sich sicher, daß dies die eigentliche Ursache seines Problem sei. Wir erforschten also die Ängste eines zweijährigen Kindes, das mit einer riesigen Toilette und den Geheimnissen der Wasserspülung konfrontiert ist. Ich fertigte rasch eine Skizze an, auf der ein kleines Kind auf einer großen Toilette zu sehen war, und das Mädchen beruhigte das Bild-Kind, wie es eine Mutter tun würde.

Vielleicht war das tatsächlich die Ursache des Problems — vielleicht auch nicht. Vielleicht mußte dieses Kind sich selbst auf irgendeine Weise die Erlaubnis geben, zu neuen Bereichen des Wachstums vorzustoßen. Seine Angst zu ertrinken — ein gut bewahrtes Geheimnis — war jedoch sehr real, und es fühlte sich sehr erleichtert, als es mir — und später auch seinen Eltern — diese Angst mitteilen konnte. Es übernahm selbst die Verantwortung für ein Toilettentrainings-Programm und stellte fest, daß es mit großer Regelmäßigkeit Stuhlgang haben konnte.

Ein Kind kann aber auch wegen anderer körperlicher Symptome wie Kopfschmerzen, Magenschmerzen, nervösem Muskelzucken, Allergien oder Asthma in die Therapie kommen. Und manchmal stellen sich solche körperlichen Symptome erst im Laufe der Therapie ein, sie waren gar nicht der eigentliche Grund, weshalb die Therapie begonnen wurde.

Eine Sechzehnjährige klagte über einen großen Knoten im Nacken. Ich bat sie, diesen Knoten auf ein Blatt Papier zu zeichnen. Sie zeichnete ihren Hals mit einem großen runden schwarzen Fleck. Dann bat ich sie, den schwarzen Knoten auf einem anderen Blatt Papier zu entwirren. Sie griff nach dem Kreidestift und begann heftig zu kritzeln. Ich unterbrach sie und bat sie, ganz langsam zu zeichnen und sich dabei auf den Knoten und ihre Gefühle zu konzentrieren. Nun begann sie, sehr bedächtig den Knoten zeichnend zu entwirren. Als die Zeichnung fertig war, war der Knoten in ihrem Nacken verschwunden.

Obwohl wir uns während dieses Prozesses nicht auf irgendeinen besonderen Inhalt konzentriert hatten, hatte meine Klientin gelernt, daß man einem Schmerz Aufmerksamkeit schenken und — statt ihn zu vermeiden — den Schmerz erleben muß. Sie hatte gelernt, daß sie selbst es war, die die Muskeln beherrschte, welche ihr den Schmerz verursachten, und daß sie den Schmerz auch wegnehmen konnte.

Ein elfjähriger Junge kam in eine Gruppe und verkündete, er könne nicht dableiben, weil er starke Magenschmerzen habe. Ich bat ihn, mir etwas mehr von seinen Schmerzen zu erzählen, zum Beispiel, wo es schmerzte.

Ken: Hier. Ich weiß nicht genau.

Sag mir, wie sich das anfühlt.

Ken: Ich fühle einen Knoten im Magen, und er drückt mich und tut wirklich weh. (Seine Stimme war traurig und ängstlich.)

Du klingst sehr traurig.

Ken: Bin ich auch. Was mir passiert, ist traurig.

Ich würde gern mehr davon erfahren.

Ken: Es geht um meinen Vater. Er hat nicht mehr getrunken, aber er ist so nervös! Er läßt alles an mir aus — schreit mich an, wenn ich überhaupt nichts gemacht habe, wirft Gegenstände nach mir, schlägt mich. Es ist genauso schlimm, wie wenn er trinken würde. Er läßt alles an mir aus, weil ich der Älteste bin. Heute war das wieder so.

Nun brach Ken in hemmungsloses Schluchzen aus. Nach einer Weile sagte er: »Vielleicht bleibe ich doch noch ein bißchen länger.« Er blieb die ganze Sitzung, seine Magenschmerzen waren vergessen. Hier möchte ich gerne hinzufügen, daß Ken häufig Magenschmerzen hatte. Seine Mutter schenkte ihm deshalb viel Aufmerksamkeit — ging mit ihm oft zum Arzt, kochte ihm besonderes Essen und machte sich Sorgen, er könne ein Magengeschwür bekommen. Was sie nicht tat, war, ihm zuhören und sich in ihn einfühlen. Ken mußte lernen, anders als mit Hilfe von Magenschmerzen Aufmerksamkeit und Zuwendung zu erhalten.

Carl, dreizehn Jahre alt, kam in die Sitzung und war zu müde, um etwas zu tun. Ich bat ihn, seine Müdigkeit zu zeichnen. Mit brauner, schwarzer und weinroter Farbe machte er eine Zeichnung von seiner Müdigkeit, »vor allem in meinen Schultern«. Dann bat ich ihn, ein Bild zu malen, das darstellen sollte, wie er sich fühlte, wenn er munter war. Mit strahlenden Farben zeichnete er zwei einander gegenüberstehende Zylinder, die durch eine braune, an eine Bergkette erinnernde Linie voneinander getrennt waren. Ich forderte ihn nun auf, ein Gespräch zwischen diesen beiden Zylindern zu führen, die, wie er sagte, seine Hände und Füße darstellten. In seinem Dialog kam sein Wunsch zur Sprache, etwas zu unternehmen, aktiv zu werden, seinen müden »alten« Körper zu mobilisieren. Dann sprach er von seiner Rastlosigkeit, seinem Wunsch, an einem anderen Ort zu sein, und darüber, wie frustriert er über sein Leben zu Hause und über die Schule sei. (Normalerweise verkündete Carl, ein Bettnässer, alles sei in Ordnung.)

Die fünfzehnjährige Tammy hatte mit zwölf Jahren das erste Mal leichte Anfälle bekommen. Ein Neurologe, der vermutete, ihre Anfälle könnten psychisch bedingt sein, überwies sie an mich. Ihr Verhalten schien geradezu darauf abzuzielen, ihre Mutter wütend zu machen. Ihre Mutter sagte: »Wenn ich mit ihr spreche, wird alles nur noch schlimmer. Sie will mich anscheinend dazu bringen, ihr eine Tracht Prügel zu verabreichen. Das macht sie schon seit Jahren so. Als ob sie es gern hätte, geschlagen zu werden! Wenn ich sie schlage, wird sie ganz ruhig, zufrieden. Wenn ich sie nicht schlage, macht sie solange weiter, bis sie einen Anfall bekommt.«

Tammy und ich arbeiteten mehrere Wochen zusammen. Eines Tages, als sie gerade dabei war, mit Ton herumzuhantieren, erzählte sie mir, zwischen ihr und ihrer Mutter laufe etwas ab, das sie einfach wütend mache. Ich bat sie, ihrer Wut am Ton Ausdruck zu geben. Sie sah auf den Ton herab und sagte dann, sie könne das nicht. Ich schlug ihr deshalb vor, mir statt dessen ein Bild zu zeichnen. Damit war sie einverstanden. Sie zeichnete einen Kreis, in den sie mit Druckbuchstaben YEEKE schrieb. Das sei ein Schrei, erklärte sie mir. Dann zeichnete sie zwei rote Dreiecke. »Das sind Teufelsohren. Ich würde am liebsten jemand ganz fest schlagen, zum Beispiel meine Mutter.« Sie zeichnete zwei Augen, aus denen rote und gelbe Zickzacklinien austraten. »Meine Augen sprühen Feuer. Sie fangen an zu schielen, das ist unangenehm.« Sie zeichnete einige rote, gelbe und blaue Linien. »Das ist das Feuer in meiner Kehle. Es tut weh, wenn ich schreie.« Schließlich zeichnete sie noch eine schwarze Form. »Das ist schwarzer Rauch, der aus meinen Ohren kommt. Meine Ohren werden heiß und verstopft.« Tammy wurde von heftigen Wutgefühlen verzehrt — Gefühle, die sie mit Schuld und Angst erfüllten. Weil wir uns mit ihrer intensiven Wut auseinandersetzten, die sie zuerst so lebendig in ihrem Bild zum Ausdruck gebracht hatte, verschwand auch allmählich ihr Bedürfnis nach Strafe, das sie dazu getrieben hatte, sich selbst mit Anfällen zu bestrafen.

Einmal arbeitete ich gerade mit einer jungen Frau, als diese plötzlich in sich zusammensackte und über intensive krampfartige Menstruationsschmerzen klagte. Ich gab ihr einen Klumpen Modelliermasse und bat sie, daraus ihren Uterus zu formen, so wie sie ihn sich vorstellte. Als sie fertig war, bat ich sie, ihren Uterus zu beschreiben und zwar so, als ob er sprechen könnte, also ihr Uterus zu *sein* und zu sagen, was gerade mit ihm geschah. Sie sagte so etwas Ähnliches wie: »Ich bin Cathys Uterus. Ich presse mich solange zusammen, bis sie es nicht mehr aushält.« Mit meiner Ermutigung fuhr sie so eine Weile fort. Plötzlich verkündete sie ganz überrascht, daß sie keine Schmerzen mehr habe. Wir unterhielten uns darüber, wie man, wenn man seine Muskeln anspannt, um Schmerz zu vermeiden, oft eher das Gegenteil bewirkt, nämlich noch stärkere Schmerzen hervorruft. Indem Cathy ihr Uterus *war*, erlebte sie, wie sie eben das mit sich machte.

Ellen, sechzehn Jahre alt, erzählte mir von einem Schmerz, den sie oft direkt unterhalb ihrer Brust verspürte. Sie hatte bereits einen Arzt aufgesucht, der aber keine körperliche Ursache feststellen konnte. Diesen Schmerz fühlte sie auch in dem Augenblick, da sie mir davon erzählte. Ich bat sie, ihre Augen zu schließen, in den Schmerz hineinzugehen und ihn zu beschreiben.

Ellen: Er fühlt sich wie ein Loch gerade unterhalb meiner Brust an, wie ein tiefes, leeres Loch. Er geht sehr tief, läßt sich aber nur schwer beschreiben.

Willst du ihn vielleicht zeichnen?

Ellen: Ich kann nicht zeichnen.

Stell dir vor, du seist ein dreijähriges Kind, und zeichne den Schmerz. Während des Zeichnens kannst du ihn mir erklären.

Ellen (zeichnet einen spiralförmigen Tunnel): Ich nehme

Schwarz. Natürlich ist mein Tunnel schwarz. Er ist sehr tief, schwarz, dunkel. Er ist endlos. Ich weiß nicht, was dort unten ist. Das bin ich (ein kleines Strichmännchen am Rande des Tunnels). Ich sitze am Rande des Tunnels und fühle mich sehr klein.

Wie fühlt sich der Schmerz jetzt an?

Ellen: Nun, jetzt ist er weniger stark, aber so ist das immer — mal ist er stärker, mal ist er schwächer.

Sei das kleine Strichmännchen und erzähle mir etwas von dir.

Ellen: Nun, ich sitze hier am Rande des Tunnels. Ich habe meine Knie angezogen.

Setz dich auf den Boden und zieh deine Knie an. *Sei* das Strichmännchen. Ellen (sitzt mit angezogenen Knien auf dem Boden, hat ihre Arme um ihre Beine gelegt, hält den Kopf gesenkt): Ich habe mich sehr klein gemacht und sitze zusammengekrümmt am Rande des Tunnels.

Kannst du durch den Tunnel hindurch die andere Seite sehen?

Ellen: Nein. Aber ich weiß, daß dort etwas ist. Da draußen ist eine ganze Menge, aber ich komme nicht dort hin. (Sie fängt an zu weinen.)

Was siehst du, wenn du in den Tunnel siehst?

Ellen: Ich kann nicht viel sehen. Es ist sehr dunkel. Ich weiß nicht, was dort unten in dem Tunnel ist, aber ich stelle mir vor, daß dort schreckliche Dinge sind.

Schließ deine Augen und stell dir vor, du gehst in den Tunnel hinein. (Sie schließt ihre Augen.) Was geschieht?

Ellen: Ich bin nicht hineingegangen, ich kann nicht runtergehen. Das ist zu furchterregend. Ich sitze immer noch hier am Rande.

Gut. Du mußt nicht dort runtergehen. Ich möchte nun, daß du jetzt selbst der Tunnel bist. Beschreibe dich.

Ellen: Ich bin der Tunnel in Ellen. Ich füge ihr Schmerzen zu. Ich bin tief und endlos und mächtig und stark.

Was fühlst du jetzt, Ellen?

Ellen: Ich fühle mich stark und mächtig. Ich bin immer noch bei dem Tunnel.

Für heute müssen wir aufhören. Vielleicht möchtest du das nächste Mal herausfinden, warum du Angst davor hast, in den Tunnel hineinzugehen; wir könnten dann sehen, was sich eigentlich in dem Tunnel befindet. Denk daran, es ist dein Tunnel, und auch die Tunnelgefühle sind deine eigenen Gefühle.

Ellen: Ja. Ach, jetzt fühle ich mich wieder wie das kleine Strichmännchen!

Es war zwar immer noch eine Menge zu tun, aber ein Anfang war gemacht.

Die sechzehnjährige Beth fühlte sich seit mehreren Monaten müde und lustlos. Sie hatte keinerlei Energie. Ihr Arzt hatte ihr bescheinigt, daß sie völlig gesund sei, aber irgendwie reichten ihre Kräfte gerade dazu aus, in die Schule zu gehen, ein wenig ihrer Mutter zu helfen und zusammenzubrechen. Früher hatte sie sich sportlich und künstlerisch betätigt und war gerne mit ihren Freunden ausgegangen. Dazu fehlte ihr nun aber die Energie. Ich setzte viele verschiedene Techniken ein, um Beth Gelegenheit zu geben, ihre Schale der Trägheit zu durchbrechen. Gefühle zu verbergen und zurückzuhalten ist äußerst energieraubend.

Die Ich-bin-Liste war bei Beth wahrscheinlich am aufschlußreichsten. Eine ganze Sitzung lang arbeitete Beth an Ich-bin-Sätzen: Ich bin eine Tochter. Ich bin eine Schülerin. Ich bin groß. Ich bin oft müde. Ich bin nicht gern allein. Ich bin voller Furcht vor meinen Gefühlen . . .

Beth las mir dann in der folgenden Sitzung ihre Ich-bin-Liste vor und weinte. Drei Monate nach unserer ersten Sitzung arbeitete sie mit Ton und formte mit geschlossenen Augen einen Gegenstand. Es entstand ein Tier, das, wie sie sagte, weder sehen noch sich bewegen konnte, aber glücklich und zufrieden war. Ich fragte sie, wie sie dem Tier helfen könne zu sehen. Sie machte zwei Löcher in das Tier, »durch die Licht eindringen kann. Das sind gute Löcher, durch die Licht und neues Gewahrsein in mich eindringt«. Ich fragte sie nun, ob sie dem Tier auch helfen könne, sich fortzubewegen. »Nun, dazu brauche ich Beth. Sie muß mich hochnehmen und tragen«, sagte sie und bewegte das Tier, während sie sprach, den Tisch entlang. Sie lächelte und sah mich an: »Heh, ich glaube, ich werde nach Hause gehen und mir einen Drachen bauen.« Das tat sie dann — und ließ ihn auch steigen.

Unsicherheit, Anklammern, übertriebenes Gefallenwollen

Was meint man, wenn man ein Kind als »unsicher« bezeichnet? Das Wörterbuch definiert dieses Wort folgendermaßen: »sich in Gefahr glauben; mehr Angst haben, als nötig erscheint; schutzlos«. Die meisten Kinder, die zu mir in die Therapie kommen, sind unsicher, obwohl sie ihre Unsicherheit ganz unterschiedlich zum Ausdruck bringen.

Manchmal habe ich es mit Kindern zu tun, die sich buchstäblich an andere anklammern, aber gerade damit jeden vertreiben. Weichen die anderen dann zurück, so versuchen diese Kinder, die andern festzuhalten, als ob sie sich so von ihrem Gefühl der Unsicherheit befreien und größere Sicherheit erlangen könnten.

Das erste Mal kam Melissa zu mir in Behandlung, als sie fünf Jahre alt war. Sie war eine richtige Klette und klammerte sich an jeden, den sie nur erreichen konnte, so daß sie die andern mit ihrem Verhalten eher abstieß. Selbst ihre Mutter konnte ihr Anklammern nicht mehr ertragen. Andere Kinder, die sie ständig anfaßte und umarmte, fühlten sich in ihrer Nähe nicht wohl und zogen sich von ihr zurück.

Melissa konnte kein Bild malen, ohne mich ständig zu fragen: »Ist das so richtig? Welche Farbe soll ich nehmen? Gefällt Ihnen dieser Kreis?«, und so weiter. Jede ihrer Fragen beantwortete ich mit einem Lächeln, woraufhin sie, offenbar mit meiner Reaktion zufrieden, ihre Arbeit wieder aufnahm. Wenn sie mit der Sandkiste spielte, nahm sie immer fast alle Körbe vom Regal und schüttete sich die Spielsachen auf den Schoß und auf den Boden neben ihre Füße. Dasselbe machte sie auch mit anderen Spielsachen; anscheinend gab es ihr Sicherheit, so viele Dinge wie nur möglich ganz dicht bei sich zu haben. Als sie das erste Mal ihre Stimme vom Tonband hörte, erkannte sie sie nicht. »Wer ist das?«, fragte sie, und als ich ihr sagte, daß das ihre eigene Stimme sei, schien sie wirklich sehr überrascht und wollte ihre Stimme immer wieder hören. Ganz gefesselt war sie auch, als ich eines Tages eine große Zeichnung von ihr anfertigte. Als ich sie dann fragte: »Welche Farbe hat dein Haar?« sah sie in den Spiegel und sah mir ganz entzückt zu, wie ich ihre glatten braunen Haare einzeichnete.

Nach ungefähr fünf Sitzungen trat allmählich eine Veränderung in ihrem Verhalten ein. Sie schien sich langsam als eine Person zu sehen, die auch unabhängig von den anderen Personen in ihrem Leben existieren konnte. Sie fing an, eigene Gefühle, Gedanken und Ideen zu äußern. Wenn ich sie nun bat, ihre Familie zu malen, hatte sie es nicht mehr nötig, fortwährend bestätigt zu werden, sondern malte selbständig und mit großem Eifer.

Sie sprach über jedes Familienmitglied: »Meine Mutti spielt und wird böse ... Mein Papa ist gemein zu meiner Mutti, und sie streiten sich ... Ich reiße meine Augen immer weit auf, wenn sie streiten. Ich mag das nicht. Ich bekomme dann Angst.« Als ich sie bat, etwas zu malen, das sie traurig mache, malte sie sich, wie sie gerade in ihrem Zimmer sitzt, und diktierte mir: »Ich mag nicht in meinem Zimmer sitzen. Ich fühle mich schlecht, wenn ich manchmal in meinem Zimmer sitzen muß.« Als wir darüber sprachen, was ihre Mutter dazu veranlasse, sie in ihr Zimmer zu schicken, sagte sie: »Meine Mutti ärgert sich über mich, weil ich angeblich nie das tue, was sie gerne hätte, sondern weil ich ihr immer sage, was sie tun soll.« Ich fragte sie, ob sie tatsächlich gern anderen Leuten sage, was sie tun sollten. »Ja! Aber meine Freunde mögen das nicht.« Wir spielten dann ein Spiel zusammen, bei dem jeder abwechselnd die Führung übernahm und dem anderen sagte, was er tun sollte. Dieses Spiel machte ihr großen Spaß.

Als ich sie später bat, etwas zu malen, wozu sie gerade Lust habe, malte sie einen Jungen und diktierte: »Das ist David. Er ist gemein. Ich mag David nicht. Er haut mich oft.« Dann malte sie sich selbst und diktierte: »Hier bin ich sehr wütend. Wenn meine Mama mich nicht das tun läßt, was ich gerne tun möchte, werde ich sehr, sehr wütend. Ich hasse es, wenn meine Mutter mich reinruft. Ich hasse das. Ende.«

Als Melissa anfing, über sich selbst zu sprechen, über ihre Gefühle, über das, was sie gern und das, was sie nicht gern hatte, als sie anfing, klare Aussagen über sich selbst und ihr Leben zu treffen, klammerte sie sich merklich weniger an als zuvor. Als sie sich selbst besser kennenlernte, ein Gefühl für sich selbst entwickelte und sich ihrer selbst mehr bewußt wurde, hatte sie es nicht mehr so dringend nötig, sich an andere Leute anzuklammern, um sich ihrer Existenz zu versichern.

Ein Kind (oder ein Erwachsener), das sich körperlich an andere anhängen muß, hat ein so vages Selbstgefühl, daß es sich nur dann wohl fühlt, wenn es mit einem anderen gleichsam verschmelzen kann. Es existiert nur in einem Zustand der Konfluenz mit anderen Menschen. Von anderen getrennt zu sein, ist eine erschreckende und ungewohnte Vorstellung für einen solchen Menschen. Er weiß nicht, wo er beginnt und wo er aufhört. In seinem übermäßigen Bedürfnis nach Identität verwechselt er sich selbst mit anderen.

Wenn wir mit einem solchen Kind arbeiten, müssen wir versuchen, sein Selbst zu stärken. Wir müssen es wieder zu sich selbst zurückbringen, dafür sorgen, daß es sich erst einmal kennenlernt, ihm eine Identität geben, die es anerkennen kann. Wir können mit sensorischen Erfahrungen beginnen, dann zu Körperübungen und Spielen übergehen, durch die es mit seinen Gefühlen, seinem Selbst- und seinem Körperbild vertraut wird, und schließlich zu Übungen, durch die das Kind lernt, Entscheidungen zu fällen, Meinungen zu äußern, seine Bedürfnisse, Wünsche, Neigungen und Abneigungen zu ermitteln und, vor allem, sie anderen gegenüber zu vertreten.

Im Laufe unserer gemeinsamen Arbeit wird Material zum Vorschein kommen, mit dem wir uns befassen müssen: Dieses Kind ist ja schließlich kein Nichts, sondern ein reales, lebendiges und einzigartiges menschliches Wesen, das sich im Augenblick verloren hat. Wenn es erst einmal zu sich selbst findet, wird sich auch seine Kontaktfähigkeit entwickeln, bis es schließlich kein Bedürfnis mehr verspüren wird, sich an andere Leute anzuklammern. Das Anklammern war seine frühere Überlebensstrategie; nun hat es aber andere Möglichkeiten des Seins.

Auch Kinder, die alles tun, nur um den Erwachsenen zu gefallen, und die übertrieben gehorsam sind, fühlen sich unsicher. Ihre Sucht nach Anerkennung wird von den Erwachsenen oft noch verstärkt. Auch viele Erwachsene leben noch nach diesem kindlichen Verhaltensmuster, können nie »Nein« sagen, scheinen nie zu einer eigenen Meinung oder einem eigenen Gedanken imstande und sind so zwanghaft gehorsam und »gut«, daß wir sie uninteressant und langweilig finden.

Hier haben wir es mit einem Übergewicht der »guten« Seite der Persönlichkeit zu tun. Alle Kinder möchten Anerkennung bekommen; sie alle können sowohl »gut« und gehorsam sein und das »Richtige« tun als auch wütend sein, sich auflehnen, widersprechen, auf ihren eigenen Füßen stehen und ihre eigene Meinung sagen. Den Kindern, die »zu gut« sind, müssen wir helfen, ihre »negativen« Seiten zu finden, die ihnen anscheinend Furcht und Schrecken einflößen. Erst dann können sie frei wählen, wie sie sich äußern wollen, und sind nicht in einer Ausdrucksform gefangen. Ein Kind, das eifrig darauf bedacht ist, anderen zu gefallen, verbraucht dafür einen Großteil seiner Energie. Es leitet ständig Energie nach außen, statt sie zur Befriedigung seiner eigenen Bedürfnisse zu verwenden.

Da ein solches Kind bescheiden und zurückhaltend auf Anweisungen wartet, ist es die Aufgabe des Therapeuten, es zu Selbstausdruck anzuleiten. Geeignet sind hierfür vor allem Übungen, bei denen es zu seiner eigenen Identität findet. »Zeichne etwas, das *dir* gefällt oder das *du* gerne zeichnen möchtest, einen Ort, an dem *du* gerne bist.« Wichtig ist auch, diesen Kindern die Möglichkeit zu verschaffen, eigene Entscheidungen zu treffen: »Hier sind zwei Spiele; welches davon wollen wir spielen?«

Der vierzehnjährige Frank war ein solches Kind, das eifrig darauf bedacht war, jedem zu gefallen. Seit dem tödlichen Unfall seiner Eltern, als er sieben Jahre alt war, hatte er bei verschiedenen Verwandten gelebt. Nun hatte seine um acht Jahre ältere Schwester geheiratet, und es war ihr sehnlichster Wunsch gewesen, Frank bei sich aufzunehmen. Ihr Mann war damit einverstanden gewesen, und sie hatten sich alle Mühe gegeben, ihm sein Leben angenehm zu machen. Eines Tages kam die Schwester mit Frank zu mir in die Beratung, weil sie das Gefühl hatte, ihr Bruder sei einfach zu brav. Nie kam es zu Hause zu irgendwelchen Auseinandersetzungen. Frank tat alles, was man ihm sagte, sprach nie, wenn er nicht gerade angesprochen wurde, beklagte sich nie über irgend etwas. Sie sagte, sie und ihr Mann hätten Frank versichert, daß ihr Heim auch sein Heim sei, ganz gleich, was geschehen werde. Sein übermäßiges Bedürfnis zu gefallen verursache Spannungen im Haushalt.

Frank verhielt sich auch mir gegenüber wenig kommunikativ. Ich konnte spüren, wie ich selbst frustriert auf seine totale Ergebenheit reagierte. Mit Hilfe der Ausdrucks-Techniken kamen wir in unserer Arbeit jedoch voran. Als Rosenbusch sagte Frank: »Ich stehe vor einem Haus ... Kann sein, daß es verlassen ist. Ich habe keine Leute gesehen. Vielleicht bin ich ein wilder Rosenbusch. Vielleicht hat sich früher einmal jemand um mich gekümmert. Ich stehe mitten in der Wildnis. Ich weiß nichts über meine Wurzeln. Ich habe Dornen. Ich weiß nicht, ob ich wachse. Um mich herum wächst Unkraut. Ich bin nicht allein ... Ich fühle mich nicht einsam. Das Unkraut leistet mir Gesellschaft.« Ich konnte fast spüren, wie sehr es ihm widerstrebte, diese Aussagen sich selbst zu eigen zu machen. Sehr vorsichtig wiederholte ich jeden seiner Sätze, die ich aufgeschrieben hatte, während er sprach. »›Kann sein, daß es verlassen ist.‹ Hast *du* manchmal das Gefühl, verlassen worden zu sein?« Zögernd, unsicher antwortete er schließlich: »Nun, ja, als ich klein war, hatte ich das Gefühl. Nachdem meine Eltern umgekommen waren.«

Zu der Floßkarte des *Make-a-Picture-Story-Test* erzählte Frank folgende Geschichte: »Da ist ein Floß. Auf ihm befinden sich ein sterbender Mann, ein Priester, ein Junge, eine Frau und ein Hund. Ihr Schiff ist gesunken. Sie treiben im Meer, werden aber nach langer Zeit Land sehen. Die Verwandten des Sterbenden weinen.«

Frank, wer von diesen Leuten bist du? Sei eine dieser Figuren.

Frank (nachdem er sich das Bild mit den darauf abgebildeten Figuren lange betrachtet hatte): Ich bin der Hund.

Erzähle mir, was in dir, dem Hund, vorgeht.

Frank: Ich beobachte und warte ab, was geschieht. Ich kann nichts tun. Ich habe Angst. Große Angst.

Erinnert dich etwas davon an dein eigenes Leben?

Frank (sieht mich an, atmet tief aus): Ja. Ich konnte nichts tun, als meine Eltern starben. Ich hatte solche Angst. Ich mußte immer dort hingehen, wo ich hingeschickt wurde.

Endlich konnte Frank seinem Kummer, seinem Ärger und seiner Angst davor Ausdruck geben, »weggeschickt zu werden«. Langsam begann er, nicht nur bei mir, sondern auch »draußen«, das Risiko auf sich zu nehmen, er selbst zu sein.

Hin und wieder kommt ein Kind zu mir, das so zart wirkt, daß ich beinahe fürchte, es könnte zerbrechen. Ein solches Kind ist der bloße Schatten seiner selbst. All mein Geschick und Können sind erforderlich, um ihm zu helfen, wieder zu seinem Selbst zu finden und es zu stärken. Ich beginne mit völlig unbedrohlichen Erlebnissen. Es soll das, was es tut, wieder zurücknehmen können, zum Beispiel sein an die Tafel gemaltes Bild wieder wegwischen, sein Fingergemälde verschmieren, den Sand in der Sandkiste wieder glätten. Ganz allmählich wird es dann dazu übergehen können, seinen Äußerungen auch Dauer zuzugestehen. Als Tara, ein dünnes, zerbrechliches, ängstliches Kind, anfing, sich selbst in Bildern, Geschichten, Ton- und Sandarbeiten auszudrücken, schien sie direkt auch körperlich robuster und kräftiger zu werden. Ein wichtiger Aspekt in ihrer Therapie waren Spiele, die mit Körperbewegungen verbunden waren. Sie empfand ganz offensichtlich Vergnügen an der Entdeckung ihres Körpers und ihren körperlichen Fähigkeiten.

Einzelgänger

Manche Kinder, die Einzelgänger sind, wissen sich durchaus allein zu beschäftigen und zurechtzufinden. Sie können stundenlang ihre Briefmarkensammlung sortieren oder ihren sonstigen Hobbys nachgehen. Manche von ihnen verschwinden hinter Büchern (obwohl das immer seltener wird) und andere sitzen Stunden vor dem Fernseher. Einzelgänger, die etwas mit sich anzufangen wissen, gehören gewöhnlich nicht zu meinen Klienten. Obwohl es ein Zeichen gesunden Selbstbewußtseins ist, allein sein und sich dabei wohl fühlen zu können, brauchen wir alle hin und wieder Gesellschaft — es bedarf eines gesunden Gleichgewichts zwischen Alleinsein und Mit-anderen-Sein.

Die meisten Kinder aber, die in ihrer Freizeit lieber allein bleiben (im Gegensatz zu den Kindern, die keine Spielkameraden haben), wollen deshalb allein sein, weil sie Angst haben, von anderen zurückgewiesen zu werden. Diese Kinder werden in der Regel allerdings nicht in die Therapie gebracht, weil sie immer allein sind, sondern weil sie irgendwelche anderen problematischen Verhaltensweisen an den Tag legen. Es handelt sich um Kinder, die nichts mit sich anzufangen wissen, die ihren Eltern auf die Nerven gehen, widerspenstig, streitsüchtig und hyperaktiv sind, aggressives oder antisoziales Verhalten zeigen, nicht gerne in die Schule gehen, schlechte Noten heimbringen oder ungewöhnlich introvertiert sind. Im Laufe der Therapie stellen wir dann oft fest, daß sie nicht nur viel allein sind, sondern daß sie auch gar keine Freunde haben und einsam sind.

Werden diese Kinder erwachsen, bleiben sie auch dann oft Einzelgänger. Viele Kinder leugnen strikt, daß es ihnen schwer falle, mit Gleichaltrigen in Kontakt zu kommen, und mit Sicherheit hilft es ihnen nicht, wenn ihre Mutter sie drängt: »Geh doch auf die Straße und freunde dich mit anderen Kindern an.« Sie brauchen eine Atmosphäre, in der sie so akzeptiert werden, wie sie sind; das allein kann ihnen Kraft und Mut geben, die Gesellschaft anderer zu suchen und zu versuchen, eine Beziehung zu ihnen herzustellen.

Viele Problem-Einzelgänger haben insgeheim das Gefühl, anders zu sein als die anderen. Manchmal kommen sie sich so anders vor, daß sie dann genau das Gegenteil tun, nämlich versuchen, sich genau wie alle anderen auch zu verhalten. Natürlich geben sich fast alle Kinder zeitweise große Mühe, sich anzupassen, so wie die anderen zu sein oder jedenfalls so, wie sie sich die anderen vorstellen. Selbst diejenigen, die sich gegen die »Norm« auflehnen, tun das; sie bilden eigene Gruppen und verhalten sich darin gruppenkonform. Der Wunsch, wie die anderen zu sein, ist ein Zeichen dafür, daß diese Kinder ihre Identität als Mitglied einer begehrten Gruppe suchen. Da aber Einzelgänger das Gefühl haben, alle anderen seien so ganz anders als sie, stecken sie in einem Dilemma.

Eine der Hauptaufgaben bei der Arbeit mit diesen Kindern und ihren Familien ist es, zu betonen, daß Einzigartigkeit etwas sehr Wertvolles ist. Viel zu oft wünschen sich Eltern, daß alle ihre Kinder gleich seien, und legen damit die Betonung auf Konformität. Eltern sollten aber jedes ihrer Kinder in seiner Einzigartigkeit respektieren.

Die meisten Kinder probieren viele verschiedene Möglichkeiten des Seins aus, bevor sie die ihnen gemäße finden. Manche brauchen dabei aber Hilfe, was sie gewöhnlich dadurch signalisieren, daß sie sich ungewöhnlich verhalten. Leider kommt es oft vor, daß dann gerade niemand da ist, der diese Signale wahrnimmt. Wir arbeiten mit diesen Kindern, um ihre Selbstachtung zu stärken, ihre Identität zu festigen und ihre Unabhängigkeit zu fördern, und so lernen sie langsam, Kontakt zu anderen Kindern herzustellen.

Eine der interessantesten Übungen, die ich mit Kindern gemacht habe, um zu zeigen, wie faszinierend und wünschenswert Einzigartigkeit ist, ist das »Apfelsinenerlebnis«. Diese Übung habe ich durch George Browns Buch *Human Teaching for Human Learning* kennengelernt. Ich machte sie zum erstenmal bei einer Gruppe von Elf- und Zwölfjährigen mit dem Erfolg, daß die Kinder noch monatelang davon sprachen.

Ich brachte einen Sack Apfelsinen mit — für jedes Kind eine. Wir sahen uns unsere Apfelsinen an, rochen an ihnen, verglichen ihre Formen und Oberfläche, hielten sie in der Hand, rollten sie von einer Hand in die andere und machten eben alles, was man mit einer Apfelsine so anstellen kann. Dann schälten wir sie. Jeder kostete die Schale, sowohl von innen wie von außen, und befühlte mit den Fingerspitzen die Beschaffenheit der inneren Oberfläche. Dann entfernten wir sorgfältig die Reste der weißen Haut von der Frucht und unterhielten uns darüber, wie sich das anfühlte. Wir zerteilten unsere Orangen in einzelne Schnitze, befühlten einen Schnitz, rochen und leckten daran und aßen ihn schließlich auf. Dann kam der aufregendste und interessanteste Teil der Übung — wir tauschten die Schnitze untereinander aus. Dabei machten wir die Entdeckung, daß nicht zwei Schnitze gleich schmeckten! Ich glaube, ich war über diese Entdeckung am meisten von allen aufgeregt. Ein Schnitz war süßer, einer war saftiger als der andere, einer war saurer, einer war ein bißchen trockener und so weiter; sie schmeckten aber alle köstlich! Aus dieser Übung entspann sich eine zwanglose Unterhaltung über die Kinder der Gruppe und *ihre* einzigartigen Unterschiede bzw. ihre Ähnlichkeiten.

Mit einzelgängerischen Kindern arbeite ich ähnlich wie mit anderen Kindern, die wieder ein Gespür für ihr Selbst erlangen müssen. Darüber hinaus muß ich diese Kinder zu dem Versuch ermutigen, zu anderen Kontakt aufzunehmen. Sie wären bei den Spielen der andern sehr gerne dabei und würden gerne mitmachen, fürchten sich aber davor und wissen nicht, wie sie es anstellen sollen. Ich muß also versuchen, diese Furcht bei ihnen abzubauen.

Der elfjährige Adam hatte keine Freunde. Er war intelligent und arrogant und schien sich nichts daraus zu machen, die meiste Zeit allein zu sein. Seine Mutter brachte ihn zu mir, weil sie »Erziehungsschwierigkeiten« mit ihm hatte. Er tat nie das, was sie ihm sagte, war ihr gegenüber widerspenstig und grob, zankte und stritt sich ständig mit seinem jüngeren Bruder. Als ich sie fragte, ob er Freunde habe, sagte sie: »Nein, er hat wohl keine Freunde und scheint auch gar keine haben zu wollen.«

Adam kam ausgesprochen widerwillig in die Therapie. In der ersten Sitzung, in der wir beide miteinander allein waren, beschwerte er sich über Kopfschmerzen und sagte, seiner Meinung nach sei es dumm von seiner Mutter, soviel Geld dafür auszugeben, daß er zu mir kommen dürfe. Ich bat ihn, eine Zeichnung von seinen Kopfschmerzen anzufertigen. Höchst belustigt zeichnete er ein vielfarbiges Kritzelbild. Ich fragte ihn, was sein größtes Problem mit seiner Mutter sei. »Sie glaubt nichts von dem, was ich sage«, antwortete er wie aus der Pistole geschossen. »Und wie steht es mit deinem Vater?« fragte ich ihn dann. (Seine Eltern waren geschieden.) »Er ist in Ordnung, denkt aber immer nur an seine eigenen Probleme.«

Mit belustigter Miene beteiligte Adam sich an den von mir vorgeschlagenen projektiven Spielen. Jedesmal gab er dabei mehr von sich preis. Im Laufe unserer gemeinsamen Arbeit wurde immer deutlicher, daß er das Gefühl hatte, zurückgewiesen zu werden und wertlos zu sein. In einer Sitzung sagte er einmal zu mir: »Ich bin wie eine Schildkröte, die einen harten Panzer hat. Wenn ich über Dinge spreche, die in mir drin stecken, schreien mich die Leute an. Also bleibe ich einfach in meinem Panzer.« Als Adam sich in den Sitzungen immer mehr aus seinem Panzer hervorwagte, entwickelte er zugleich auch eine bessere Meinung von sich selbst und fühlte sich stark genug, Kontakt zu anderen Kindern aufzunehmen. Wir führten ein paar Sitzungen sowohl mit der Mutter wie mit dem Vater zusammen durch, und als die Kommunikation mit seinen Eltern besser wurde, besserten sich auch sein übriges Verhalten und die familiäre Interaktion insgesamt.

Seths Vater war bei der Marine, weshalb die Familie häufig umziehen mußte. Jedesmal, wenn er gerade neue Freunde gefunden hatte, mußte er wieder Abschied von ihnen nehmen. Als er neun Jahre alt war, hatte er es endgültig aufgegeben, in einer neuen Nachbarschaft die Kinder kennenzulernen, und wies auch jeden Annäherungsversuch zurück, den andere Kinder ihm gegenüber wagten. Da er in der Schule wegen seines widerspenstigen Verhaltens und seiner Weigerung auffiel, sich an irgendwelchen Aktivitäten zu beteiligen, empfahl man seinen Eltern, mit ihm zu einem Psychologen zu gehen.

Seth sprach gut auf unsere Sitzungen an. Es machte ihm Spaß, Bilder zu malen, mit Ton zu arbeiten, Szenen in der Sandkiste aufzubauen, Geschichten zu erzählen, und er beteiligte sich bei allem lebhaft. Und allmählich zeigte sich sein tief verborgenes Gefühl der Einsamkeit. Sein Vater war oft monatelang auf See, und seiner Mutter fiel es schwer, mit den ständigen Trennungen und Neuanfängen fertigzuwerden. Wir sprachen viel darüber, wie schmerzlich es sei, Freunde zu finden und sie dann wieder verlassen zu müssen. Als Seth sich seiner eigenen Autonomie bewußt zu werden begann, äußerte er mir gegenüber folgenden Gedanken: »Ich habe eigentlich Glück, daß ich so viele Leute kennenlernen kann und so viel Neues sehe.« Sechs Monate später zog die Familie nach Japan, und ich erhielt einen Brief von Seth, in dem er mir begeistert von seiner neuen Schule, den neuen und ungewohnten Dingen, die er jetzt erlebte, und den neuen Freunden, die er gefunden hatte, erzählte.

Einsamkeit

Immer wieder taucht das Problem der Einsamkeit auf. Wer von uns kann auf seine Kindheit zurückblicken und sagen, er kenne dies nicht? Allerdings werden die wenigsten Kinder in ihrer anfänglich stark abwehrenden Haltung zugeben, einsam zu sein.

Vor allem Kinder, von denen man sagt, sie seien schlecht an ihre Umwelt angepaßt, fühlen sich einsam. Solange dieses Gefühl aber nicht auf irgendeine Weise offen zum Ausdruck gebracht wird, ist offenbar der therapeutische Prozeß blockiert. Im Vorwort zu seinem Buch *Einsamkeit* schreibt Clark Moustakas:

»Die fundamentale Botschaft dieses Buches besagt, daß Einsamkeit eine Bedingung des menschlichen Lebens ist, eine Erfahrung des Menschseins, die den einzelnen befähigt, seinen Charakter als Mensch zu bewahren, zu entfalten und zu vertiefen. Der Mensch ist zuinnerst und immer einsam, ob seine Einsamkeit der individuelle Schmerz des einzelnen ist, der in Alleinsein oder Krankheit lebt, ob sie das Gefühl der Trennung ist, das der Tod eines geliebten Menschen ausgelöst hat, oder ob sie die durchdringende Freude eines schöpferischen Erfolges ist. Ich glaube, daß es für jeden Menschen notwendig ist, seine Einsamkeit klar zu erkennen, sich völlig bewußt zu werden, daß er im tiefsten Inneren und in jeder Faser seiner Existenz allein ist — schrecklich und ganz auf sich gestellt. Alle Bemühungen, die existentielle Erfahrung der Einsamkeit zu verdrängen oder ihr zu entfliehen, können nur in Selbstentfremdung enden. Wenn der Mensch einer fundamentalen Lebenswahrheit fernbleibt, wenn er ihr erfolgreich entflieht und die schreckliche Einsamkeit jeder Existenz leugnet, dann schneidet er sich von einer wesentlichen Möglichkeit inneren Wachsens ab« (S. 9).

Moustakas geht also davon aus, daß wir als Menschen zwangsläufig einsam sind — daß wir alle mit einer grundlegenden existentiellen Einsamkeit kämpfen müssen. Den meisten von uns fällt es schwer, ihre Einsamkeit zu akzeptieren, und sie geben sich große Mühe, dem Schmerz ihres Einsamkeitsgefühls zu entgehen. Wir Erwachsenen sind sehr geschickt darin, Wege zu finden, um unser Gefühl der Einsamkeit, zum Beispiel durch ständige Betriebsamkeit, zu unterdrücken. Wie Moustakas glaube ich, daß wir uns damit nur uns selbst entfremden und uns verlieren. Einige von uns sind mit ihrem Selbst nicht zufrieden, am liebsten würden sie es gar nicht kennen, sie wollen sich nicht mit ihm abfinden, nichts davon wissen, und vermeiden daher verzweifelt, sie selbst zu sein.

Ich glaube, daß gerade Kinder sich besonders einsam fühlen, da sie tief in ihrem Inneren das Gefühl haben, anders zu sein, ihr Anderssein aber nicht akzeptieren können. Kinder haben ihre eigenen Methoden, das sie ängstigende Gefühl der Einsamkeit zu unterdrücken. Diese Methoden stehen oft in krassem Gegensatz zu dem, was in unserer Gesellschaft als gutes, normales, konformes Verhalten gilt. Was die Sache noch schlimmer macht: Ihr antisoziales Verhalten trägt zur weiteren Entfremdung und Isolation bei, was wiederum zu noch größerer Abwehr führt — sie geraten in einen Teufelskreis.

Suzanne Gordon, die die Einsamkeit von Kindern und Jugendlichen untersucht hat, faßt ihre Ergebnisse in dem Buch *Lonely in America* folgendermaßen zusammen:

»Einsamkeit ist für Kinder das erdrückende Bewußtsein davon, nirgends mit Unterstützung rechnen zu können; die Erkenntnis, daß die Menschen, die sie brauchen, um überhaupt überleben zu können, um Wärme, Zuneigung und Aufmerksamkeit zu erhalten, nur sehr unvollkommen ihre Bedürfnisse befriedigen können. Dieser Situation fühlen sie sich hilflos ausgeliefert. Sie können nirgends sonst hingehen, es gibt niemanden, an den sie sich wenden könnten, und niemand kann ihre Bedürfnisse befriedigen — auch sie selbst nicht. Auf dieses erdrückende Gefühl der Einsamkeit antwortet das Kind mit Angst. Angst und Furcht führen dann bei kleinen Kindern dazu, daß sie sich an die Mutterfigur anklammern« (S. 48).

Kinder fühlen sich oft hilflos und voller Angst, weil es ihnen schwer fällt, ihr Gefühl der Leere und der Einsamkeit irgendeinem Menschen gegenüber zum Ausdruck zu bringen. Glück haben die Kinder, die in die Therapie kommen, denn hier haben sie Gelegenheit, diesen Gefühlen Luft zu machen. Kinder haben mir gegenüber schon auf ganz verschiedenartige Weise, ohne dabei unbedingt das Wort »einsam« zu benutzen, ihrem Gefühl der Einsamkeit Ausdruck verliehen. Selbst sehr kleine Kinder sagten mir schon, daß sie manchmal am liebsten sterben oder sich umbringen würden. Daraus spricht nicht nur tiefe Verzweiflung, sondern auch Einsamkeit.

Einsamkeit geht häufig mit einem vergeblichen Streben nach Glück einher. Alle Märchen enden mit dem Satz: »Und so lebten sie glücklich und zufrieden bis in alle Ewigkeit.« Viele von uns verbringen ihr ganzes Leben mit der Suche nach diesem undefinierbaren, als »Glück« bezeichneten Zustand, als ob sie, wenn sie ihn erreichten, die Grenze zu einem Bereich überschritten, in dem es keinen Kummer, keinen Schmerz, kein Verletztwerden mehr gäbe. »Unglücklich« sein bedeutet bei uns soviel wie krank sein. Von emotional gestörten Kindern sagen wir, es seien »unglückliche« Kinder, behandeln also ihr Verhalten wie eine Krankheit, die geheilt werden muß.

An dieser Stelle möchte ich eine Begebenheit aus meinem eigenen Leben berichten, die einen tiefen, bleibenden Eindruck in mir hinterlassen hat. Als unsere Mutter bei einem Unfall ganz plötzlich ums Leben kam, setzten mein Bruder und ich uns jeweils in das nächste Flugzeug und trafen uns im Haus meiner Mutter. Ich befand mich mitten in einer tiefen Depression, denn meine Mutter war bereits die dritte mir sehr nahestehende Person, die innerhalb kurzer Zeit gestorben war, und mein eigener Sohn litt schon zu diesem Zeitpunkt an einer unheilbaren Krankheit. Mein Bruder und ich waren gerade damit beschäftigt, uns um alles zu kümmern, die Habseligkeiten meiner Mutter durchzusehen und das Notwendige zu erledigen, als ich auf einmal in Tränen ausbrach und zu ihm sagte: »Ich kann das nicht mehr verkraften. Wenn noch so etwas geschieht, gebe ich auf.« Mein Bruder, der genauso leidvolle Erfahrungen hinter sich hatte wie ich, schaute mich überrascht an und erwiderte: »Violet! Wie kannst du nur so etwas Dummes sagen! Je länger du lebst, um so mehr wirst du erleben — auch Schmerzliches. Es wird *immer* etwas geschehen!« Und damit beendete er die Unterhaltung. Ich habe nie vergessen, was er damals zu mir sagte, obwohl er es wahrscheinlich vergessen hat.

Wenn das Glück eines Menschen überwiegend darin besteht, sich auf Zukünftiges zu freuen, dann hat er sich selbst eine grausame Falle gebaut. Seit ich gelernt habe, mich auf gegenwärtiges Geschehen zu konzentrieren, statt vergangenen Erinnerungen nachzuhängen oder mir ausgefallene Zukunftsphantasien auszumalen, habe ich erkannt, daß ich eine ganze Menge verkraften *kann*.

Je jünger ein Kind ist, um so besser ist es imstande, im Hier und Jetzt zu leben. Kindern, die unter Gefühlen der Einsamkeit leiden, möchte ich deshalb helfen, die Fähigkeit wiederzuerlangen, die sie einmal besessen haben, nämlich sich in der Gegenwart voll und ganz zu erleben.

Das Unterdrücken von Gefühlen führt zur Einsamkeit, Isolation und Selbstentfremdung. Jedes unausgelebte Gefühl macht den Schutzwall dicker und undurchdringlicher und das Gefühl der Einsamkeit größer. Kinder fühlen sich einsam, wenn ihre Gefühle nicht beachtet und anerkannt werden. Die Gefühle eines Kindes machen sein Wesen, seine Person aus, und wenn seine Gefühle zurückgewiesen werden, fühlt es sich selbst zurückgewiesen. Wenn ein Kind deshalb sagt: »Ich fühle mich einsam, wenn ich wütend bin«, dann bedeutet das, daß es sich Menschen gegenübersieht, die es ablehnen, wenn es seine Wut zum Ausdruck bringt, die ihm dann aus dem Weg gehen, es bestrafen und verstoßen und also isolieren.

Ich glaube, einer der Gründe, warum Kinder einander suchen und auch brauchen, ist der, daß sie das Gefühl haben, andere Kinder verstünden sie viel besser als die Erwachsenen. Ich habe durch meine Arbeit den Vorzug, einiges von dem zu hören, was Kinder miteinander besprechen. Wir Erwachsenen erkennen nur selten das Ausmaß und die Tiefe kindlicher Gedanken und Gefühle, weil sie sehr vorsichtig alles zensieren, was sie in unserem Beisein sagen.

Kinder, die sich außerhalb der Realität befinden

Manchmal habe ich es mit Kindern zu tun, die zeitweilig völlig »normal« reagieren und kontaktfreudig sind, sich dann aber wieder in ihre eigene Welt zurückziehen und absolut unzugänglich sind.

Chris, elf Jahre alt, war ein solcher Junge. Lange Zeit hatte ich große Schwierigkeiten zu verstehen, was er sagte. Ich gab mir sehr große Mühe, auf seiner Ebene zu bleiben. Irgendeine Bemerkung von mir konnte aber dazu führen, daß er sich in Bereiche zurückzog, wohin ich ihm nur schwer folgen konnte. Es machte ihm Spaß, mit Ton, Farben (vor allem Fingerfarben) und mit der Sandkiste zu spielen. Er erzählte auch gerne Geschichten. All seine künstlerischen Produkte spiegelten jedoch eine Ebene wider, die ich nur schwer verstand. Chris selbst aber schien Inhalt und Zweck seiner Werke sehr wohl zu verstehen, für ihn hatte alles eine Bedeutung.

Chris sprach zu mir, auch wenn ich ihm nicht folgte. Wenn er zu seinen Sitzungen kam, lächelte er mich an und begrüßte mich herzlich. Manchmal fing er an, etwas über sein Leben zu erzählen, das ich verstand, entschwand dann aber ganz plötzlich in eine andere Sphäre. Er sagte zum Beispiel: »Mein Bruder kam gestern vom College nach Hause.« Ich sah, wie seine Augen strahlten, und sagte deshalb: »Du bist offensichtlich froh darüber.« Daraufhin erwiderte er: »Ja, das stimmt, und als ich meine Straße entlangging, sah ich ein großes Feuer, und es schoß ein so großes Licht in den Himmel, daß man, wenn man drin gewesen wäre, über das ganze Meer gekommen wäre, und es gab eine große Explosion, und dann kam ein Löwe hereingesprungen, und ich wußte nicht, wo er herkam, und in der Schule teilten drei Kinder ihr Mittagessen mit mir, und hast du je ein so großes Feuerwerk gesehen, das bis über den Mond und das Licht hinausreicht, und mein Haus ist größer als all das, und mein Bruder platzte herein . . .«

Lange Zeit habe ich ihn nicht zurückgeholt — ich habe versucht, mit ihm zu gehen, oder ich habe ihm einfach zugehört. Und eines Tages sagte ich dann bestimmt: »Chris, du hast meine Frage nicht beantwortet. Du sagst gerade etwas, das nichts mit meiner Frage zu tun hat.« Und er sah mich an und beantwortete die Frage.

Chris hatte sehr viel Angst vor der wirklichen Welt. Um sich sicher zu fühlen, mußte er sie verlassen. Als er mich kennen- und mir vertrauen lernte, konnte er immer besser in meiner »irdischen« Sphäre bleiben. Mit Hilfe vieler Übungen entwickelte er ein starkes Gefühl für das, was er zu tun imstande war. Wichtig war, daß ich mit ihm ging, ihm dorthin folgte, wo er sein wollte, sein mußte. Während er seine geheimnisvollen Bilder malte, sprach er eine gleichermaßen geheimnisvolle Sprache, während ich dem Klang seiner Stimme lauschte, seinen Körper und sein Gesicht beobachtete. Aufgrund dieser Beobachtungen konnte ich ihm antworten. Zur Traurigkeit in seiner Stimme konnte ich sagen: »Was du mir erzählst, klingt traurig.« Zur Lebendigkeit seiner Gemälde konnte ich sagen: »Der Ort, den du da gemalt hast, sieht farbenprächtig und glücklich aus.« Als er einmal mit eingezogenen Schultern zu seiner Sitzung kam, konnte ich zu ihm sagen: »Heute muß etwas geschehen sein, das dir nicht gefallen hat — du gehst nicht sehr aufrecht und gerade.« Auf diese Bemerkungen reagierte Chris sofort, indem er mir einen raschen, erstaunten Blick zuwarf und zustimmend nickte.

Zu dieser Zeit arbeitete ich mit einer Gruppe von Kindern, die ungefähr in seinem Alter waren. Ich dachte mir, daß es vielleicht gut für ihn wäre, allmählich an einer Gruppe teilzunehmen. Zu Hause hatte er keine Freunde, und er knüpfte keine Beziehungen zu gleichaltrigen Kindern an. Er ging in eine Sonderschulklasse und hatte auch dort keine Freunde.

Chris kam sehr ängstlich in die Gruppe. Er zog sich immer mehr auf »außerhalb der Realität« liegende Verhaltensweisen zurück. Die anderen Kinder waren zwar überrascht, orientierten sich aber an mir und meiner Mittherapeutin. Wenn die Reihe an Chris kam, sagte er Dinge, die niemand verstehen konnte. Wir hörten ihm aufmerksam zu und dankten ihm, mußten ihn nur manchmal freundlich daran erinnern, daß nun der nächste an der Reihe sei. Wenn wir Bilder zeichneten, waren die seinigen unverständlich. Er zeigte sie uns, und wir sprachen manchmal über seine Zeichnungen, obwohl wir sie nicht begriffen. Er bemühte sich auf seine Art, sich an allem zu beteiligen.

Bald darauf faßte er Zuneigung zu einem der Mädchen und wollte unbedingt neben ihm sitzen, es berühren und seine Hand halten. Das war dem Mädchen sehr lästig, und es ging ihm aus dem Weg und setzte sich auf einen anderen Platz. Wir wußten, daß diese Situation offen besprochen werden mußte. Deshalb baten wir die Kinder, Bilder zu zeichnen, die zum Ausdruck bringen sollten, was ihnen an einem Kind in der Gruppe auf die Nerven ging und was ihnen an dem Kind gefiel. Sally fertigte eine Zeichnung von Chris an, die darstellte, so sagte sie, wie Chris sich ihr gegenüber gerade blöd verhielt. Als sie, von uns ermutigt, über ihre Zeichnung sprach, traten Chris Tränen in die Augen. Hier bot sich eine Gelegenheit, sowohl ihren Ärger wie auch seine Traurigkeit durchzuarbeiten und zu akzeptieren. Danach war die Atmosphäre viel entspannter. Später machten wir eine mündliche Übung ähnlicher Art, und Sally sagte zu Chris: »Mir gefällt, daß du mich jetzt nicht mehr so belästigst . . . Mir gefällt nicht, wenn du über Dinge sprichst, die ich nicht verstehe.« Viele der anderen Kinder teilten dieses Gefühl mit ihr. Sie sagten es ihm aber freundlich und liebevoll. Er sah sie an, wenn sie zu ihm sprachen, und freute sich, daß sie seinen Blick erwiderten.

Bald darauf bemerkten wir, daß er, wenn wir Bilder zeichneten, zwei Zeichnungen anfertigte — eine, die verworren und rätselhaft für uns war, und eine, die ganz eindeutig eine Antwort auf unsere Anweisungen darstellte.

Eines Tages spielten wir ein Spiel, in dem jedes Kind gebeten wurde, ein Tier zu sein. Chris sagte, er sei eine streunende Katze, die Asthma habe. Schnurrend kroch er im Zimmer umher und wollte gestreichelt werden. Zu seinem großen Vergnügen streichelten ihn die Kinder tatsächlich. Wir fragten ihn, ob er denn wisse, was Asthma sei. »Ja!«, sagte er. »Ich habe hier (er deutete auf seine Brust) einen großen Klotz, und er kann auch nicht gut atmen!« (Er sagte oft »er«, wenn er »ich« meinte.) Wir wußten, daß er kein Asthma hatte, glaubten ihm aber, daß er einen Klotz in seiner Brust habe. Wir spürten nun, daß er kurz davor stand, diesen Klotz aufzulösen.

Als nächstes fiel uns auf, daß Chris zunehmend zu uns in Kontakt trat, und ich fing an, auf normalem Verhalten zu bestehen. Lange Zeit hatten wir ihm gestattet, (von unserem Standpunkt aus) sinnloses Zeug zu reden. Wenn er das jetzt tat, sagte ich fest zu ihm: »Ich verstehe nicht, was du sagst, Chris. Sag es noch einmal so, daß ich verstehen kann, was du sagst.« Oder, wenn er zunächst verständlich sprach, dann aber in seine eigene Sphäre entschwand, dann sagte ich zu ihm: »Sag mir, worüber du dich ärgerst oder über wen du dich ärgerst.« (Alles, was irgendwie mit Ärger zu tun hatte, jagte ihm schreckliche Angst ein und löste automatisch sein wirres Reden aus.) Ich wußte, daß es Zeit war, Chris immer dann, wenn er »abhob«, geduldig und entschlossen wieder zu uns herunterzuholen.

Am Ende einer jeden Gruppensitzung ermutigten wir die Kinder, sich über die Sitzung zu äußern und ihre Reaktionen auf die Sitzung und alles zu sagen, was sie gerne sagen wollten. Eines Tages sagte ein Junge: »Ich bin froh, daß Chris jetzt einer von uns ist!« Als wir ihn baten, das zu *Chris* zu sagen, sagte er: »Ich bin froh, daß du nun zu unserer Gruppe gehörst. Ich bin froh, daß du nicht mehr wie früher so verrückt redest.« Chris strahlte, und dann gingen die beiden zusammen weg, und jeder hatte einen Arm um den anderen gelegt.

Autismus

Ich werde hier nicht viel über die Arbeit mit autistischen Kindern schreiben. Das ist ein Thema, das man in einem gesonderten Buch abhandeln müßte. Ich selbst habe auch nur kurz mit autistischen Kindern gearbeitet, möchte aber über ein paar interessante Beobachtungen einiger Kolleginnen von mir berichten, die sehr viel Erfahrung mit schwer autistischen Kindern gesammelt haben.

Nachdem Cathy Saliba einige Zeit mit autistischen Kindern gearbeitet hatte, stellte sie fest, daß diese durchaus ihre Bedürfnisse zum Ausdruck bringen konnten — nur eben auf eine vorsichtige Art und Weise, die man leicht übersah und die auch meistens nicht in Einklang mit dem geplanten Unterrichtsprogramm stand. Saliba machte die Entdeckung, daß interessante Dinge geschahen, wenn sie sich einfach darauf einließ, was das Kind tun wollte, statt es zu zwingen, ihrem Plan zu folgen. Ein fünfjähriger Junge stand zum Beispiel vor einem die ganze Wand bedeckenden Spiegel und ignorierte einfach ihre Aufforderung, mit ihr zusammen an einem Puzzle zu arbeiten. Statt nun auf ihrem Puzzle zu bestehen, ging sie zu ihm, setzte sich wortlos neben ihn vor den Spiegel und beobachtete, wie er sich selbst im Spiegel betrachtete und Teile seines Gesichts berührte. Sie erkannte, daß er sich wirklich im Spiegel *sah*. Plötzlich bemerkte er, daß auch ihr Bild im Spiegel zu sehen war. Er war so entzückt und aufgeregt, daß er sich auf ihren Schoß setzte. Zwanzig Minuten waren vergangen, ohne daß die Lehrerin auch nur ein einziges Wort gesprochen oder eine Anweisung erteilt hätte. Nun begann Saliba, die Teile seines Gesichts zu benennen, auf die er immer noch deutete, während er sich im Spiegel beobachtete. Als er aber zu seinem Mund kam, sagte sie nichts. Er sah sie im Spiegel erwartungsvoll an und rief dann: »Mund!« Diesen Prozeß beschreibt Saliba folgendermaßen:

»Bis zu jenem Tag, an dem Sean sich zum ersten Mal für den Spiegel interessierte, hatte ich immer im voraus geplant, was jeder Schüler in der Stunde, die er mit mir zusammen war, tun sollte. Ich wußte ganz genau, mit welchem Puzzle welcher Schüler wann und wie lange arbeiten würde. Ich glaubte, autistische Kinder brauchten sehr viel Strukturierung, und im Grunde gab ich ihnen Befehle, was sie wann, wie, wo und in welchem Umfang tun sollten, weil sie das meiner Meinung nach brauchten. Als ich Sean die Zeit vor dem Spiegel zubilligte, griff ich ein Signal von ihm auf, das etwa so lautete: ›Heh, ich *möchte* mein Bild genau betrachten, und das macht mir *Spaß*.‹ Von diesem Tag an konnte ich auf die Bedürfnisse des Kindes eingehen und sehen, daß Sean sie auch zum Ausdruck zu bringen in der Lage war. Ich brauchte eigentlich bloß genau hinzusehen und auf seine Signale zu antworten, statt immer nur meine Befehle zu erteilen.«

Saliba begann also, bei den Kindern zu *bleiben,* und stellte fest, daß diese Kinder dadurch sehr viel lernten. Zu ihrer großen Überraschung entdeckte sie auch, daß jedes Kind sehr viel mehr wußte, als man gemeinhin annimmt. Ein Kind konnte zum Beispiel in Zeitschriften die Anzeigen lesen. Auf dieser Fähigkeit aufbauend, begann Saliba, das Kind auch im Lesen anderer Dinge zu unterrichten. Natürlich kann ein Lehrer nur dann jedem einzelnen Kind soviel Aufmerksamkeit widmen, wenn genügend andere Lehrer da sind.

Eine andere Freundin erzählte mir, mit welchem Erfolg sie bei ihrer Arbeit mit autistischen Kindern Fingerfarben eingesetzt habe. Die Kinder waren nach dem Malen oft über und über mit Farbe beschmiert. Eines Tages »folgte« sie diesem Hinweis und malte zum Beispiel Nase oder Backen der Kinder vor dem Spiegel mit Farbe an und sagte dabei, wie dieser Teil des Gesichts hieß. Das machte den Kindern großes Vergnügen, und nach einer Weile konnten sie, während sie in den Spiegel sahen, selbst anderen Kindern das Gesicht bemalen. Zu guter Letzt malten sie auch das Gesicht ihrer Lehrerin an. So erlangten sie nicht nur ein neues, von ihnen bitter benötigtes Selbstgefühl, sie lernten auch kameradschaftliches Verhalten.

Merilyn Malek ging ähnlich wie Salida vor. Auch sie machte die Erfahrung, daß es sehr viel erfolgreicher ist, beim Prozeß des Kindes zu bleiben, als bestimmte Tätigkeiten vorzuschreiben. Sie sagt: »Ich kann mir zum Beispiel vornehmen, einem Kind in einer Unterrichtsstunde beizubringen, die Farbe Rot zu erkennen, dann aber feststellen, daß ich mich mehr und mehr darauf konzentriere, seinen Widerstand zu überwinden, sich am Unterricht zu beteiligen.« Ob den Plänen des Lehrers/Therapeuten oder den Hinweisen des Kindes gefolgt werden soll, muß natürlich sorgfältig überlegt werden. ». . . Im allgemeinen bin ich bereit, meinen Plan aufzugeben und statt dessen einem wichtigen Hinweis zu folgen, den mir das Kind gibt. Ich glaube auch, daß es von großem Wert ist, daß das Kind Gelegenheiten hat, bei unseren Interaktionen die Führung zu übernehmen.«

Anscheinend lassen sich die Regeln, denen ich bei meiner Arbeit mit »normalen« Kindern folge, zum Teil auch auf autistische Kinder anwenden: Beginne da, wo das Kind ist. Bleibe bei ihm. Achte auf die Signale, die es gibt. Achte auf seinen Prozeß und *seine* Interessen (statt auf deine). Bring es immer wieder zum Prozeß des

Selbst-Gewahrseins zurück, indem du ihm viele sensorische Erlebnisse verschaffst, zum Beispiel durch das Spielen mit Wasser, Fingerfarben, Sand und Ton.

Salida berichtet, daß sie mit den Kindern zum Strand gegangen sei, wo sie das Meer riechen, sehen und fühlen konnte, wo sie im Wasser sitzen, im Wasser und im Sand herumrollen konnten und wo sie Sonne und Luft spüren konnten. Auch das Einbeziehen des Körpers in die therapeutische Arbeit ist wichtig. Man kann auf Bodenmatten turnen, die Kinder massieren, mit ihnen »ringen« und sie ermutigen, auch mit den anderen Kindern zu ringen, oder mit dem Trampolin arbeiten. Diesen Kindern muß man viele Gelegenheiten bieten, ihren Körper zu erleben.

Obwohl die Arbeit mit autistischen Kindern auf einem sehr viel niedrigeren verbalen Niveau stattfindet, haben die Kinder natürlich Gefühle. Wenn die Lehrerin/Therapeutin auf die Körpersprache und den Gesichtsausdruck des Kindes achtet, kann sie häufig ungefähr erraten, was das Kind empfindet und dem Kind dies dann verbal mitteilen. (Geräusche und Körperbewegungen eines Kindes drücken seine Gefühle oft deutlich genug aus.) Bei allen Übungen wird immer wieder die Sprache eingesetzt, damit das Kind eine Beziehung zwischen verbaler Kommunikation und dem, was es tut, herstellen kann. Durch die Sprache wird es lernen, sein Leben bis zu einem gewissen Grad selbst zu steuern, seine Bedürfnisse mitzuteilen und ähnliches mehr.

Wichtigster Aspekt dieser therapeutischen Arbeit ist es, daß das Kind sozusagen Bekanntschaft mit sich selbst macht. Dieser Schritt ist notwendig, bevor es mehr Kontakt zu Gleichaltrigen, Eltern, Lehrern und seiner Umwelt herstellen kann. Sowohl Saliba wie auch Malek kamen zu dem Ergebnis, daß diese Kinder um so ruhiger wurden, je mehr sie mit sich selbst — ihren Gefühlen, ihrem Körper — in Kontakt kamen und je intensiver sie sich selbst entdeckten. Die krampfhaften Bewegungen und ziellosen Selbststimulierungen ließen nach. (Saliba berichtet, daß Besucher, die einmal in ihre Klasse gekommen waren, gesagt hätten, diese Kinder seien gar nicht wirklich autistisch, da sie kaum noch »autistisches Verhalten« zeigten.)

Schuldgefühle

Schuld ist im allgemeinen retroflektierte Wut (oder Groll), Wut, die man gegen sich selbst statt auf das eigentliche Ziel richtet. Ein Kind wird aus einem völlig nichtigen Grund angeschrien, zum Beispiel weil es Milch verschüttet hat. Es wird angeschrien und dies macht es wütend; da es aber seine Wut nicht äußern kann und sie unterdrücken muß, fühlt es sich für das, was es getan hat, schuldig — auch wenn es nur eine Lapalie war. Könnte das Kind seine Wut ausdrücken, würden sich seine Schuldgefühle wahrscheinlich verflüchtigen.

Alle Schuldgefühle sind von Groll begleitet. Wenn das Kind seine Wut nicht äußern kann und sich schuldig fühlt, wird es dem Erwachsenen (oder vielleicht einem anderen Kind) deshalb grollen. Gewöhnlich geht mit dem Groll eine unausgesprochene Forderung einher. Das Kind grollt vielleicht seinem Vater oder seiner Mutter, weil es angeschrien worden ist, und stellt implizit die Forderung an seine Eltern, ihm gegenüber toleranter zu sein.

Auch ist das Kind verwirrt, weil es nicht weiß, wer eigentlich die Schuld an einer plötzlich eingetretenen Situation, wie etwa an der verschütteten Milch, trägt, und da es ständig für etwas angeschrieen wird, das es nicht absichtlich getan hat, akzeptiert es den Vorwurf bereitwillig. Es gibt sich selbst die Schuld und hat das Gefühl, von Grund auf schlecht zu sein. So verschmelzen Wut, Schuld, Groll und Selbstanschuldigung miteinander und vermischen sich mit dem Selbstbild des Kindes. Manchen Kindern wird eingeimpft, sich dafür, daß sie etwa die Milch verschüttet haben und in der Folge für alles, was sie tun, zu schämen, bis sie schließlich sich sogar dafür zu schämen beginnen, daß sie überhaupt leben.

Um seine Schuldgefühle abzuschwächen, versucht das Kind, Erwartungen zu erfüllen, von denen es glaubt, daß die anderen sie an es stellen, fühlt sich aber dennoch die ganze Zeit über schuldig. Es ist verwirrt und weiß nicht so recht, was die anderen denn nun tatsächlich von ihm erwarten — nur das eine weiß es sicher: daß es die in ihm schwelende Wut unterdrücken muß. Es gibt sich große Mühe, anderen zu gefallen, und paßt sich ihnen auch an, bis es schließlich zwischen sich und den anderen keinen Unterschied mehr fühlt und jegliches Gefühl für sich und seine berechtigten Ansprüche verliert.

Weiß der Therapeut, wie Schuldgefühle entstehen, so kann er dem Kind zur Einsicht in diesen Mechanismus verhelfen. Er muß zum Beispiel einem Kind, welches das Verhaltensmuster entwickelt hat, nur ja Schuldgefühle zu vermeiden, indem es eben nichts tut, was falsch sein könnte, helfen, sich von anderen Menschen zu lösen. Er muß ihm seine eigenen Bedürfnisse und Vorstellungen entdecken und verbalisieren helfen. Und er muß ihm helfen, klare Entscheidungen zu treffen und die Verantwortung für seine Entscheidungen zu übernehmen.

Das Kind wiederum muß auf verschiedene Weisen seinen Ärger, seinen Groll und seine Forderungen ausdrücken dürfen. Je direkter das Kind seine Wut nach außen lassen kann, um so weniger Schuldgefühle werden zurückbleiben, durch die es geschwächt und gelähmt wird.

Der siebenjährige Ralph war ein Brandstifter. Als ihn seine Mutter zu mir brachte, erzählte sie mir, daß sie ihn früher, als er zwischen zwei und fünf Jahren alt gewesen sei, sehr viel geschlagen und oft schwer mißhandelt habe. Dann habe sie aber eine dringend notwendige Psychotherapie gemacht. Obwohl sie ihn jetzt gut behandle, habe sie ihm gegenüber dennoch starke Schuldgefühle und mache sich selbst für sein feindseliges, aggressives Verhalten und seine Neigung, Feuer zu legen, verantwortlich. In einer Sitzung bat ich Ralph, sich selbst zu zeichnen, wie er gerade Feuer legte. Er zeichnete ein großes rotes Feuer und ein Kind, das gerade ein Streichholz daran hielt und in einer Sprechblase zu einem anderen Kind sagte: »Du machst das auch«, woraufhin dieses »In Ordnung« erwiderte. (Ralph erklärte dazu, daß er Feuer lege, weil ein anderes Kind ihn immer dazu anstachele.) Die andere Hälfte des Bildes nahm eine riesige Sonne ein, die weinte und finster dreinschaute. Ich bat Ralph, der Junge zu sein und zu sagen, was das für ein Gefühl sei, Feuer zu legen.

Ralph: Es ist ein großes Feuer. Ich lege gern Feuer.

Sei nun das Feuer. Tu so, als ob du als Feuer sprechen könntest. Sag, wie du bist.

Ralph: Ich bin ein großes Feuer. Ein *sehr* großes Feuer. Man kann mich überall sehen.

Wie fühlt sich das denn an, Feuer zu sein?

Ralph: Stark!

Sei jetzt mal die Sonne. Was sagt die Sonne?

Ralph (als Sonne): Ich bin traurig. Ich weine. Ralph wird Schwierigkeiten bekommen.

Sag das dem Ralph, Sonne.

Ralph (als Sonne, die zu dem feuerlegenden Jungen im Bild spricht): Du wirst eine ganze Menge Schwierigkeiten bekommen. Du bist sehr böse.

Sonne, sag Ralph, wie er in Schwierigkeiten geraten wird.

Ralph (als Sonne): Oh, deine Mutter wird dich umbringen, sie wird so böse werden. (Dann zu mir): Wissen Sie, daß ich adoptiert worden bin?

Nein, das wußte ich nicht.

Ralph: Doch. Meine richtige Mama war erst sechzehn, als sie mich bekam, und konnte nicht für mich sorgen, deshalb hat mich meine Mutti bekommen. Wenn meine Mutti hört, daß ich »richtige Mama« sage, weint sie immer.

Hast du manchmal Angst, daß deine Mutter dir wieder wie damals, als du noch klein warst, weh tun wird?

Ralph: Ja, aber ich war damals böse. Ich bin immer noch böse, aber sie tut mir nicht mehr weh.

Ralph schleppte Schuldgefühle mit sich herum — er machte sich immer noch selbst dafür verantwortlich, daß er damals schlecht behandelt worden war. Immer wieder stellte er seine Mutter auf die

Probe, um zu sehen, ob sie ihn schlagen und schließlich wie seine richtige Mama weggeben würde. Das Feuerlegen gab ihm das Gefühl, stark und mächtig zu sein. Als er aber seinen Groll, seine Wut und seinen Kummer allmählich ausdrücken konnte, als er seine eigenen Rechte, seinen Wert und auch seine Macht besser spürte, da nahm auch sein feindseliges Verhalten ab.

James, ein neunjähriger Junge, der in die Hosen machte, zeigte eines Tages seine Schuldgefühle, als er zwei Figuren, sich und seinen Bruder, aus Ton formte und dann sich zerstörte, seinen Bruder aber ganz ließ. Sein zwei Jahre älterer Bruder hänselte ihn ständig. James wurde aber nie wütend, sondern sagte zu mir, er verdiene es, gehänselt zu werden, weil er immer wie ein kleines Baby in die Hosen mache. »Ich würde ihn auch aufziehen, wenn er das täte.« Seine Unfähigkeit, seine Wut gezielt auf seinen Bruder zu richten, war für sein ganzes Verhalten typisch. Mir gegenüber gab er seinen heimlichen Verdacht zu, irgend etwas stimme seit seiner Geburt nicht mit ihm. Er fühlte sich dafür schuldig, überhaupt am Leben zu sein. Als James im Laufe der Therapie mit Hilfe von Ausdruckstechniken seinen Gefühlen Luft zu machen begann, wurde er auch zu Hause direkter und selbstbewußter. Eines Tages brach seine Mutter die Therapie mit der Begründung ab: »Er wird nur noch schlimmer. Früher war es so einfach. Nun spielt er verrückt, schlägt seinen Bruder und gibt sogar mir und seinem Vater Widerworte.« Mir gelang es nicht, sie davon zu überzeugen, daß es für ihn bei weitem gesünder sei, aufzubegehren und sich zu behaupten, statt seinen Stuhl zurückzuhalten und in die Hose zu machen, und daß sein Sich-geltend-Machen ein Zeichen seines neuen Selbstwertgefühls sei.

Viele Erwachsene, mit denen ich arbeite, schleppen eine ganze Menge Schuldgefühle aus ihrer Kindheit mit sich herum — Schuldgefühle, die sich vor langer Zeit angesammelt haben und nun alle Bereiche ihres Lebens durchdringen und ihnen viele Kopfschmerzen bereiten.

Ein Mann kam zu mir in Behandlung, weil er kein Vergnügen an der sexuellen Seite der Beziehung zu seiner Frau finden konnte. Immer, wenn er eine Erektion hatte, bekam er Schmerzen in der Leistengegend. Er hatte diesen Schmerz seit jeher zu ignorieren versucht, nun aber begann seine Ehe darunter zu leiden. Er hatte bereits mehrere Ärzte aufgesucht, die jedoch alle keine körperliche Ursache feststellen konnten.

In einer unserer Sitzungen bat ich ihn, seine Augen zu schließen und sich diesen Schmerz vorzustellen, bei ihm zu bleiben und mir zu berichten, ob er dabei irgendwelche Gedanken, Vorstellungen, Empfindungen oder Einfälle habe. Als er mit geschlossenen Augen dasaß, erinnerte er sich plötzlich an etwas, das er schon lange völlig vergessen hatte: »Ich erinnere mich, daß ich, als ich acht Jahre alt war, eines Nachts aufgewacht bin und auf die Toilette mußte. Ich dachte, es sei mitten in der Nacht, aber es konnte noch nicht so spät sein, da meine Mutter noch mit Gästen im Wohnzimmer saß. Schläfrig ging ich von meinem Schlafzimmer ins Wohnzimmer. Ich hatte einen Schlafanzug an. Als ich ins Zimmer kam, starrte meine Mutter genau auf meine Leistengegend und schnappte vor Schreck nach Luft. Sie schrie: ›Robert! Was ist los mit dir? Was tust du da?‹ Sie schnappte mich und zerrte mich aus dem Zimmer. Ich erinnere mich nicht, was dann geschah, aber vermutlich hatte ich eine Erektion. Mein Gott! Ich kann mich genau erinnern, wie verwirrt ich war und wie schrecklich ich mich fühlte.«

Robert mag in seiner Erinnerung die Szene nicht ganz genau rekapituliert haben (das ist bei Erinnerungen nie der Fall), und dieser Vorfall mag auch nicht der einzige gewesen sein, der seine Schmerzen verursachte. Wichtig ist aber, daß er im Verlauf der Therapie wieder mit Gefühlen in Berührung kam, die er als Kind in sich begraben hatte. Wir konnten an dieser Erinnerung wie an einem Traum arbeiten und ihm ermöglichen, sich mit längst vergessenen (ihn aber immer noch außer Gefecht setzenden) Konflikten zu befassen. Solche Schuldgefühle haben oft verheerende Folgen. Roberts oben wiedergegebene Erinnerung mag zwar mit Phantasieelementen durchsetzt sein; Robert hat sich vielleicht nur vorgestellt, seine Mutter sei über seine Erektion entsetzt gewesen, obwohl sie sich in Wirklichkeit vielleicht nur darüber geärgert hat, daß er auf einmal im Wohnzimmer aufgetaucht war. Vielleicht hat sie gar nicht auf seine Leistengegend gestarrt, auch wenn er sich genau daran zu erinnern glaubt. Schon vorher und ganz sicher nach diesem Vorfall war aber genug geschehen, was seine Schuldgefühle wegen des erigierten Penis verstärkte. Scham, Schuld und eine ganze Menge begrabener, vergessener, unterdrückter Gefühle der Wut und des Grolls mußten herauskommen, damit Robert sich als wertvoll und selbständig erleben und sich wohl fühlen konnte.

Selbstachtung, Selbstkonzept, Selbstbild

Worte wie Selbstachtung, Selbstkonzept, Selbstbild haben mich immer ein wenig gestört. Das Wort Achtung drückt aus, wie sehr wir etwas schätzen; ein Konzept ist eine Vorstellung, eine Idee, etwas, das wir denken; und ein Bild ist eine Darstellung von etwas, nicht das Ding selbst. In der Literatur werden diese Begriffe nur vage und schlecht definiert und sehr unterschiedlich interpretiert. Viele Autoren vermeiden es, den Begriff »Selbstkonzept« überhaupt zu definieren, diskutieren aber bereitwillig die Manifestationen eines negativen Selbstkonzepts und die Notwendigkeit, das Selbstkonzept eines Kindes zu verbessern.

Ein Säugling wird nicht mit schlechten Gefühlen sich selbst gegenüber geboren. Alle Säuglinge denken, sie seien wunderbar. Wie aber ein Kind sich selbst gegenüber nach einiger Zeit empfindet, ist in starkem Maße davon abhängig, welche Botschaften es als Kleinkind von seinen Eltern über sich selbst erhalten hat. Letztlich ist es aber das Kind selbst, das diese Botschaften für sich übersetzt. Später wird das Kind dann aus der Umwelt all das auswählen, was die elterlichen Botschaften verstärkt.

Haim Ginott schreibt in seinen Büchern *Eltern und Kind* und *Eltern und Teenager*, daß wir das Selbstbild eines Kindes, das von sich glaubt, es sei dumm oder häßlich oder böse, nicht sofort ändern können. »Das tief verwurzelte Selbstbild eines Menschen widersetzt sich direkten Änderungsversuchen. Ein Kind sagte einmal zu seinem Vater. ›Ich weiß, daß du es gut meinst, Papa, aber ich bin nicht *so* dumm, dir zu glauben, ich sei intelligent.‹« Ginnot weist die Eltern auf die Unterscheidung zwischen generalisiertem und deskriptivem Lob hin. Sagt eine Mutter zum Beispiel: »Vielen Dank, daß du mein Auto gewaschen hast. Jetzt sieht es wirklich sauber aus«, dann wird das Kind diese Botschaft vielleicht so für sich übersetzen: »Ich kann ein Auto tatsächlich gut waschen.« Sagt die Mutter aber: »Was bist du doch für ein wunderbares Kind! Du bist der beste Autowäscher auf der ganzen Welt!«, dann übersetzt das Kind vielleicht für sich: »Ich weiß, daß ich nicht so toll bin, sie tut also nur so.«

Es ist nicht immer ganz leicht, herauszufinden, warum ein Kind eine schlechte Meinung von sich hat. Manchmal sind die Botschaften, die es früher empfangen hat, sehr vage und subtil. Manchmal schmückt sie das Kind mit eigenem Phantasiematerial aus, manchmal ergeben sie sich aus Situationen und Ereignissen, über die die Eltern keine Kontrolle hatten oder von denen sie noch nicht einmal wußten, oder sie werden durch solche Situationen verstärkt. Im übrigen reicht es schon aus, daß unsere Gesellschaft in Kindern kaum Menschen mit eigenen Rechten sieht, um das Selbstgefühl der Kinder zu beeinträchtigen.

Die meisten Kinder, mit denen ich therapeutisch arbeite, und die meisten emotional gestörten Kinder, mit denen ich in der Schule gearbeitet habe, haben nur ein geringes Selbstwertgefühl. Das ist auch nicht verwunderlich, denn unsere Selbstwahrnehmung und Selbstbewertung bestimmen in starkem Maße, wie wir uns verhalten, wie wir mit unserem Leben fertigwerden und wie wir mit uns selbst zurechtkommen.

Kinder bringen ihr geringes Selbstwertgefühl auf vielerlei Weise zum Ausdruck. Sie mögen noch nicht einmal dessen *gewahr* sein, daß sie keine gute Meinung von sich haben, obwohl sie natürlich wissen, daß irgend etwas nicht stimmt. Zeichen für ein geringes Selbstwertgefühl sind: weinerliches Verhalten, gewinnen müssen, Betrug beim Spiel, Perfektionismus, übertriebene Prahlsucht, Süßigkeiten, Geld, Spielsachen verschenken, Aufmerksamkeit erregen wollen durch Herumkaspern, dummes und antisoziales Verhalten, Hänseln, Selbstkritik, Introvertiertheit oder Schüchternheit, anderen die Schuld für alles geben, Ausflüchte machen, sich ständig entschuldigen, Angst vor Neuem haben, Mißtrauen gegenüber anderen, vieles wollen, defensives Verhalten, übermäßiges Essen, übermäßiges Gefallenwollen, das Gefühl, zu einer Wahl oder Entscheidung unfähig zu sein, nie »Nein« sagen können.

Diese Aufzählung umfaßt beinahe alle Verhaltensweisen, derentwillen Kinder in die Therapie gebracht werden. Da unsere Gesellschaft Geschicklichkeit und Behendigkeit positiv bewertet, haben ungeschickte und schwerfällige Kinder oft nur wenig Selbstachtung — das heißt, ein geringes Selbstwertgefühl kann auch gesellschaftlich verursacht sein. Diejenigen, die in unserer Kultur mit Wohlwollen betrachtet werden — die Schlanken, die Attraktiven, die Reichen, die Weißen — mögen sich zwar nicht besser fühlen als die Dicken, die weniger Attraktiven, die Armen und die Angehörigen von Minderheiten, diejenigen aber, die zur zweiten Kategorie gehören, werden von den Werten und Normen unserer Gesellschaft negativ beeinflußt.

Wenn ein Kind zu mir in Behandlung kommt, habe ich die Möglichkeit, ihm sein Selbst zurückzugeben, denn in gewissem Sinne ist ein schlechtes Selbstkonzept ein verlorenes Selbstgefühl. Ich habe die Möglichkeit, es mit seiner eigenen Kraft in Berührung zu bringen, sich von negativen Botschaften zu befreien und sie in positive umzuwandeln. Wenn es sein Selbstgefühl wiedererlangt hat, kann es sich mit ganzer Kraft auf den Prozeß des Erforschens und Entdeckens stürzen.

Hier sind ein paar elementare Richtlinien, wie Eltern das Selbstgefühl ihres Kindes steigern können.

— Achte auf die Gefühle des Kindes, erkenne sie an und akzeptiere sie.

Behandle das Kind mit Respekt. Akzeptiere es so, wie es ist.

Spende ihm konkretes, sachliches Lob.

Sei aufrichtig mit ihm.

Benutze »Ich«-Botschaften statt »Du«-Botschaften: »Ich ertrage die Lautstärke deines Plattenspielers nicht«, statt: »Du machst soviel Lärm.«

Kritisiere konkrete Verhaltensweisen, anstatt zu sagen: »Du machst immer . . .« oder »Du kannst nie . . .« Obwohl ein Kind Beständigkeit, Regeln und Kontrolle braucht, braucht es noch dringender einen Freiraum, damit es lernen kann, sein eigenes Leben in den Griff zu bekommen. Gib ihm Verantwortung, Unabhängigkeit und die Freiheit, Entscheidungen zu fällen.

Beteilige es an den Problemlösungs- und Entscheidungsprozessen, die sich auf sein eigenes Leben beziehen. Respektiere dabei seine Gefühle, Bedürfnisse, Wünsche, Vorschläge, seine Weisheit.

Gestatte ihm zu experimentieren, seinen eigenen Interessen zu folgen, kreativ und nicht kreativ zu sein.

Denk an das Prinzip der Einzigartigkeit: Das Kind ist von einer wunderbaren und erstaunlichen Einzigartigkeit, auch wenn es sich dabei um eine andere Einzigartigkeit als die deinige handelt.

Sei ein gutes Vorbild — denke gut von dir selbst, tu dir selbst Gutes.

Erkenne, daß es gut ist, sich selbst gerne zu mögen. Es ist ein schönes Gefühl, mit den eigenen Fähigkeiten zufrieden zu sein. Es ist schön, Freude an sich selbst zu haben.

Vermeide Urteile, sag nicht so oft »du solltest«, und gib keine unnötigen Ratschläge.

Nimm das Kind ernst. Akzeptiere sein Urteil; es weiß, wann es keinen Hunger hat.

Läßt das Kind negative Selbstgefühle erkennen, müssen die Eltern oder der Therapeut darauf achten, daß sie ihm nicht widersprechen. Sagt das Kind zum Beispiel: »Ich bin so häßlich!«, könnte man versucht sein zu sagen: »Aber nein! Du bist doch so hübsch!« Dies würde sein schelchtes Selbstgefühl nicht ändern, sondern bloß verstärken, denn stillschweigend lautet die Botschaft dann ja: »Es ist nicht richtig von dir, dich für häßlich zu halten.« Der Anstoß zur Veränderung muß aus dem Inneren des Kindes selbst kommen, und das kann nur dadurch erreicht werden, daß man ihm seine schlechten Gefühle zugesteht und sie akzeptiert.

Wird mangelndes Selbstwertgefühl erst einmal offen zum Ausdruck gebracht, kann es auch erforscht werden. Wenn mir ein Kind erzählt, was für ein schlechter Ballspieler es sei, bitte ich es, mir genau zu erzählen, wie schlecht es wirklich spiele. Im allgemeinen hält das Kind dann mitten in seinem Bericht inne und sagt: »Nun, eigentlich bin ich gar nicht so schlecht« oder »Ich kann zwar nicht besonders gut Ball spielen, dafür kann ich aber ganz gut schwimmen.« Dies ist ein gutes Beispiel für das, was Arnold Beisser »paradoxe Theorie der Veränderung« nennt. In seinem in *Gestalt Therapy Now* veröffentlichten Artikel schreibt er:

»Veränderung tritt dann ein, wenn man wird, was man ist, nicht wenn man versucht, das zu werden, was man nicht ist. Veränderung findet nicht statt, wenn man sich dazu zu zwingen versucht oder andere einen verändern wollen, sondern Veränderung findet dann statt, wenn man Zeit und Mühe auf sich nimmt, dort zu sein, wo man selbst ist, das heißt, wenn man sich ganz mit seinem gegenwärtigen Zustand identifiziert. Indem wir es ablehnen, unsere Veränderung aktiv zu betreiben, machen wir bedeutsame und wirkliche Veränderung möglich« (S. 77).

Ein siebenjähriges Mädchen, mit dem ich arbeitete, sprach ständig davon, wie beliebt es bei anderen Kindern sei, wie intelligent es sei, wie es alles besser könne als alle andern usw. Eines Tages begann ich ihm eine Geschichte zu erzählen, die mit dem Satz anfing: »Es war einmal ein kleines Mädchen, das nie etwas richtig machte.« Es unterbrach mich und fragte, wie das kleine Mädchen denn heiße.

Ich sagte, daß ich das nicht so genau wüßte und bat es, dem Mädchen selbst einen Namen zu geben. Es dachte einen Moment lang nach, deutete dann auf sich und nickte heftig mit geschlossenen Lippen. »Du bist das?« Wieder heftiges Nicken mit hängenden Mundwinkeln. Das war der Beginn einer Auseinandersetzung mit seinem wirklichen Selbstgefühl und gleichzeitig der Beginn der Veränderung. Oft benutzen kleine Kinder den Satz:»Ich mache nie etwas richtig«, um damit ihr schlechtes Selbstgefühl zum Ausdruck zu bringen.

Kinder, die nur geringe Selbstachtung besitzen, brauchen viele sinnliche Erfahrungen, durch die ihnen die Ähnlichkeiten und Unterschiede bewußt werden, die zwischen ihnen und Gegenständen, Tieren, anderen Leuten, Früchten und Gemüsen bestehen. Wenn sie der Unterschiede gewahr sind, können sie anfangen, sich selbst und andere mit neuer Wertschätzung zu sehen und auf dieser Basis Kontakt zu anderen aufnehmen.

Wichtig für ein starkes Selbstgefühl ist es, seines Körpers gewahr zu sein. Entspannungs- und Atemübungen, aber auch Bewegung helfen, ein besseres Körpergewahrsein zu erlangen. Das Körperbild eines Menschen ist ein wichtiger Aspekt seines Selbstbildes. Die meisten Kinder mit einem schlechten Selbstkonzept sind nicht nur nicht mit ihrem Körper vertraut — das heißt, wie sie sich in ihrem Körper fühlen, was sie körperlich alles tun können —, sondern oft auch nicht mit ihrem Aussehen zufrieden (oder damit, wie sie auszusehen *glauben*). Ich mache mit ihnen also Übungen, bei denen sie Selbstporträts zeichnen, in den Spiegel sehen, zu ihrem Spiegelbild sprechen, sich Photographien ansehen, auf denen sie als Säugling zu sehen sind, sich neue, von mir gemachte Aufnahmen betrachten, die Umrisse ihres Körpers auf ein großes Blatt Papier zeichnen, sich in ihrer Phantasie in ihren Körper hineinbegeben usw. Manchmal zeichne ich von dem Kind ein Bild auf ein großes Blatt Papier, und während ich zeichne, unterhalten wir uns über jedes charakteristische Merkmal, jedes Kleidungsstück und jeden Körperteil. Diese Technik macht kleinen Kindern im allgemeinen sehr viel Spaß.

Wollen wir einem Kind helfen, ein positiveres Gefühl sich selbst gegenüber zu entwickeln, müssen wir es zu sich selbst zurückbringen. Erster und wesentlichster Schritt in diesem Prozeß ist es, die gegenwärtigen Gefühle — die miserablen, leeren, öden, verzweifelten Gefühle, die es jetzt hat — zu akzeptieren. Wenn es diese Gefühle akzeptiert, dann kann es anfangen, seine Sinne, seinen Körper zu erleben und einzusetzen. Es wird sich und seine Einzigartigkeit als aus seinem eigenen Inneren kommend erfahren und nicht als definiert durch die Urteile und Meinungen anderer, und es wird ein Gefühl des Wohlbefindens spüren — daß es gut ist, der zu sein, der es ist.

11 Weitere Überlegungen

Manche Übungen und Techniken eignen sich für bestimmte Altersgruppen besser als für andere; einige funktionieren besser in Gruppensitzungen als in Einzelsitzungen. Die meisten der hier vorgestellten Techniken lassen sich aber — je nach Klient oder Situation — gut *modifizieren*. In diesem Kapitel möchte ich mich mit der Frage beschäftigen, wie man besonders erfolgreich mit verschiedenen Altersstufen, Gruppierungen, Settings usw. arbeiten kann.

Gruppen

Gruppen haben den Vorteil, eine kleine abgeschlossene Welt zu sein, in der gegenwärtiges Verhalten erlebt und neues Verhalten ausprobiert werden kann. Gruppenarbeit ist ideal für Kinder, die ihre Kontaktfähigkeiten üben müssen. Es ist etwas ganz Natürliches, daß Kinder den Kontakt zu anderen Kindern suchen. In einer Therapiegruppe kann man Kindern, die Schwierigkeiten haben, eine Beziehung zu Gleichaltrigen herzustellen, helfen, das, was diesen natürlichen Prozeß blockiert, zu entdecken und durchzuarbeiten.

Jeder Therapeut muß selbst entscheiden, welche Gruppengröße und -zusammensetzung den meisten Erfolg verspricht; es kann keine allgemeine Regel geben, die für alle Gültigkeit besitzt. Ich habe in meiner Praxis ganz unterschiedliche Gruppensituationen erlebt und dabei meine eigenen Vorlieben entdeckt. Ich arbeite gern mit einer anderen Therapeutin zusammen, und am liebsten ist es mir, wenn die Gruppe relativ klein ist, also aus nicht mehr als drei bis sechs Kindern besteht — jedenfalls, wenn diese weniger als acht Jahre alt sind. Sind die Kinder älter, so kann die Gruppe größer sein und ungefähr sechs bis zehn Kinder umfassen. Im allgemeinen dauern meine Gruppensitzungen 90 Minuten.

Bestimmte Vorgehensweisen und Techniken sind in einer Gruppe besonders erfolgreich. Gewöhnlich beginne ich eine Gruppensitzung damit, daß ich jedes Kind der Reihe nach seine gegenwärtigen Gefühle berichten lasse und ihm die Möglichkeit gebe, wenn es will, über irgend etwas zu sprechen, das ihm seit unserer letzten Sitzung passiert ist. Dies ist ein gutes Mittel, jedem Kind Gelegenheit zur Beteiligung zu geben. Manchmal bitte ich die Kinder auch, sich einfach ganz auf die gegenwärtige Situation zu konzentrieren und zu berichten: was sie gerade fühlen, was sie in ihrem Körper empfinden, was sie sehen, woran sie denken. Ich mache den Kindern auch klar, daß zum gegenwärtigen Gewahrsein auch Ereignisse gehören, die während der Woche geschehen sind und immer noch nachwirken. Es kommt oft vor, daß ein Kind wütend, verletzt oder aufgeregt in die Gruppe kommt und zunächst einmal das, was ihm widerfahren ist, loswerden muß, um sich erst dann voll auf die Gruppe konzentrieren zu können.

In der Regel strukturiere ich Gruppensitzungen mit Kindern, das heißt, ich habe schon vorher eine ziemlich genaue Vorstellung davon, was wir in der Sitzung machen werden. Es ist jedoch wichtig, zugleich offen, flexibel und kreativ zu sein. Nachdem jeder an der Reihe gewesen ist, frage ich die Kinder, ob irgendeines von ihnen vielleicht gern etwas mitteilen, über etwas sprechen, etwas zum Ausdruck bringen möchte, das es auf dem Herzen hat oder das es gefühlsmäßig beschäftigt. Manchmal präsentiert ein Kind ein Problem, an dem die anderen Kinder in der Gruppe engagiert mitarbeiten müssen. Es gibt aber auch Probleme, die meine individuelle Aufmerksamkeit erfordern. Dann arbeiten das Kind und ich zusammen, während die anderen uns dabei zusehen. Kinder, die schon längere Zeit an einer Gruppe teilgenommen haben, wissen bereits, was die Gruppe ihnen geben kann. Diese Kinder haben therapeutische »Arbeit« geleistet, haben andere Kinder gebeten, an ihren Erfahrungen teilzuhaben, haben Träume, an denen sie arbeiten wollten, in die Gruppe eingebracht und ähnliches mehr. Wenn ich die Gruppenarbeit im Laufe einer Sitzung unterbreche, um mit einem einzelnen Kind zu arbeiten, tue ich das in dem Wissen, daß auch die anderen Kinder eine ganze Menge davon profitieren werden. Ruth Cohn schreibt in ihrem in *Gestalt Therapy Now* veröffentlichen Artikel »Therapy in Groups: Psychoanalytic, Experiential and Gestalt«:

»Ich habe Workshops mit dem Thema ›Fünf Modelle der Gruppeninteraktion‹ veranstaltet, womit ich den erfahrungsmäßigen, psychoanalytischen, gestalttherapeutischen, T-Gruppen- und meinen eigenen themenzentrierten interaktionistischen Ansatz meinte. Ziel dieser Workshops war es, die Studenten jedes vorgestellte Modell teilnehmend erleben zu lassen. Immer wieder war das persönliche Engagement der Gruppenmitglieder beim Gestalttherapie-Workshop am größten, obwohl sie die meiste Zeit nicht interagierende Teilnehmer, sondern nur Zuschauer waren. Das Beobachten des dramatischen therapeutischen Dialogs hatte eine größere Wirkung als persönliche Interaktionen. Der Kopfsprung des Patienten in vorher vermiedene Emotionen schien die Gruppe der Beobachter im wahrsten Sinne der Identifizierung und Läuterung eines griechischen Dramas zu ergreifen. Die Mitglieder des griechischen Chors scheinen tatsächlich die tragischen und freudigen Gefühle des Patienten in sich selbst zu erleben« (S. 138).

Ich habe die Erfahrung gemacht, daß das auch für Kindergruppen gilt, ganz gleich wie alt die Kinder sind: Was ich mit einem einzelnen Kind mache, wirkt sich auch auf die Beobachter aus und ist auch für sie von Bedeutung.

Gruppensitzungen lassen sich sehr gut thematisch strukturieren. Wenn die Kinder erst einmal begreifen, worum es geht, schlagen sie die Themen oft selbst vor. Ein gutes Beispiel ist das Thema »lächerlich machen« oder »ausgelacht werden«. In einer Sitzung sprachen wir zum Beispiel darüber, was das für uns bedeutete, lächerlich gemacht zu werden, und vor allem unterhielten wir uns über den Unterschied zwischen unseren Gefühlen und unseren Taten. Wir sprachen auch darüber, wie das ist, wenn *wir* andere lächerlich machen. Dann bat ich sie alle, die Augen zu schließen und sich in Erinnerung zu rufen, wie sie selbst einmal ausgelacht, verspottet oder lächerlich gemacht worden seien. Wenn sie sich an nichts dergleichen erinnern konnten oder nie ausgelacht worden waren, sollten sie es sich zumindest vorstellen. Ich half ihrer Erinnerung ein wenig nach, indem ich ihnen Fragen stellte und Anregungen gab: »Was geschieht – welches ist die Situation? Wer ist daran beteiligt? Sehen andere zu? Was fühlst du? Versuche, die Gefühle, die du hast, wenn du ausgelacht wirst, nachzuempfinden.«

Manchmal haben wir dann gerade so viel Zeit, daß jedes Kind die anderen an seinem Werk oder seinen Gedanken und Gefühlen teilhaben lassen kann (Kinder, die das nicht wollen, werden im übrigen nicht dazu gezwungen).

Keine Aktivität, und sei sie im voraus auch noch so gut geplant, ist aber wichtiger als das, was augenblicklich in der Gruppe oder mit einem bestimmten Kind geschieht. Der entscheidende Aspekt der Gruppenarbeit ist der Gruppenprozeß selbst. Wie die Kinder einander erleben, wie sie aufeinander reagieren und sich in der Therapiegruppe aufeinander beziehen — diese Interaktionen lassen deutlich erkennen, wie ihre interpersonalen Beziehungen ganz allgemein beschaffen sind.

In der Gruppe kommt dem Kind zum Bewußtsein, wie es mit anderen Kindern interagiert, lernt es, Verantwortung für sein Handeln zu übernehmen und mit neuen Verhaltensweisen umzugehen. Darüber hinaus braucht jedes Kind Kontakt zu anderen Kindern, um zu erkennen, daß diese ja ganz ähnlich denken und fühlen und ähnliche Probleme haben.

Gemeinsame Spiele vermitteln den Kindern elementare Erfahrungen, was das Herstellen von Beziehungen betrifft. Einmal brachte ich ein paar einfache Spiele in eine Gruppensitzung mit: Jacks, das dreidimensionale Tic-Tac-Toe, Dummkopf, Mikado, Domino. Die Kinder im Alter von zehn bis zwöf Jahren setzten sich paarweise zusammen, und jedes Paar erhielt ein Spiel. Nach jeweils zehn Minuten tauschten wir die Spiele und die Partner aus. Nachdem die Spielzeit um war, machten die Kinder u. a. folgende Kommentare:

Das ist das erste Mal, daß ich mit einem Jungen Jacks gespielt habe. Ich mußte ihm erst erklären, wie das Spiel geht. Es war toll!

Ich bin der erste Junge, der Jacks spielen kann!

Ich habe verloren und war deprimiert und war dann froh, als die Uhr klingelte.

Chris hat geschummelt, aber aufgehört, als ich ihm sagte, daß ich das nicht mag.

Er hat überhaupt nicht versucht, mich zu beschummeln. Er war wirklich nett.

Ich konnte Jacks noch nicht so richtig, aber Susan half mir.

Die Kinder gingen freundlich und tolerant miteinander um. Natürlich machten sie auch eine ganze Menge Lärm — dies war aber der Lärm, den man hört, wenn Leute fröhlich miteinander reden.

In einer Gruppensitzung kann man sich gut mit den Projektionen eines Kindes auseinandersetzen. Sagt es zum Beispiel: »Ich mag nicht, wie er mich ansieht!«, so bitte ich es zu beschreiben, was die-

ser Blick seiner Meinung nach ausdrückt, zum Beispiel »Du Blödmann«. Um zu sehen, ob es den Gesichtsausdruck des anderen Kindes nicht einfach von sich auf andere projiziert, um damit seine eigene Selbstkritik zu nähren, soll es dann diese Bemerkung zu sich selbst sagen. Hier ein Beispiel:
Phillip: Ich mag nicht, wie Allen mich ansieht!
Was, glaubst du, sagt er dir mit diesem Blick?
Phillip: Er sagt: »Du bist dumm!«
Phillip, tu so, als ob du auf diesem Kissen dort sitzen würdest, und sag diesen Satz zu dir. Sag: »Du bist dumm« zu dir selbst.
Phillip (zum Kissen): Du bist dumm!
Sagt das manchmal eine innere Stimme zu dir selbst?
Phillip: Ja!
Kinder müssen lernen, daß sie, wenn sie den Gesichtsausdruck eines Menschen sehen, noch lange nicht dessen Gedanken kennen. Der andere könnte ja zum Beispiel Magenschmerzen haben, wenn er unglücklich aussieht. Trotzdem spiegelt natürlich ein Gesicht manchmal die Gedanken eines anderen wider; auch das muß offen besprochen werden.

Wir können die Introjekte des Kindes erkunden und versuchen, ihm behilflich zu sein, das aufzugeben, was nicht mit der Realität übereinstimmt. Dazu eignet sich gut ein Spiel, bei dem jeder in der Gruppe seine eigene Mutter oder seinen eigenen Vater spielt. Das Kind soll seine Eltern *sein,* indem es sie entweder in einem Rollenspiel nachahmt oder aber uns etwas von seinem »Kind« erzählt. Wenn auch der Gruppenleiter engagiert mitmacht, ist diese Übung besonders wirkungsvoll.

In seinem in *Gestalt Therapy Now* veröffentlichten Artikel »An Introduction to Gestalt Techniques« beschreibt John Enright folgende Techniken der Gruppentherapie, mit deren Hilfe das Gewahrsein, die Verantwortung und die Fähigkeit zuzuhören gesteigert werden können.

1. Die Kinder auffordern, *direkt* zueinander zu sprechen, statt dem Therapeuten etwas über ein anderes Kind zu erzählen. »Er hat mich gestoßen!« wird dann zu »Ich mag das nicht, wenn du mich stößt!« Für die letzte Äußerung sind Selbstvertrauen und Stärke, für die erste Weinerlichkeit und Schwäche charakteristisch.

2. Eine gute Übung, die Kindern Direktheit praktizieren hilft, ist es, jedes Kind umhergehen und zu den anderen Kindern Aussagen

machen zu lassen, zum Beispiel: »Was mir an dir gefällt, ist . . .; was mir bei dir auf die Nerven geht, ist . . .« Oder: »Etwas, das du über mich wissen solltest, ist . . .; etwas, das du nicht über mich wissen solltest, ist . . .«

3. Die Kinder dazu bringen, Fragen durch Aussagen zu ersetzen. Viele Fragen sind eigentlich insgeheim Aussagen. »Warum hast du mich gestoßen?« bedeutet eigentlich »Ich mag es nicht, wenn du mich stößt«. Diese klare Aussage hilft nicht nur dem gestoßenen, sondern auch dem stoßenden Kind, denn es muß sich jetzt ein anderes, besseres Kommunikationsmittel einfallen lassen. Der Therapeut kann dieses Kind auffordern, nun selbst anstelle der ursprünglichen verschleierten Kommunikation eine direkte Aussage zu machen.

4. Darauf achten, ob die Kinder einander überhaupt zuhören. Das ist gerade in Kindergruppen besonders wichtig, da Kinder häufig unterbrechen, Tagträumen nachhängen oder sonst stören (zum Beispiel mit anderen Kindern sprechen, sich prügeln, Lärm machen oder herumtoben). Es kann hilfreich sein, sich auf das Kind zu konzentrieren, das immer wieder unterbricht. Unterbrechen oder andere Formen des Nichtzuhörens sind indirekte Botschaften, die in direkte Aussagen übersetzt werden müssen, zum Beispiel »Ich langweile mich«, »Ich brauche Aufmerksamkeit« usw. Manchmal fordere ich ein Kind auf, das andauernd unterbricht, solange hinauszugehen, bis es den Eindruck hat, daß es gerne wieder teilnehmen würde. Unterbrechungen können sowohl für die Kinder wie für mich ärgerlich sein.

Gewöhnlich stellen wir gemeinsam Gruppenregeln auf, zum Beispiel die, daß jedes Kind, ohne unterbrochen zu werden, zu Ende sprechen darf. Die Gruppe muß dann selbst darauf achten, daß diese Regeln auch eingehalten werden. Stören allerdings alle Kinder den Gruppenprozeß, dann sollte sich der Therapeut einmal das, was *er* tut, genau ansehen. Dem Therapeuten kommt im Gruppenprozeß eine wichtige Rolle zu. Er muß dafür sorgen, daß die Gruppe ein Ort ist, an dem sich die Kinder sicher und akzeptiert fühlen. Auch sollte er sich immer bewußt sein, daß sich die Kinder an seinem Verhalten orientieren.

Wichtig ist auch, daß sich der Therapeut an den Aktivitäten der Kinder immer wieder beteiligt. Wenn wir ein Spiel machen, Theaterspielen oder Geschichten erzählen, mache ich immer mit. Wenn ich aus irgendeinem Grund keine Lust habe, an einer Übung teilzunehmen, sage ich offen, was der Grund dafür ist. Die Beteiligung der Therapeuten motiviert die Kinder in noch stärkerem Maße.

Der Therapeut muß sich ständig jedes Kindes bewußt und gewahr sein. Der Therapeut muß spüren können, wenn ein Kind verstört oder verletzt ist. Wichtig ist, daß die Gruppe ein Ort des Vertrauens für die Kinder ist, wo nichts, was für irgendein Kind schmerzlich sein könnte, vom Therapeuten übergangen wird.

Gruppensitzungen sollten für alle ein vergnügliches Erlebnis sein. Befriedigend ist eine Gruppensitzung dann, wenn jedes Kind an der Sitzung interessiert ist, sich selbst interessant, sicher und akzeptiert fühlt. Sobald sich das Kind frei genug fühlt, sich selbst, seine Emotionen, Gedanken und Wünsche zu enthüllen, sobald es weiß, daß es bei dem Therapeuten und den anderen Kindern Unterstützung und Kontakt erfahren wird, wird es auch in sich selbst stärker werden.

Im allgemeinen sehe ich zu, daß uns am Ende einer Sitzung noch genügend Zeit für abschließende Stellungnahmen bleibt. Die Kinder haben dann Gelegenheit, etwas zur Sitzung zu sagen und eventuell ihre Kritik, ihren Groll oder irgendwelche Wünsche zu äußern. In der Regel beziehen die Kinder in den ersten Sitzungen nur sehr selten Stellung; mit der Zeit aber, wenn sie sich wohler fühlen, wird diese Phase abschließender Stellungnahmen ein wichtiger und integraler Bestandteil des therapeutischen Gruppenprozesses.

Jugendliche

Viele Therapeuten sind der Meinung, daß psychisch gestörte Jugendliche Opfer ihrer Familiensituation seien und man nicht viel für das unglückliche Kind tun könne, es sei denn, die ganze Familie werde in die therapeutische Behandlung einbezogen. Ich sehe jedoch, was den Erfolg der Therapie betrifft, keinen Unterschied zwischen Jugendlichen und anderen Altersgruppen. Grundsätzlich kann der Therapeut allen Kindern helfen, zu größerer Autonomie zu gelangen. Je älter ein Kind ist, um so mehr Reife und Wissen bringt es in den therapeutischen Prozeß mit.

Familiensitzungen sind, sofern überhaupt eine Möglichkeit dazu besteht, nützlich und wirksam, diese Sitzungen sollten jedoch nicht die Arbeit mit einem jungen Menschen in Einzeltherapie ersetzen.

Eine Familiensitzung bringt zwar die in der Familie vorherrschende Interaktions- und Kommunikationsdynamik zum Vorschein, doch der in einer schwierigen Situation sich befindende Jugendliche kann auch sehr viel für sich selbst tun. Wie der Erwachsene, der er ja beinahe ist, hat er viele falsche Botschaften introjiziert. Viele aus seiner Vergangenheit herrührende Gefühle, Erinnerungen und Phantasien bringen seine natürliche Entwicklung ins Stocken. Es fällt ihm schwer, seine Familie an seinen Empfindungen teilhaben zu lassen. Er braucht Unterstützung, um seine Gefühle der Angst, Einsamkeit, Frustration, Selbstverachtung, der sexuellen Verwirrung und Furcht zum Ausdruck bringen zu können. Man muß ihm zeigen, wie er möglichst viel Verantwortung für sein eigenes Leben übernehmen kann und wie er seinen eigenen organismischen »Fluß« blockiert.

Vielen Jugendlichen widerstrebt die therapeutische Behandlung (obgleich manche selbst darum bitten). Meistens werden sie von ihren Eltern in die Behandlung gebracht, weil das Familienleben so unerträglich geworden ist, daß die Eltern sich nicht mehr zu helfen wissen. Manchmal sind sie aber auch aufgrund eines Gerichtsurteils gezwungen, einen Psychologen aufzusuchen. Gewöhnlich läßt sich gleich in der ersten Sitzung feststellen, daß die Vorstellungen und Wahrnehmungen von Kind und Eltern so unterschiedlich sind, daß sie nicht mehr miteinander zu reden imstande sind. Gerade bei Kindern, die eine Therapie ablehnen, ist es wichtig, sich die beiden voneinander abweichenden Lebensauffassungen anzuhören. Erst wenn jeder dem, was der andere zu sagen hat, zuzuhören beginnt, erst wenn sie miteinander sprechen, kann ein konstruktiver Anfang in der Familie gemacht werden.

Ich bin in solchen Situationen sehr direkt. Wenn ein Familienmitglied zum Beispiel so versessen darauf ist, seinen eigenen Standpunkt vorzutragen, daß es dem, was die anderen sagen, überhaupt nicht zuhört, dann weise ich den Betreffenden genauso bestimmt darauf hin — ganz gleich, ob es sich dabei um den Vater, die Mutter oder das Kind handelt. Sagt ein Vater beispielsweise zu seiner Tochter: »Ich mag nicht, wie du dich kleidest«, ist es für beide wichtig zu wissen, ob er damit meint: »Ich mag nicht, wie du deinen Busen zur Schau trägst« oder »Du solltest immer mein kleines Mädchen bleiben«. Der eigentliche Kern der Botschaft könnte auch sein: »Ich bin um deine Sicherheit besorgt und habe Angst, dich an die

Welt da draußen zu verlieren.« Auch muß dieser Vater wissen, ob die Tochter seine Botschaft als »Ich mag dich nicht und traue dir nicht« interpretiert.

Ich glaube, die meisten Eltern sehen nicht gern, daß ihre Kinder erwachsen werden. Eltern, die ihre Kinder lieben, haben oft Angst davor, ihre Kinder in die Welt hinauszulassen — und doch müssen sie es. Immer wieder sehe ich mich gezwungen, den Eltern gegenüber diese Auffassung zu vertreten: Sie können nicht die Verantwortung für die Schularbeiten, die Freunde und die Zukunftspläne ihrer Kinder übernehmen. Sie können nicht ständig hinter ihnen herlaufen, nur um sicher zu gehen, daß sie keine sexuellen Beziehungen eingehen, kein Haschisch rauchen, nicht trinken usw. Das einzige, was sie tun können, ist, ihren Kindern ihre eigene Haltung zu diesen Dingen klarzumachen. Sie können von ihren Kindern erwarten, daß sie sich an der Hausarbeit beteiligen, sie können bestimmte, ihnen wichtig erscheinende Grenzen aushandeln, und sie können ihren Kindern Liebe und Unterstützung geben. Sie *müssen* aber ihre Kinder auch loslassen und in ihrem Sohn oder in ihrer Tochter einen unabhängigen Menschen mit eigenen Rechten sehen können.

Zu einem nur widerstrebend in die Therapie kommenden Jugendlichen sage ich manchmal: »Da du nun einmal eine Weile zu mir kommen wirst, laß uns die Zeit nützen und uns wirklich etwas über dich herausfinden.« In solchen Fällen benutze ich oft projektive psychologische Tests, um den jungen Leuten die Möglichkeit zu geben, die Interpretationen, die diese Tests vorgeben, zu akzeptieren oder abzulehnen. Das Astrologiebuch *Astrologie sonnenklar* eignet sich gut als Einstieg in ein Gespräch über das Selbst. Aus diesem Buch lese ich dem Jugendlichen vielleicht einen Abschnitt über sein Sternzeichen vor, und dann diskutieren wir, ob das, was da drin steht, seiner Meinung nach auf ihn zutrifft oder nicht.

Einmal wurde ich eingeladen, in ein Heim für »kriminelle Jugendliche« zu kommen und dort mit den Jugendlichen zu arbeiten. Ein Haufen junger Leute empfing mich, deren Mienen entweder Feindseligkeit oder Langeweile ausdrückten. Ich bahnte mir mühsam einen Weg durch diesen Haufen und sagte den Jugendlichen, daß ihre Ablehnung und ihr Mißtrauen förmlich spüren könnte; da ich aber gebeten worden sei, mit ihnen zu arbeiten, würde ich auch mein Bestes tun. Ich erklärte ihnen kurz, wie ich mit ihnen arbeiten wollte, und machte dann eine Übung mit ihnen, bei der sie die Augen schließen und sich vorstellen sollten, sie seien nur Farben, Linien und Formen und sehr schwach. Ich gab ihnen folgende Instruktionen:

»Stell dir vor, du fühlst dich ganz schwach. Schwäche kann für verschiedene Leute etwas ganz Verschiedenes bedeuten. Fühl dich einfach in das ein, was Schwäche für dich persönlich bedeutet. Wenn du auf ein Papier zeichnen solltest, wie schwach du dich fühlst, welche Farben würdest du dann wählen, welche Formen, welche Linien würdest du sehen? Würde deine Zeichnung das ganze Blatt oder nur einen Teil davon bedecken? Würdest du fest oder leicht auf das Papier drücken? Kommt dir ein Symbol für deine Schwäche in den Sinn? Wenn dir nichts einfällt, nimm einfach, während du dich schwach fühlst, eine Farbe und laß deine Hand über das Papier gleiten. Sobald du beginnst, wird etwas kommen. Du kannst jederzeit hinzufügen, was dir einfällt. Sowie du bereit bist, kannst du beginnen.«

Anschließend bat ich sie, eine Zeichnung von sich anzufertigen, wie sie sich ganz stark fühlten. Viele gingen desinteressiert weg, aber einige blieben auch und zeichneten. Während wir arbeiteten, kamen diejenigen, die zunächst kein Interesse gezeigt hatten, langsam zurück, vielleicht weil sie neugierig geworden waren. Sie hörten uns still und aufmerksam zu. Als wir aufhörten, sagte ein Junge, der nicht mitgemacht hatte, zu mir: »Ich hoffe, Sie werden wiederkommen ... Ich wünschte, ich hätte auch eine Zeichnung gemacht.«

Ein siebzehnjähriger junger Mann war erst bereit, über seine Selbstmordwünsche zu sprechen, nachdem er die Phantasieübung mit dem Rosenbusch gemacht und tote Zweige an den Busch gezeichnet hatte. Eine Fünfzehnjährige erzählte, wie tief verletzt sie sich fühle, weil ihr Vater sie ablehne. Sie öffnete sich mir aber erst, nachdem sie bei der Betrachtung eines Bildes des *Thematic Apperception Test* ohne große Mühe eine Geschichte von einem Mann erzählt hatte, der seiner Frau nie zuhörte. Dieses plötzliche Sich-Öffnen ist nicht ungewöhnlich; es wird oft durch die Verwendung projektiver/expressiver Techniken bewirkt.

Viele Jugendliche kommen freiwillig in die Therapie, weil sie Probleme haben, über die sie nur schwer mit anderen sprechen können. Ein sechzehnjähriges Mädchen sagte zum Beispiel:

»Über oberflächliche Dinge kann ich mit jedem reden, zum Beispiel, was ich so mache und so. Schwierig wird es aber, wenn es um wichtigere Dinge geht. Zum Beispiel, daß ich mich unsicher fühle, daß ich das Gefühl habe, keine wirklichen Freunde zu haben. Das kann ich den Leuten, mit denen ich normalerweise rede, meinen Freunden oder meinen Eltern, nicht sagen. So was kann ich den Leuten nicht erzählen, ich kann ihnen nicht sagen, was ich fühle, was ich wirklich bin, was wirklich in mir vorgeht. Vor allem meinen Eltern nicht. Denen kann ich noch nicht einmal Dinge erzählen, die ich meinen Freunden erzählen kann.«

Ganz ähnlich wie dieser jungen Frau geht es vielen anderen jungen Leuten. Mit einer anderen jungen Frau, die in eine meiner Gruppen kam, unterhielt ich mich darüber, wie sie den Wert der Gruppe einschätzte. Sie sagte:

»Ich finde die Gruppe aus mehreren Gründen gut. Ich kann in der Gruppe über Dinge sprechen, über die ich sonst kaum sprechen kann. Und dann die Selbst-Entdeckung — ich kann mich selbst hier kennenlernen. Ich glaube nicht, daß *ich* mich kenne. Ich weiß nicht, wie ich das, was ich fühle, herausbringen soll. Es ist sehr schwer. Zum Beispiel, was ich von mir selbst denke. Was ich mir gegenüber empfinde. Wenn ich mir zum Beispiel so richtig vulgär vorkomme. Ich weiß, wenn ich ein wirklich gutes Gefühl mir gegenüber hätte, dann könnte ich ein viel besserer Mensch sein. Aber ich glaube, ich habe kein gutes Gefühl mir selbst gegenüber. Jeder glaubt, ich hätte eine ganze Menge Freunde — aber ich bin mir da wirklich nicht so sicher. Es sieht immer so aus, als ob alle andern eine ganze Menge Freunde hätten — sie machen ständig was zusammen, treffen sich dauernd und so. Ich beobachte das bei anderen Freunden und beneide sie deshalb. Ich habe das nicht. Vielleicht passe ich nicht in solche Gruppen. Zu der einen Gruppe gehören zum Beispiel Leute, die im Grunde Heuchler sind, die anderen immer nur etwas vormachen, und in der anderen Gruppe sind die Leute so offen, daß es ihnen völlig egal ist, was andere denken, und sie benehmen sich manchmal total verrückt. Ich bin da irgendwo dazwischen. Ich gehe gern in die Therapie-Gruppe, ich fühle mich da wirklich wohl und freue mich immer schon darauf. Man weiß, daß die anderen an dem, was man zu sagen hat und was man empfindet, wirklich interessiert sind.«

Jugendliche möchten gerne wissen, was es mit der Psychothe-

rapie auf sich hat. Sie wollen wissen, wie ich ihnen helfen werde, etwas über sich selbst herauszufinden, und wozu das Ganze überhaupt gut ist. Folgendes Gespräch, das ich mit einer meiner jungen Klientinnen führte, mag dies verdeutlichen:
Rachel: Was machen Sie, wenn Sie daran gehen, sich selbst, Ihr inneres Selbst zu erkunden? Wie stellen Sie das an?
Nun, es geht darum, sich über das, was man denkt, was man gerne mag usw., klar zu werden, und auch darüber, wie man sich Freunden, Eltern, Lehrern gegenüber verhält. Es geht auch darum, sich klar zu werden. was einen veranlaßt, sich so zu verhalten, wie man sich verhält. Erinnerst du dich, als Chris in unserer Gruppe über ihren Freund sprach — daß er der Grund sei, weshalb sie sich so schlecht fühle und daß sie trotzdem nicht mit ihm Schluß machen wolle? Als ich mit ihr arbeitete, machte sie die Entdeckung, daß ihr zwar die Beziehung so, wie sie war, nicht gefiel, sie sie aber nicht aufgeben wollte, weil sie ihr ein Gefühl der Sicherheit verlieh.
Rachel: Ja, sie beklagte sich, stellte dann aber fest, daß es ihre eigene Entscheidung war, mit ihm befreundet zu sein.
Stimmt. Wir fanden das gemeinsam heraus. Sie öffnete sich uns, indem sie uns erzählte, wie sie sich erlebte. Niemand wußte, daß es ihr gar nicht so gut gefiel, mit ihm befreundet zu sein. Wir waren die ersten, die es erfuhren.
Rachel: Als sie uns das erzählt hat, schien sie sehr erleichtert zu sein. Mir geht das manchmal auch so.
Du weißt also, was das für ein Gefühl ist. Indem Chris sich auf diese Weise mitteilt, verhindert sie eine Blockierung ihrer selbst. Wenn wir zu viele Dinge in uns behalten, blockieren wir uns, werden verkrampft, und dann ist es sehr schwer, sich weiterzuentwickeln. Nachdem sie uns aber ihre Gedanken eröffnet hatte, konnten wir uns ansehen, warum sie eine schmerzliche Beziehung bloß der Sicherheit wegen aufrechterhielt. Daraus ergeben sich dann vielleicht andere, bessere Möglichkeiten für sie, ein Gefühl der Sicherheit zu erlangen, oder aber der Mut, das Risiko einzugehen und sich einmal unsicher zu fühlen.
Rachel: Vielleicht fühlte sie sich unsicher, als sie noch klein war, und nun hat sie vor diesem Gefühl Angst.
Richtig. Du hast herausgefunden, daß du manches nur wegen bestimmter, aus deiner Kindheit herrührender Gefühle oder Ereignisse auch jetzt noch tust. Und jedesmal, wenn du etwas Neues über

dich herausfindest oder dir wirklich klar wirst, was du tust und wer du bist, werden Wachstum und neue Entscheidungen möglich. Unsere Entwicklung steht niemals still; je mehr wir über uns selber wissen, um so mehr steht uns offen, um so eher fühlen wir uns stark und in uns selbst ruhend.

Rachel: Manchmal machen wir in der Gruppe solche Dinge wie Zeichnungen, und ich finde Dinge über mich heraus, die ich eigentlich zu kennen glaubte, die dann aber doch anders sind. Zum Beispiel, als wir unsere Wut zeichneten. Ich dachte, ich wüßte, wie ich bin, wenn ich wütend bin. Ich zeichnete meine Wut, weil ich sie kannte. In der Zeichnung kam aber viel mehr zum Vorschein, Dinge, an die ich nie gedacht hätte.

Kannst du dich erinnern, was das war?

Rachel: Nun, ich erinnere mich, daß ich eine große Explosion gezeichnet habe, denn das ist genau das, was passiert, wenn ich wütend werde. Ich explodiere wirklich, vor allem bei meiner Mutter. Ich glaube, ich werde dann richtig destruktiv . . . es kommt nichts Gutes dabei heraus. Ich erinnere mich, daß ich, als ich über meine Wut sprach, das Gefühl hatte, eine kleine Maus oder ein kleiner Hamster zu sein und von meinen Eltern gestoßen und geknufft zu werden, wenn sie böse auf mich waren oder mich kritisierten oder so etwas. Sie stoßen mich nicht *wirklich*, aber es *fühlt* sich so an. Und ich habe das Gefühl, mich nicht verteidigen zu können. Ich *weiß*, was ich spüre, aber ich kann es nicht so ausdrücken, daß es einen Sinn ergibt, und so gerate ich schließlich völlig außer Kontrolle. Es ist so, als ob sie hinter mir her sind und ich eine Maus bin und immer weiter zurückweichen muß, bis es nicht mehr weitergeht, und dann explodiere ich einfach! Ich schreie und weine und kreische. Ich wünschte, ich könnte die Situation unter Kontrolle halten, ruhig sein. Ich möchte an diesem Problem gerne noch weiter arbeiten.

Sicher, wir werden das machen, wenn du das willst.

Schule, Freunde, Eltern, das Gefühl, anders zu sein, das Gefühl, dumm zu sein, den eigenen Erwartungen und denen der Eltern nicht zu entsprechen — das sind einige wenige Probleme, mit denen sich junge Leute konfrontiert sehen. Wichtige Themen sind natürlich auch der eigene Körper und die eigene Sexualität. Interessanterweise sprachen aber die Jugendlichen, mit denen ich gearbeitet habe, das Thema Sexualität und Körper nie von sich aus an.

Mit einer anderen Therapeutin zusammen habe ich einmal für eine aus achtzehn jungen Frauen im Alter von vierzehn bis siebzehn Jahren bestehende Gruppe einen Workshop über das Thema Sexualität gehalten. Der Workshop war von der Gemeinde organisiert worden und kostete die Teilnehmerinnen nichts. Die Mädchen kamen einzeln, zu zweit oder zu dritt. Sie kamen aus ganz verschiedenen religiösen, ökonomischen und kulturellen Milieus. Die meisten kannten sich nicht, und auch uns kannten sie nicht. Sie saßen da und warteten darauf, daß wir anfangen würden.

Nachdem wir uns vorgestellt hatten, begannen wir mit einer Reihe von Phantasieübungen, die das Ziel hatten, mit »ersten« Erlebnissen in Fühlung zu kommen: erste Erinnerung, zum ersten Mal das Gefühl haben, eine Frau zu sein, erste Menstruation usw. Zunächst wurde in der ganzen Gruppe diskutiert, dann in Kleingruppen mit vier bis fünf Teilnehmerinnen. Nachdem die Mädchen sehr offen über ihre Gefühle im Zusammenhang mit ihrer Menstruation gesprochen hatten, gingen wir zur nächsten Erinnerungsübung über: »Schließt eure Augen und erinnert euch an die Zeit, als ihr zum ersten Mal masturbiert habt. Könnt ihr euch erinnern, welche Einstellung ihr dazu hattet und welche Empfindungen, als ihr euch zum ersten Mal berührt habt? Wenn ihr euch nicht erinnern könnt, versucht euch ins Gedächtnis zu rufen, was ihr empfunden habt, als ihr zum ersten Mal von Masturbation gehört habt.«

Als das Wort »Masturbation« fiel, richteten sich alle Mädchen auf und öffneten ihre Augen. Sie reagierten mit Verlegenheit, Gekicher, Unbehagen, Angst, Entsetzen, Leugnen. Ich sagte ihnen, daß sie alle als Säuglinge masturbiert hätten; daß alle Säuglinge an ihrem Körper ein sinnliches Vergnügen hätten. Wenn sie nicht mehr masturbierten, es vergessen hätten, verlegen wären oder sich schämten, dann deshalb, weil sie irgendeine Botschaft empfangen hätten, die besagte, daß es falsch sei, den eigenen Körper zu berühren und zu kennen und Lustgefühle dabei zu empfinden.

Es folgte eine sehr bewegende, offene und aufrichtige Diskussion über das Thema Sexualität. Diese Mädchen hatten in der Schule alle am Sexualkundeunterricht teilgenommen, aber das, was sie eigentlich wissen wollten, die Fragen, Konflikte und Gefühle, denen sie sich gegenübersahen, waren im Unterricht nicht behandelt worden.

Seit dieser Zeit spreche ich bei allen Jugendlichen, die zu mir kommen, auch das Thema Sexualität an. Wenn ich darauf warten wollte, bis sie selbst es zur Sprache bringen, könnte ich wahrscheinlich ewig darauf warten. Ich spreche mit Jungen wie mit Mädchen, in Einzelsitzungen wie in Gruppen über dieses Thema. Hier sind ein paar Beispiele, wie man dabei vorgehen kann:

Bitte die Mitglieder einer Gruppe, alle Worte, die ihnen jemals im Zusammenhang mit den weiblichen und männlichen Genitalien, mit der Brust, dem Sexualakt, der Masturbation usw. zu Ohren gekommen sind, aufzuschreiben. Sieh dir diese Worte genau an, lies sie vor, sprich darüber, in welcher Weise sie die Gefühle zur Sexualität und zu ihrem Körper beeinflussen.

Bitte die Gruppenmitglieder, etwas auf ein Blatt Papier zu schreiben, das mit der Sexualität zusammenhängt und das sie bisher für sich behalten haben: etwas, das sie einmal getan, über das sie aber nie gesprochen haben; etwas, das ihnen einmal passiert ist; etwas, das sie gerne wissen würden, über das sie sich aber nicht zu sprechen trauen usw. (Die Teilnehmer brauchen nicht ihre Namen auf die Blätter zu schreiben.) Leg die Blätter in die Mitte des Raumes und fordere jeden Teilnehmer auf, sich ein Blatt zu nehmen und das, was darauf geschrieben steht, vorzulesen. Zu den Regeln dieses »Spiels« gehört es, daß derjenige, der eine bestimmte Äußerung oder Frage aufgeschrieben hat, sich nicht dazu bekennen darf.

Greife noch einmal die oben beschriebene Übung auf, bei der es darum ging, sich an erstmalige Erlebnisse zu erinnern. Auch die Erinnerung an den ersten sexuell erregenden Traum, die erste Erektion, die erste sexuelle Beziehung lassen sich hier ansprechen.

Bitte die Teilnehmer, ein Bild zu zeichnen und das, was sie ihrem Körper gegenüber *empfinden*, in Farben, Linien und Formen wiederzugeben. Beginne diese Übungen immer damit, daß du die Gruppenmitglieder aufforderst, ihre Augen zu schließen und eine meditative Atemübung zu machen.

Laß die Teilnehmer ihre Gefühle und ihre Haltung ihrer eigenen Sexualität gegenüber zeichnen — »Wie fühlst du dich als Frau? Wie fühlst du dich als Mann?« usw.

Laß sie Bilder zeichnen, in denen zum Ausdruck kommt, welche Haltung sie ihrem eigenen und dem anderen Geschlecht gegenüber einnehmen.

Laß sie Bilder zeichnen, in denen sie ihre Vorstellung davon, wie Angehörige des anderen und des eigenen Geschlechts sie wahrnehmen, zum Ausdruck bringen.

Lies ihnen, während sie ihre Augen geschlossen halten, ein Gedicht vor, das irgendeinen Aspekt der Sexualität behandelt. Laß sie die Gefühle und Vorstellungen zeichnen, die das Gedicht in ihnen erweckt. Das Buch *Male and Female Under 18* enthält viele gute Gedichte, welche junge Leute über ihre Rolle als Frau oder Mann in unserer Welt geschrieben haben.

Ein großes Problem für Jugendliche ist ihr eigenes Körperbild. Auch hierbei handelt es sich wieder um ein Thema, auf das sie nicht so ohne weiteres selbst zu sprechen kommen. Junge Leute machen sich sehr viele Gedanken um ihr Aussehen, ganz gleich, ob es sich um junge Männer oder junge Frauen handelt. Aus diesem Grunde bitte ich Jugendliche manchmal, ein Bild von sich selbst zu zeichnen, wie sie ihrer Meinung nach aussehen, und ein anderes davon, wie sie gerne aussehen würden. Oder ich bitte sie, ein Bild von ihrem Körper zu zeichnen und dabei die Teile, die ihnen nicht gefallen, zu übertreiben. Man kann sie auch bitten, sich vorzustellen, sie befänden sich in einem dunklen Raum und gingen auf einen erleuchteten Bereich zu, wo ein großer, die ganze Wand bedeckender Spiegel wäre. Sie stehen vor dem Spiegel und beginnen mit ihrem eigenen Spiegelbild ein Gespräch über ihren Körper. Diese Übungen helfen den Jungendlichen, über Gefühle zu sprechen, die auszusprechen sie große Schwierigkeiten haben. Wir sprechen oft auch darüber, welchen Einfluß die Medien auf unsere Vorstellung von einem guten Aussehen haben.

Ein Jugendlicher sieht sich bereits sehr stark mit den Realitäten unserer Welt konfrontiert. Wo das kleine Kind der Konfrontation noch aus dem Weg gehen und Zuflucht beim Spiel suchen kann — was Erwachsene bei Kindern als normal akzeptieren —, weiß der Jugendliche, daß er bald »in die Welt hinaus« und dann seinen eigenen Weg gehen muß. Er sehnt sich nach der Freiheit und Unabhängigkeit des Erwachsenseins, hat aber zugleich Angst vor dem, was auf ihn zukommt. Viele junge Leute versuchen schon recht früh zu lernen, mit der Welt der Erwachsenen zurechtzukommen — sie suchen sich einen Job, wollen Entscheidungen für sich selbst fällen und unabhängig sein. Ihre Versuche in Richtung auf Selbständigkeit werden aber häufig ignoriert, zurückgewiesen oder einfach nicht ernst genommen.

Heranwachsende sind meiner Erfahrung nach weit einsichtiger und klüger, als die Gesellschaft es ihnen zubilligt. Von ihnen habe ich eine ganze Menge gelernt. Viele von ihnen werden aber von den unterschiedlichen Botschaften verunsichert, die sie von ihren Eltern und der Gesellschaft über sich erhalten — Botschaften, die ihre Fähigkeiten und ihr Wissen abwerten. Die Frage, was aus ihnen einmal werden, was ihnen die Zukunft bringen wird — eine Frage, die in der westlichen Zivilisation zunehmende Bedeutung erhält —, beunruhigt sie, läßt sie ängstlich und depressiv werden. Einige nehmen eine »Ist-mir-doch-egal«-Haltung an. Andere lehnen sich auf, wieder andere »steigen aus«. Diejenigen, die in die Therapie kommen, haben die Gelegenheit, sich ihrer Bedürfnisse und Wünsche bewußt zu werden und Kräfte zu sammeln, um sich den auf sie zukommenden Problemen und Konflikten zu stellen.

Erwachsene

Viele der hier vorgestellten Vorgehensweisen und Techniken eignen sich auch für die Arbeit mit Erwachsenen bzw. können mit geringen Abänderungen oder Modifizierungen auf die Bedürfnisse Erwachsener ausgerichtet werden.

Da Erwachsene in der Regel mit einem festen Programm zu mir kommen, bedarf es meist nicht vieler projektiver Techniken. Wie ich bei einem Kind feststellen mag, daß es Übungen zur Körperwahrnehmung braucht, kann ich auch bei einem Erwachsenen den Eindruck gewinnen, daß er seines Körpers stärker gewahr werden muß. Ein Erwachsener zum Beispiel, der ununterbrochen redet und dem es schwerfällt, seinen Körper zu spüren, wird deshalb viel Nutzen aus der Arbeit mit Ton ziehen.

Oft weiß ich im Verlauf der therapeutischen Arbeit genau, wann der Einsatz einer bestimmten Technik zur weiteren Klärung der Probleme beitragen wird. Eine Frau hatte Schwierigkeiten, das, was sie in ihrer Brust fühlte, zu beschreiben. Als sie ihre Empfindungen auf einem Blatt Papier in Farben, Linien und Formen umsetzte, strömten die Worte nur so aus ihr heraus. Ein Mann, der Schwierigkeiten hatte, einen Dialog mit dem Teil seiner selbst zu führen, der ihn zu übermäßigem Essen zwang, fand es leichter, ein Bild von einem sehr fetten Schwein zu zeichnen und dann mit diesem Schwein zu sprechen. Ein anderer Klient, der an seinen Kopfschmerzen arbeitete, stellte sich den Kopfschmerz als einen schweren Hammer vor, und dieses Bild führte zu neuer Klarheit.

Ein Großteil der therapeutischen Arbeit befaßt sich mit Erinnerungen, Erlebnissen, Introjektionen aus der Kindheit. Viele von uns handeln immer noch so, wie sie als Kinder handelten. Damals hatten wir keine anderen Möglichkeiten, heute allerdings sind diese Handlungsweisen nicht mehr angemessen und behindern unser Leben. Eine meiner Klientinnen arbeitete zum Beispiel an dem Teil ihrer selbst, der sie daran hinderte, die Sportarten zu betreiben, die sie gerne betreiben wollte. Sie wollte beispielsweise gerne Skifahren, hatte aber Angst davor. Im Laufe der Arbeit fand sie heraus, daß ein Teil ihrer selbst ein sehr ängstliches kleines Mädchen war. Erst sprach sie zu dem kleinen Mädchen, und dann sprach ich zu diesem kleinen Mädchen. Da dieses kleine Mädchen große Schwierigkeiten hatte, sich auszudrücken, bat ich sie, ein Bild zu zeichnen, in dem sie die Angst darstellte. Diese Zeichnung deckte viel Material auf, das mit ihrem Bedürfnis, sich selbst zu schützen, zusammenhing. Dies half meiner Klientin, den Unterschied zwischen ihrer *damaligen* und *jetzigen* Selbsterfahrung zu erkennen.

Der ältere Mensch

Im Grunde widerstrebt es mir, ältere Menschen gesondert zu betrachten. Ich glaube aber, daß wir das tun müssen — nicht in der Absicht, alte Leute beiseite zu schieben, sondern um das Alter und all die Mythen, die es umgeben, besser verstehen zu können. Bisher haben Therapeuten nicht so recht gewagt, mit älteren Leuten zu arbeiten, als ob bei ihnen jede Hilfe zu spät käme. Heute wissen wir, daß dies eine völlig falsche Vorstellung und nur eine weitere, subtile Form der Unterdrückung ist, und sehen den Prozeß des Alterns in einem neuen Licht.

Es trifft wohl zu, daß viele alte Leute ihre wahren Gefühle verbergen, um sich auf diese Weise vor einer grausamen Welt, die sie oft nicht mehr verstehen, zu schützen. Die Erkenntnis, daß auch alte Menschen eine wichtige Rolle in unserer Gesellschaft spielen (und schon sehr bald die junge Generation zahlenmäßig übertreffen werden), führte dazu, daß man ihnen in jüngster Zeit sehr viel Aufmerksamkeit gewidmet hat. Für ältere Menschen werden Programme entwickelt, die auch eine psychologische Beratung einschließen. Wir alle, auch die Alten selbst, haben die vielen Mythen im Hinblick auf das Altern für bare Münze genommen. Auch den alten Menschen muß geholfen werden, falsche Introjekte abzuwerfen und die Kraft und Selbstbestimmung wiederzuerlangen, auf die sie ein Recht haben.

An den Universitäten werden zunehmend gerontologische Untersuchungen durchgeführt — Programme, mit deren Hilfe man der Frage beizukommen versucht, was es bedeutet, älter zu werden. Diejenigen Studenten, die an solchen Programmen teilnehmen, arbeiten auch direkt mit älteren Menschen. Mehrere Teilnehmer meiner Seminare haben mir erzählt, daß sie viele der von mir benutzten Techniken erfolgreich im Rahmen ihrer Arbeit mit älteren Menschen angewendet hätten.

Geschwister

Hin und wieder habe ich mit Geschwistern gearbeitet, die eine gestörte Beziehung zueinander hatten. Dabei konnte ich oft feststellen, daß Geschwister sich gerade dann gegenseitig schlagen, knuffen, beißen, treten und schreien, wenn ihre Eltern sie entweder hören oder sehen können. Offenbar ist also dieses Verhalten eher ein Versuch zur Kommunikation mit den Eltern als mit dem Bruder oder der Schwester.

Trotzdem kann es sehr wertvoll und aufschlußreich sein, mit diesen Kindern ohne ihre Eltern zu arbeiten. Ich arbeite mit ihnen wie mit jeder anderen Gruppe auch, schlage ihnen Aktivitäten vor, die Spaß machen und mehr Selbstausdruck ermöglichen. Hören sich die Kinder erst einmal gegenseitig zu, sprechen sie miteinander und geben ihrem Groll, ihrem Ärger, ihrer Eifersucht und auch ihrer Wertschätzung füreinander Ausdruck, so entwickeln sie auch kooperatives Verhalten, das ihnen dann hilft, mit der Familiensituation insgesamt fertigzuwerden. Immer wieder überrascht es mich, daß diese Kinder unter demselben Dach leben und trotzdem kaum etwas voneinander wissen. Manchmal sagen die Eltern: »Sie verstehen sich wirklich sehr gut«, ohne die zwischen ihnen bestehende Distanz zu bemerken.

Meines Erachtens müssen Geschwister sich nicht mögen, bloß weil sie miteinander verwandt sind. Auch Geschwister müssen sich bewußt werden, daß jedes von ihnen seine besondere Art hat, genauso wie die Eltern sich bewußt werden müssen, daß jedes ihrer Kinder auf seine Weise einzigartig ist.

Sehr kleine Kinder

Wenn ich gebeten werde, mit einem sehr kleinen, vielleicht vier- oder fünfjährigen Kind zu arbeiten, bin ich mir normalerweise ziemlich sicher, daß das die Eltern beunruhigende Verhalten eine Reaktion des Kindes auf eine bestimmte Familiendynamik ist. Dennoch werde ich nach der ersten Sitzung mit dem Kind allein arbeiten. Die Art, wie es spielt, offenbart eine ganze Menge über die Familiensituation. Kleine Kinder engagieren sich ohne weiteres in ihrem Spiel, und manche fordern mich gleich zum Mitspielen auf.

Obwohl viele kleine Kinder Konflikte im Spiel ausagieren, reicht die Spieltherapie zur Überwindung einer schwierigen Eltern-Kind-Beziehung allein nicht aus. Doch erst wenn ich verstehe, was mir das Kind durch sein Spiel oder in Gesprächen mitzuteilen versucht, kann ich die Eltern in die Therapie einbeziehen. Da sich kleine Kinder in einer Familiensitzung allerdings schnell langweilen und unruhig werden, muß man mit Zeichnen, Tonarbeit etc. ihre Aufmerksamkeit fesseln.

Die Mutter eines fünfjährigen Jungen beklagte sich über das schlechte Verhältnis, das dieser zu seiner älteren Schwester und zu seinem jüngeren Bruder habe. Während sie sprach, hielt sich der Junge mit beiden Händen die Ohren zu. Ich bat sie, etwas zu zeichnen, das sie an ihrem Sohn besonders ärgerte. Fasziniert sah er ihr zu, wie sie eine Familie zeichnete, die beim Essen sitzt. Diese Zeit, sagte sie, sei für sie besonders schlimm. Ich bat sie, zu ihrem Fünfjährigen im Bild zu sprechen.

Mutter: Paul, ich wünschte, du würdest beim Abendessen nicht immer deinen Bruder ärgern und deine Schwester schlagen. Das ist in letzter Zeit die einzige Zeit, in der wir überhaupt zusammen sein können. (Die Mutter, die mit ihren Kindern alleine lebte, arbeitete und studierte zusätzlich noch.) Wenn du das tust, fangen sie beide an zu schreien und schlagen zurück, und ich kann das nicht ertragen und schreie dich dann an.

Paul (schaltet sich ein): Cathy schlägt mich immer zuerst!

Mutter: Ich weiß nicht genau, wer damit anfängt, Paul. Ich weiß nur, daß du ständig deine Schwester schlägst, und wenn du es nicht tun würdest, würde sie es vielleicht auch sein lassen. (Ich bitte die Mutter, dem Paul im Bild zu sagen, wie ihrer Meinung nach das Abendessen ablaufen sollte.)

Mutter: Ich möchte hören, was ihr so gemacht habt. Ich möchte einfach mit euch zusammen sein. In letzter Zeit bin ich so selten mit euch zusammen. (Sie fängt an zu weinen.)

Sagen Sie den Kindern im Bild, warum Sie weinen.

Mutter: Ich habe Schuldgefühle, weil ich so wenig Zeit für euch habe. Ich mache mir Sorgen, daß das nicht gut für euch ist, Paul. Ich weiß, daß du manchmal schlägst, weil du mich mehr brauchst und ich jetzt immer so müde bin. (Pauls Mutter weint jetzt hemmungslos. Paul geht zu seiner Mutter, und sie drückt ihn an sich.)

Paul: Mama, du hast gesagt, wenn du mit dem Studium fertig bist, hast du wieder mehr Zeit für uns.

Mutter: Ja, das stimmt!

Sie saßen da und umarmten sich. Pauls Mutter erzählte mir später, daß die Spannung bei Tisch merklich nachgelassen habe. Paul brachte sogar seinen kleinen Bruder und seine ältere Schwester dazu, mehr Verständnis für ihre hart arbeitende Mutter zu haben.

Kinder reagieren erstaunlich gut auf die Aufforderung, sich mit Bildern zu identifizieren. Ein vierjähriger Junge zeichnete eine Figur mit offenem Mund und nannte sie »schreiende Mutter«. Ich bat ihn, die Figur zu sein und zu schreien. Da begann er, einen imaginären Jungen, sich selbst, anzuschreien. Ein anderes Mal bat ich ihn, sein Haus und eine Person, vielleicht sich selbst, zu zeichnen. Er zeichnete sein Haus und einen großen Kopf mit stark heruntergezogenen Mundwinkeln. Als Kopf gab er seinem Unbehagen über das Ausdruck, was in diesem Haus vor sich ging.

Während kleine Kinder zu mir sprechen, zeichne ich oft selbst Bilder auf ein Blatt Papier oder an die Tafel. Einen kleinen Jungen, der keinen Hehl daraus machte, wie wütend er auf mich und die ganze Therapie war, machte ich mir dadurch zum Freund, daß ich ein Bild von mir zeichnete, es an der Zielscheibe befestigte und sagte: »Hier, wenn du so böse auf mich bist, warum schießt du nicht ein paar Pfeile auf mich ab?« Dem Jungen machte es großen Spaß, mit den Gummipfeilen genau meinen Mund auf dem Bild zu treffen.

Wenn ich mit sehr kleinen Kindern allein arbeite, bitte ich manchmal die Mutter (die das Kind gewöhnlich zu mir bringt), am Anfang der Sitzung bei uns zu bleiben, damit wir uns kurz darüber unterhalten können, wie sich das Kind zu Hause verhält. Sehr häufig schneidet die Mutter dann ein Problem an, welches das Kind in einem Spiel später durcharbeiten kann.

Der fünfjährige Kenny war zu mir gebracht worden, weil er immer wieder Wutanfälle bekam, sich ständig mit anderen Kindern stritt und jeden verprügelte, der in seine Nähe kam. Nachdem wir drei Monate lang einmal wöchentlich miteinander gearbeitet hatten — an einigen Sitzungen nahmen hin und wieder seine Eltern und Geschwister teil —, mußte Kenny offenbar nicht mehr wie früher um sich schlagen und nach Hilfe rufen. Zu Beginn einer Sitzung bat ich seine Mutter deshalb, bei uns zu bleiben, damit wir über die Möglichkeit der Beendigung seiner Therapie sprechen könnten. Während seine Mutter berichtete, welche Freude sie nun an ihrem Sohn habe und wie sich die ganze Familiensituation verändert habe, hörte Kenny aufmerksam zu.

Trotz allem hatte sie das Gefühl, daß eine Beendigung der Therapie noch verfrüht sei. Ich bat sie, mir zu sagen, was ihr aufgefallen sei. Sie war über die Tatsache beunruhigt, daß ihr Sohn jetzt offenbar größere Angst hatte, und daß sie diese Angst früher nicht an ihm bemerkt habe, weil er alles mit seinem aggressiven Verhalten kaschiert hatte. Kenny hörte genau zu und zeichnete mit Filzstiften Figuren und Muster auf ein Blatt Papier. Obwohl er nichts sagte, behandelten wir ihn wie einen gleichberechtigten Gesprächspartner und nicht wie jemanden, über den wir gerade sprachen.

Als seine Mutter dann den Raum verließ, setzte er sich sofort an die Kiste mit dem feuchten Sand. Er schichtete an einer Seite seines Sees einen großen Sandhügel auf und setzte Dinosaurier auf den Hügel und ins Wasser. In der trockenen Sandkiste baute er Panzer, Jeeps und Soldaten auf. Dann ließ er — unter vielen, den Schlachtlärm verdeutlichenden Geräuschen — die Soldaten gegen die Dinosaurier kämpfen. Schließlich nahmen die Soldaten einen sehr großen Dinosaurier gefangen und umstellten ihn im trockenen Sand. Dann nahm er einen Indianer aus dem Korb und ließ den Indianer ganz dicht an den Dinosaurier herangehen. Dazu erklärte er mir, daß der Indianer der einzige sei, der keine Angst vor dem Dinosaurier habe. Ich bat ihn, dieser Indianer zu sein und über seine Furchtlosigkeit zu sprechen. Unter anderem sagte er: »Auch wenn du so groß bist, habe ich keine Angst vor dir.« Ich fragte ihn: »Sieht die Welt manchmal sehr groß für dich aus, Kenny?« Er nickte mit weit geöffneten Augen. Wir sprachen darüber, wie es ist, in einer großen Welt klein zu sein. Früher mußte er jedem zeigen, wie groß er seiner Meinung nach war. Von dieser Sitzung an konnten wir uns intensiv mit Kennys Angst beschäftigen und einen Monat später bereits seine Besuche reduzieren.

Die Familie

Oft werde ich gefragt, wie ich denn überhaupt therapeutisch mit Kindern arbeiten könne, wenn es mir nicht gelinge, die Familie in die therapeutische Veränderung mit einzubeziehen. An solchen Fragen kann man erkennen, daß Kinder manchmal als Anhängsel ihrer Eltern betrachtet werden. Zwar benutzt eine gestörte Familie ein Kind oft als Sündenbock, das heißt aber noch lange nicht, daß es deshalb keine eigenständige Person ist. Ab und zu schieben Eltern einem bestimmten Kind die Schuld für eine problematische Familiensituation in die Schuhe, weil es das Leben für sie irgendwie schwierig macht. Ich würde dieses Kind niemals abweisen, auch wenn eigentlich die Eltern diejenigen sind, die psychotherapeutische Hilfe nötig hätten, dies aber ablehnen. Gerade mit dem Verhalten, das Eltern veranlaßt, einen Psychologen zu Rate zu ziehen, gibt ein Kind seine gesunde Rebellion zu erkennen. Dieses Kind muß wissen, daß es jemanden gibt, der es als Individuum mit eigenen Rechten respektiert, und bei dem es Unterstützung und Halt finden kann.

Nachdem mich der Vater oder die Mutter telefonisch um einen Termin gebeten haben, findet in der ersten Sitzung mein erster Kontakt mit der Familie statt. Selten sagt ein Familienmitglied: »Die ganze Familie hat Schwierigkeiten, wir alle brauchen therapeutische Hilfe.« Die meisten Praktiker werden mir zustimmen, daß in der Regel ein Sündenbock für alles verantwortlich gemacht wird.

Da ich nur mit dem beginnen kann, was mir präsentiert wird, beginne ich mit dem Kind, das als problematisch bezeichnet wird. In der ersten Sitzung, an der normalerweise keine Geschwister teilnehmen — es sei denn, eine bestimmte Geschwisterbeziehung wird als das Problem betrachtet —, komme ich mit dem Kind und den Eltern zusammen. Da ich es oft mit zerrütteten Familien zu tun habe, ist häufig nur die Mutter anwesend. Diese erste Sitzung ist sehr wichtig: Es ist meine erste Erfahrung mit dem Kind und, umgekehrt, seine Erfahrung mit mir. Vor allem erhalte ich in dieser ersten Sitzung einen Eindruck von der Dynamik der Mutter-Kind-Beziehung. Oft ist es mir möglich, gleich zu Beginn eine Entscheidung zu fällen, wie ich in der Therapie vorgehen will, ob ich mit dem Kind allein, mit der Mutter und/oder dem Vater allein oder mit ihnen und dem Kind, mit anderen Geschwistern oder Familienmitgliedern (zum Beispiel Großeltern) oder mit der ganzen Familie arbeiten will.

Sollte ich mich in meiner anfänglichen Einschätzung geirrt haben, so wird sich das bald herausstellen. Ich lasse mich von meinen Beobachtungen und meiner Intuition leiten — jederzeit bereit, die Richtung zu ändern.

Auch wenn von Anfang an klar ist, daß das Kind in einer chaotischen und dysfunktionalen Familie bloß Sündenbock ist, arbeite ich zunächst oft mit dem Kind allein. Denn schon die Tatsache, daß es als Problem hingestellt wurde und sein Verhalten Aufmerksamkeit erregt hat, läßt erkennen, daß dieses Kind dringend Unterstützung braucht.

Nach einigen Sitzungen beginnt sich vielleicht abzuzeichnen, daß sich die störenden Symptome und Verhaltensweisen des Kindes nicht bessern werden, wenn nicht gleichzeitig das Beziehungssystem der Familie verändert wird. Wenn ich das Gefühl habe, die Familie sollte zu einer Sitzung eingeladen werden, spreche ich aber vorher mit dem Kind darüber. Manchmal leistet das Kind heftigen Widerstand, was mir noch mehr Aufschluß über die Dynamik dieser Familie gibt. Wir beschäftigen uns dann zuerst einmal mit seinem Widerstand. Manchmal hat ein Kind soviel Angst vor einer gemeinsamen Sitzung mit seiner Familie, daß wir unsere Einzelsitzungen noch so lange fortsetzen müssen, bis es bereit ist, sich mit seinen Ängsten auseinanderzusetzen.

Mit dem neunjährigen Don hatte ich ungefähr einen Monat gearbeitet, als ich eine Familiensitzung vereinbarte. Als die Familie — Mutter, Vater, älterer Bruder, jüngere Schwester — eintraf, bat mich Don, erst einmal allein ins Zimmer kommen zu dürfen. Er kam herein und begann sogleich das Zimmer aufzuräumen! Er brachte die Regale in Ordnung, rückte die Stühle zurecht, klopfte die Kissen auf. Dann verkündete er, nun sei alles für die anderen bereit. Als seine Familie eintrat, wies er jedem einzelnen einen bestimmten Sitzplatz zu und stellte mich seinem Bruder und seiner Schwester vor. (Die Eltern kannte ich ja bereits von der ersten Sitzung her.) Die Familie, die nicht daran gewöhnt war, daß der Junge in dieser

Weise die Initiative ergriff, folgte brav seinen Anweisungen. Als wir schließlich alle saßen (er hatte sich neben mich gesetzt), strahlte er mich an, als ob er damit sagen wollte: »Jetzt kannst du anfangen.«

Ich benutze Familiensitzungen nicht als eine Art Forum, auf dem beurteilt werden soll, ob das Kind Fortschritte gemacht hat, vielmehr möchte ich mir ein Bild davon machen, wie die Familie funktioniert. In seinem Buch *Grundzüge der Gestalt-Familientherapie* beschreibt Walter Kempler, wie der Therapeut bei seinen Interventionen vorgehen kann: 1. Ein Familiengespräch in Gang bringen; 2. Suche nach persönlichen Bedürfnissen; 3. Klärung der Botschaft; 4. Unmittelbare und genaue Übermittlung; 5. Zeit geben zum Antworten; 6. Regulierende Begleitung des Familiengesprächs.

Das Familiengespräch bietet dem Therapeuten die Möglichkeit, das Beziehungsmuster in der Familie festzustellen. Vielleicht mache ich den Anfang, oder ich warte darauf, daß jemand das Wort ergreift. Gewöhnlich sagt entweder der Vater oder die Mutter so etwas wie: »Wir fragen uns, warum Sie uns herbestellt haben« oder »Don hat uns wirklich überrascht, wie er uns unsere Sitzplätze zugeteilt hat« oder »Dons Verhalten hat sich zu Hause anscheinend gebessert«. Sobald sich mir die Möglichkeit bietet, fordere ich die Anwesenden auf, das, was sie sagen, nicht an mich zu richten, sondern an denjenigen, den es betrifft:

Mutter: Don, du hast mich überrascht, wie du uns sagtest, wo wir uns hinsetzen sollten.

Don: Warum? (Ich weiß, daß er mehr als nur »warum« meint, denn seine Frage enthält gleichzeitig eine Aussage. Vielleicht meint er: »Ich kann eine ganze Menge, von dem du nichts weißt, weil du nie darauf achtest.« Ich greife das aber noch nicht auf.)

Reagiert Don nicht, dann bitte ich ihn, seiner Mutter zu antworten. Oder ich bitte seine Mutter, Don ihre Reaktion zu erklären und ihm zu sagen, warum sie so überrascht war:

Mutter: Nun, früher hast du so was nie gemacht. Es hat mir gefallen.

Und so haben wir zumindest ein Gespräch zwischen zwei Familienmitgliedern in Gang gebracht. Ich könnte wieder intervenieren, um den Vater und die anderen Kinder zu fragen, ob auch sie überrascht gewesen seien, sie also nach ihren Erwartungen fragen. Kempler schlägt folgende Fragen vor: »Welche Erwartungen hegt ihr den anderen gegenüber, die aber nicht erfüllt werden?« oder

»Nennt mir ein Problem, das ihr heute alle gerne lösen wollt.« In vielen Familien werden die Sehnsüchte, Bedürfnisse, Wünsche und Hoffnungen der einzelnen Familienmitglieder kaum jemals wahrgenommen.

Familien neigen zu äußerst allgemeinen Aussagen. Immer wieder muß ich um konkretere Aussagen und Daten bitten. Sagt ein erwachsenes Familienmitglied zum Beispiel: »Ich mag nicht, wie du dich mir gegenüber verhältst«, so fordere ich es vielleicht auf: »Nennen Sie ihm ein konkretes Beispiel, wie sein Verhalten Sie ärgert, vielleicht sogar hier.« Auch das Kind bringt viele allgemeine Beschwerden vor: »Du nimmst mich nirgendwo mit hin.« Ich bitte es dann: »Nenn doch deiner Mutter einen Ort, an den sie dich mitnehmen soll.«

Botschaften müssen in Familiensitzungen direkt an denjenigen gerichtet werden, für den sie bestimmt sind. Es muß klar sein, daß man entweder *über* sich selbst oder *zu* einem anderen spricht. In dem Satz: »In diesem Augenblick bin ich sehr traurig« sagt man etwas über sich selbst aus. Der Satz »Don macht mich mit seinem Verhalten ganz traurig« ist jedoch nicht nur eine Verzerrung, sondern gleichzeitig eine Beschuldigung Dons, auf die er nur defensiv reagieren kann. Wird die Mutter aber aufgefordert, ihre Bemerkungen *an* Don zu richten, kann die Bedeutung der Botschaft geklärt und die Kommunikation gefördert werden.

Mutter: Don, es macht mich traurig, wenn ich sehe, wie du in der Schule ständig in Schwierigkeiten gerätst.

Führen Sie das doch bitte etwas aus.

Mutter: Nun, ich habe dann das Gefühl, als Mutter irgendwie versagt zu haben.

In seinem Artikel »Experiential Family Therapy« stellt Kempler drei Regeln auf, deren Beachtung für fruchtbare Familiensitzungen unerläßlich ist: keine Unterbrechung, keine Fragen (vielmehr die in der Frage enthaltene Aussage formulieren) und kein Tratsch (nicht über jemanden sprechen, sondern ihn direkt ansprechen). Kempler betont, wie wichtig es sei, daß die Familienmitglieder unmittelbar und direkt reagieren. Familienmitglieder unterbrechen sich recht oft gegenseitig. Ist das der Fall, muß sich der Therapeut mit diesem gestörten Familienmuster befassen.

Ich muß entscheiden, wann ich intervenieren muß und wann ich nur dasitzen und beobachten kann. Ich muß sehr genau auf den Inhalt dessen hören, was gesagt wird, und auf die Gefühle achten, die in diesen Inhalt eingebettet sind. Ich muß auf Verallgemeinerungen und große Worte achtgeben, die Kindern vielleicht unverständlich sind. Ich muß die Körperhaltung, die Gesten, den Ausdruck und die Atmung eines jeden Familienmitgliedes beobachten, denn sie geben mir Hinweise, was in jedem vor sich geht und worauf ich meine Aufmerksamkeit zu richten habe. Ich muß in dem sich vor meinen Augen entfaltenden Prozeß Strukturen erkennen. Ich muß die Familienmitglieder daran erinnern, im Hier und Jetzt zu bleiben, muß aber auch wissen, wann wir uns mit unerledigten Dingen aus der Vergangenheit beschäftigen sollten. Ich muß dafür sorgen, daß die Kommunikation nicht zerstreut, diffus und bruchstückhaft ist, sondern daß alle beim Thema bleiben. Ich muß dafür Sorge tragen, daß die Botschaft eines jeden Familienmitgliedes verständlich ist und daß auch jede Botschaft aufgenommen wird. Zu diesem Zweck muß ich manchmal darum bitten, die empfangene Botschaft zu wiederholen, um sicher zu gehen, daß sie auch verstanden worden ist.

In einer therapeutischen Familiensitzung muß ich für die ganze Familie sehen und hören. Denn die Familienmitglieder können im Eifer des Gefechts, in ihrem Engagement oder hinter ihrer Isolationsschicht oft nicht sehen und hören, was ich als Außenstehender wahrnehme. Vor allem muß ich auf meine eigenen Gefühle achten. Wenn ich Kopfschmerzen bekomme, weil uns die Situation aus der Hand geglitten ist und sich in ein Tollhaus verwandelt hat, schreie ich meine Gefühle aus mir heraus. Bin ich von der Antwort eines Kindes bewegt, so sage ich ihm das.

Mit einer Gruppe von Kindern und deren Eltern habe ich einmal einen ganztägigen Workshop veranstaltet. Viele Eltern waren über die Reaktionen ihrer Kinder erstaunt, und auch die Kinder waren fasziniert davon, wie ihre eigenen Eltern sprachen. Nach einer Übung mit Ton, bei der alle gebeten worden waren, die Augen geschlossen zu halten und irgend etwas zu formen, sagte ein Vater als seine Tonform: »Ich bin eine rechteckige Form und auf mir drauf liegt ein großer Klumpen. Der Klumpen drückt auf meine rechteckige Form, und ich habe Schwierigkeiten, sie zu halten. Es ist schwer und kein besonders sicheres Gefühl. So fühle ich mich manchmal — als ob einfach zuviel auf meinen Schultern laste.« Sein elfjähriger Sohn streckte die Hand nach seinem Vater aus und sagte mit Tränen in den Augen: »Das wußte ich nicht, Papa.«

Das Wort »Kommunikation« wird, so meine ich, viel zu häufig gebraucht. Von Eltern höre ich oft: »Wir wissen nicht, wie wir miteinander komunizieren können. Sie sollen uns beibringen, wie wir besser miteinander kommunizieren können.« Oder: »Sie spricht nie mit uns.« Ich weiß zwar, daß Kommunikation wichtig ist und daß es gute kommunikationsfördernde Übungen gibt, das eigentliche Problem liegt aber meistens tiefer. Wenn mir Kommunikationsstörungen als Problem präsentiert werden, kann ich mit Sicherheit davon ausgehen, daß Gefühle nicht wahrgenommen, anerkannt und akzeptiert werden. Wenn eine gestörte Kommunikation als Ursache aller Schwierigkeiten dargestellt wird, dann kann ich ziemlich sicher sein, daß einer sich manipuliert, machtlos, oder in einen Machtkampf verstrickt fühlt.

Kommunikation bedeutet nicht nur, daß man auf nette, zivilisierte Art miteinander redet. Denn erstens ist es gar nicht so einfach, miteinander zu reden. Und zweitens muß man, um echte Kommunikation und lebendige Interaktion aufrechtzuerhalten, bereit sein, neben den guten Gefühlen, die sich aus einem gesunden, lebhaften, intimen Austausch ergeben, auch Konflikte, Schmerz, Ärger, Traurigkeit, Eifersucht und Groll zu ertragen.

Ein Kind, das sagt: »Meine Eltern hören mir einfach nicht zu. Sie wissen nicht einmal, wer ich bin!« ist ein Kind, dessen Gefühle übergangen worden sind. Ein Vater, der sagt: »Wieso? Natürlich kenne ich ihn! Er spielt gerne Ball, er ist lieber mit seinen Freunden als mit uns zusammen oder als seine Schulaufgaben zu machen. Er hört gerne Musik, wird leicht wütend . . .« hat keine Ahnung, was in seinem Sohn tatsächlich vorgeht. Manche Eltern geben zu: »Ich kenne sie einfach nicht mehr.« Denn schon lange hat es die Tochter aufgegeben, ihre Eltern an ihren Gefühlen, ihren Zweifeln, ihren Sorgen und ihren Überlegungen teilhaben zu lassen. Viel zu oft ist sie ignoriert, abgewiesen, übergangen worden. Unternimmt sie hin und wieder doch noch einmal den Versuch, ihre Meinung und ihre Gefühle zu äußern, so spürt sie die Ablehnung ihrer Eltern, auch wenn sie höflich zuzuhören versuchen. An irgendeinem Punkt hat sie eben aufgehört, den Erwartungen ihrer Eltern entsprechend zu leben — sich an dem *Bild* zu orientieren, das diese sich von ihrer Tochter gemacht haben —, und deshalb kennen sie sie nicht mehr.

Eine Familiensitzung ist für den Therapeuten eine Möglichkeit, die Verschiedenheit und Einzigartigkeit eines jeden Familienmitgliedes hervorzuheben. Eltern, die wirklich eine Beziehung zu ihren Kindern herstellen möchten, sind häufig schockiert zu entdecken, daß ihre Tochter anders ist als sie — daß deren Neigungen, Abneigungen, Wünsche, gegenwärtiger Lebensstil, Freunde, Meinungen, Zukunftspläne und oft auch äußere Erscheinung von ihren Vorstellungen völlig abweichen. Es fällt ihnen schwer, in ihrer Tochter einen besonderen, einmaligen Menschen mit eigenem Geschmack zu sehen, und noch schwerer, die Besonderheit ihrer Tochter *anzuerkennen*. Sie sehen in ihr vielleicht immer noch das fünfjährige Mädchen von einst, oder sie haben geglaubt, ihre Tochter würde einmal so werden wie sie.

Virginia Satir schreibt in *Familienbehandlung: Kommunikation und Beziehung in Theorie, Erleben und Therapie:* »Dysfunktionale Familien haben große Schwierigkeiten, Verschiedenheit oder Individualität anzuerkennen. Anderssein bedeutet in solchen Familien schlecht sein und führt dazu, daß man nicht geliebt wird.« Solche Familien, so sagt sie, neigen dazu, ihre Unstimmigkeiten zu »übersehen« oder nicht »wahrzuhaben«, ganz gleich, ob es sich dabei um Wahrnehmungs- oder Meinungsverschiedenheiten handele. ». . . dysfunktionalen Familien fällt es ebenso schwer, ihre Freude wie ihren Schmerz zu kommunizieren.«

Eltern müssen lernen, ihrem Kind klare Botschaften zu übermitteln und es als eigenständiges, einzigartiges Individuum mit eigenen Rechten anzuerkennen und zu respektieren. Auf diese Weise wird das Kind ein Gefühl für den eigenen Wert und die eigene Autonomie entwickeln, und seine Kontaktfähigkeiten werden sich verbessern.

Ein Teil meiner Arbeit mit Eltern ist schlicht pädagogische Aufklärung. Viele Eltern bitten mich um einen Rat und erwarten für die Arbeit mit ihren Kindern konkrete Richtlinien. Ich bin auch durchaus bereit, Vorschläge zur Entspannung der Familiensituation zu machen. Ich bin jedoch davon überzeugt, daß anhaltende Verbesserungen der Eltern-Kind-Beziehung nur dann erzielt werden können, wenn die Eltern sich ihrer gegenwärtigen Einstellungen, Reaktionen und Interaktionen bewußt werden und sie durcharbeiten.

Im Abschnitt zum Thema Selbstachtung habe ich viele Methoden aufgeführt, mit deren Hilfe man das Selbstgefühl eines Kindes stärken kann. Und ich nenne Eltern oft Bücher, von denen ich annehme, daß sie ihnen helfen könnten, bessere Eltern zu werden. Hier sind zwei weitere Methoden, die sehr schnell zu positiven Ergebnissen führen:

Gib einem kleinen Kind jeden Tag zur selben Zeit Gelegenheit zu einer »Wutsitzung«. In dieser Zeit kann das Kind alles zur Sprache bringen, worüber es sich an diesem Tag geärgert hat, ohne daß die Eltern mit ihm argumentieren, ihm widersprechen, sich zu erklären oder zu rechtfertigen suchen. Hierfür eignet sich gut die Zeit vor dem Schlafengehen — es wird dadurch *nicht*, wie man vielleicht denken könnte, am Einschlafen gehindert.

Widme deinem Kind jeden oder jeden zweiten Tag etwas Zeit, in der du nur für das Kind da bist. Zwanzig bis dreißig Minuten sind dafür völlig ausreichend. Das Kind entscheidet ganz allein, was es in dieser Zeit machen will. Mütter werden jetzt wahrscheinlich sagen: »Ich widme meinem Kind sowieso viel Zeit.« Aber meistens läßt sich die Mutter nicht voll und ganz auf das ein, was das *Kind* tun möchte. Die Rituale beim Zubettgehen sind dafür nicht viel wert.

Wieder und wieder muß ich Eltern daran erinnern, daß sie nicht ihre Kinder sind. Viele Eltern identifizieren sich so stark mit ihren Kindern, daß es ihnen schwer fällt, in ihren Kindern selbständige Menschen zu sehen. Eine Mutter wurde zum Beispiel immer ganz wütend, wenn ihr Sohn herumtrödelte. Als sie selbst noch ein Kind war, hatte ihre Mutter immer sie angeschrien, wenn sie herumgetrödelt hatte. Trödelte nun ihr Sohn herum, dann schrie sie ihn an, obwohl sie als Kind das Schreien ihrer eigenen Mutter gehaßt hatte. In diesen Augenblicken schien sie zugleich ihr eigenes Kind und ihre eigene Mutter zu werden. Als sie erkannte, was da ablief, konnte sie die Szenen mit ihrem Sohn in neuem Licht sehen und sich angemessener verhalten.

Häufig projizieren Eltern ihre Gefühle auf die Kinder. Eine Mutter sagte einmal zu mir: »Ich weiß, daß Jackie die Gefühle, die er wegen seiner Behinderung hat, unterdrückt (er hinkte). Ich versuche, mit ihm darüber zu sprechen, aber das scheint ihn nicht so zu bedrücken, wie es doch eigentlich sollte.« Sicherlich litt Jackie unter seiner Behinderung, aber offenbar nicht so stark, wie seine Mutter glaubte. *Sie* war diejenige, die mit seinem Hinken nicht fertig wurde.

Schulen, Lehrer und Lehrerausbildung

Da Kinder den größten Teil ihrer Zeit in der Schule verbringen, sollten sich eigentlich alle Leute, die außerhalb der Schule mit Kindern zu tun haben, die Zeit nehmen herauszufinden, was es für Kinder heute bedeutet, in die Schule zu gehen. Unsere eigene Schulzeit war, falls wir uns überhaupt noch an sie erinnern können, ganz anders.

Es stimmt mich bedenklich, daß viel zu viele Kinder, die zu mir in die Therapie kommen, nur ungern zur Schule gehen. Es mag zwar einen Lehrer geben, den sie gern haben, und es macht ihnen vielleicht auch Spaß, mit ihren Freunden zusammen zu sein, im großen und ganzen scheinen sie die Schule aber als eine Art Gefängnis zu betrachten. Silberman legte, nachdem er viele Jahre lang das öffentliche Erziehungssystem in den Vereinigten Staaten untersucht hatte, in seinem Buch *Die Krise der Erziehung* eine glänzende Analyse des amerikanischen Erziehungssystems vor. Er führt viele Beispiele an für das Versagen der Schule, die intellektuellen wie die emotionalen Bedürfnisse der Kinder zu befriedigen, und weist so die Notwendigkeit einer radikalen Veränderung des Erziehungssystems nach.

Die negative Einstellung der Kinder zur Schule sollte uns alarmieren. Aber abgesehen von ein paar innovativen Programmen hier und da sehe ich keine wirklich einschneidenden Veränderungen. Da ich mit Kindern arbeite, die immerhin so gestört sind, daß sie den Weg in die Therapie gefunden haben, bin ich besonders daran interessiert, was in den Schulen passiert. Eigentlich sollte der Ort, an dem Kinder den größten Teil ihrer Zeit verbringen, ein Ort der Freude, des Erlebens und des Lernens im weitesten Sinne sein. Wir legen zwar Wert darauf, den Kindern Lesen, Schreiben und Rechnen einzupauken, schenken aber der Tatsache wenig Aufmerksamkeit, daß wir, wenn wir nicht auch auf die seelischen und emotionalen Bedürfnisse der Kinder eingehen, eine Gesellschaft schaffen und erhalten helfen, in welcher der Mensch nichts gilt.

Ich bin schon lange der Meinung, daß Lehrer neben der pädagogischen auch eine therapeutische Ausbildung erhalten sollten. Die emotionalen Bedürfnisse der Kinder sollten in der Lernsituation Vorrang haben. Viele Lehrer spüren, daß eine Ausbildung, die dies berücksichtigt, heute dringend erforderlich ist, und versuchen, wenn diese von den Universitäten oder im Rahmen der Schule nicht angeboten wird, sie sich selbst anzueignen.

Ich habe eine Reihe von Seminaren für Lehrer veranstaltet und diese in meine therapeutische Arbeit eingeführt. Damit kann ich ihnen zwar keine umfassende therapeutische Ausbildung vermitteln, ihnen aber einige grundlegende Prinzipien, Ideen und Techniken an die Hand geben. Ich möchte den Lehrern helfen, Kinder in einem anderen Licht zu sehen. Sie sollen erkennen, daß Kinder, die Angst haben, die unter einem Problem leiden oder das Gefühl haben, nicht viel wert zu sein, nichts lernen werden. Auch Kinder, die den Lehrer als gleichgültig und kalt erleben und sich nicht als eigenständige Menschen mit eigenen Rechten behandelt fühlen, werden weniger lernen. In meinen Seminaren mache ich die Lehrer deshalb mit neuen Verhaltensweisen und Techniken vertraut, die ihnen helfen können, das Selbstkonzept eines Kindes zu verbessern.

Die Schule als eine Institution, die einschränkt und Bedürfnisse unterdrückt, wirkt sich aber nicht nur auf die Kinder aus, sie beeinflußt auch die Lehrer, entmutigt und frustriert sie. Die ablehnende Haltung der Kinder gegenüber der Schule trifft sie in erster Linie, und manchmal wenden sie deshalb ihre eigenen negativen Gefühle aus Frustration gegen die Kinder.

Ich bin mir sehr wohl bewußt, daß auch noch so verantwortungsvolle, humanistisch orientierte Lehrer einen fast aussichtslosen Kampf führen, solange die Machtstruktur der Schule nicht verändert wird und die Bedürfnisse der Kinder nicht zum Maßstab werden. Vieles muß außerhalb des Klassenzimmers dafür getan werden, aber auch im Klassenzimmer sind Ansätze zu Veränderungen möglich. Lehrer und Schüler können einander näherkommen, sich besser kennenlernen, ihre jeweiligen Aufgaben in der Schule realistischer einschätzen und sich gegenseitig helfen, ein stärkeres und besseres Selbstgefühl zu entwickeln.

Auch wenn Lehrer natürlich keine ausgebildeten Therapeuten sind, können sie die Methoden der Psychotherapie im Rahmen ihrer Arbeit anwenden. Die Lehrer, mit denen ich arbeite, haben ein echtes Interesse an Kindern und gehen in verantwortungsvoller Weise mit den therapeutischen Techniken um. Ich bin noch keinem Lehrer begegnet, der ein Kind in Verlegenheit gebracht, es verletzt oder das Vertrauen eines Kindes durch Weiterleiten privater Informationen an Eltern oder Kollegen mißbraucht hätte.

Viele Lehrer möchten aus der Schule einen Ort machen, an dem sich die Kinder wohl fühlen, brauchen aber dazu entsprechende Hilfsmittel. Manche werden in ihrem Vorhaben von der Schulverwaltung unterstützt, andere fürchten mögliche Konsequenzen. Einige machen sich trotzdem an die Arbeit. Ein Lehrer schrieb mir: »Im Sommer werde ich eine Sonderschulklasse in Mathematik unterrichten. Selbstverständlich werden wir einige gestalttherapeutische Techniken anwenden, auch wenn sie mich deshalb rausschmeißen sollten. Als ich mit diesen Methoden in meiner normalen Klasse zu arbeiten begann, konnte ich kaum glauben, was das für ein Unterschied war. Ich war glücklicher, die Kinder waren glücklicher, man konnte die Schwingungen in der Klasse förmlich spüren. Es war wie ein gemeinsames Geheimnis. Es herrschte ein Gefühl der Achtung und Verantwortung füreinander, das sich auf alles andere übertrug.«

Immer wieder wird in solchen Aussagen von Lehrern von einem veränderten Verhalten zwischen Lehrern und Schülern, von besseren Beziehungen zwischen den Schülern selbst und von Kindern berichtet, die entspannter, ruhiger und glücklicher sind, sich besser konzentrieren können, sich auf die Schule freuen und Spaß am Unterricht haben. Gestalttherapeutische Methoden *können* also eine Veränderung herbeiführen, Vorschullehrer wie Oberstufenlehrer haben es bewiesen.

Hier sind noch einige weitere Kommentare von Lehrern, die gestalttherapeutische Techniken in der schulischen Praxis angewandt haben:

Ein Lehrer der sechsten Klasse: Ich fühlte mich meinen Schülern sehr viel näher, und sie reagierten positiver und herzlicher auf mich. Ich glaube, sie fingen an, sich gern zu haben.

Ein Lehrer der dritten Klasse: Ich war wirklich überrascht, wie liebenswürdig sie wurden und wieviel Interesse sie füreinander entwickelten (bei vierzig Kindern ist es gar nicht so einfach, aufmerksam zuzuhören und nicht grob zu werden; das klappte aber, ohne daß ich nachhelfen mußte!)

Ein Englischlehrer der siebten Klasse: Nächstes Jahr würde ich gern früher damit anfangen, damit ich meine Schüler besser kennenlernen kann und sie sich untereinander und mit mir zusammen wohler fühlen. Interessanterweise wollten die Schüler frei sein und sich nicht um die Probleme anderer kümmern müssen, gleichzeitig aber brauchten sie auch ein Gefühl der Sicherheit und wollten, daß die anderen sich um sie kümmerten. Wahrscheinlich ist das das klassische Dilemma bei Jugendlichen. Zum Beispiel wollte ein Mädchen ganz allein auf einem Berg, gleichzeitig aber auch eine Katze sein, weil sie viel Aufmerksamkeit erhalten wollte. (Sie machte die Übung »Zeichne dein Lieblingstier und den Ort, an dem du jetzt gerne sein würdest.«)

Ein Vorschullehrer: Einer meiner Jungen lernt sehr langsam und ist außerdem ziemlich undiszipliniert. Diese Übung vermittelte mir jedoch sehr viel Einsicht in seine Gedanken. (Der Lehrer hatte mehrere Gegenstände auf den Boden gelegt und die Kinder gebeten, sich einen Gegenstand auszuwählen und zu sagen, was das für ein Gefühl sei, dieser Gegenstand zu sein.) Dieser Junge wählte einen großen roten Pappstern aus mit der Begründung, daß er die Leute glücklich machen würde, denn er wäre auf ihrem Papier, wenn sie gut gearbeitet hätten.

Ein Englischlehrer der siebten Klasse: Während der Rosenbusch-Phantasieübung herrschte völliges Schweigen. Die Kinder schienen sehr stark an dem, was geschah, beteiligt zu sein. Als Buntstifte verteilt wurden, stritten sich die Schüler zum ersten Mal nicht um das Material. Als ich sie bat — nachdem einige bereits über ihre Gefühle gesprochen hatten —, etwas über ihren Rosenbusch auf ihr Papier zu schreiben, war ich von der Aufrichtigkeit, mit der sie mir gegenüber ganz persönliche Gefühle äußerten, überrascht und tief beeindruckt. Das Schuljahr ist in wenigen Tagen zu Ende, und dennoch erkenne ich jetzt nach dieser Übung, daß ich einige Schüler überhaupt nicht kenne. Das hätte ich früher wissen sollen. Nächstes Jahr werde ich gleich am Schuljahresanfang mit diesen Übungen beginnen. Ich bin jetzt schon gespannt darauf.

Ein Mathematiklehrer der neunten Klasse: Zuerst habe ich fünf Minuten lang eine Phantasieübung mit ihnen gemacht, bei der sie die Augen schließen und ihre unerledigten Gedanken und Gefühle zu einem Ende bringen sollten. Dann sollten sie sich in ihrer Phantasie einen Ort vorstellen, an dem sie gerne wären. Für diese Übungen brauchten wir nicht mehr Zeit, als normalerweise auch vergeht, bis wir wirklich mit dem Unterricht beginnen können, die Klasse war aber viel produktiver. Die Übung hatte eine sehr beruhigende Wirkung, und die Schüler schienen sich nun besser auf ihre Arbeit zu konzentrieren. Sie konnten sich offenbar auch aufeinander einstellen.

Eine Krankenschwester im Schuldienst: Ich hatte bisher noch keine Zeit für Zeichnungen und solche Dinge; infolge des neuen Gewahrseins meiner selbst und meiner Schüler hat sich aber anscheinend mein Verhältnis zu den Schülern und zu anderen Kollegen gebessert. Die Mädchen, die an meiner Schwangerschaftsberatung teilgenommen haben, haben einen neuen Ausdruck in ihren Augen, der mir sagt, sie haben verstanden, daß mir *wirklich etwas an ihnen liegt* und es mir nicht nur darum geht, sie sachlich-nüchtern über Schwangerschaft zu informieren.

Ein Lehrer der vierten Klasse: Während jedes Kind über seine Zeichnung sprach, schien es eine andere Persönlichkeit zu sein — eine Persönlichkeit, die sich stark von seinem sonstigen Schul-Selbst unterschied.

Ein Englischlehrer der siebten/achten Klasse: Wir alle hörten den anderen aufmerksam zu und machten die Erfahrung, daß wir viele Dinge mit den anderen gemeinsam hatten und daß diese unsere Interessen teilten.

Ein Lehrer der ersten Klasse: Ich hätte es mir nie träumen lassen, daß ein Bild einem Kind helfen kann, seiner selbst und anderer Menschen stärker gewahr zu werden. Als wir eine Übung machten, bei der die Kinder ihre Familienangehörigen als Tiere darstellen sollten, war ich überrascht, was dabei herauskam. Am interessantesten für mich waren die Erklärungen, die die Kinder zu ihren Bildern gaben. Mit meinen eigenen Interpretationen hätte ich mich völlig auf dem Holzweg befunden. Die Klasse liebt solche Übungen.

Ein Englischlehrer der zehnten Klasse: Nachdem ich einige der erlernten Techniken angewandt und die Ergebnisse gesehen habe, habe ich wirklich echtes Interesse daran gefunden, wieder zu unterrichten, und freue mich schon darauf. Zwei Jungen haben den Unterricht früher immer gestört und nie Hausaufgaben gemacht. Seitdem ich aber ihren Gefühlen und ihnen als Personen Aufmerksamkeit geschenkt habe, machen sie ihre Schulaufgaben und — was noch wichtiger ist —, wir sind Freunde geworden.

Lehrern, Therapeuten und anderen im sozialen Bereich Tätigen die gestalttherapeutischen Techniken zu vermitteln, scheint mir am besten durch die direkte Erfahrung möglich. Die Schwierigkeit beim Lesen eines Buches ist, daß man zwar versteht, was man liest, die notwendige eigene Erfahrung aber fehlt. Zum Einüben der

Techniken eignet sich das Rollenspiel — neben anderen projektiven Techniken — besonders gut. Wenn wir im Rollenspiel einen bestimmten Charakter verkörpern, so bringen wir uns selbst, unsere Erfahrungen und Vorstellungen in diese Figur mit ein.

Eine Schwierigkeit in Trainingssitzungen stellt die Vermittlung des theoretischen Wissens dar. Meine Studenten haben ganz unterschiedliche fachliche Voraussetzungen, weshalb es manchmal sehr schwierig für mich ist, den theoretischen Hintergrund meiner Arbeit für alle verständlich darzustellen. Ich selbst habe den größten Teil meines theoretischen Wissens durch die Praxis gesammelt.

Sicherlich gehört es zur Aufgabe des Ausbildenden, Vorträge zu halten und Bücher zu empfehlen, in denen theoretische Sachverhalte erörtert werden. Theoretisches läßt sich aber am besten durch eine Integration in die Praxis vermitteln. Wenn ich mit meinen Studenten arbeite und sie die von mir vorgestellten Techniken erproben, möchte ich diese Erfahrung zugleich mit theoretischen Einsichten verknüpfen. Das mache ich in der Regel nicht *während* der Übungen, da dies einen Bruch bedeuten würde, sondern in einer anschließenden Diskussion. Erst wenn die Teilnehmer theoretische Konzepte mit ihrer eigenen Arbeit verknüpfen und sie integrieren können, beginnt die Theorie für die Praxis fruchtbar zu werden.

Sexismus

Geschlechtsbezogene Vorurteile und Diskriminierungen sind schon so lange und so sehr Teil unserer Kultur, daß wir sie als etwas Selbstverständliches betrachten. Wir können ihnen nur zu Leibe rücken, wenn wir sie in all ihren subtilen, tückischen Formen erkennen.

Sexismus beeinflußt das Wachstum der Kinder. Er unterdrückt viele ihrer natürlichen Fähigkeiten und verhindert eine ungehemmte, organismische Entwicklung. Mädchen werden dazu erzogen, sich »feminin« zu verhalten, und Jungen sollen möglichst nur das tun, was als »männlich« gilt. So werden potentiell vorhandene menschliche Fähigkeiten in ihnen unterdrückt. Diese Fähigkeiten versuchen aber, sich irgendwie Bahn zu brechen, und die daraus erwachsende Spannung beeinflußt in starkem Maße die emotionale Gesundheit des Kindes.

Das, was wir männliche und weibliche Eigenschaften nennen,

sollte als etwas betrachtet werden, das alle Menschen haben. Früher waren wir sehr darum besorgt, daß ein Mädchen sich nur ja mit seiner Mutter und ein Junge sich mit seinem Vater identifizierte. Wir glaubten, der Junge brauche ein männliches und das Mädchen ein weibliches Modell. Inzwischen sind wir jedoch zu der Einsicht gelangt, daß Männer wie Frauen *alle* Wesensmerkmale des Menschseins brauchen: Fühlen und Handeln, Abhängigkeit und Selbstbehauptung, Wut und Traurigkeit usw. Kinder müssen lernen, daß das, was wir im Leben tun, aus der *gesamten*, nicht von kulturellen Erwartungen und Vorurteilen eingeschränkten menschlichen Erfahrung schöpfen und daß es der individuellen Einzigartigkeit, den Interessen, Talenten und Fähigkeiten eines jeden Rechnung tragen muß.

Obwohl bereits große Fortschritte erzielt worden sind, finden sich in unserer Gesellschaft in vielen Bereichen immer noch sexistische Einstellungen. Als wir meinem damals zwei Jahre alten Sohn einen Puppenwagen und eine Puppe zum Geburtstag schenkten, waren alle Leute ganz entsetzt. Heute lächeln sie voller Einverständnis, wenn sie sehen, wie er sich zärtlich und liebevoll um seinen eigenen Sohn kümmert. Meine Tochter ist wahrscheinlich dadurch stark geprägt worden, daß sie meinen eigenen Kampf um Selbständigkeit mitangesehen hat zu einer Zeit, als es für eine Frau noch sehr viel schwieriger war als heute, Selbständigkeit zu erreichen. Heute ist sie eine vitale und unabhängige, zugleich aber zärtlich-liebevolle Frau, und ich glaube, daß mein eigenes Ringen ihr die Möglichkeit und den Anstoß gegeben hat, ihre persönliche Stärke zu entwickeln.

Viele von uns stecken noch mitten im Kampf. Oft machen sich überwunden geglaubte sexistische Einstellungen wieder in uns breit und erschweren es uns, uns selbst zu verwirklichen. Die Haltungen der Eltern, die Medien und die Schulen tragen alle zur Aufrechterhaltung sexistischer Einstellungen bei. Selbst diejenigen unter uns, die diese Haltungen verändern wollen, tragen unbewußt oft zu ihrer Erhaltung bei. In diesem Zusammenhang möchte ich das Buch *And Jill Came Tumbling After: Sexism in American Education* empfehlen. Dieses Buch zeigt auf, wie wir von Kindheit an sexistische Einstellungen nicht nur in den Schulen, sondern auch zu Hause und in anderen Bereichen der Gesellschaft perpetuieren — auch in der Praxis des Therapeuten.

12 Persönliche Bemerkung

Dieses Buch hat sich beim Schreiben sehr verändert und entwickelt. Während ich schrieb, habe ich mich neuen Ideen geöffnet. Manche Probleme hätte ich gerne ausführlicher erklärt und behandelt, hätte aber dazu Ihre Rückmeldung gebraucht. Ich wollte gerne wissen, was Sie bewegt, gelangweilt, verwirrt hat, womit Sie übereinstimmten und womit Sie nicht übereinstimmten. Es war oft schwierig für mich, für ein schweigendes, unsichtbares Publikum zu schreiben. Ich hatte das Bedürfnis, Kontakt zu Ihnen aufzunehmen.

Ich weiß, daß ich einiges recht ausführlich, anderes nicht ausführlich genug behandelt habe. Wenn ich Ihre Fragen unbeantwortet gelassen habe, schreiben Sie mir das hoffentlich. Jedesmal, wenn ich ein Seminar veranstaltet habe, habe ich über mich und meine Arbeit etwas hinzugelernt. Auch das Schreiben dieses Buches war für mich eine wichtige Lernerfahrung, die ich gerne mit Ihrer Hilfe fortsetzen würde. (Schreiben Sie mir an folgende Adresse: 924 Bayview Drive, Hermosa Beach, CA 90254.)

Ich wollte ein sachliches, leicht verständliches, praxisnahes Buch schreiben. Mir lag nichts daran, mit einem weiteren esoterischen, gelehrten Buch bloß die Regale der Bibliotheken zu füllen. Gelegentlich fühlte ich zwar den Wunsch, diejenigen (zu denen auch ich gehöre) zu beeindrucken, die Wert auf Wissenschaftlichkeit legen. Ich rief mir aber dann immer wieder in Erinnerung, daß ich eigentlich ein Buch über meine Arbeit mit Kindern schreiben und nicht beeindrucken wollte. Ich wollte diejenigen von Ihnen, die Rat im Umgang mit Kindern brauchen, an meinen Erfahrungen teilhaben lassen. Ich weiß, daß viele, die mit Kindern arbeiten, sich abmühen, nicht weiter wissen und für das, was sie tun, Bestätigung brauchen. Andere brauchen einfach ein paar Anregungen, wie sie es schaffen können, an Kinder heranzukommen. Ich hoffe, daß ihnen dieses Buch dabei hilft.

Nun möchte ich noch einige Bemerkungen dazu machen, wie ich meine Vorstellungen vom Kindsein und von der Arbeit mit Kindern entwickelt habe. Ich habe sehr viele Bücher über Kinder und ihre Entwicklung gelesen. Wenn ich aber mit Kindern arbeite, bringe ich etwas anderes als Bücher- und Schulwissen in meine Arbeit und meine Beziehung zu Kindern ein. Ich bemühe mich sehr zu verstehen, was dieses »etwas« ist, denn ich bin sicher, daß es etwas sehr Wichtiges ist, das aus einer inneren Quelle stammt, die so sehr Teil meiner selbst ist, daß ich nicht mehr darüber »nachdenke«. Wenn ich mit einem Kind zusammen bin — ganz gleich, ob es vier oder vierzehn Jahre alt ist —, merke ich, daß ich mich, ohne mich selbst zu verlieren, sehr gut in das Kind einfühlen kann. Für mich ist dieses Kind kein Fremder. Damit meine ich nicht, daß ich alles über das Kind weiß, sondern daß ich leicht mit ihm eine Beziehung herstellen kann — und das Kind spürt das.

Ich erinnere mich sehr deutlich, was es für mich bedeutete, ein Kind zu sein. Es ist nicht so sehr das Erinnern bestimmter Vorfälle und Ereignisse, sondern das Erinnern des *Kindseins* selbst. Ich erinnere mich genau, daß ich als Kind tief in meinem Inneren Gefühle und Weisheiten verborgen hielt, über die ich zu niemandem sprach. Und niemand kannte diese Seite meiner Persönlichkeit. Ich dachte über den Tod nach und hatte eine beinahe ehrfürchtige Scheu vor der Tatsache, daß es bereits vor meiner Geburt Leben gab. Ich war verwundert, daß meine Eltern schon so lange lebten, und ich fragte mich, ob ich lange leben würde. Meine Großeltern waren für mich Weise, die aus einer anderen Zeit und einem anderen Teil der Welt stammten. Da mir meine Eltern viele Geschichten über ihre Kindheit im russischen Ghetto erzählten, wußte ich, daß es Orte gab, die weit von Cambridge, Massachusetts, entfernt und auch ganz anders waren. Ich staunte und wunderte mich. Ich kann mich erinnern, daß ich mir, wenn wir von Cambridge nach Lowell fuhren — ich war damals ungefähr sieben Jahre alt —, in den Städten und auf dem Land die Häuser ansah und mich fragte, was das wohl für Familien seien, die hinter diesen erleuchteten Fensterscheiben lebten. Ich, die siebenjährige Soziologin, fragte mich: Was sind das für Leute? Wie leben sie? Was machen sie?

Ich erinnere mich, daß ich als Kind Fragen und Gefühle hatte und daß ich sie, auch wenn ich gewollt hätte, niemals hätte in Worte fassen können. Sogar zu meinen Eltern, die mich liebten und großes Interesse an mir hatten, sprach ich nicht davon. Auch erinnere ich mich, daß für mich jeder Augenblick meines Lebens ein sehr wichtiger und großer Augenblick war und daß mich dieses Gefühl auch nicht verließ, als ich mich an den Erwachsenen um mich herum ausrichtete. Deren Gedanken kreisten um Geld, Essen und Sicherheit und irgendwie wußte ich, daß es richtig war, das, was mir wichtig war, ihnen aber dumm und belanglos erscheinen mochte, für mich zu behalten.

Vielleicht hat diese Fähigkeit, aus meinen eigenen Kindheitserinnerungen schöpfen zu können, meine Einstellung Kindern gegenüber wesentlich mitgeprägt. Ich denke vor allem an den Spaß, die Freude, die Albernheit und das Lachen der Kinder. Es ist doch aufschlußreich, daß wir, wenn wir davon sprechen, »mit dem Kind in uns in Berührung zu kommen«, meistens an die fröhlichen Seiten des Kindseins denken. Ich erinnere mich, daß ich als Kind meiner Freude und Fröhlichkeit oft Ausdruck gegeben habe (wofür ich sehr viel Anerkennung erhielt). Natürlich habe ich auch Tränen des Schmerzes und der Trauer vergossen und war auch ärgerlich. Ich habe aber sehr bald gespürt, daß ich den Erwachsenen, die ich liebte, Kummer bereitete, wenn ich diese Gefühle offen zeigte, und habe deshalb schnell gelernt, sehr vorsichtig in meinen Gefühlsäußerungen zu sein. Ich glaube, die meisten Kinder erhalten diese Botschaft und beginnen irgendwann, sich danach zu richten.

Zum ersten Mal arbeitete ich als Jugendliche mit Kindern: damals war ich Betreuerin in einem Ferienlager. Ich hatte keinerlei theoretisches Wissen, hatte Kinder aber sehr gern, konnte mit ihnen reden, konnte sie fesseln und ihr Interesse wecken, konnte ihnen Lieder und Schwimmen beibringen und mit ihnen ein Theaterstück inszenieren. Ich hörte ihnen gerne zu und war gerne mit ihnen zusammen. Damals dachte ich daran, vielleicht einmal Sozialarbeiterin zu werden und mit Kindergruppen zu arbeiten. Auch damals schon fühlte ich mich besonders zu jenen Kindern hingezogen, die einmal nicht den Typ des immer erfolgreichen Amerikaners verkörpern würden und die in ihrem Leben Probleme hatten. Ich wußte, daß diese Kinder gerne mit mir sprachen, und das gefiel mir. Vielleicht fühlte ich mich deshalb so sehr zu ihnen hingezogen, weil ich ein ganz bestimmtes Bild, eine ganz bestimmte Vorstellung vom typisch amerikanischen Kind hatte: es war in der Regel weiß, angelsächsischer Herkunft, schlank, athletisch, anmutig, blond, sehr ruhig und kühl. Meine Eltern waren russisch-jüdische Emigranten — emotional, herzlich, intellektuell, gesprächig, revolutionär. Ich erinnere mich, daß ich als Kind manchmal sehr neidisch auf die kühlen, ruhigen, in Amerika aufgewachsenen und deshalb akzentlos sprechenden, angepaßten Kinder war, mit denen ich in Massachusetts zusammen aufwuchs.

Ich habe früh geheiratet, hatte drei eigene Kinder und stürzte mich mit dem gleichen Engagement, der gleichen Überzeugung und dem gleichen Interesse auf meine Mutterpflichten wie auf die meisten anderen Unternehmungen in meinem Leben. Ich wurde Experte für alle Entwicklungsphasen, die meine Kinder durchliefen. Ich lernte eine ganze Menge, vor allem über die frühkindliche Entwicklung (da ich, so schien es mir, immer gerade ein Kind hatte, das sich in dieser Phase befand), und unterrichtete sogar ein paar Jahre im Kindergarten. Immer fand ich Kinder aufregend und interessant — ganz gleich, wie alt sie waren. Als mein jüngstes Kind drei Jahre alt war, begann ich ein Studium und wurde Lehrerin, weil ich glaubte, daß dies ein guter Beruf für eine Mutter sei. Ich hatte Kinder wirklich gern, und da meine eigenen Kinder nun zur Schule gingen, interessierte ich mich allgemein für die Erziehung von Kindern.

Ich war eine »alternative« Lehrerin, noch bevor dieser Begriff geprägt wurde, und hatte im öffentlichen Schulsystem große Schwierigkeiten. Die Leiterin meiner Schule sagte mir, ich sei zu sehr »Freizeit-orientiert«. Sie wußte, daß ich in den jüdischen Gemeindezentren mit zahlreichen Kindergruppen gearbeitet hatte, und drängte mich, doch wieder dorthin zurückzugehen, wo es nur darauf ankäme, daß die Kinder ihren Spaß hätten. Unterdessen wurden alle Kinder, die Probleme hatten, in meine Klasse gesteckt. Nachdem ich drei Jahre lang an einer »normalen« Schule unterrichtet hatte, wurde mir eine Stelle im Sonderschulprogramm des Bezirks angeboten: ich sollte emotional gestörte Kinder unterrichten. Diese Kinder habe ich sechs Jahre lang unterrichtet (in dieser Zeit habe ich mein Diplom in Sonder- und Heilpädagogik gemacht), und hierbei habe ich eigentlich das meiste über Kinder gelernt.

Während meines Studiums der Sonder- und Heilpädagogik bemühte ich mich um die Erlaubnis, mich unabhängig von den regulären Studienveranstaltungen eingehend mit der vorhandenen Literatur und den Forschungsergebnissen zur Kindertherapie auseinanderzusetzen. Da mein Studium durch ein Stipendium des United States Office of Education finanziert wurde — ein Stipendium, das außer mir nur noch drei weitere Studenten erhielten —, bekam ich schließlich tatsächlich die Erlaubnis, Seminare und Veranstaltungen zu besuchen, die ich persönlich für wichtig hielt, die mir aber auf mein reguläres Studium angerechnet werden sollten. Ich hatte ja bereits vier Jahre in öffentlichen Schulen mit gestörten Kindern gearbeitet und glaubte daher, sehr genau zu *wissen*, wo meine Schwächen lagen und auf was ich mich während meines Studiums konzentrieren mußte. Ich wußte aus Erfahrung, daß Kinder eben nicht Lesen, Schreiben und Rechnen lernen, wenn sie ein geringes Selbstwertgefühl haben. Im Laufe meiner Arbeit mit Kindern hatte ich bereits entdeckt, daß sie, wenn ich mir die Zeit nahm, therapeutisch mit ihnen zu arbeiten und ihnen zu helfen, ihre blockierten Gefühle zum Ausdruck zu bringen, sehr viel bessere schulische Leistungen erzielten. Ich beabsichtigte, hierüber meine Examensarbeit zu schreiben. Deshalb wollte ich mehr über Kindertherapie erfahren. Ich stellte jedoch bald fest, daß ich auch in den Lehrveranstaltungen zur kindlichen Entwicklung, zur Psychopathologie, zur Betreuung und Beratung behinderter Kinder — wie auch in den Seminaren über Sonder- und Heilpädagogik, über die Behebung von Lernstörungen usw. — *nicht lernte, wie man mit Kindern therapeutisch arbeitet*. Ich stellte deshalb den Antrag, mit Genehmigung der Universität auf eigene Faust Studien betreiben und bereits existierende therapeutische Programme besuchen zu dürfen. Nach einigem Kampf wurde meinen Anträgen schließlich stattgegeben.

So las ich viele Bücher, Zeitschriften und Forschungsberichte; nahm an vielen Programmen und Lehrveranstaltungen teil, besuchte Kliniken, Schulen und Institutionen; sprach mit vielen Leuten, die mit Kindern arbeiteten, um zu erfahren, was, wie und mit welchem Erfolg sie das taten. Diese durch Befragung, Beobachtung und Lesen gewonnenen Erfahrungen wurden mir als zwei volle College-Jahre angerechnet. So hatte ich recht viel Zeit und eine ganze Menge Spielraum zu tun, was *ich* wollte, und ich traf mich regelmäßig mit zweien meiner Professoren, um mit ihnen meine Erfahrungen zu diskutieren.

Diese einmalige Erfahrung lehrte mich eine ganze Menge, nur nicht das, was ich eigentlich erwartet und erhofft hatte. Sie lehrte mich, daß ich über die Arbeit mit Kindern wohl ebenso gut Bescheid wußte wie andere. Ich erkannte, daß ich das Wichtigste nicht etwa in Seminaren oder aus Büchern gelernt hatte, sondern von den Kindern selbst, mit denen ich gearbeitet hatte. Ich stellte fest, daß sich die verschiedenen theoretischen Ansätze oft widersprachen, auch wenn sie sich auf denselben namhaften »Experten« beriefen. Ich lernte, daß alle anderen, genau wie ich, im Dunkeln tappten. Viele leisteten gute Arbeit, es schien aber keine zusammenhängende theoretische Begründung dafür zu geben.

Bevor Verhaltenstherapie und Verhaltensänderung in Mode kamen, hatte ich lange Zeit völlige Freiheit, meine Arbeit in den Klassen mit »emotional gestörten« Kindern so zu strukturieren, wie ich es für richtig hielt. Ich experimentierte mit vielen verschiedenen Methoden, um den Kindern zu helfen, ein besseres Gefühl für sich selbst zu entwickeln, mit ihrem chaotischen Leben besser fertigzuwerden und ihre Gefühle nicht indirekt durch aggressives Verhalten oder durch totalen Rückzug, sondern direkt zum Ausdruck zu bringen. Zu dieser Zeit nahm ich am Ausbildungsprogramm des Instituts für Gestalttherapie in Los Angeles teil, und mit zunehmender Erfahrung in Theorie und Praxis der Gestalttherapie nahm auch meine Arbeit mit Kindern gestalttherapeutische Form an. In diese Zeit fällt auch der größte Teil meiner eigenen Therapie: Ich mußte mit der eineinhalb Jahre sich hinziehenden Krankheit und dem darauffolgenden Tod meines vierzehnjährigen Sohnes und bald danach mit dem Ende meiner Ehe fertigwerden und brauchte therapeutische Hilfe. Hierauf ging ich noch einmal an die Universität, machte mein Diplom in Ehe- und Familienberatung sowie in Kindertherapie, erhielt meine Zulassung als Therapeutin, wurde Mitglied des Instituts für Gestalttherapie und begann, privat zu praktizieren. Im Frühjahr 1978 promovierte ich am International College im Fach Psychologie, und das vorliegende Buch ist die überarbeitete Fassung meiner Dissertation.

Wenn ich über alle meine Beziehungen nachdenke, die ich jemals in meinem Leben zu Kindern hatte — mich an mein eigenes Kindsein, an meine Arbeit mit Kindern in Freizeiteinrichtungen, an meine Zeit als studentische und dann als volle Lehrkraft, an meine Arbeit mit emotional gestörten Kindern (also mit Kindern, die offen als Problemfälle bezeichnet wurden) und schließlich an meine therapeutische Arbeit mit Kindern in meiner eigenen Praxis erinnere —, dann fallen mir viele, viele Vorkommnisse ein, Geschichten, die ich erzählen und über die ich gleichzeitig lachen und weinen könnte. Ich erinnere mich, welche Gefühle ich empfand, als ich mit all den Kindern in meinem Leben, mich selbst eingerechnet, zusammen war.

Ich weiß jetzt, daß *ich den Umgang mit Kindern von Kindern selbst, einschließlich meiner selbst als Kind, gelernt habe!* Heute scheint mir das eine so elementare Erkenntnis zu sein, daß es kaum noch einer weiteren Bemerkung bedarf. Kinder sind unsere besten Lehrer. Sie *wissen* bereits, wie man wächst, wie man sich entwikkelt, wie man lernt, wie man sich entfaltet und entdeckt, was gut und schlecht für den Menschen ist und welches seine Bedürfnisse sind. Sie wissen bereits, wie man liebt und fröhlich ist und das Leben ausschöpft, wie man arbeitet, stark und voller Energie ist. Alles, was sie (und die Kinder in uns) brauchen, ist der notwendige Raum dafür.

Über die Autorin

Violet Oaklander hat nicht nur drei eigene Kinder großgezogen, sondern auch in Psychologie promoviert und zwei Diplome gemacht: eines in Ehe-, Familien- und Kinderberatung, das andere in Sonder- und Heilpädagogik für emotional gestörte und lernbehinderte Kinder. Vom Bundesstaat Kalifornien hat sie sowohl einen Lehrauftrag auf Lebenszeit als auch einen Sonderlehrauftrag, und sie hat im Bezirk der Long Beach Unified School in Kindergärten und Schulen normale sowie emotional gestörte Kinder unterrichtet. In Hollywood war sie am American Institute of Family Relations tätig und hat dort im Rahmen der Graduiertenausbildung Seminare über Beratungstechniken abgehalten. Außerdem hat sie an der Abteilung Fortbildung der California State University, Long Beach, am California Lutheran College und am Institut für Gestalttherapie, Los Angeles, dem sie als Mitglied angehört, unterrichtet.

Heute ist Violet Oaklander Fakultätsmitglied des Goddard College West, früher war sie außerordentliches Fakultätsmitglied des Antioch College West. Sie ist Beraterin für den Schulbezirk Los Angeles und hat in diesem wie in anderen Schulbezirken, für Sozialarbeiter, im psychosozialen Bereich und für andere Fachorganisationen unzählige Workshops und Seminare durchgeführt.

In Hermosa Beach, Kalifornien, hat sie eine staatlich anerkannte Privatpraxis für Ehe-, Familien- und Kindertherapie und führt Seminare und Trainingsworkshops durch, zu denen die Teilnehmer aus dem ganzen Land angereist kommen. Fast täglich macht sie einen Strandlauf, und (sofern sie nicht gerade all die anderen Dinge tut) es bereitet ihr Vergnügen, zu schwimmen, am Strand zu liegen, Treibholz und Muscheln zu sammeln und zu beobachten, wie die Sonne im Meer versinkt.

Bibliographie

Actions, Styles and Symbols in Kinetic Family Drawings. Burns, R. und Kaufman, S. H., New York (Brunner/Mazel) 1972.
A Frog and Toad are Friends. Lobel, A., New York (Harper and Row) 1970. Dt.: Die beiden Freunde. Reinbek (Carlsen) 1972.
American Folk Songs for Children. Seeger, R. C., Garden City, NY (Doubleday) 1948.
Analyzing Children's Art. Kellog, R., Palo Alto, CA (National Books) 1969.
And Jill Came Tumbling After: Sexism in American Education. Stacey, J., Bereaud, S. und Daniels, J., New York (McGraw-Hill) 1969.
»An Introduction to Gestalt Techniques«. Enright, J. B., in: Gestalt Therapy Now. Fagan, J. und Shepherd, I. L. (Hrsg.), New York (Harper and Row) 1971.
Are You Listening to Your Child? Kraft, A., New York (Walker) 1973.
Art: Another Language for Learning. Cohen, E. und Gainer, R., New York (Citation Press) 1976.
Art as Therapy with Children. Kramer, E., New York (Schocken Books) 1975. Dt.: Kunst als Therapie mit Kindern. München, Basel (Reinhardt) 1975.
Art for the Family. D'Amico, V., Wilson, F., und Maser, M., New York (The Museum of Modern Art) 1954.
Awareness: exploring, experimenting, experiencing. Stevens, J., Moab, Utah (Real People Press) 1971. Dt.: Die Kunst der Wahrnehmung: Übungen der Gestalttherapie. München (Kasser) 1975.
Be a Frog, a Bird, or a Tree. Carr, R., Garden City, NY (Doubleday) 1973. Dt.: Erstes Yoga mit Kindern: sei ein Ball, sei ein Baum, sei ein Vogel, sei ein Frosch. Ravensburg (Maier) 1975.
Begin Sweet World: Poetry by Children. Pearson, J., Garden City, NY (Doubleday) 1976.
Between Parent and Child. Ginott, H., New York (Macmillan) 1965. Dt.: Eltern und Kind: Elternratgeber für eine verständnisvolle Erziehung. Reinbek (Rowohlt) 1974.
Between Parent and Teenager. Ginott, H., New York (Macmillan)

1969. Dt.: Eltern und Teenager: Ihre Konflikte und Probleme, ihre Fragen und Antworten. Ravensburg (Maier) 1972.
The Boys' and Girls' Book about Divorce. Gardner, R. A., New York (Jason Aronson) 1970.
Career Awareness: Discussions and Activities to Promote Self Awareness. Williams, S. und Mitchell, R., Monterey Park, CA (Creative Teaching Press) 1976.
The Centering Book. Henricks, G. und Wills, R., Englewood Cliffs, NY (Prentice Hall) 1975.
Childhood and Society. Erikson, E. H., New York (Norton) 1963. Dt.: Kindheit und Gesellschaft. Stuttgart (Klett-Cotta) ^{7}1979.
Children in Play Therapy. Moustakas, C. E., New York (Jason Aronson) 1973.
Children's Apperception Test (CAT). Bellak, L. und Bellak, S. S., Larchmont, NY (C.P.S., Inc.) 1949.
Children's Drawings as Diagnostic Aids. Di Leo, J. H., New York (Brunner/Mazel) 1973.
The Children's Rights Movement: Overcoming the Oppression of Young People. Gross, B. und Gross, R. (Hrsg.), Garden City, NY (Anchor) 1977.
The Child's World of Make-Believe. Singer, J., New York (Academic Press) 1973.
Conjoint Family Therapy. Satir, V., Palo Alto, CA (Science and Behavior Books) 1967. Dt.: Familienbehandlung: Kommunikation und Beziehung in Theorie, Erleben und Therapie. Freiburg i. B. (Lambertus Verlag) 1973.
»Costume Play Therapy«. Marcus, I., in: Therapeutic Use of Child's Play. Schaefer, C. (Hrsg.), New York (Jason Aronson) 1976.
Creative Dramatics in the Classroom. McCaslin, N., New York (David McKay) 1968.
Crisis in the Classroom. Silberman, C., New York (Random House) 1970. Dt.: Die Krise der Erziehung: eine allgemeine Bestandsaufnahme der Zustände und der Perspektiven öffentlicher Erziehung, dargestellt am spez. Fall Amerikas. Weinheim, Basel (Beltz) 1973.
Dance Therapy in the Classroom. Balazs, E., Waldwick, NY (Hoctor Products for Education) 1977.
»The Despert Fable Test«. Despert, J. L., in: Emotional Disorders of Children: A Case Book of Child Psychiatry. Pearson, G., New York (Norton) 1949.

Dramakinetics in the Classroom. Complo, J. M., Boston, MA (Plays Inc.) 1974.

Draw-A-Person-Test. (Siehe Personality Projection in the Drawing of the Human Figure.)

Dr. Gardner's Fairy Tales for Today's Children. Gardner, R. A., Englewood Cliffs, NY (Prentice-Hall) 1974.

Dr. Gardner's Modern Fairy Tales. Gardner, R. A., Philadelphia, PA (George F. Stickley) 1977.

Dr. Gardner's Stories About the Real World. Gardner, R. A., Englewood Cliffs, NY (Prentice-Hall) 1972.

»Des Kaisers neue Kleider«. Märchen von Hans Christan Anderson, Berlin (Kinderbuchverlag) 1978.

Erinnerungen, Träume, Gedanken. Jung, C. G., Olten, Freiburg (Walter) 1971.

Escape from Childhood: The Needs and Rights of Children. Holt, I., New York (Ballantine) 1975.

»Experiential Family Therapy«. Kempler, W., in: International Journal of Group Psychotherapy, Bd. XV, Nr. 1, Januar 1965.

The Family of Man. Steichen, E., New York (The Museum of Modern Art) 1955.

Famous Folk Tales To Read Aloud. Watts, M., New York (Wonder Books) 1961.

Fantasy and Feeling in Education. Jones, R. M., New York (Harper and Row) 1968.

Fantasy Encounter Games. Otto, H. A., New York (Harper and Row) 1974.

Feelings: Inside You and Outloud Too. Polland, B. K. und DeRoy, C., Millbrae, CA (Celestial Arts) 1975.

Fish is Fish. Lionni, L., New York (Pantheon Books) 1970. Dt.: Fisch ist Fisch. Köln (Middelhauve) 1978.

»Four Lectures«. Perls, F., in: Gestalt Therapy Now. Fagan, J. und Shepherd, I. L. (Hrsg.), New York (Harper and Row) 1971.

Freedom to Learn. Rogers, C., Columbus, OH (Charles E. Merrill) 1969. Dt.: Lernen in Freiheit: zur Bildungsreform in Schule und Universität. München (Kösel) ²1977.

Free to Be . . . You and Me. Thomas, M., New York (McGraw-Hill) 1974.

The Gestalt Experience. Rhyne, J., Monterey (Brooks/Cole) 1973.

Gestalt Therapy Integrated. Polster, E. und Polster, M., New York

(Brunner/Mazel) 1973. Dt.: Gestalttherapie: Theorie und Praxis der integrativen Gestalttherapie. München (Kindler) 1975.
Go Away, Dog. Nodset, J. L., New York (Harper and Row) 1963.
Go See The Movie in Your Head. Shorr, J. E., New York (Popular Library) 1977.
Grownups Cry Too. Hazen, N., Chapel Hill, NC (Lollipop Power, Inc.) 1973.
The Hand Test. Wagner, E. E., Los Angeles, CA (Western Psychological Services) 1969.
Have You Seen a Comet? Children's Art and Writing from Around The World. U.S. Committee for UNICEF. New York (The John Day Co.) 1971.
»The House-Tree-Person Test«. Buck, J., in: Journal of Clinical Psychology, 1948, 4, S. 151—159.
How Children Fail. Holt, J., New York (Pitman) 1964.
How Children Learn. Holt, J., New York (Pitman) 1967. Dt.: Wie Kinder lernen. Weinheim, Basel (Beltz) 1979.
How it Feels to Be a Child. Klein, C., New York (Harper and Row) 1977.
How to Live with Your Special Child. Von Hilsheimer, G., Washington, DC (Acropolis Books) 1970. Dt.: Verhaltensgestörte Kinder und Jugendliche: Übungsprogramme und praktische Anleitungen für Erzieher, Lehrer und Eltern. Ravensburg (Maier) 1977.
How to Meditate. LeShan, L., New York (Bantam) 1975. Dt.: Meditation als Lebenshilfe: hilfreiche Methoden zur Überwindung von beruflichen und privaten Problemen. Bergisch Gladbach (Lübbe) 1978.
Human Figure Drawings in Adolescence. Schildkrout, M. S., Shenker, I. R. und Sonnenblick, M., New York (Brunner/Mazel) 1972.
Human Teaching for Human Learning: An Introduction to Confluent Education. Brown, G., New York (Viking Press) 1971.
If I Ran the Zoo. Geisel, T. (Dr. Seuss), New York (Scholastic Book Services) 1963.
Improvisation for the Theatre. Spolin, V., Evanston, IL (Northwestern University Press) 1963.
I Never Saw Another Butterfly. (Childrens Drawings and Poems from Terezin Concentration Camp.) New York (McGraw-Hill) 1964.
I See a Child. Herbert, C., Garden City, NY (Anchor) 1974.

Is This You? Krauss, R. und Johnson, C., New York (William R. Scott) 1955.
»Just Imagine . . .« (Mini-Poster-Cards Book) Trend Enterprise 1972.
Learning Time with Language Experiences for Young Children. Scott, L. B., St. Louis (McGraw-Hill) 1968.
Learning to Feel — Feeling to Learn. Lyon, H., Columbus, OH (Charles E. Merill) 1971.
Le Centre Du Silence: Work Book. Avital, S., Boulder, CO (Aleph-Beith) 1975.
Left Handed Teaching: Lessons in Affective Education. Castillo, G., New York (Praeger) 1974.
Leo the Late Boomer. Kraus, R., New York (Young Readers Press) 1971.
Let's Do Yoga. Richards, R. und Abrams, J., New York (Holt, Rhinehart and Winston) 1975.
Linda Goodman's Sun Signs. Goodman, L., New York (Bantam Books) 1971. Dt.: Astrologie sonnenklar: was die Sterne über unsere Männer, Frauen, Liebsten, Kinder, Vorgesetzten, Angestellten und über uns selbst zum Vorschein bringen. Bern, München, Wien (Scherz) [13]1979.
The Live Classroom. Brown, G., Yeomans, T. und Grizzard, G. (Hrsg.), New York (Viking) 1975. Dt.: Gefühl und Aktion: Gestaltmethoden im integrativen Unterricht. Frankfurt a. M. (Verlag für Humanistische Psychologie) 1978.
The Lives of Children. Dennison, G., New York (Vintage) 1966. Dt.: Lernen und Freiheit: aus der Praxis der First Street School. Frankfurt a. M. (Fischer) 1976.
Loneliness. Moustakas, C. E., Englewood Cliffs, NY (Prentice-Hall) 1961. Dt.: Einsamkeit. Düsseldorf (Patmas Verlag) 1977.
Lonely in America. Gordon, S., New York (Simon and Schuster) 1976.
The Luscher Color Test. Luscher, M., New York (Pocket Books) 1971. Dt.: Der Lüscher-Test. Persönlichkeitsbeurteilung durch Farbwahl. Reinbek (Rowohlt) 1977.
The Magic Hat. Chapman, K. W., Chapel Hill, NC (Lollipop Power Inc.) 1973.
Make-A-Picture-Story- (MAPS) Test. Schneidman, E. S., New York (The Psychological Corporation) 1949.

Making it Strange. Synectics, Inc. (Hrsg. – eine vier Bücher umfassende Reihe). New York (Harper and Row) 1968.

Male and Female Under 18. Larrick, N. und Merriam, E. (Hrsg.), New York (Avon) 1973.

Math, Writing, and Games in the Open Classroom. Kohl, H., New York (Vintage) 1974.

Meditating with Children. Rozman, D., Boulder Creek, CA (University of the Trees Press) 1975. Dt.: Mit Kindern meditieren: die Kunst der Konzentration und Verinnerlichung, ein Handbuch der New-Age-Erziehungsmethoden. Frankfurt a. M. (Fischer) 1979.

Der Mensch und seine Symbole. Jung, C. G., Olten (Walter) 1979.

The Me Nobody Knows: Children's Voices from the Ghetto. Joseph, S. (Hrsg.), New York (Aronson) 1969.

Me The Flunkie: Yearbook of a School for Failures. Summers, A. (Hrsg.), New York (Fawcett) 1970.

Miracles. Collected by Richard Lewis, New York (Bantam Books) 1977.

»Moods and Emotions«. Tester, S. (Lehrbilder und Hilfsmittel), Elgin (David C. Cook) 1970.

Mooney Problem Check List. Mooney, R. L., New York (The Psychological Corp.) 1960.

Movement Games for Children of All Ages. Nelson, E., New York (Sterling) 1975.

»Music Therapy«. Dreikurs, R., in: Conflict in the Classroom: The Education of Emotionally Disturbed Children. Long, N. J., Morse, W. C. und Newman, R. G. (Hrsg.), Belmont, CA (Wadsworth) 1965.

My Body Feels Good. Singer, S., Olderman, S. und Maceiras, R., New York (The Feminist Press) 1974.

My Sister Looks Like a Pear: Awakening the Poetry in Young People. Anderson, D., New York (Hart Publishing Co.) 1974.

The New Games Book. Fluegelman, A. (Hrsg.), Garden City, NY (Doubleday) 1976. Dt.: New Games — Die neuen Spiele. München (Ahorn-Verlag Fürth) 1979.

Nobody Listens to Andrew. Guilfoile, E., New York (Follet) 1957.

The Non-Coloring Book. Cazet, C., San Francisco, CA (Chandler and Sharp) 1973.

Not THIS Bear! Myers, B., New York (Scholastic Book Services) 1967.

100 Ways to Enhance Self-Concept in the Classroom. Canfield, J. und Wells, H., Englewood Cliffs (Prentice-Hall) 1976.

One Little Boy. Baruch, D., New York (Dell) 1952.

»The Paradoxical Theory of Change«. Beisser, A. R., in: Gestalt Therapy Now. Fagan, J. und Shepherd, I. L. (Hrsg.), New York (Harper and Row) 1971.

Personality Projection in the Drawing of the Human Figure: A Method of Personality Investigation. Machover, K., Springfield, IL (Charles C. Thomas) 1949.

P. E. T.: Parent Effectiveness Training. Gordon, T., New York (New American Library) 1975. Dt.: Familienkonferenz. Hamburg (Hoffmann und Campe) ³1979.

Play, Dreams and Imitation in Childhood. Piaget, J., New York (Norton) 1962. Dt.: Nachahmung, Spiel, Traum: die Entwicklung der Symbolfunktion beim Kinde. Ges. Werke, Bd. 5, Stuttgart (Klett) 1975.

Play in Childhood. Lowenfeld, M., New York (John Wiley) 1967.

Play Therapy. Axline, V. M., New York (Ballantine) 1947. Dt.: Kinder-Spieltherapie in nicht-direktiven Verfahren. München, Berlin (E. Reinhardt) ⁴1976.

Principles of Gestalt Family Therapy. Kempler, W., The Kempler Institute (P. O. Box 1692, Costa Mesa, CA 92626) 1973. Dt.: Grundzüge der Gestalt-Familientherapie. Stuttgart (Klett) ²1980.

The Psychology of Play. Millar, S., New York (Jason Aronson) 1974. Dt.: Psychologie des Spiels. Ravensburg (Maier) 1973.

The Psychology of the Child. Piaget, J. und Inhelder, B., New York (Basic Books) 1969. Dt.: Die Psychologie des Kindes. Frankfurt a. M. (Fischer) 1977.

Psychosynthesis. Assagioli, R., New York (Viking) 1965. Dt: Handbuch der Psycho-Synthesis: angewandte transpersonale Psychologie. Freiburg i. B. (Aurum Verlag) 1978.

Psychotherapeutic Approaches to the Resistant Child. Gardner, R. A., New York (Aronson) 1975.

Psychotherapy with Children. Moustakas, C. E., New York (Ballantine) 1959.

Psychotherapy with Children of Divorce. Gardner, R. A., New York (Jason Aronson) 1976.

Put Your Mother on the Ceiling. De Mille, R., New York (Walker and Co.) 1967.

Rainbow Activities. Seattle Public School District No. 1. South El Monte, CA (Creative Teaching Press) 1977.
Rose, Where Did You Get That Red? Teaching Great Poetry to Children. Koch, K., New York (Vintage) 1974.
The Second Centering Book. Hendricks, G. und Roberts, T., Englewood Cliffs, NY (Prentice-Hall) 1977.
The Sensible Book: A Celebration of Your Five Senses. Polland, B. K. und Hammid, H., Millbrae, CA (Celestial Arts) 1974.
Somebody Turned on a Trap in These Kids: Poetry and Young People Today. Larrick, N. (Hrsg.), Delta (1971).
Some Things Are Scary. Heide, F. P., New York (Scholastic Book Services) 1969.
Some Things You Just Can't Do By Yourself. Schiff, N. und Schiff, B. S., Stanford, CA (New Seed Press) 1973.
»The Sorcerer's Apprentice, or the Use of Magic in Child Psychotherapy«. Moskowitz, J. A., in: International Journal of Child Psychotherapy, Bd. 2, Nr. 2, April 1973, S. 138—162.
Spectacles. Raskin, E., New York (Atheneum) 1968.
The Story of Ferdinand. Leaf, M., New York (Viking) 1936. Dt.: Ferdinand der Stier. München (Parabel-Verlag) 1973.
»Subpersonalities«. Vargiu, J. G., in: Synthesis. Bd. 1, Nr. 1, 1974, S. WB 9 — WB 47.
Sybil. Schreiber, F. R., Chicago (Henry Regnery) 1973. Dt.: Sybil: Persönlichkeitsspaltung einer Frau. München (Kindler) 1977.
Sylvester and the Magic Pebble. Steig, W., New York (Dutton) 1969.
The Talking, Feeling, and Doing Game. A Psychotherapeutic Game for Children. Creative Therapeutics (155 Country Road, Cresskill, NJ 07626), 1973.
Talking Time. Scott, L. B. und Thompson, J. J., St. Louis, MO (Webster) 1951.
Taylor-Johnson Temperament Analysis. Taylor, R. M., Los Angeles, CA (Psychological Publications, Inc.) 1967.
Teaching Human Beings: 101 Subversive Activities for the Classroom. Schrank, J., Boston, MA (Beacon Press) 1972.
The Temper Tantrum Book. Preston, E. M., New York (Viking) 1969.
Theater in My Head. Cheifetz, Dan., Boston, MA (Little Brown) 1971.

Thematic Apperception Test (TAT). Murray, H. A., Cambridge, MA (Harvard University Press) 1943.
Therapeutic Communication with Children: The Mutual Storytelling Technique. Gardner, R. A., New York (Science House) 1971.
Therapeutic Consultation in Child Psychiatry. Winnicott, D. W., New York (Basic Books) 1971. Dt.: Die therapeutische Arbeit mit Kindern. München (Kindler) 1973.
Therapeutic Use of Child's Play. Schaefer, C. (Hrsg.), New York (Jason Aronson) 1976.
»Therapy in Groups: Psychoanalytic, Experiential, and Gestalt«. Cohn, R. C., in: Gestalt Therapy Now. Fagan, J. und Shepherd, I. L., New York (Harper and Row) 1971.
There's a Nightmare in My Closet. Mayer, M., New York (Dial) 1968.
Toward Humanistic Education: A Curriculum of Affect. Weinstein, G. und Fantini, M. D. (Hrsg.), New York (Praeger) 1970.
Transpersonal Education. Hendricks, G. und Fadiman, J. (Hrsg.), Englewood Cliffs (Prentice-Hall) 1976.
Treasure Book of Fairy Tales. Mc. Govern, A., New York (Crest) 1969.
The Ultimate Athlete. Leonard, G., New York (Viking) 1974.
The Un-Coloring Book: Doodles to Finish, Book II. Schuhmann, K., Media for Education (13208 Washington Blvd., Los Angeles, CA 90066) 1976.
The Ungame. Au-Vid, Inc. (P. O. Box 964, Garden Grove, CA 92642) 1972.
»The Use of Puppetry in Therapy«. Woltmann, A. G., in: Conflict in the Classroom: The Education of Emotionally Disturbed Children. Long, N. J., Morse, W. C. und Newman, R. G. (Hrsg.), Belmont, CA (Wadsworth) 1967.
The Uses of Enchantment: The Meaning and Importance of Fairy Tales. Bettelheim, B., New York (Knopf) 1976. Dt.: Kinder brauchen Märchen. Stuttgart (DVA) 1978.
What is a Boy? What is a Girl? Waxman, S., Culver City, CA (Peace Press) 1976.
What is Your Favorite Thing to Hear? Gibson, M. T., New York (Grosset and Dunlap) 1966.
What is Your Favorite Thing to Touch? Gibson, M. T., New York (Grosset and Dunlap) 1966.

Where the Sidewalk Ends. Silverstein, S., New York (Harper and Row) 1974.
Where the Wild Things Are. Sendak, M., New York (Harper und Row) 1963. Dt.: Wo die wilden Kerle wohnen. Zürich (Diogenes) 1972.
The Whole Word Catalogue 1. Brown, R., Hoffman, M., Kushner, K., Lopate, P. und Murphy, S. (Hrsg.), New York (Virgil Books) 1972.
The Whole Word Catalogue 2. Zavatsky, B. und Padgett, R. (Hrsg.), New York (McGraw-Hill) 1977.
Wishes, Lies and Dreams: Teaching Children to Write Poetry. Koch, K., New York (Vintage Books) 1970.
Yoga for Children. Diskin, E., New York (Warner Books) 1976. Dt.: Gesund und froh: spielerische Gymnastik für Kinder. Bern, München, Wien (Scherz) 1979.
Your Child's Sensory World. Liepmann, L., Baltimore, MD (Penguin) 1974. Dt.: Sehen, hören, riechen, tasten. Olten, Freiburg i. B. (Walter) 1975.
The Zen of Seeing: Seeing/Drawing as Meditation. Franck, F., New York (Vintage Books) 1973.

Kataloge
ARGUS Communications, 7440 Natchez Ave., Niles, IL 60646.
Children's Book and Music Center, 5373 West Pico Blvd., Los Angeles, CA 90019.
»The Great Perpetual Learning Machine« von Jim Blake und Barbara Ernst ist eine riesige Sammlung an Ideen, Spielen, Experimenten, Aktivitäten und Vorschlägen zur weiteren Exploration. Boston, MA (Little Brown). $ 7. 95.
Instructo/McGraw-Hill, Cedar Hollow Road, Paoli, PA 19301. (Materialkataloge für Sonderpädagogik und allgemeine Lehrmaterialien.)
Lakeshore Curriculum Materials Co., 16463 Phoebe St., La Mirada, CA 90637.
The Psychological Corporation, 757 Third Ave., New York, NY 10017 (pädagogische und psychologische Testkataloge).
Uniquity, 13344 Beach Ave., Venice, CA 90291. (Materialien für Psychologie, Pädagogik und Freizeit.)
Western Psychological Services, 12031 Wilshire Blvd., Los Angeles CA 90025 (psychologisches Testmaterial).